U1005830

21 世纪全国高等院校财经管理系列实用规划教材

创 业 学

主 编 刘沁玲 陈文华
主 审 张玉利

北京大学出版社
PEKING UNIVERSITY PRESS

内容简介

本书在内容组织上，考虑大学生创业的特点，关注机会导向，重视创新和发展，结合当前中国大学生创业学习的需要，强调概念、理论的科学化和系统化。内容编排注重吸收国内外最新研究成果，案例选择和实践训练等不仅考虑有别于发达国家的中国国情、经济环境、文化特色等，也关注中国大学生的个性特征、创业愿望、创业文化和创业学习等特点。

本书在各章节中结合知识点的学习安排了多个案例供学生思考、分析和研究。在各章后安排了问题思考和实践训练，使学生能够及时把理论和实践紧密结合起来，有利于提高创业学习效果。全书选择和编排了大量近年来中国大学生创业成功与失败的典型案例，贴近现实和国情。

本书既可作为高等院校的创业课程教材，也可作为创业教育的培训用书或参考书，同时也适合于各类创业者和有志于创业的人士阅读。

图书在版编目(CIP)数据

创业学/刘沁玲，陈文华主编. —北京：北京大学出版社，2012.9

(21世纪全国高等院校财经管理系列实用规划教材)

ISBN 978-7-301-15915-6

Ⅰ. ①创…　Ⅱ. ①刘…②陈…　Ⅲ. ①企业管理—高等学校—教材　Ⅵ. ①F270

中国版本图书馆CIP数据核字(2012)第197781号

书　　名：创业学
著作责任者：刘沁玲　陈文华　主编
策划编辑：王显超　林章波
责任编辑：李　虎
标准书号：ISBN 978-7-301-15915-6/F・3297
出 版 者：北京大学出版社
地　　址：北京市海淀区成府路205号　邮编：100871
网　　址：http://www.pup.cn　http://www.pup6.cn
电　　话：邮购部62752015　发行部62750672　编辑部62750667　出版部62754962
电子邮箱：pup_6@163.com
印 刷 者：北京宏伟双华印刷有限公司
发 行 者：北京大学出版社
经 销 者：新华书店
787毫米×1092毫米　16开本　19.5印张　436千字
2012年9月第1版　2015年8月第3次印刷
定　　价：38.00元

未经许可，不得以任何方式复制或抄袭本书之部分或全部内容。
版权所有，侵权必究　　举报电话：010-62752024
电子邮箱：fd@pup.pku.edu.cn

21世纪全国高等院校财经管理系列实用规划教材

专家编审委员会

主任委员　刘诗白

副主任委员　（按拼音排序）

韩传模	李全喜	王宗萍
颜爱民	曾　旗	朱廷珺

顾　　问　（按拼音排序）

高俊山	郭复初	胡运权
万后芬	张　强	

委　　员　（按拼音排序）

程春梅	邓德胜	范　徵
冯根尧	冯雷鸣	黄解宇
李柏生	李定珍	李相合
李小红	刘志超	沈爱华
王富华	吴宝华	张淑敏
赵邦宏	赵　宏	赵秀玲

法律顾问　杨士富

本书编写委员会

主　任：刘沁玲　　陈文华

副主任：喻　林　　刘玉来

委　员：齐玮娜　　郝继伟　　刘　婷

詹强南　　宗利永

丛 书 序

我国越来越多的高等院校设置了经济管理类学科专业，这是一个包括经济学、管理科学与工程、工商管理、公共管理、农业经济管理、图书档案学6个二级学科门类和22个专业的庞大学科体系。2006年教育部的数据表明在全国普通高校中经济类专业布点1518个，管理类专业布点4328个。其中除少量院校设置的经济管理专业偏重理论教学外，绝大部分属于应用型专业。经济管理类应用型专业主要着眼于培养社会主义国民经济发展所需要的德智体全面发展的高素质专门人才，要求既具有比较扎实的理论功底和良好的发展后劲，又具有较强的职业技能，并且又要求具有较好的创新精神和实践能力。

在当前开拓新型工业化道路，推进全面小康社会建设的新时期，进一步加强经济管理人才的培养，注重经济理论的系统化学习，特别是现代财经管理理论的学习，提高学生的专业理论素质和应用实践能力，培养出一大批高水平、高素质的经济管理人才，越来越成为提升我国经济竞争力、保证国民经济持续健康发展的重要前提。这就要求高等财经教育要更加注重依据国内外社会经济条件的变化，适时变革和调整教育目标和教学内容；要求经济管理学科专业更加注重应用、注重实践、注重规范、注重国际交流；要求经济管理学科专业与其他学科专业相互交融与协调发展；要求高等财经教育培养的人才具有更加丰富的社会知识和较强的人文素质及创新精神。要完成上述任务，各所高等院校需要进行深入的教学改革和创新。特别是要搞好有较高质量的教材的编写和创新工作。

出版社的领导和编辑通过对国内大学经济管理学科教材实际情况的调研，在与众多专家学者讨论的基础上，决定编写和出版一套面向经济管理学科专业的应用型系列教材，这是一项有利于促进高校教学改革发展的重要措施。

本系列教材是按照高等学校经济类和管理类学科本科专业规范、培养方案，以及课程教学大纲的要求，合理定位，由长期在教学第一线从事教学工作的教师编写，立足于21世纪经济管理类学科发展的需要，深入分析经济管理类专业本科学生现状及存在问题，探索经济管理类专业本科学生综合素质培养的途径，以科学性、先进性、系统性和实用性为目标，其编写的特色主要体现在以下几个方面：

（1）关注经济管理学科发展的大背景，拓宽理论基础和专业知识，着眼于增强教学内容与实际的联系和应用性，突出创造能力和创新意识。

（2）体系完整、严密。系列涵盖经济类、管理类相关专业以及与经管相关的部分法律类课程，并把握相关课程之间的关系，整个系列丛书形成一套完整、严密的知识结构体系。

（3）内容新颖。借鉴国外最新的教材，融会当前有关经济管理学科的最新理论和实践经验，用最新知识充实教材内容。

（4）合作交流的成果。本系列教材是由全国上百所高校教师共同编写而成，在相互进行学术交流、经验借鉴、.取长补短、集思广益的基础上，形成编写大纲。最终融合了各地特点，具有较强的适应性。

（5）案例教学。教材具备大量案例研究分析内容，让学生在学习过程中理论联系实际，特别列举了我国经济管理工作中的大量实际案例，这可大大增强学生的实际操作能力。

（6）注重能力培养。力求做到不断强化自我学习能力、思维能力、创造性解决问题的能力以及不断自我更新知识的能力，促进学生向着富有鲜明个性的方向发展。

作为高要求，财经管理类教材应在基本理论上做到以马克思主义为指导，结合我国财经工作的新实践，充分汲取中华民族优秀文化和西方科学管理思想，形成具有中国特色的创新教材。这一目标不可能一蹴而就，需要作者通过长期艰苦的学术劳动和不断地进行教材内容的更新才能达成。我希望这一系列教材的编写，将是我国拥有较高质量的高校财经管理学科应用型教材建设工程的新尝试和新起点。

我要感谢参加本系列教材编写和审稿的各位老师所付出的大量卓有成效的辛勤劳动。由于编写时间紧、相互协调难度大等原因，本系列教材肯定还存在一些不足和错漏。我相信，在各位老师的关心和帮助下，本系列教材一定能不断地改进和完善，并在我国大学经济管理类学科专业的教学改革和课程体系建设中起到应有的促进作用。

劉詩白

2007年8月

刘诗白　现任西南财经大学名誉校长、教授，博士生导师，四川省社会科学联合会主席，《经济学家》杂志主编，全国高等财经院校资本论研究会会长，学术团体“新知研究院”院长。

序

为贯彻落实党的“十七大”提出的“提高自主创新能力，建设创新型国家”和“促进以创业带动就业”的发展战略，2010年教育部下发《关于大力推进高等学校创新创业教育和大学生自主创业工作的意见》，成立了“2010—2015 年教育部高等学校创业教育指导委员会”，重点开展高校创新创业教育的研究、咨询、指导和服务相关工作，并组织专家起草了《高等学校创业教育教学基本要求》(讨论稿)，以及《创业概论》课程教学大纲(讨论稿)。对大学生进行创业教育，培养具有创新精神和创造、创业能力的高素质人才是当前高等学校的重要任务。

开展创业教育，离不开教材的开发和建设。大学的创业教育，受众广大，层次多样，创业教育与职业教育、专业教育的结合是一种趋势；创业教育在突出创业管理的一般规律时体现区域特色也是一种优势。我国创业教育起步较晚，尽管创业教育的教材已经有许多品种和类别，但国内创业教育的教材总体上还处于引进、消化和本土化的过程中，还不能完全满足大学生创业教育的多样化需求。刘沁玲、陈文华等是我熟悉的一批作者，他们多年来关注创业研究，积极参加国内外创业研究和教育方面的各种会议，广泛交流合作，在各自高校积极开展创业教育工作，不断探索创新教学方式、方法。他们合作完成的这本《创业学》教材是多年探索的成果。

这本《创业学》教材，在内容组织上，考虑大学生学习创业的特点，不仅关注机会导向，而且更重视创新和发展，引导学生在知识的融会贯通和创意设计的基础上，为国家经济和社会发展做出更大的贡献；在结构安排上，遵循大学生创业学习的特点和创业过程，引导学生逐步提升对创业现象、创业过程的认识和理解，把握创业规律，从而选择理性创业，避免盲目性和减少风险；在案例选择上，注重中国大学生创业案例、科技创业案例和网络创业案例的选用，倡导用大学生创业的事实从共鸣中感染教育大学生，培养大学生敢于创业的意识和积极主动的精神；在实践环节设计等方面，尽量适合中国大学生创业学习的需要，为提升大学生的创业技能提供有效指导。我认为本书有几个显著特点，愿与读者朋友共同分享。

第一，本书突显培养创新型创业人才特点，符合大学生创业学习发展规律和创新型国家建设的需要。大学生是知识型群体，是建设创新型国家和科技创新、创业的主力军。他们不仅要学会自己生存、创造价值，更要对国家的发展和社会进步承担责任。这本《创业学》的内容集中于关注和支持他们的成长，为国家培养更多的创新型创业人才。例如，本书强调要引导大学生做好创业生涯准备，追求创新和创造就业，而不是职业生涯规划；要运用知识、技术和智慧构思创意去创造新的市场机会和价值，而不是仅为了个人生存去瓜分现有市场；在追求个人事业发展的同时，更要关注社会创业，为国家和社会发展做出更大贡献。另外，本书加强了知识创业的特定需要和创意理论等知识点的学习。

第二，概念表述清晰易懂，理论与实践紧密结合，有利于提高教学效果。本书的作者都是长期从事创业研究的学者，并且一直致力于创业学教学理论和教学方法改革研究，其研究成果也具有一定影响。在本书的写作中，作者在自己研究成果的基础上，吸收国内外最新的研究成果，并结合长期的教学经验积累，使这本《创业学》的理论体系、关键概念更加清晰，案例分析和实践教学安排得当，更加符合教育规律。例如，对创业学基本理论中的关键概念、各主要学派的观点等进行了清晰的表述；在各章节中结合知识点的学习安排了多个案例供学生思考、分析和研究；在各章后安排问题思考和实践训练，使学生能够及时把理论和实践紧密结合起来，有利于提高创业学习效果。

第三，吸收国内外最新研究成果，突出本土化特色，适合中国大学生创业学习的特点。本书的理论体系、关键概念等吸收了国内外最新研究成果，案例选择和实践训练等不仅考虑有别于发达国家的中国国情、经济环境、文化特色等，也关注中国大学生的个性特征、创业愿望、创业文化和创业学习特点。特别是在案例选择和研究方面，尽量选择和编排了近年来中国大学生创业成功与失败的典型案例，贴近现实和国情。当然，在每章之后也编排了相关知识链接和著名创业网站，方便学习者吸收国内外的先进理念和研究成果，结合中国环境特色，选择自己的创业之路，为建设创新型国家和促进就业做出更大贡献。

总之，这些长期在教学一线从事创业教学和科研的教师们，从他们了解的大学生需求出发，从解决他们开展创业教育教学经常碰到的一些问题入手，为中国大学生提供本土化、理论体系完整的高质量《创业学》教材做出了新的探索和努力。我相信，这本理论上循序渐进并突出案例教学的创业学教材，对大学生、有志于创业的年轻人和正在创业的创业者们，在学习创业知识、提升创业技能、培育创业精神、解释创业疑难等方面都会起到有益的作用。

张玉利
南开大学创业管理研究中心
2012年1月30日

前　言

1. 构建创业型社会需要创业教育

创业型经济的发展对社会产生了重要影响。创新精神和创业活动的兴起使整个社会更加关注人的发展。社会总体创新精神和创业活动的快速增长，给企业和机构更大的社会压力。创业经济社会中的小企业、任何个人都有可能通过创业登上财富榜。这种依靠个人奋斗成功的故事，激励着更多的人从事创业活动。管理学大师彼德·F·德鲁克在《创新与创业精神》一书中宣称："我们所拥有的是一种崭新的创业型经济。"自20世纪70年代中期以来，美国的经济体系发生了深刻变化，从"管理型"经济转向"创业型"经济。创新精神和创业活动在方方面面影响着社会、组织和每一个人。

驱动创业型经济发展的主要因素是企业家的创意、创新与创业活动，其主要特征是具有强势的创业活力，产生更多的创业者、创新产品和专利，这需要更多的人参与创业活动，形成创业型社会。而创业型社会不会偶然产生，需要我们去构建和发展。建设创业型社会需要政府鼓励创业的政策、强势的创业文化，更需要普及创业教育，使更多的人具备创业意识、创业精神和创业能力，从潜在的创业者转变为现实的创业者。美国创业型经济的发展离不开政府通过教育体制对创业者的培养，发展创业型经济，应该从培养整个群体的创业技能和价值观入手。中国的创业环境正在逐步得到改善，"建设创新型国家"、"以创业带动就业"等重大战略的实施，也需要创业教育的支持和推动，使公民普遍提高创业素质。

2. 建设创新型国家需要大学生提高创业能力

我国正在实施"建设创新型国家"、"以创业带动就业"等重大战略。学者普遍认为，大学生创业能创造更多的贡献，包括对就业、创新、企业成长的贡献，大学生创业活动对经济价值和社会的影响要远远大于一般的创业者。因此，应该通过创业教育和培训普遍提高大学生的创业能力，以促进国家重大战略的实施，极大地增强国家竞争力。

清华大学中国创业研究中心公布的"全球创业观察(GEM)2010中国报告"的信息显示：中国的创业活动在全球仍然属于活跃状态，在全球创业观察的60个参与成员中排名第15位，高于像美国、英国、法国、德国这些发达国家；而高学历创业者(指获得大专及以上学历的创业者)的创业活跃程度排在第22位，即高学历创业活跃程度显示了较弱的状态。"全球创业观察2010美国报告"显示：美国大专以上及研究生学历的创业者比例较高，占企业家样本的55%，而受教育程度较低的人创业可能性很低，并且31.9%的机会型创业企业开发了创新产品。这也可能是美国的创新专利多、快速转型为创业型社会的一个重要原因。报告认为：中国大学生的创业活动虽以机会型创业为主导，但创业能力存在不足。有近90%的大学生创业者选择顾客服务类行业，有35%的大学生认为，"对失败的恐惧妨碍创业"。这就需要中国高校进一步深化创业教育改革，提高创业学教学效果，消除大学生对创业的恐惧心理，提升高学历创业者的创业能力和创业活跃程度。

《教育部关于做好2011年全国普通高等学校毕业生就业工作的通知》指出："全面开展

创新创业教育和创业实践活动。教育部将积极推进创新创业教育教学改革项目；各地要积极推动高校建设创业教育基地，设立创业教育资金，开展示范校评选，编写教学基本要求和教材，推广创业教育优秀成果。高校创新创业教育要面向全体学生，结合专业教学，融入人才培养全过程；广泛开展创业讲座、创业大赛等实践活动，提高学生的创业素质和创业能力。”根据教育部的指示，我们一直在教学一线认真履行自己的职责。本书是我们长期不懈努力的成果之一，也是对中国高校创业教育的贡献。正如彼德·F·德鲁克指出：“在我们这个社会里，要引进急需的创业精神。现在该是轮到我们对创新和创业精神付出努力的时候了：制定原则，努力实践并形成学科。”我们正在为此辛苦地努力工作。

3. 本书的结构特色和教学建议

本书的写作目的是为中国大学生提供本土化、理论体系完整的高质量《创业学》教材。为此，我们在案例选择、内容安排、实践环节等方面注重适合中国大学生创业学习的需要，并强调概念、理论的科学化和系统化。本书结构遵循大学生创业学习的特点和创业过程进行组织，这种编排顺序有利于分阶段学习，像一个登山的过程，逐步提升对创业现象、创业过程的认识和理解，把握创业规律，从而选择理性创业，避免盲目性和减少风险。在内容安排上，我们考虑大学生学习创业，不仅要关注机会导向，而且更要重视创新和发展，引导学生在知识的融会贯通和创意设计的基础上，为国家经济和社会发展做出更大的贡献，这也是本书内容的一个特色。我们将其分为 5 个部分 12 章，分别是：

第一部分　成长为创业者
第二部分　开发商业创意
第三部分　拟订商业计划
第四部分　创建新企业/事业
第五部分　创业发展/创造价值

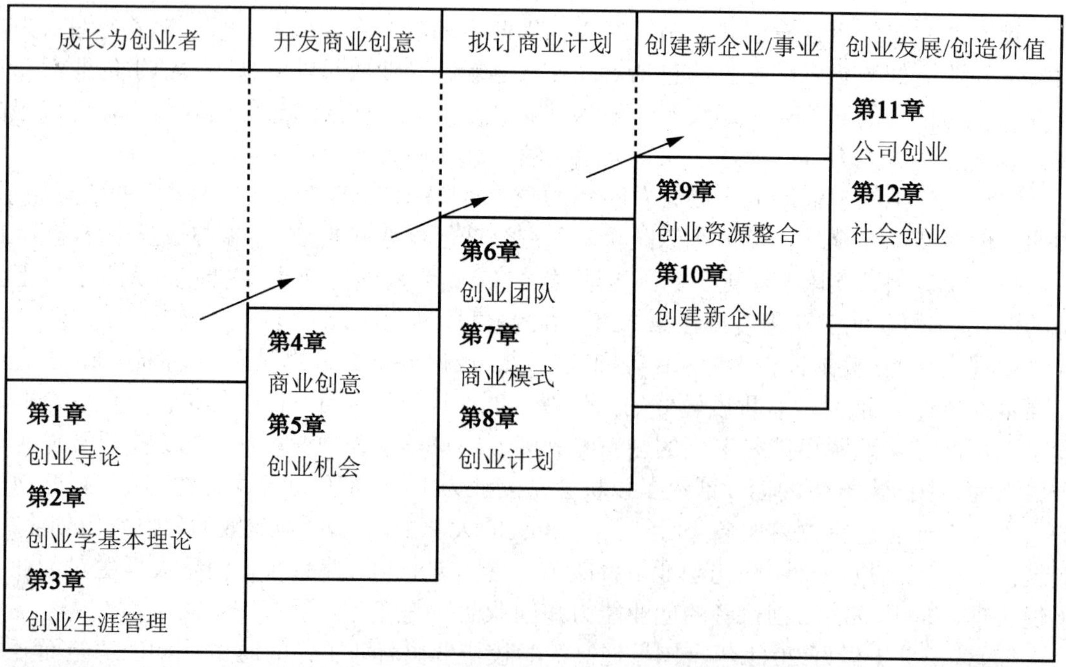

教师可以采用模块式分阶段教学方法，引导学生一步一步地完成学习任务。每完成一个模块的学习，可以采用规划创业生涯、设计商业创意、组建创业团队来共同完成创业计划、创造性地组织资源以及创造价值等实践活动，使学生及时巩固和应用所学到的知识。我们 10 多年的教学实践证明，学生不仅可以掌握创业学知识、了解创业过程，而且可以熟悉运作方法。同时也激发了大学生学习创业的浓厚兴趣，启迪他们积极主动地运用创新性思维去发现和捕捉机会，真正具备自主创业的能力。正如彼得•F•德鲁克所言："创业并不神秘，它与基因无关，它和其他学科一样能够学会"。我们相信，通过本书的学习和实践，能够帮助大学生有效提升创业能力。

在中国高校，集聚了一大批以创业精神开拓创业教育的学人，我们只是其中的一部分。我们以创业的精神开发《创业学》课程，付出了太多的心血和努力。本书的完成吸收了国内外最新研究成果，结合我们在创业方向 10 多年累积的教学经验和数十项教学改革研究成果，经多次修改、补充和完善，终于形成了适合中国大学生学习的本土化、理论体系较完整的高质量教材。本书的主要作者是：第 1～4 章、第 8 章：刘沁玲教授；第 5 章：宗利永博士；第 6 章：刘玉来教授、刘婷博士；第 7 章：陈文华教授；第 9 章：郝继伟副教授；第 10 章：詹强南讲师；第 11 章：齐玮娜讲师；第 12 章：喻林副教授。刘沁玲教授对本书的各章节内容进行了精心设计和编排，陈文华教授对本书的组织写作提供了许多支持和帮助，南开大学博士生导师、商学院院长、创业研究中心主任张玉利教授对我们的教学改革和研究工作以及本书的完成给予了长期的支持和精心指导。

4. 致谢

本书的完成先后得到了来自教育部高教司、南开大学创业研究中心、清华大学创业研究中心、北京航空航天大学创业研究中心等各级领导和专家多方面的指导和支持。特别是刘沁玲教授 2007 年在南开大学访学期间，得到了导师张玉利教授的精心指导，同时创业研究中心成员的创业精神和学术氛围对作者影响颇深。我们也得到了各级政府、教育厅、学校在政策和研究基金等方面对教学改革和研究工作的直接支持。各种学术会议为我们的教学和研究提供了学习和交流的机会，在此对促进中国高校创业教育发展做出贡献的国内外专家学者表示衷心的感谢！特别要感谢以下教授的指导和支持：

南开大学博士生导师、教育部创业教育指导委员会专家	张玉利教授
清华大学博士生导师、中国科学学与科技政策研究会理事长	曾国屏教授
清华大学博士生导师、教育部创业教育指导委员会专家	高建教授
北京航空航天大学校长助理、教育部创业教育指导委员会专家	张竹筠教授
北京师范大学博士生导师	张曙光教授
北京航空航天大学创业教育中心主任	张林教授
华中科技大学博士生导师	钟书华教授
江西省高等院校创业教育研究与指导中心主任	关小燕教授
河南省教育厅原高教处处长	张光明博士

刘沁玲　陈文华

2012 年 5 月

目　录

第 1 章 创业导论

本章教学目标与要求

(1) 了解中国古代的创业活动;
(2) 了解 20 世纪 80 年代之后的创业发展;
(3) 把握创业经济的含义及特征;
(4) 理解创业对经济发展和促进就业的重要作用;
(5) 了解创业教育的兴起与发展;
(6) 理解创业教育的含义和作用;
(7) 了解政府鼓励大学生创业的优惠政策;
(8) 学习新型大学生创业的楷模。

本章知识架构

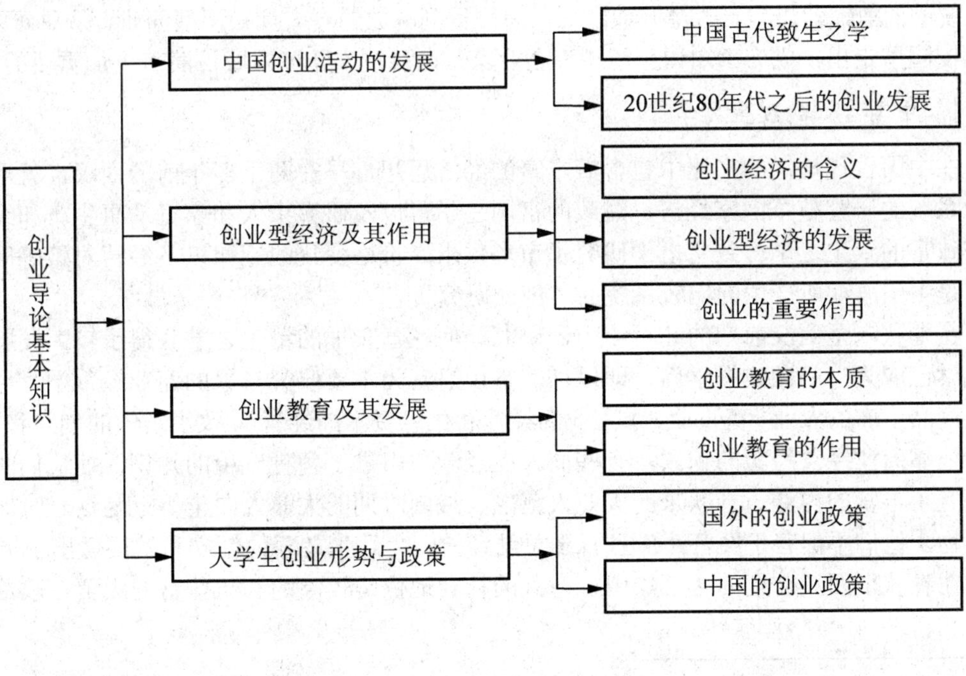

我们正处在一场静悄悄的大变革中——它是全世界人类创造精神和创业精神的胜利。我相信它对21世纪的影响将等同于或超过19和20世纪的工业革命。

——杰弗里·蒂蒙斯

创业是推动经济增长和促进就业的真正动力，然而，人们对创业重要作用的认识和理解经历了漫长的时期。随着国际竞争的加剧和对创新的需求，政府和学者越来越重视对创业现象和创业教育的研究。创业型经济的发展、创业教育概念的提出、各国大力发展创业教育和创业型经济，以及政府支持大学生创业的政策等，都为大学生创业学习和创业发展提供了良好的环境和条件。

1.1 创业活动与创业型经济的发展

从传统经济到创业型经济，人类经历了漫长的过程。随着世界经济的发展和竞争加剧，各国创业活动越来越活跃。改革开放后的第一代创业者经历了艰难的创业历程，为中国经济发展做出了重要贡献。新一代知识型创业阶层的崛起，成为促进经济、社会发展的主要力量。

1.1.1 中国创业活动的发展

中国早期的创业活动和创业思想伴随着文化的发展同样具有悠久的历史和丰富的内容。古代的致生之学研究的就是个人和家庭从事生产、经营、发家致富的方法，以及与农业联系紧密的商业意识等。无论是弃政从商、以经营之术授徒，还是大商人参与政治活动，都说明中国古代就有一些文化学术素养高的人加入到工商业经营者的队伍中，并形成了比较系统的商业经营思想。改革开放之后，思想得到解放的一大批知识型创业者从科研单位、大学校园里走出，成为“知识分子型”企业家，在科技、经济领域扮演着更加重要的角色。

1. 中国古代的致生之学

在中国古代灿烂的文化中包含着丰富的经济思想，早在两千多年前的西汉，就形成了较为系统的研究整个国家经济、财政的富国之学，以及研究个人和家庭从事生产和经营以发家致富的致生之学。致生之学研究了市场供求、价格变化的规律以及经营对策等问题，应该是中国早期所产生的比较系统的“创业研究”。

在春秋末至西汉前期的几百年中，研究如何经营管理的治生之学获得了较大发展，致生之学已成为一门独立的学问，即以增值货币财富为主要研究对象的商业经营学，也包括从事商品生产的农业、畜牧业、手工业的经营和生息资本的经营①。致生之学的创立和发展，主要依靠商业经营经验的积累，有些商人在经营中引进了各种有用的知识，使他们的经营经验有了丰富的内涵。春秋末的大商人范蠡、战国时期的大商人白圭等人是这一时期的代表人物，他们不但善于经营，而且善于总结经验，为致生之学的创立和发展做出了贡献。

在春秋至西汉前期的几百年中，商人的社会地位是较高的。一些富商大贾在政治上也

① 石世奇. 中国传统经济思想史[M]. 北京：北京大学出版社，2005：17.

有一定地位，他们“能行诸侯之贿”(《国语·晋语》)，“因其富厚，交通王侯”(《汉书·食货志上》)。一些商人主动参与政治活动，战国末期阳翟大贾吕不韦“立主定国”为秦相就是大商人参与政治活动获得成功的一例。一些文化学术素养较高的人也参加到工商业经营者的队伍中来。越王勾践的谋臣范蠡弃官从商，称陶朱公，19年中三致千金。孔子的弟子子贡，即端木赐，很有才干，长于言谈，善办外交，也很会经商。孔子说：“赐不受命，而货殖焉，亿则屡中”，就是说他善于预测市场行情。范蠡、子贡都因善于经商而成为商人的典范，后来有了所谓的“陶朱事业，端木生涯”的说法。

白圭是一个很有学问的商人，他有比较系统的商业经营思想，善于总结自己的经验和别人的经验，善于进行一定的理论概括，并且还以经营之术授徒，只向他认为有培养前途的人传授致生之术，对于不具备经营者基本素质的人，他是不教的，“虽欲学吾术，终不告之矣”。白圭说：“吾治生产，犹伊尹、吕尚之谋，孙吴用兵，商鞅行法是也。”把政治谋略、兵法、法治等学问运用到经营中去。在预测农产品市场时，白圭还运用了当时的天文学、气象学知识。可以说，中国古代的致生之学是在广泛吸收其他有关学问的基础上发展和丰富起来的①。白圭认为，从事商业经营，必须具备智、勇、仁、强四种品质。智，即要具有随机应变的智慧；勇，即要有不失时机、当机立断的勇气；仁，即为了取得钱财，善于取予；强，即要有所守，有耐心，善于等待，稳得住。如果不具备这些品质，而是“其智不足与权变，勇不足以决断，仁不能以取予，强不能有所守”是经营不好的。因此，对经营品质的研究也是当时致生之学的内容。司马迁说：“盖天下言治生祖白圭”，讲求经商致富之道的人，都奉白圭为鼻祖。

北魏贾思勰(公元386—543年)所著的《齐民要术》讲述的范围并不囿于农业，还涉及了和农业联系紧密的经济范畴和商业意识。例如，书中曾介绍，楚威王向赫赫大名的商人陶朱公请教致富之术时问：“听说你一会儿打鱼、一会儿贩卖，很容易就赚到上千万的钱，家藏亿金用的是什么办法呢？”陶朱公回答说：“赚钱谋生的方法很多，湖泊地区，水产养殖是5种办法中的一种。”威王依计在后苑挖池养鱼，当年就得钱三十余万。又如在介绍建议农民种植蔬菜时，如果离城近，就一定要多种瓜、菜、茄子等，既可以满足自己的需求，剩余的还可以拿到城里销售，获取利润。可见，此书的目的在于使农民生活富足，国家增加财政和赋税收入，因此不但介绍了稳产、高产的科学方法，而且也提到了一些致富的经验。因此，可以认为《齐民要术》是一部专从富家角度研究致生之学的专著。

汉武帝以后，封建制度巩固了，中央集权加强了，封建经济的发展缓慢，工商业发展受到限制，商人的社会地位降低了，读书人耻言经商，经商之道不能登大雅之堂，商人的文化学术素养降低了，中国古代致生之学的黄金时代终结了②。

知识链接

范蠡(公元前536—前448年)，陶朱公，人称富甲陶朱。春秋时期越国的大政治家、军事家和经济学家，今河南南阳人。公元前496年前后入越，辅助勾践20余年，成为辅助勾践灭吴复国的第一谋臣。勾践复国之后，他了解勾践是一个可以共患难但不能同安乐的人，于是他毅然弃官而去，堪称历史上弃政从商的鼻祖。《史记》中载“累十九年三致千金，财聚巨万”。但他仗义疏财，他赚了钱，就从事各种公益事业。他的行为使他获得“富而行其德”的美名，成为几千年来我国商人从事公益事业的楷模。

---

① 石世奇. 中国传统经济思想史[M]. 北京：北京大学出版社，2005：18-26.

② 石世奇. 中国传统经济思想史[M]. 北京：北京大学出版社，2005：18-26.

白圭(公元前 463 年—前 385 年)，人称智慧商祖。战国东周洛阳人，梁(魏)惠王时在魏国做官，后来到齐国、秦国。他对政治产生了很深的厌恶，于是放弃从政，转而走上经商之路。《汉书》中说他是经营贸易发展生产的理论鼻祖，即“天下言治生者祖”，先秦时商业经营思想家，同时他也是一位著名的经济谋略家和理财家，诸如“人弃我取”、“知进知守”等他提出的经商理论至今对现代理财仍有指导意义。

端木子贡(公元前 520 年—？)人称儒商鼻祖。春秋末期卫国人，今属河南省鹤壁市浚县。他是孔门七十二贤之一，也是“孔门十哲”之一。子贡虽出儒门，却懂经商之术。多年的经商活动使他积累了大量的财富，这为孔子与其门徒的周游列国活动提供了有力的经济保障。历史上多用“端木遗风”来形容经商致富之人。他利口巧辞，善于雄辩，且有干济才，办事通达，曾任鲁、卫两国之相，为孔子弟子中的首富。

2. 中国改革开放后创业活动的发展

20 世纪 80 年代之后，随着社会的发展和科技的进步，科学技术成为巨大的生产力，加速了科技成果的产业化步伐，国家的综合国力和国际竞争力越来越取决于教育、科技和知识创新。在市场经济社会中，社会化的商业意识以前所未有的势头迅速崛起，对知识分子的生存和命运造成了重大影响。1984 年 2 月，邓小平提出“科学技术是第一生产力”的观点，极大地鼓舞了知识分子。科学的春天刚刚到来，人们却痛心地发现，由于十年动乱，我国的科学技术与外国的差距被大大地拉开了。一些商学院的教授在教书的同时，也参与企业的运作，成为“知识分子型”企业家。一些科研院所的科研人员把自己的科研成果商品化，从研究员转变为成功的企业家。一大批知识型创业者的崛起，为中国科技与经济发展做出了重大贡献。

(1) 中关村的第一次创业历程。中关村的创业发展始于陈春先提出的“中国硅谷”概念。1980 年 10 月，中国科学院研究员陈春先三次考察美国“128 号公路”后，在新成立的北京等离子学会常务理事会上，针对美国硅谷和 128 号公路科技转化为产品的状况，做了题为《技术扩散与新兴产业》的发言，认为中关村有条件办成“中国硅谷”。他在发言中说：“美国高速度发展的原因在于技术转化为产品特别快，科学家和工程师有一种强烈的创业精神，总是急于把自己的发明、专有技术和知识变成产品，自己去借钱，合股开工厂。……创业的自我满足追求超过了盈利动机。我感兴趣的是这里已经形成了几百亿元产值的新兴工业，得益的显然是社会、国家、地区。相比之下，我们在中关村工作了 20 年，这里的人才密度绝不比旧金山和波士顿地区低，素质也并不差，我总觉得有很大潜力没有挖出来。……我们的科技人员也不是想赚钱，而是想多做实际贡献，不满足于发表文章，开成果展览会。①”北京市科委认为陈的这个想法很好，就借给他 200 元钱，在银行开一个账户。1980 年 12 月，以陈为首的 15 名中科院科技人员在中关村一个仓库的一角，办起了中关村第一个民营科技实体——“先进技术发展服务部”。

这个实验引起了不少争议，触动了国家有关部门。陈的试验对计划经济体制下的科研秩序和思想观念是一个巨大的挑战和冲击，一度受到许多非议：扰乱了科研秩序，打乱了科研人员的思想，腐蚀了科研队伍，要抢夺无产阶级专政的社会基础，是中产阶级的苗子等一系列大帽子。部门甚至被查封，承受了很大压力。

1982 年 10 月，党中央和国务院提出“经济建设要依靠科学技术，科学技术工作必须面向经济建设”的社会主义现代化建设的基本方针，科技人员转向经济、兴办高技术企业

① 龙翔. PC 20 年[J]. 知识经济，2005(3)：76.

是社会主义现代化建设的需要，是改革开放的大势所趋，从理论上解决了中关村的争议。1983年1月，中央有关领导同志就中关村的争议作了批示，认为陈春先同志带头创造新局面，可能走出一条新路子，肯定了中关村科技人员对这一新生事物的积极探索。从此，中关村民营高技术企业从无到有，以其特有的生命力，开始了艰辛的第一次创业历程，一批教授、科学家转变为新时代的创业先锋。

1983年成立了京海(中科院计算所负责机房建设的工程师王洪德“负气”在会上说：“从明天起我决定离开计算所，最好领导同意我被聘请走，聘走不行借走，借走不行调走，调走不行辞职走，辞职不行的话，那你们就开除我吧。”他离开计算所创办了京海)、科海(中科院物理所“管档案”的陈庆振感觉“科技成果仅存在档案里太可惜”，于是创办科海)。1984年成立了四通(中科院计算中心万润南等7位科技人员向海淀区四季青乡借贷2万元，创办了四通新技术开发有限公司)、信通(中科院科学仪器厂金燕静创办)。1984年11月，柳传志领导的中科院计算机研究所的11个人创办了新技术发展公司(联想集团的前身，在不到20平方米的传达室里开始创业，为了生存，倒腾过彩电、旱冰鞋、布匹)。

1985年，《中共中央关于科技体制改革的决定》充分肯定了这一改革的新生事物，中国科技知识分子的开创性实验为我国改革科技体制做出了贡献。到1986年底，中关村各类开发性公司已近100家，逐渐形成了闻名中外的以开发、经营电子产品为主的民营科技企业群体——“中关村电子一条街”。1987年中共中央组织有关单位对中关村的科技企业状况进行了调查，形成一份调查报告，充分肯定了科技创业取得的成绩，总结了科技创业对科技体制改革、教育体制改革、经济体制改革的重大意义，并提出了建立中关村科技工业园区的建议。1991年国务院批准成立第一批高新技术开发区，国内科技创业的形势有了大的改变。

在这一时期，中国知识型创业者承受了巨大的政治风险和压力，经历了非常艰难的创业历程。但是，他们对中国科技与经济发展的探索和贡献得到了政府的肯定和支持，在市场经济的大潮中得到了锻炼，找到了自己的发展道路。

(2) 新一代科技创业热潮。1992年邓小平南巡，在珠海、深圳考察民营企业雅芳、生化，和民营企业家照相、握手，说这里姓“社”，姓资姓社的问题一下子解决了。全国掀起了第二次科技创业热潮。三个有利于的提出，给知识创业者极大的鼓舞，科学家下海创办科技企业，就是发展生产力、提高国力、提高人民生活水平。1991年，民营科技企业是2600家，1992年底达到5 180家，而且技工贸总收入迅速增长，科技人员像大潮一样涌向市场。

第一代创业者——产品研发(20世纪80年代)：靠一段源程序写出风靡一时的高科技产品，例如方正的王选、联想的倪光南、四通的王缉志、金山的求伯君等；靠一个配方平地起一家企业，如健力宝的李经纬、三株的吴炳新、红桃K的谢正明等；靠设计追求产品质量发展，如海尔的张瑞敏、科龙的潘宁等。

第二代创业者——市场开发(20世纪90年代)：联想的杨元庆、娃哈哈的宗庆后、TCL的李东生、苏宁电器的张近东、国美的黄光裕等。他们利用超人的商业智慧和胆识开辟了中国广阔的市场，成为各自行业的开拓者和领导者。

第三代创业者——网上创业的新生代(21世纪)：创建搜狐的“中国首富”张朝阳、创建阿里巴巴网络商业新模式的马云、网易创办者及网易首席架构设计师丁垒、盛大网络总裁陈天桥[①]。他们的鲜明特点是高学历、高成长、高收益。

---

① 林军. 新知识英雄[J]. 知识经济，2005(4)：1.

新一代知识型创业阶层成为促进中国现代化、民族振兴的强大力量。他们是大学教授、大学学生、高级专业技术人员、建筑师、经理、律师、医生、股票经纪人、商业营销人员、私人企业中的技师、自由职业者等知识型企业家，他们依靠所受的教育、专业技能、知识和智慧，能够在市场经济竞争中处于优势地位，不仅能在短时间内创造巨大的财富，而且能创造众多新的就业岗位，在实现科学发展和建设和谐社会方面扮演着更加重要的角色，成为促进国家科技经济发展、增强国家竞争力的主要力量。

(3) 新生创业者呈现年轻化、知识化趋势。2009 年 7 月—9 月，南开大学创业管理研究中心的研究项目——中国创业动态跟踪调查(China Panel Study of Entrepreneurial Dynamics，CPSED)首轮调查在北京、天津、杭州、广州、成都、武汉、沈阳和西安 8 个城市同步开展，电话访问了 22045 人，识别出新生创业者 974 名。调查数据显示，2009 年，中国新生创业者以男性为主体，占 67.9%，25～44 岁的新生创业者构成主体，达到 61%，其中 63.6%的新生创业者受过高等教育。调查数据说明中国的新生创业者呈现了年轻化、知识化的趋势，多数新生创业者接受过大学专科以上高等教育，大学生自主创业的比例显著提高，见表 1-1。

表 1-1　新生创业者的学历、专业统计情况(%)

性别	男	67.9	大专以上学历所学专业	文史哲法律	18.1
	女	32.1		经管	35.1
年龄	18～24 岁	27.6		理工农医	43.3
	25～34 岁	43.7		其他	3.5
	35～44 岁	17.3	创业前职业	农民	5.2
	45～54 岁	8.0		工人	9.2
	55 岁及以上	3.4		公司或企业职员	43.8
	平均年龄	31.0		教师	1.7
文化程度	初中及以下	9.2		下岗工人	4.7
	高中	27.3		科研人员	1.5
	专科	27.3		军人	1.2
	本科	31.8		学生	15.3
	研究生及以上	4.4		其他	26.6

资料来源：南开大学创业管理研究中心. 创业动态跟踪调查项目系列调研报告之三：中国新生企业创业活动缩影，2009 年.

1.1.2　创业型经济及其重要作用

社会转型和技术进步的加快引发了新一轮创业热潮，创业活动成为经济发展和社会进步的重要推动力量，导致社会经济增长范式发生重大变化。一些发达国家鼓励创新与创业，发展创业型经济，由传统经济转入创业型经济发展阶段。杰弗里·蒂蒙斯在《战略与商业机会》一书中指出，在过去的 30 年里，新的创业一代彻底改变了美国和世界的经济和社会结构，并为未来的几代人设定了“创业遗传代码”。它将比其他任何一种推动力量更能决定美国和整个世界的生活、工作和学习方式，并将继续成为下一世纪或几个世纪的领导力量。美国发生的创业革命催生了创业型经济。

1. 创业型经济的含义及特征

(1) 创业型经济概念的提出。20世纪70年代中叶以后，创业现象成为西方学者关注的焦点。许多研究发现，随着社会的快速发展，创业活动日趋活跃，中小企业蓬勃发展，在就业、创新和区域发展等方面的贡献越来越突出。特别是美国，高水平的创业活动成为其经济发展最重要的战略优势。彼得·F·德鲁克率先把这一现象概括为“创业型经济”(Entrepreneurial Economy)。他认为，人们需要一个创业型社会。在这个社会中，创新与创业将是十分平常、相对固定、持续不断的工作……成为人们的机构、经济和社会赖以生存的主要活动。要想达到这个目标，就需要所有机构的主管人士把创新和创业视为组织中以及自己工作中一种平常的、不间断的日常活动或实践。创业型社会的出现可能是历史上的一个重要转折点。德鲁克在《创新与创业精神》一书中宣称，“自20世纪70年代中期以来，美国的经济体系发生了深刻变化，从‘管理型’经济转向于‘创业型’经济”①。创新精神和创业活动在方方面面影响着社会。在过去的几十年里，美国的工作岗位创造和增长转向一个全新的领域。原先工作岗位的提供者不断减少就业岗位数量，《财富杂志》500强企业自1970年前后起，固定工作逐年减少，到1984年，至少减少了400～600万个就业岗位。而新创不足20年的中小企业提供了至少4 000万个就业岗位。美国每年新注册的公司多达60万家，大约是20世纪五六十年代经济繁荣时期的7倍。德鲁克认为，“我们所拥有的是一种崭新的创业型经济。”我们有理由相信，尽管形式不同，日本、西欧等也将产生类似的发展。“全球创业观察”的研究表明，GDP增长差距的大约30%可以归因于创业活动水平的差异。

(2) 创业型经济兴起的原因。创业型经济是知识、技术、管理、资本与企业家精神相互交融的新型经济形态，创业型经济兴起的原因可以从几个方面进行考察。宏观方面的原因主要包括：经济全球化带来的机遇与挑战，各国政府为了抓住发展的机遇，迎接全球性的挑战，通过积极推动创业来培育新兴力量以增强竞争优势；由生物医药、光电子信息、航空航天技术、新能源、新材料等新兴高科技产业的推动，科技创业活动日益成为经济增长的技术基础；经济体制、市场体制的变革，以及各国政府纷纷出台扶持和鼓励创业的政策，推动了人们的创业热情和创业活动的开展。微观方面也存在一些原因：劳资关系的变化、缺乏工作安全感使很多人想摆脱被雇佣的环境，走上自主创业的道路；公民受教育程度提高，独立自主、成就欲和社会责任感使更多的知识创业者有能力利用自己的知识和技术开创新事业；市场结构的变化、经营灵活性使中小企业在资源整合、技术开发和行动反应等方面比大企业更具市场适应能力，有利于增强组织的灵活性和提高生产效率。

(3) 创业型经济的含义。关于创业型经济的研究，目前有几种观点：《全球创业型经济研究报告》认为，创业型经济(Entrepreneurial Economy)相对于管理型经济(Managed Economy)而言，它是基于企业家的创意和创新，以新办“创业型公司”为主要途径，微观上实现企业家个体价值，宏观上促进国家经济发展的一种经济形态。哈佛大学商学院第一位创业管理学教授霍华德·斯蒂文森(Howard H. Stevenson)认为，创业型经济是靠知识创新、创意和创造力推动经济增长的经济模式，提出创业型经济的出现意味着一种新社会经济形态、新“技术——经济”范式的诞生。

① [美]彼得·F·德鲁克. 创新与创业精神[M]. 张炜，译. 上海：上海人民出版社，上海科学院出版社，2002：323.

根据彼得·F·德鲁克的观点和综合分析，相对于管理型经济而言，创业型经济是一种新的经济形态，是基于社会浓厚的创业文化和创业行为的普遍性，通过创业者的创意和创新型创业活动，创办创业型组织，实现创业者价值、组织高速增长、国家经济快速发展的一种经济形态。理解这个含义要把握几个要点：首先，创业型经济建立在公民普遍的创业精神和创业活动基础之上，如果一个国家或地区的人普遍缺乏创业精神，或者愿意创业的人很少，就难以形成和发展创业型经济；其次，发展创业型经济必须依靠创新型创业活动和发展创意产业，更多的人和组织在从事创新型创业活动；第三，通过价值创造实现个人和组织成长，从而促进国家或地区经济高速增长。总之，公民普遍的创业精神和创业能力是发展创业型经济的基础，创新型创业活动是关键，创造价值和高速增长是目的，三者具有本质的联系和相互作用的功能。

(4) 创业型经济的特征。创业型经济的显著特征表现为：创业活动多，因而具有较高的创业启动率；较高的研发投入和人力资本投资，产生更多的创新、发明与专利；创业型中小企业多，实现较高的经济增长。传统的“管理型经济”强调稳定性、专业化、同质性、规模化、确定性和可预测性等要素，而创业型经济更强调灵活性、不稳定性、多样化、新颖性、革新性等要素。与传统经济相比，创业型经济的驱动要素主要是创业者的创意和创新型创业活动。正是由于普遍存在持续的创业行为和众多的高水平创新型创业活动，才推动了创业型经济的发展，实现了国家经济的高速增长。

2. 创业型经济的发展和重要作用

国际经济合作与发展组织、欧洲委员会、亚太经济合作组织等都陆续开始研究各国发展创业型经济的途径，创业型经济成为一个国家或地区经济发展的动力和源泉。欧美发达国家在工业化完成后都积极向创业型经济转型。美国率先发展创业型经济，并成为最先受益者，硅谷奇迹就是发展创业型经济的典范。

(1) 创业型经济的发展。创业型经济典型：硅谷裂变模式。被誉为“硅谷之父”的弗里德里克·特曼教授，担任过斯坦福大学工程学院院长、副校长。1951年，特曼教授倡导创办了世界上第一个高新技术园区——斯坦福工业园，可以说是硅谷的原型。由于土地不能出售，该校采取土地出租的措施为入园企业提供便利。到1970年园内共有70余家企业，全部是高科技企业。每年给斯坦福大学带来600多万美元的租金收入，这为学校的科研机构提供了强有力的资金支持。特曼教授倡导的工业园计划取得了初步成功，为日后硅谷的进一步发展打下了坚实的基础。大学研究实验室与工业园区内的公司之间的技术转移推动了科研成果的商品化；教授、科研人员、大学生与企业的合作，加速了高新技术的发展。斯坦福大学源源不断地向工业园区输送高素质的大学生，工业园区的风险投资基金也为学子们创业提供了资金支持，他们成功地创办一家又一家高科技企业。这样，硅谷的高新技术产业就围绕着斯坦福大学向四周蔓延开来，最终形成了硅谷模式。

1947年，威廉·肖克里与两位科学家合作，在美国电报电话公司贝尔实验室发明了半导体晶体管，1958年这三位科学家共同获得诺贝尔物理学奖。1954年肖克里离开了贝尔实验室，回到母校斯坦福大学附近——硅谷来创业，与8名年轻的工程师共同创办了肖克里晶体管实验室，并成立了肖克里晶体管公司。肖克里虽然是一位卓越的科学家，但在公司管理方面的才能却远不如他在科学研究上的才能，公司几年下来没有太大的起色，于是充满创业精神和冒险精神的 8 名年轻人集体辞职。随后他们合作创办了现在家喻户晓的仙童公司，他们中名叫罗伯特·诺伊斯的合伙人出任公司副总裁兼总经理，这是第一次裂变式的发展。他们对肖克里的背叛开创了硅谷核裂变式的高科技产业的发展道路。1961 年，他们 8 人中的 4 人(包括薛尔顿·罗伯特)离开仙童公司，创办了安纳克尔公司，这制造了第二次裂变。1964 年，他们中的兰赫尼又创办了联合碳化物公司，4 年后，罗伯特·诺伊斯与 8 人中的戈登·茅尔又合作创办众所周知的英特尔公司，从这些后来创办的公司中又分裂出一系列的公司。以仙童公司为起点的这种类似核裂变式的公司衍生模式，是硅谷地区推动高科技发展的典型模式，也称为硅谷裂变模式，它是造就硅谷辉煌的主要因素之一，也是硅谷区别于其他工业园的显著特点之一，更是硅谷精神的生动体现。

目前的硅谷呈现技术多元化的经济，其计算机硬件和存储设备、生物制药、信息服务业、多媒体、网络、商业服务等行业处于世界领先地位。随着经济全球化的进一步推进，硅谷已突破了自我驱动的发展模式，通过吸引全球的资金、人才和出口技术产品，形成了同全球经济高度互动的经济模式。硅谷所开创的高新技术研究开发模式被称为创业经济发展的典型。

知识链接

硅谷的名字取自于半导体的“硅”，是一个高科技经济概念，可以说是高科技创造了硅谷。1874 年，一位美国前国会议员斯坦福来到加利福尼亚买下了一大片土地，并捐出一块面积约为 8800 英亩的土地和 2200 万美元，用来筹建斯坦福大学，并规定学校的土地不得出售。1891 年，斯坦福大学开门迎接第一批学子的到来。斯坦福先生主张大学教育应学以致用，培养能自我成功和在现实中有用的人才，主张课堂与实践、书本与实验室并重，学生不仅要学习知识，更应该将知识运用到为社会服务的实践中去。他还鼓励教授在学校教书的同时到企业兼顾问，了解现实世界的需要。他的办学宗旨成为斯坦福大学的优良传统，也为硅谷未来的成功播下了种子。目前，硅谷中大概 70%的公司是斯坦福的学子直接创办的或者跟斯坦福大学关系密切。

表 1-2　美国二十来岁时创办企业的身价百万的创业者

创业公司	创始人
微软公司	比尔·盖茨和保罗·艾伦
网景公司	马克·安德雷森
戴尔计算机公司	迈克·戴尔
网关 2000 公司	特德·韦特
迈克考手机公司	克雷格·麦考
苹果计算机公司	斯蒂夫·乔布斯和斯蒂夫·华兹耐克
数字调配公司	肯和斯坦·奥尔森
联邦快递	弗雷德·斯密斯
杰耐泰克公司	罗伯特·斯旺森
Plaroid	埃德温·兰德
耐克公司	菲尔·奈特
莲花开发公司	米戎·凯帕

资料来源：[美]杰弗里·蒂蒙斯. 战略与商业机会[M]. 周伟民，等译. 北京：华夏出版社，2002：8.

目前，很多国家都在积极发展创业型经济，特别是发达国家更是采取积极有效的措施来促进创业型经济的发展。英国政府制定一系列政策，促使英国成为世界最佳创业地之一。澳大利亚开展“促进青年创业者”项目，作为“支持澳大利亚国家能力建设的重要一步”。

中国也在积极发展创业型经济，2008 年 11 月，以“创业、创新、就业与科学发展”为主题的首届全球创业型经济论坛在北京举行。论坛发布了《全球创业型经济论坛北京宣言》和《全球创业型经济研究报告》，就创新、创业与经济发展之间的关系、创业型经济可持续发展的新模式等问题进行了深入探讨。2009 年 10 月在北京召开的“第二届全球创业型经济论坛”将创业型经济视为“‘后危机时代’经济发展的新引擎”。北京中关村率先发展创业型经济，一大批高成长型创业企业成为中关村园区高新技术产业发展的主要力量；深圳积极鼓励创业型经济发展，成为全球创业活动最活跃的地区之一；浙江坚持“创业富民、创新强省”路线，高度活跃的创业活动使浙江成为经济大省。很多省市也提出了“全民创业”、优化创业环境的政策和措施，这将使中国创业活动日益活跃。据全球创业观察报告，2007 年中国全员创业活动指数为 16.4%，属于创业活跃国家。目前我国 65%的新增专利、60%以上的新产品开发、75%以上的技术创新、60%左右的 GDP 贡献以及 80%左右的城镇就业是由中小企业完成的。中国提出的“建设创新性国家战略”将极大地推动创业型经济的发展。

(2) 创业型经济的重要作用。比尔·拜格雷夫(Bill Bygrave)通过实证研究指出，美国经济取得成功的秘密是其拥有一种创新与创业的文化，创业精神与创业活动是美国经济最重要的战略优势。拉里·法雷尔(Larry Farrell)认为，发展创业型经济是打赢 21 世纪这场全球经济战争的关键。发展创业型经济对促进就业、经济增长和增强国家竞争力具有极其重要的作用。

首先，创业型经济能够创造更多的就业岗位。20 世纪 90 年代以来，工业新增产值的 76.6%来自中小企业，中小企业提供了 75%的城镇就业机会。2010 年中国国内生产总值要比 2000 年翻一番，之后 5 至 10 年国民经济生产总值每年至少要保持 7%的增长速度，而每增加一个百分点，就会产生 80 至 100 万个就业岗位。互联网、新能源、绿色环保、循环经济、创意产业等新型产业的出现，都会带来更多的创业和就业机会。Bajie 和 Waasdorp 的研究显示，1994—1998 年间，荷兰新创立企业和高速增长公司创造了新工作中的 80%。Storey 和 Johnson 对英国的企业进行研究后，也得出了小企业创造了该国大部分新增就业岗位的结论。

其次，创业型经济有利于实现经济高速增长。提高自主创新能力是从根本上提高国家科技创新能力、建设经济强国的有效途径。通过有效的政策措施引导产业结构调整与升级，促进创新型创业活动、扶持创新型中小企业和高技术中小企业成长，依靠自主创新带动科技进步，进而引领国家经济可持续发展。创业型经济以知识型、创新型、创意型新兴创业企业为主导，从而形成强大的原始创新能力、集成创新能力，持续的技术创新将有力地支撑国家经济高速增长。发展创业型经济需要高水平的创新和创业活动相互促进，以有效利用各种资源，开拓出新产品、新产业、新市场，从而实现经济高速增长。

第三，创业型经济有利于增强国家竞争力。创业型经济更加依赖于创新，各国的竞争聚焦在创业与创新水平上，创业精神和创新型创业活动成为国家竞争优势的重要来源。在创业型经济中，创新创业成为人们的普遍行为和活动，更多的人投入到创业活动中来开拓新的事业，有利于开发新产品、新市场和创造出口等。同时，创业是高新技术最终转化为现实生产力的桥梁，更多的技术创新、发明和专利，累积的和持续的创新无疑会增强国家技术创新能力和国际竞争优势。美国的硅谷模式、中国的中关村和温州模式等极大地增强了地区竞争力。

(3) 发展创业型经济的有效途径。发展创业型经济需要构建创业型社会。首先，全社会都要支持和鼓励创业行为。企业家精神形成于商业领域，但不限于商业实践，它是社会的一部分。作为一种独特的思维和行为方式，创业精神能够在人类行为的任何领域产生作用。由于创业是主流的常规的商业实践，人类应该怎样行动，社会应该怎样运转，创业精神可以反射其社会观点。因此，社会态度、经济政策和法律制度必须支持创造性新事业的运行。如果社会价值弱化创业精神，企业家精神就不能茁壮成长。其次，必须普遍提高创业意识和创业技能。彼得·F·德鲁克在他的《创新与创业精神》一书中指出："创业型经济的出现，不仅是一种经济或科技现象，而且也是一种文化与心理现象。"创业是一种从感知机会到市场，整合自我的自我实现和自我超越行为。企业家精神把梦想和实际融合起来，它需要知识、想象力、感知、执行力、坚持并关注人和社会问题，因此，必须普遍提高公民的创业意识和创业技能。总之，创业型社会不会偶然出现，文化、社会价值、经济政策和行为相互作用并产生效果。因此，必须构建并维护创业型社会，这就需要政府鼓励创业的政策、社会强势的创业文化和普及创业教育。

1.2 创业教育与鼓励大学生创业的政策

发展创业型经济需要普及创业教育、培养创业精神并提升创业能力，特别是要增强大学生知识型群体的创业意识、创业动机和创业技能，这就需要政府加强政策支持力度，采取各种有效措施促进创业。各国政府在这方面做了大量工作，取得了显著的成效。

1.2.1 创业教育及其发展

创业教育是一种新的教育观念，是一种"以人为本"的、培养创业能力的教育。它对人才培养、科技创新、扩大就业、发展经济、增强国际竞争力具有现实的和长远的经济意义和社会意义。伴随着知识经济的到来和高科技的迅速发展，国际竞争不断加剧，加强创业教育已成为世界高等教育改革和发展的新趋势。

1. 创业教育概念的提出

1947年哈佛大学商学院率先开设了创业课程，1971年南加州大学启动了有关创业的工商管理硕士学位教育，1972年又对本科生开设了创业课程。从此，创业教育在大学扎根，到20世纪80年代早期，美国已经有超过300所大学开设了创业与小企业课程①。近20年间，高校创业教育迅速向世界各国蔓延开来。正如彼德·F·德鲁克(1985)指出的："创业神秘吗？它不是魔法，并不神秘，而且与基因无关。它是一门学科，并且像任何学科一样，它能够被学会。"②

---

① Kuratko D F. The Emergence of Entrepreneurship Education: Development, Trends, and Challenges[J]. Entrepreneurship Theory and Practice, 2005, 9:577-597.

② Kuratko D F. The Emergence of Entrepreneurship Education: Development, Trends, and Challenges[J]. Entrepreneurship Theory and Practice, 2005, 9:577-597.

1989年，在北京召开了“面向21世纪教育国际研讨会”，提出了通过教育使青少年学会关心他人、关心社会、关心全球问题。会议报告强调把培养创业能力作为“第三种学业证书”，要求把事业的开拓能力教育提高到与文化科学教育、职业技术教育同等的地位，即未来的大学生都应该掌握3种证书：文化科学知识证书、职业技术证书、创业精神和开拓能力证书。

1995年，联合国教科文组织发表了《关于高等教育的变革与发展的政策》，指出在“学位不等于工作”的时代，高等教育培养的毕业生不应仅仅是求职者，还应该是成功的企业家和就业岗位的创造者。

1998年，联合国教科文组织巴黎首届世界高等教育会议的《21世纪的高等教育：展望与行动世界宣言》提出：“培养学生的创业技能，应成为高等教育主要关心的问题”；发表的《高等教育改革和发展的优先行动框架》强调：“高等教育必须将创业技能和创业精神作为基本目标，以使高校毕业生不仅仅是求职者，而首先是工作岗位的创造者”。

全球创业观察专题报告——全球创业教育和培训观察(Global Perspective on Entrepreneurship Education and Training，2009)报告把创业教育定义为关于普遍的企业家能力的知识和技能的构建，创业培训被定义为准备创办企业的知识和技能的构建。因此，创业培训和创业教育的目的不同，创业培训的目标更加明确，创业教育的目标广泛得多。个体可以在小学、中学和大学接受关于企业家精神的教育和/或者创办企业的培训，这些课程可以成为获得证书、学位或者非学分课程的正规教育计划的一部分[①]。

目前的研究认为，应该从广义和狭义两个角度理解创业教育。从狭义的角度看，创业教育就是教会学生创办企业的教育。有的学者认为，创业教育并不是让所有的受教育者都成为企业经营者，它的着眼点在于培养受教育者的创业精神和社会责任感，提高他们的开拓能力，使受教育者终身受益。因此，创业教育是培养具有开创性的个人，通过相关的课程体系从整体上提高学生的素质和创业能力，使其具有首创、冒险精神，创业能力、独立工作能力以及技术、社交和管理技能。2000年，彭刚出版了《创业教育学》，认为“创业教育是指以开发和提高青少年的创业基本素质，培养具有开创个性的社会主义建设者和接班人的教育；是在普通教育和职业教育基础上进行的，采取渗透和结合的方式在普通教育和职业教育领域实施的，具有独立的教育体系、功能和地位的教育”。从广义的角度看，高校的创业教育应该是在系统的专业教育基础上，使学生将专业知识和创业知识有机结合，综合培养学生的创业精神、开创性个性和创业能力的教育。

2. 创业教育的目标

欧洲委员会报告(2008)认为，创业教育的目标应该是提升创造力、创新和自我雇佣。所以，创业教育的必要性不仅仅是培养独特的商业技能，它能够激发一个人为某个不可能或太冒险的事而奋斗的动机，使个体形成对创业积极的感知和渴望。

美国考夫曼创业中心(The Kauffman Center for Entrepreneurship Leadership)将创业教育定位为：向个体教授创业理念和技能，以使其能识别被他人所忽略的机会，勇于做他人犹豫不决的事情，包括机会认知、风险意识、资源整合、开创新企业和新创企业管理等内容。

① Martinez A C, Levie J, Kelley D J. Global Entrepreneurship Monitor Special Report: Global Perspective on Entrepreneurship Education and Training[R], 2009.

可见，创业教育涉及的内容不仅是“如何创办企业”，更重要的还有：通过新想法和组合资源识别机遇的能力、富有远见和风险管理的能力等。

美国创业教育的主要任务是揭示创业的一般规律，传承创业的基本原理与方法，培养学生的企业家素质；目标是使受教育者具有创业意识、创业个性心理品质和创业能力，以适应社会的变革①。

芬兰教育部发布的报告(A report from Publications of the Ministry of Education, Finland, 2009)声称：“教育部的目标是在芬兰人中增强创业的精神，并使创业成为一种更加具有吸引力的选择。”创业教育的非功利性应当体现为“揭示创业的一般规律，传承创业的基本原理与方法，培养学生的企业家素质，而不是以岗位职业培训为内涵，或以企业家速成为目标”，实践证明功利性的创业教育是片面的，缺乏发展后劲，很难持续发展。创业教育的首要目标是增强学生对新事业创建与管理过程的认知和了解；其次是增强学生职业生涯发展中的创业选择。为此，创业教育的总体目标应该是：通过培养创业意识、理解创业知识、体验创业过程，使大学生能像企业家一样，具备将来创办新事业所需要的特质、知识和技能。

3. 创业教育的重要作用

当廉价劳动力日益成为不可行的优势资源，不再依靠低劳动成本的国家必须以更多的创造性方法替代竞争，创业和创新的数量和质量就成为国家竞争优势的来源。创业教育在培养创业精神、提升创业技能、促进经济增长和增强国家竞争力等方面具有不可替代的重要作用。

(1) 创业教育对形成创业的态度和意图具有助推作用。创业教育对个体态度、行动和雄心的影响引起了决策者、教育者和从业者的特殊兴趣。通常认为，感知创业知识和技能的个体更可能创办企业。尽管知识和技能能够增强创业的成功，但是如果创业的灵感起初没有呈现，这些资源将不会被利用。态度和意图在人的一生的某个时间点对创业的机会助推作用是重要的(Souitaris et al., 2007)。教育和培训对态度的影响的研究发现，对创业的兴趣、态度和感知创办企业的可行性是正相关的。彼得·F·德鲁克(2005)指出，“凡是能够大胆决策的人都有可能经过学习成为企业家，并表现出创业精神”，强调了创业学习和创业教育的重要作用。

(2) 创业教育能够提升创业技能和企业成长的技能。美国小企业管理高级顾问办公室2009年的一项研究发现，学习过创业课程的大学生更可能选择创业生涯、在小企业工作和进行专利发明或者开发创新的方法、服务或产品。研究者认为，作为创业的教育和培训，通过提升创业需要的技能和企业成长的技能，肯定会影响行动2009。例如，教育和培训能够提升人对机会识别和评估的复杂过程管理的认知能力，提供了创业过程的例子和角色模型的班级，个体具备识别、评估和形成机会的能力(De Tienne and Chandler，2004)。

(3) 创业教育在促进创新和经济增长中具有重要作用。2009年“世界经济论坛”(WEF)的“全球教育引导”(GEI)报告强调了创业教育的重要性：“当教育作为经济发展最重要的基础之一时，企业家精神就成为创新和经济增长的主要驱动器。创业教育在形成创业的态

① Martinez A C, Levie J, Kelley D J. Global Entrepreneurship Monitor Special Report: Global Perspective on Entrepreneurship Education and Training[R], 2009.

度、技能和基础文化方面起着根本性作用。……创业的技能、态度和行为能够学会，并且把创业教育贯穿到人的一生，从少年、成人期进入高等教育的学习轨迹是非常必要的。”

4. 创业教育的发展

(1) 美国高校的创业教育。1947 年，哈佛大学商学院的 Myles Mace 教授为 MBA 学生率先开设了“新创企业管理”课程，被认为是美国大学的第一门创业学课程。1967 年，斯坦福大学和纽约大学开创了现代的 MBA 创业教育课程体系，专注讲授财富创造和企业创建知识。1968 年，百森商学院第一个在本科教学中开设“创业方向”课程。1971 年，南加州大学提供了有关创业的工商管理硕士学位。1973 年，东北大学开设了美国第一个创业学本科专业。2005 年以来，几乎所有参加美国大学排名的大学均已开设了创业课程，社区学院、初级学院和一些工程学院也开始开设创业课程，有的大学将其设置为全校必修课。哈佛商学院在该方向开设了 23 门课程，加州大学洛杉矶分校的创业相关课程高达 24 门。20 世纪 90 年代创业教育开始培养创业学方面的工商管理博士，创业教育的学科体系逐步得到完善。美国的创业教育经过了几十年的发展已经趋于成熟，逐步形成一个完整的教学研究体系。

① 创业教育机构。许多高校设立专职创业教育机构，如创业教育中心、创业研究中心等。美国高校管理层对创业教育的高度重视有力推动了创业教育的发展，很多学校的校院级管理者都在创业教育体系中担任重要职务。例如，仁斯里尔理工大学的校长提出的《仁斯里尔规划》中，把创业教育放在重要的位置，商学院院长亲自兼任创业教育中心主任。百森学院的校长、教务长、研究生院院长都是创业教育领域全球著名的学者。

② 创业教育师资力量。美国高校大多配备了雄厚的创业教育师资力量。百森学院有 35 名专职从事创业教育和研究的教师，共计开设 33 门课程。仁斯里尔理工大学有 22 名教师，开设了 20 门课程。伯克利学院从事创业教育的教师有 20 人，共计开设了 23 门课程。美国高校不仅重视教师的创业理论水平，而且非常关注教师的创业实践经验。创业师资不仅包括专家学者，而且还有许多企业家、创业者等，经常聘请这些人担任学校的兼职教师。他们一般以短期讲学、参与案例讨论、参加创业论坛等方式参与学校的创业教育项目。例如，Intel 公司的前任首次执行官、现任董事长 Andrew S. Grove 就从 1991 年开始担任斯坦福商学院的兼职教师，每年秋季开 1～2 门课。再如，斯坦福大学的“创业管理”课程由两位老师(正式的教授和有丰富创业和企业管理经验的客座教授)共同开设。百森学院要求创业教育师资中必须有创业风险投资家、创业家、实业家和初创企业的高级管理人才。他们对创业领域的实践、发展趋势及创业教育社会需求变化有良好的洞察力，对大学生如何开展创业教育有独到的见解。他们的讲课为大学创业教育提供了鲜活的思维，极大地丰富了课堂教学的内容。

③ 创业教育系课程体系。美国高校创业教育系统化的课程涵盖了创业构思、融资、设立、管理等方面，综合起来有：创业涉及的法律、新兴企业融资、商业计划书、创业领导艺术及教育、技术竞争优势管理、启动新设企业、大型机构创业、社会创业、成长性企业管理、家族企业的创业管理、创业营销、企业成长战略等几十门课程。Vesper 和 Gartner 对 941 所大学的商学院的院长的问卷调查结果显示，美国大学给本科生开设最多的前 10 名创业相关课程依次是创业或创建新企业、小企业管理、创业咨询、创建和运营新企业、撰

写创业计划书、创业财务、非工商管理专业学生的创业、家族企业、创业机会的识别、创业营销；而给研究生(主要是MBA)开设最多的前10名相关课程依次是创业或创建新企业、小企业管理、创业咨询、撰写创业计划书、技术转移、创新评价、创建和运营新企业、公司创业、创业营销、家族企业以及创业投资与私人权益、创业相关法律等。实践方面包括创业计划大赛、组织创业交流会、各种创业俱乐部等活动。例如，麻省理工学院、斯坦福大学与加州大学伯克利分校的创业计划大赛最具影响力；斯坦福大学的创业俱乐部、高技术俱乐部、创业投资俱乐部每学期都有详细的活动安排；加州大学洛杉矶分校邀请了数十位创业成功人士与选修创业课程的学生结成小组，对学生的创业计划直接提供咨询与指导；百森商学院设立“创立人之日”活动，当天把全球有影响力的创业家邀请到学校与学生交流座谈，成立了创业家协会。

④ 创业教育资金支持。美国的创业教育还得到了雄厚的资金支持。美国国家科学基金会设立了实施“小企业创新研究计划”的机构，提供资金鼓励创业者积极创业。例如，小企业的创办者可以从联邦政府得到5万美元的拨款作为开办经费，继而可发行几百万美元的公共股票，联邦政府以资助和贷款方式为他们提供直接的帮助。此外，州政府还以风险资本计划允许发行免税工业集资债券，以支持开办小企业。创业教育还得到了社会各界的广泛支持，自从1951年成立了第一个主要赞助创业教育的基金会——科尔曼基金会(Coleman Foundation)以来，美国出现了许多支持创业的基金会，如考夫曼创业基金、新墨西哥企业发展中心等。这些基金会每年都会向高校提供大量的创业教育基金。例如，1995年弗兰克林－欧林基金会赠予百森商学院3 000万美元创业教育基金。

⑤ 创业研究。开展创业研究是美国高校创业教育的任务之一(多数大学的创业中心关注3个领域：创业教育、与企业家的联谊活动、创业研究)。例如，Baron等教授对170多家高技术创业企业的组织蓝图及其演进进行了多年的跟踪研究；斯坦福技术创业项目的相关教授在高技术创业企业的组织和战略研究方面做出了有影响力的研究；百森学院每年在一个校区举办一场名为“创业研究前沿”的研讨会，自从1981年以来，该会议产生了大量最新的创业发展研究成果；斯坦福技术创业项目在美国发起了创业教育圆桌会议(Roundtable on Entrepreneurship Education，REE)，最初其主要目的是推进全美各大学的技术创业教育，后来，他们进一步把这个研讨会推广到更大的范围，目前除了每年在斯坦福举办一次创业教育美国会议(REE，USA)外，每年还分别在亚洲、欧洲和拉丁美洲举办一次地区性会议，其中第二届创业教育年度亚洲会议(REE，Asia)于1995年7月在清华大学成功举办。1998年，美国建立了创业中心全国联盟(National Consortium of Entrepreneurship Centers，NCEC)，以加强各个创业中心之间的合作，共享信息，开发专门计划，并协助提高每个中心的影响力。这些创业研究项目有力地推动了美国和世界各国的创业教育。

美国高校经历了一个“教学—研究—创业”的发展过程，即从教学型大学发展到研究大学再到创业型大学。美国高校的转型促进了大学生创业，而大学生的创业又推动了高校创业教育的发展。美国创业型经济的发展离不开政府通过教育体制对创业者的培养。

(2) 中国高校创业教育的发展。中国政府和国家领导人非常重视创业教育，江泽民同志在1999年全国教育工作会议的讲话中强调指出：“要帮助受教育者培养创业意识和创业能力。通过教育部门的努力，培养出越来越多的不同行业的创业者，就可以为社会创造更多的就业机会，对维护社会稳定和繁荣各项事业就会发挥重大的作用。”

2002年4月教育部高教司召开“全国创业教育示范工作座谈会”，会议指出：“对大学生进行创业教育，培养具有创新精神、创业能力的高素质人才是当前高等教育的重要任务。”教育部领导强调要从实施科教兴国战略的高度来认识创业教育的重要性，并确定中国人民大学、清华大学、北京航空航天大学、黑龙江大学、上海交通大学、南京经济学院、武汉大学、西安交通大学、西北工业大学 9 所院校为创业教育的试点院校，以探索可行的方法和模式，推动创业教育在全国高校的开展。此后，中国高校创业教育开始逐渐发展起来，除了开设有关课程之外，创业实践活动也日趋活跃，“挑战杯”大学生创业计划竞赛在全国高校普遍开展。

① 创业教育机构。目前已有不少大学建立了创业研究中心、创业教育中心等研究机构，如清华大学国际创业研究中心、南开大学创业管理研究中心、浙江大学创业研究中心、中山大学创业研究中心等，北京航空航天大学、黑龙江大学还建立了创业教育学院，另有一些高校建立了创业培训中心、大学生创业孵化基地等。这些中心积极提供创业教育课程，组织各类创业研讨会和创业论坛，在推动中国高校创业教育和创业研究方面做出了重大贡献。

② 创业研究。创业学术研究在全国重点大学迅速展开。由博士生导师带领的创业研究团队专注于创业研究，如清华大学创业研究中心的国际合作研究项目——全球创业观察(Global Entrepreneurship Monitor，GEM)，专注于对国家创业活动水平、政府政策等宏观创业环境方面的研究。该项目于 1997 年由伦敦商学院的迈克尔·海(Michael Hay)和百森学院的比尔·拜格雷夫(Bill Bygrave)发起，旨在研究全球创业活动态势和变化、发掘国家创业活动驱动力、创业与经济增长之间的作用机制和评估国家产业政策，以帮助世界各国的政府、企业家、教育家设计政策、发展项目，改善全球商业环境、创造就业和更多的财富。目前参与该项目研究的国家已经发展到 60 多个。南开大学创业研究中心的研究项目——中国创业动态跟踪调查(China Panel Study of Entrepreneurial Dynamics，CPSED)，旨在跟踪新企业创建过程的调研，从新企业的孕育开始完整刻画其生成的机理。该项目是由美国知名学者保罗·雷诺兹(Paul Reynolds)教授于 1998 年发起的一项跨国研究课题，历经十余年发展成为创业微观研究领域的一支重要力量。目前，这些以博士生导师带领的研究团队正在各自的研究领域努力工作，引领国内创业研究快速发展。

③ 创业教育师资培养。2003 年 4 月，由教育部高等教育司主办、北京航空航天大学创业教育中心承办的首届“高校创业教育骨干教师培训班”开课，意味着中国高校创业教育师资培养正式开始，此后又多次举办创业教育教师培训班，培养了大批创业教育骨干教师，中国高校创业教育师资队伍开始逐渐建立起来。高校创业教育学术研讨会和教学经验交流会不断举行，促进了创业教学改革和教学水平的提高，推动了高校创业教育的研究和发展。2006 年 4 月在南开大学举办了“创业研究与教育”国际研讨会，2006 年 7 月在中山大学举办了“中美创业与伦理——珠三角地区学生领导力”国际论坛，2009 年 11 月，在上海召开的首届“创新型创业教育国际学术研讨会”推动了中国高校创业教育学术研究和教学改革的深入开展。

④ 成立高等学校创业教育指导委员会。2010 年 4 月 6 日，教育部《关于成立 2010—2015 年教育部高等学校创业教育指导委员会的通知》中指出：“为全面贯彻落实党的十七大提出的‘提高自主创新能力，建设创新型国家’和‘促进以创业带动就业’的战略要求，大力推进高等学校创业教育工作，加强对高校创业教育工作的宏观领导，充分发挥专家学者的研究和指导作用，我部决定成立教育部高等学校创业教育指导委员会。创业教育指导

委员会的主要任务是：①组织和开展创业教育的理论与实践研究；②指导高等学校创业教育的课程建设、教材建设、教学内容改革，指导高等学校开展创业实践活动等工作；③组织开展创业教育师资培训、经验交流，宣传推荐创业教育优秀成果；④完成教育部委托的其他工作。教育部“高校创业教育指导委员会”的正式成立，标志着中国高校创业教育将进入科学化、规范化发展阶段。

教育部《关于做好 2011 年全国普通高等学校毕业生就业工作的通知》指出：“全面开展创新创业教育和创业实践活动。教育部将积极推进创新创业教育教学改革项目；各地要积极推动高校建设创业教育基地，设立创业教育资金，开展示范校评选，编写教学基本要求和教材，推广创业教育优秀成果。高校创新创业教育要面向全体学生，结合专业教学，融入人才培养全过程；广泛开展创业讲座、创业大赛等实践活动，提高学生的创业素质和创业能力。”这些政策的实施将推动高校创业教育的广泛深入开展。

1.2.2 各国政府支持大学生创业的政策

为了鼓励更多的大学生选择自主创业，促进就业和经济增长，各国政府出台了一系列相关政策和措施，对大学生创业起到了积极的促进作用。同时，这一现象也受到了学者的关注，一些学者针对政府出台的大学生创业优惠政策和政策内容进行了研究，试图从理论上得到更加科学的依据。

1. 关于大学生创业政策的含义

由于创业对促进经济增长和就业有重要作用，各国政府都比较重视制定有效的创业政策，以鼓励更多的人能够创业。为此，创业政策研究受到学者的关注。具有代表性的有几种观点：Lundstrom 和 Stevenson(2002)认为，“创业政策是为激励一国或地区经济主体的创业精神并提高其创业活动水平而采取的政策措施。它针对创业过程的前期、中期和后期各个阶段，着眼于创业者的创业动机、机会和技能，以鼓励更多的人创建自己的企业作为首要目标”，指出了创业政策的针对性和目的性。David M. Hart(2003)对创业政策进行了进一步的解释，他认为:“创业政策可以从创业和政策两个角度来理解。……创业政策的目的就是为熊彼特式的企业家从事创新与创业活动营造良好的环境和氛围。创业政策的范畴涵盖从地方到中央甚至国家以外的多方位政府活动”，指出了创业政策针对创业环境的多角度、多方位特点。Jock Colhns(2003)简明扼要地指出:“创业政策就是政府所制定的鼓励小企业创立、成长的政策和支持措施。”Jan Degadt(2004)则认为，“创业政策包含两层含义:一是激励更多的人创建企业，提高初创企业的存活率；二是营造更好的创业环境，为新企业创造更好的成长机会等。创业政策能否成功，主要取决于其目标和手段能否为其目标群体所理解和接受”，这个观点蕴含了政策只有为人们所接受才能起到应有的作用。

根据以上观点，创业政策可以归纳为几个要点：激励创业精神，提高创业活动水平，鼓励人们创建新企业，为企业家从事创业活动营造良好的环境，为新企业创造更好的成长机会等。创业政策涵盖政府多方位的活动，并且应该能够为人们所理解和接受。由于创业包括创建新企业和公司创业，两者都可以带来经济效益和就业机会，本书认为，创业政策是指政府所制定的改善创业环境、支持和鼓励人们创业的制度和措施。当然它不仅包括鼓励人们创建新企业，也包括支持已有公司的创新和创业。那么，大学生创业政策的含义应该是指政府所制定的改善大学生创业环境、支持和鼓励大学生创业的制度和措施。这个概念包括几个要点：一是这种政策是专门针对大学生而制定的，而不是针对别的群体，只有大学生才能享受这种政策；二是这种政策必须能够有效改善大学生的创业环境；三是这种政策必须能够支持和鼓励大学生创业，只有为大学生提供了良好的创业环境，才能真正达到鼓励和支持大学生创业的目的和效果。大学生创业政策的本质是有效提升大学生创业绩效，促进大学生创业，核心是激发大学生创业的积极性，激发创业活力。政府制定大学生创业政策的目的是提升大学生创业的比率，以创业带动就业，促进经济增长。

2. 大学生创业政策的基本内容

大学生创业政策对于改善创业环境、提高毕业生创业比率和创业活动水平、促进科技创新和经济发展都具有重要的作用。对于政府应该制定什么样的创业政策才能真正达到促进更多的毕业生创业的目的，一些学者进行了比较系统的研究，提出了自己的观点。例如，Lundstrom 和 Stevenson(2005)对 13 个发达国家和地区进行研究，总结出创业政策体系大体包括 6 个方面的内容：塑造创业文化、开展创业教育、减少创业者进入障碍、对启动期创业活动提供金融支持、对创业活动的商业支持以及增加特定群体的创业率。其中，所有政府都有对启动期创业活动提供金融支持的内容，以增加对新创业者和新企业早期阶段的金融资源供给。Kayne 认为创业政策应包括：创业共识；减少税收及降低制度要求来减少人们创业的成本；通过鼓励商业银行为企业融资、贷款及建立基金项目等计划来促进创业；通过学校的创业课程进行教育培训；积极鼓励私人部门与大学及研究机构进行合作并推广知识。

(1) 国外鼓励大学生创业的政策。欧盟于 2003 年发表了《创业绿皮书》，号召欧盟成员国在以下 3 个方面采取措施：消除企业成长和发展的障碍，消除创业的市场准入壁垒；建立风险与奖励平衡机制；对于创业进行公平的社会评价，所有社会成员参与创业的机会均等。2004 年，欧盟委员会制定了年度“大经济政策纲领”(Broad Economic Policy Guidelines)，纲领建议每个成员国利用税收调控新旧企业的经营环境，改革破产法，提高金融市场的效率，全面推动创业：第一，鼓励个人创业；第二，建立帮助创业企业健康运行的支持性的政策框架；第三，为创业营造积极的社会环境。2004 年，芬兰贸易与产业部提出涉及 5 个方面的创业政策，包括创业教育、培训和咨询；对创业初期、成长阶段的新企业提供金融支持；税收政策；地区创业，指根据该地区的具体情况做出判断，进行合理的资源分配；法律制度，即通过建立完善的法律体系来完善创业活动的条件。法国在 1986 年发起青年挑战计划，目标是建立一个帮助青年创新创业的支持机制。该计划于 1987 年由青体部(2002 年改组为青年、教育和研究部)牵头启动并开始运行，主要为 18 岁至 25 岁的青年或青年团体开展创新创业项目提供无偿的资金、培训、咨询、中介和后勤服务。

2003 年，美国创业机会协会(Association for Enterprise Opportunity)从支持创业者和完善创业环境出发，提出 6 项促进地方创业的政策内容，包括建立创业社团、创造竞争优势、开展创业教育、提供金融支持、进行网络建设、改善基础设施等，促进地区经济发展。1995 年美国纽约的一个政府官员 George E.Pataki 设计了一套政府官员办公改革方案(GORR)，它通过修改常识性的经济政策提高政府的经济环境，同时提高处理行政许可程序的效率。这项改革计划的网站上有一条改革方针：“如果你遇到被任何一家政府机构进行含糊其辞的答复或者困扰的情况，打电话给我们的改革办公室。我们将干预其中，全力解决问题，并且将最快解决。”根据一项针对该方案实施最初3年的研究报告，制度改革废除了700多条多余的法规，这大约节约了个人、商业机构和企业超过17.8亿的成本。

值得关注的是英国政府制定的一系列鼓励大学生创业的政策，主要包括：

① 高等教育创业计划(Enterprise in Higher Education Initiative)。此计划旨在培养大学生的可迁移性创业能力。

② 大学生创业项目(The Graduate Enterprise Program)。该项目专门为18岁至25岁在校大学生设计。项目分两部分内容：一是开办公司，学生从创建企业过程中获得经验，并可得到志愿企业顾问和创业导师的咨询指导；二是创业课堂，学生可以获得与创业者进行面对面交流的机会。

③ 建立管理机构。政府拨款建立了英国科学创业中心(UK Science Enterprise Centers)，负责管理和实施创业教育。后来又建立了全国大学生创业委员会(National Council for Graduate Entrepreneurship)，全面负责大学生创业教育。

④ 出台各种投资方案。对大学生创业教育投入大量资金，主要是高等教育创新基金(Higher Education Innovation Fund)和科学创业挑战基金(The Science Enterprise Challenge Fund)。

⑤ 利用商业连接网络服务大学生创业。提供政府官方网站各种信息、提供标准化或量身定做的培训项目、资金支持，为有创业抱负的学生提供商业咨询等①。

(2) 中国政府鼓励大学生创业的优惠政策。自2003年国家工商总局出台大学生创业的优惠政策以来，各级政府每年都出台了一些针对大学生创业的优惠政策。2003年6月，国家工商总局出台高校毕业生从事个体经营享受收费优惠政策：1年内免交个体工商户登记注册费、个体工商户管理费、集贸市场管理费、经济合同签证费、经济合同示范文本工本费(不包括从事网吧、娱乐、桑拿、建筑等行业)。

2004年5月，国务院出台高校毕业生就业新政策，明确提出继续加大对毕业生就业工作的政策支持力度，有条件的地区由地方政府确定，在现有渠道中为高校毕业生提供创业小额贷款和担保。

2005年7月，劳动和社会保障部颁布的《关于贯彻落实中共中央办公厅国务院办公厅引导各类高校毕业生面向基层就业意见的通知》中指出：“各地劳动保障部门要依托有条件的高等院校或动员社会培训机构，加强对高校学生的创业意识教育和创业能力培训。要根据高校毕业生的特点和需要，为到基层创业的高校毕业生提供创业培训、开业指导、咨询服务、后续扶持等‘一条龙’服务。对高校毕业生从事个体经营的，要积极配合有关部门执行免征登记类、管理类和证照类各项行政事业性收费的政策。对其中有贷款需求的，要配合有关部门研究落实小额贷款担保或贴息补贴。”

2009年中华人民共和国国务院办公厅出台的鼓励和支持高校毕业生自主创业的政策加大了支持力度和范围，包括鼓励高校积极开展创业教育和实践活动，对高校毕业生从事个体经营符合条件的，在税收、贷款、融资、创业指导和服务等方面提供优惠条件等。

教育部《关于做好2010年普通高等学校毕业生就业工作的通知》指出，“各省级主管

---

① Business Start-up@ Leeds Met. Final Project Report: Mapping Graduate Enterprise[R]. National Council for Graduate Entrepreneurship. Research Paper, 2004: 2.

部门要积极协调并配合有关部门为大学生自主创业提供新的支撑平台，充分利用大学科技园、经济技术开发区等，建立大学生创业孵化基地，并给予场地、资金等方面的支持，切实扶持一批大学生实现自主创业。同时，还要积极出台鼓励大学生自主创业的新政策，推动各地设立'大学生创业资金'，力争为大学生创业出台税费减免等优惠措施，并在工商注册、办理纳税手续、申请小额担保贷款等方面简化程序，提供方便。"

此外，浙江省、重庆市、河南省、山西省、青岛市等各省市都纷纷出台了鼓励大学生创业的优惠政策。如河北高校毕业生自主创业可获优惠减免政策，兰州大中专毕业生创业可申请小额贷款，南昌大学生创业贷款最高贷百万等。上海市设立大学生科技创业基金会，首批建立4个大学生创业基地，计划3年投入1.5亿元，为毕业生创业提供支持。

综合以上观点和内容，可以发现大学生创业政策所包含的内容比较复杂，可以归纳为几种类型：创业文化、创业教育、创业融资、创业税收、创业基金、创业法律、创业网络建设、创业管理机构、创业项目计划等，每一类政策还包括若干项具体的内容。本教材认为，大学生创业政策是政府专门为鼓励和支持大学生创业的制度和措施，它应该包括与大学生创业活动密切相关的各项内容，特别是针对大学生这种特定的知识群体，他们从事创业活动特别需要政府支持的一些政策内容，应该成为政府制定政策的重点内容。如创业教育和培训是提升大学生创业能力的有效措施；创业金融支持是为他们提供创业启动资金的保证；创业管理机构为大学生创业提供必要的指导和服务；创业法律保障可以监督和保证大学生创业政策的有效执行等。当然，创业文化建设涉及人们是否崇尚创业、尊重创业者，创业信息网络关系到为他们创业提供便利的创业信息等，这些对支持和鼓励大学生开展创业活动具有重要影响，如图1.1所示。

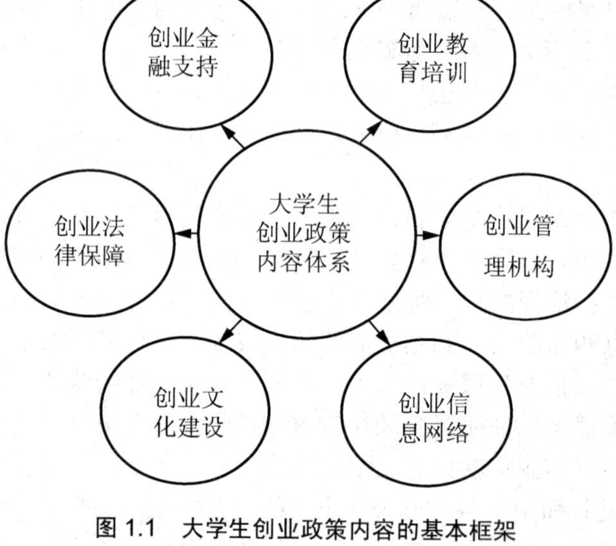

图1.1　大学生创业政策内容的基本框架

1.2.3　学习新型大学生创业的楷模

创业型经济时代的到来，社会呼唤创业精英。当前，大学生创业已经得到政府及社会各界的认可和大力支持，据南京市工商管理局1999年的一项统计，该市1996年后成立的3 000户私营企业中，大专以上学历的股东占76%，初中以下学历的只占3%。2000年上半年，上海交大和复旦大学有几十名应届毕业生选择自主创业，创办5家高科技公司。截至

2000年2月，在上海徐汇区，仅上海交通大学等5所大学，由师生创办的企业就达101家，其中年总收入达千万元的超过10家。

新型大学生创业的楷模有很多：钱俊东创办了“西安三人行信息通讯有限公司”，被媒体称为“第一家在校本科生全资创业公司”(一个 50 万元注册资金的公司)。“八零年代”餐厅是由北京联合大学应用文理学院的 8 名在校生在学校的支持下承包经营的学校餐厅。“易蓝商务”是黑龙江大学的一个学生创业团队(学校为创业团队提供了场地、设备和 1 万元的创业基金等)创建的。复旦大学计算机专业学生顾澄勇，2002年毕业后回农村卖鸡蛋，单凭“头窝鸡蛋”，公司一年就可以多赚35万元，上海市南汇区农委为他申报“中国农民十大杰出青年”。郑州大学法律学学士李国军，从事的却是风马牛不相及的餐饮工作。从打工仔到百万富翁，他已经拥有了5家连锁店，先后吸收了50多名员工，其中大学毕业生就有10多名。从众多大学生创业楷模的故事中，或许能够得到一些启发，也能看到创业的价值和人生的真谛。

本章小结

本章主要介绍了中国古代的致生之学、20世纪80年代后中国创业活动的发展概况、创业经济与创业教育的发展以及政府鼓励大学生创业的优惠政策等。中国古代就有一些文化学术素养高的人加入到工商业经营者的队伍中，并形成了比较系统的商业经营思想。改革开放之后，思想得到解放的一大批知识型创业者从研究所、大学校园里走出，成为“知识分子型”企业家，在科技、经济领域扮演着更加重要的角色。创业型经济是基于社会浓厚的创业文化和创业行为的普遍性，通过创业者的创意和创新型创业活动创办创业型组织，实现创业者价值、组织高速增长，促进国家经济快速发展的一种经济形态。创业教育的定义是关于普遍的企业家能力的知识和技能的构建。从广义的角度看，高校创业教育应该是在系统的专业教育基础上，使学生将专业知识和创业知识有机结合，综合培养学生的创业精神、开创性个性和创业能力的教育。创业教育的总体目标应该是：通过培养创业意识、理解创业知识、体验创业过程，使大学生能像企业家一样，具备将来创办新事业所需要的特质、知识和技能。美国高校创业教育有很多特点，并且发展迅速。创业教育在培养创业精神、提升创业技能，促进经济增长和增强国家竞争力等方面具有重要作用。大学生创业政策是指政府所制定的改善大学生创业环境、支持和鼓励大学生创业的制度和措施。大学生创业政策所包含的内容比较复杂，可以归纳为几种类型：创业文化、创业教育、创业融资、创业税收、创业基金、创业法律、创业网络建设、创业管理机构、创业项目计划等。政府制定大学生创业政策的目的是提升大学生创业的比率，以创业带动就业，促进经济增长。

关键术语

创业型经济 Entrepreneurial Economy
管理型经济 Managed Economy
创业教育 Entrepreneurship Education
科尔曼基金会 Coleman Foundation
全球创业观察专题报告 Global Entrepreneurship Monitor Special Report
全球创业教育和培训观察 Global Perspective on Entrepreneurship Education and Training
考夫曼创业领导中心 The Kauffman Center for Entrepreneurship Leadership
高等教育创业计划 Enterprise in Higher Education Initiative

大学生创业项目 The Graduate Enterprise Program
英国科学创业中心 UK Science Enterprise Centers
全国大学生创业委员会 National Council for Graduate Entrepreneurship
高等教育创新基金 Higher Education Innovation Fund
科学创业挑战基金 The Science Enterprise Challenge Fund
创业动态跟踪调查 Panel Study of Entrepreneurial Dynamics
全球创业观察 Global Entrepreneurship Monitor
创业教育圆桌会议 Roundtable on Entrepreneurship Education
创业中心全国联盟 National Consortium of Entrepreneurship Centers

知识链接

1. [美]杰弗里·蒂蒙斯. 战略与商业机会[M]. 周伟民，等译. 北京：华夏出版社，2002
2. 南开大学创业管理研究中心 http:// www.ebg.org.cn
3. 百森商学院 http://www.babson.edu
4. 中国大学生就业网 http://www.hero163.com
5. “Economic News” The Small Business Advocate, 1997
6. The Economist, 1997,03
7. http://www.worldvaluessurvey.org
8. http://www.determinedtosucceed.org.uk
9. Fast Company “Building a Company Is the New American Dream.” The Boston Globe, 1997, 01

习　　题

1. 简答题

(1) 创业型经济的含义是什么？它有哪些鲜明的特征？
(2) 怎样理解创业教育的含义？它有哪些重要作用？
(3) 中国政府鼓励大学生创业的政策有哪些？

2. 论述题

(1) 简述中国古代创业理论的主要观点。
(2) 简述20世纪80年代后中国创业活动的发展。
(3) 简述美国高校创业教育发展的特点与启示。

实际操作训练

访问一个企业家。要求采访一个在过去3～5年中创建的新企业，可以是自己所希望从事的领域里的榜样。通过采访，可以了解一个创业者创办并管理企业的原因、方法和目的等，获得的信息是非常有价值的实践技巧。如果准备充分、考虑周到，可以利用午餐或晚餐的机会在很短时间内学到很多东西。

案例分析

磨练与成长：一个大学生的创业经历

1999年，和所有热爱幻想的大学生一样，张俊在郑州一所大学里为了梦想而挥洒着青春，那是一段无忧无虑的岁月。读市场营销学的张俊单纯而腼腆，对未来有着无尽的憧憬，却习惯于以内敛的方式去表达。年少的他觉得自己能够接受漫长的磨练和成长，在内心深处却存在着厚积薄发、一跃成名的渴望。

他很快就得到了这样的机会。那年暑假，一次很偶然的机会，他认识了一个河南老乡，说是要跟他一起开一个合伙公司而且稳赚，3年公司利润能达到1 000万。这对于初出茅庐的他是多么大的诱惑啊，而且自己只需拿出5万作为投资。他的父亲东拼西凑终于给他凑够了钱，结果好景不长，公司短短几天就人去楼空，这对于18岁的他无疑是一个晴天霹雳。但是他经受住了这次考验，又做起了卖油的生意。结果又因为朋友的失信让他背负着将近10万元的债务，他得拼命赚钱还债。

作为一名专科生，又没有学历证书，找工作的艰难可想而知。后来，张俊找了两份工作，给两家公司做普通销售员，不论什么活，不论工资多少他都愿意干。他卖手表，做推销，忍着饥饿和寒冷走在大街小巷。他不相信命运会一直给他带来厄运，他相信自己总有一天会战胜所有的挫折和困苦。

2000年8月，张俊开始了有生以来的第一次真正意义上的创业：租了一间15平方米的空房子，成立了“捷通商行”。经过他的不懈努力，2001年3月，他成立了越众贸易有限公司，此时，张俊刚满20周岁。越众公司成立后，业务一路拓展，从最初的郑州很快向河南省内其他城市发展，在短短的时间内就完成了对河南汉白明月酒业有限公司的收购，并且加盟了知名连锁“辣婆婆水煮鱼”酒店。这一系列实业的良好运营，使得“越众”迅速成为当地知名度很高的企业。

2003年，“越众企业管理咨询有限公司”成立了，公司最大业务，也是唯一的业务就是帮助大学生创业就业，打造全省乃至全国大学生创业咨询第一品牌。从某种意义上说，张俊的成功是因为他站在了同龄人难以企及的高度上。而这种高度，正是来自于他自身的不断努力。和张俊相处过的人都说，这位年轻的集团老总给人印象最深刻的就是他的好学、勇于尝试，以及敢于面对困难的勇气。

在大学读书时，《销售与市场》、《商界》、各类创业杂志、《卡耐基成功学》、各种厚厚的哈佛管理书籍就堆满了他的床头。在离开学校之后，他更加注重通过各种途径来获取创业所需的各种知识，“投入社会实践后，对个人本身素质的要求就更关键了。你肚子里装的是金矿还是草包，很快就能在创业实践这块试金石中试验出来”。还有一种情况：他知道从哪里跌倒就从哪里爬起来，而且他又确实这样做了。因为在很多时候，一个人要成功并不是靠蛮干就能成功的，就好比一个人跌倒在沼泽地上，要继续前进，寻求成功，就必须先屈辱地向前爬行，直到爬出了沼泽，再选择站起，并且前行，这需要坚强、睿智和勇气。

资料来源：www.cctv.com.

思考与讨论：

1. 大学生在没有任何背景，也没有初始资金的情况下如何创业？
2. 你认为张晓俊最终创业成功的关键因素是什么？
3. 从张晓俊的创业经历你学到了哪些经验教训？

第2章 创业学基本理论

本章教学目标与要求

(1) 理解创业精神的内涵;
(2) 理解创业的含义和基本特征;
(3) 掌握创业学的含义及其研究内容和方法;
(4) 理解创业的基本模型;
(5) 把握创业的基本过程;
(6) 了解创业的基本类型;
(7) 理解创业对经济、社会的重要作用。

本章知识架构

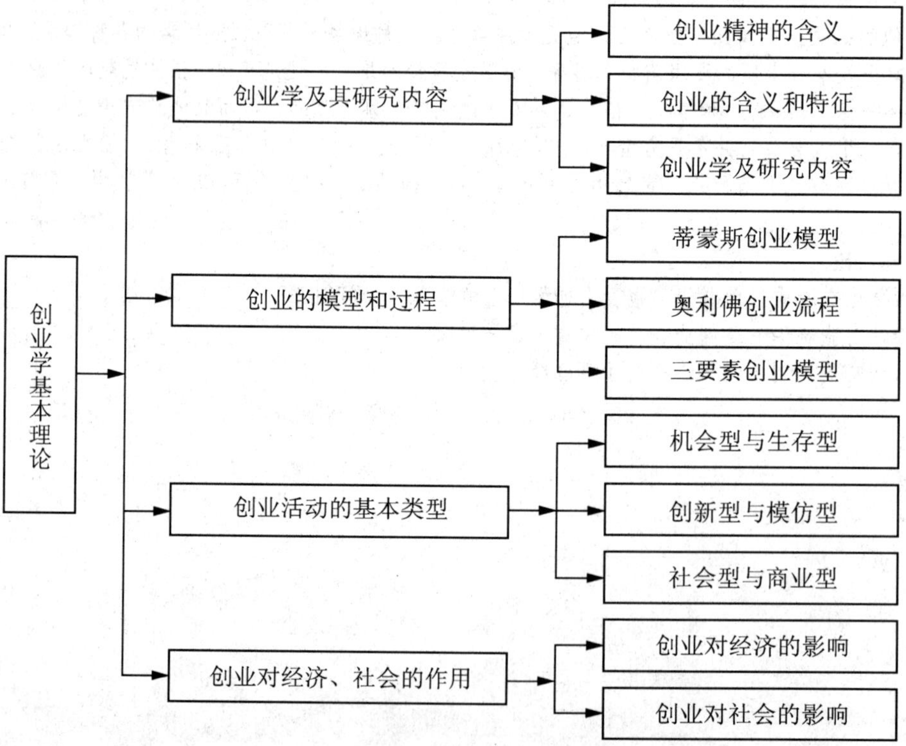

在我们这个社会里，要引进急需的创业精神。现在该是轮到我们对创新和创业精神付出努力的时候了：制定原则，努力实践并形成学科。

——彼德·F·德鲁克

导入案例

北京网络技术服务有限公司

2003年10月，北京某高校学生赵新办了休学创业的手续，成立了一家网络公司——北京网络技术服务有限公司，走上了自主创业之路，成为北京高校第一个因为创业而休学的人。

早在1999年，赵新十六七岁时，就有自己创业的打算，经过一段时间的准备，他已经具备了自主创业的基本条件。当他再次意识到创业的紧迫感时，已经是北京某高校大二的学生。此时，中国的IT业市场已经发展起来，他敏锐地意识到，中国的IT业市场具有巨大的发展空间，如果自己再不采取行动，发挥所长开创事业，将再也没有时间了。于是，他决定走上自主创业之路。尽管用了近2个月的时间才说服校方办完休学创业的手续。2003年10月30日，他终于成立了一家自己的网络公司，全身心地投入到他的"非常在线"网站的日常工作中。

经过赵新坚持不懈的努力工作，运用自己的专业知识，这个网站已经进入正常的运营和盈利阶段。但是在这之前，几乎所有的老师、同学都反对他休学创业。

资料来源：根据"非常在线"网站有关内容改编.

20世纪70年代以来，创业活动和小企业蓬勃发展，在就业、创新和区域发展等方面做出了突出的贡献。但是，长期以来人们一直对"为什么有些人会选择创业"这个问题感到好奇，创业活动是怎样发生的？它的内在规律是什么？创业问题开始受到学者的关注，研究者试图打开创业过程及其独特性这只"黑匣子"，创业研究开始蓬勃发展。从关注宏观层面创业的经济功能转向从微观层面研究创业活动的客观规律，从关注创业者特质转向关注创业过程，管理学家更是从把创业视为随机性偶然事件转变为把创业看作可以管理并必须加以管理的系统性活动过程，从而极大地推动了创业研究的发展，创业学逐渐发展成为一个比较系统的独立学科。

2.1 创业学及其研究内容

作为新兴的学科领域，创业研究在过去的20多年里得到了迅猛发展。在研究创业现象及其特殊性、透过创业现象挖掘创业要素的作用机理、创业行为特殊性和内在规律的研究等方面取得了重大进展。研究表明，创业者在形成创业意图、发现和开发创业机会的过程中存在特定的规律并表现出某些独特的行为特征，这些研究成果有助于我们深入理解究竟什么是创业精神、创业的本质是什么、创业行为是如何发生的以及新企业生成的基本过程。

2.1.1 创业精神的内涵

江泽民同志曾经指出：我们的社会主义现代化建设还处在艰巨的创业时期，伟大的创业实践，需要有伟大的创业精神来支持和鼓舞。解放思想、实事求是，积极探索、勇于创新，艰苦奋斗、知难而进，学习外国、自强不息，谦虚谨慎、不骄不躁，同心同德、顾全大局，勤俭节约、清正廉洁，励精图治、无私奉献，这些都应该成为新时期我们推进现代化建设，所要大力倡导和发扬的创业精神。

发扬现代创业精神就是要树立创业意识，努力建设创业型社会和创新型国家，开拓文明、富强的现代化建设事业。

关于什么是“企业家”和创业精神，约瑟夫·熊彼特(Joseph Schumpeter)对此做出了确切的阐述，他指出：“企业家所从事的工作是创造性破坏。”彼得·F·德鲁克(Peter F. Drucker)认为，“企业家”和“创业精神”这两个词的定义完全令人分辨不清。他在《创新与创业精神》一书中指出，创业精神是一种“超经济”的事物，它既对经济有着深远的影响，又能控制其发展，但它本身却并非是经济的一部分。要解释创业精神如此有效的原因，也许并非存在于经济事件本身，很有可能存在于价值、认识以及态度之中，也可能是因为人口统计资料机构以及教育的改变。事实上，创业精神并不是一种“自然现象”，也不是一种创举，而是一种踏踏实实的工作。从这一点来看，任何一家企业都能获取创业精神及从事创新。要实现这个目标，必须经过有意识的努力。诚然，创业精神和创新可以通过学习而获得。创业型企业将创业精神视为一种责任，他们重视创业精神，致力于创业精神，实践创业精神①。

综合以上观点，创业精神(Spirit of Enterprise)是指创业者所具有的开创性的思想、观念、个性、意志、作风、品质等，是从事创业活动的心理基础。它是由多种精神特质构成的，如创新精神、开拓精神、进取精神等，表现为敢于打破常规，想前人未曾想过、做过的事情，如产品创新、市场创新、方法创新、技术创新等。创业精神是产生创业理想的原动力，是创业实践的精神基础，也是创业成功的重要保证。创业活动是创业精神的具体体现，没有创业精神，创业活动是不可想象的。离开创业实践空谈创业精神也是没有意义的。因此，理解创业精神，大力发扬现代创业精神，就要敢于创新、勇于探索，脚踏实地去开创未来的事业。

创业精神具有一些鲜明的特征。

(1) 综合性。创业精神是由多种精神特质综合作用形成的，如创新精神、拼搏精神、进取精神、开拓精神、合作精神等，都是形成创业精神不可缺少的因素。

(2) 超前性。创业精神具有超越时代、超越常人的超前性，想前人所未想，做前人所未做，开创前人未做的事业。

(3) 时代性。不同时代的人面对不同的精神生活条件，所处的社会文化环境不同，创业精神的指导思想以及形成的社会基础各不相同，因此具有鲜明的时代特征。

2.1.2 创业的含义和特征

关于创业是什么、创业意味着什么等问题，学术界有各种解释。管理者把创业描述为创新、变化、驱动、冒险、创造和增长导向，流行的说法定义为创建和管理新企业。一些学者通过研究创业的本质、动力、独特性及其局限性等更加丰富了创业的内涵。事实上，创业不仅仅是创造新企业，创业者通过领导、管理、创新、研发效力、工作创造、竞争力、生产力和形成新的产业，对经济增长做出了关键的贡献。

---

① [美]彼得·F·德鲁克. 创新与创业精神[M]. 张炜，译. 上海：上海人民出版社，上海科学院出版社，2002：25-26.

(1) 创业(Entrepreneurship)的含义。《辞海》对创业一词的解释为“创立基业”。《现代汉语词典》的解释是“创办事业”。“基业”是指“事业发展的基础”，“事业”是指“人所从事的具有一定目标、规模和系统而对社会发展有影响的经常活动：革命事业、科学文化事业”。可见，无论是创立有目标的事业，还是从事影响社会发展的活动、建立事业发展的基础，都可称之为创业。目前，中国学者从各自的角度对创业的含义进行了研究，提出了多种观点(表 2-1)。

表 2-1　中国学者对创业概念界定的主要观点

观　　点	主要内容
机会价值说	捕捉机会、实现潜在价值
	识别商业机会、创造价值
财富目的说	有偿经营、商业活动、以赢利为目的
	以创造价值为目的、有目的的经济活动
组织创新说	创建新企业、团队、组织能力、组织创新
	开创新业务、创建新组织
核心要素说	人力、资本、机会、资源
	创业者、能力、技术、市场
风险管理说	高风险创新活动、风险防范、风险管理
	认识创业风险、合理规避和化解风险

资料来源：刘沁玲. 中国创业学研究的现状与未来方向[J]. 科学学研究，2008，26(4)：702-709.

在现代社会中，人们从狭义和广义的角度理解创业，狭义的创业指创办企业或实现产品价值的过程。而广义的创业指具有开创意义的社会活动，它包含的内容更加广泛，除了指创办企业外，还包括能够抓住机会，开创新的职业、创新工作业绩等各种社会活动。李志能等人认为，“创业是一个发现和捕捉机会并由此创造出新颖的产品或服务，实现其潜在价值的过程①”。杰弗里·蒂蒙斯认为，“创业是一种思考、推理和行动的方法，它不仅要受机会的困扰，还要求创业者有完整缜密的实施方法和讲求高度平衡技巧的领导艺术”。②创业也是一种管理方法，可以从 6 个方面对这种管理方法进行描述：战略导向；把握机会；获取资源；控制资源；管理机构；报酬政策。正如彼得·F·德鲁克所言，创业是可以组织、并且是需要组织的系统性的工作。

目前被学术界公认的是霍华德·H·史蒂文森(Howard H. Stevenson)提出的观点，他认为，“创业是个人或者组织不拘泥于当前资源条件的限制对机会的追寻，将不同的资源组合，以利用和开发机会并创造价值的过程”。这个定义包含几个要点：首先，创业的本意在于不受当前资源条件的限制对于机会的捕捉和利用，代表一种以创新为基础的做事与思考方式；其次，创业是一种发掘机会，并组织资源建立新公司或开展新事业，进而提供市场新的价值；第三，创业活动突出表现在机会导向、创新的强度、创造价值的程度以及对社会的贡献等方面。识别机会并将有用的创意付诸实践，才能创造新事业。

① 李志能，等. 创业学[M]. 上海：复旦大学出版社，2001：9.

② [美]杰弗里·蒂蒙斯. 战略与商业机会[M]. 周伟民，等译. 北京：华夏出版社，2002：40.

(2) 创业的本质和特征①。根据创业的定义，创业的本质主要在于创新和创造价值。具体表现为以下几点。

① 机会导向：创业者必须优先识别和把握机会，探寻市场空间，才能生存、发展和获得潜在的收益；

② 顾客导向：指深入了解顾客的真正需求，在需求中寻找创业的机会；

③ 创造性地整合资源：运用自身知识、技能、社会关系等资源，整合到资金、人力、物力，实现资源“新的组合”；

④ 超前行动：强调机会的时效性，一旦确定机会就要快速行动；

⑤ 创新：创新贯穿于创业活动，包括产品、市场、技术、管理、制度等方面的创新；

⑥ 价值创造：通过提供满意的产品或服务，为顾客创造利益的同时，对企业、社会创造价值。

创业作为发现机会和创造财富的社会行为，创业活动具有区别于其他事物的复杂性和独特性，创业又表现出明显的特征。

① 创造性：创业是创造满足某种需求的新产品、新服务或新市场，是创造一个前所未有的新事物的过程；

② 风险性：创业活动具有明显的不确定性，可能面临政策的变化、资金的有限性、原材料价格、销售收入等各种风险；

③ 功利性：价值创造、追求财富是创业者从事创业活动的直接动力；

④ 自主性：创业是一种独立自主的行为，运用自己的知识、能力、资本等，自主地开发、生产新产品或提供服务；

⑤ 市场化：只有把产品推向市场，满足市场的某种需求，才能实现价值创造。

(3) 创业、创新与发明。在《现代汉语词典》中，发明是创造新的事物和方法，如发明指南针。《中华人民共和国专利法实施细则》中指出：“发明是对产品、方法或者某一项改进所提出的新的技术方案。”而创新是“抛开旧的，创造新的”，比如，要有创新精神。可见，发明比创新更加强调技术性。创新除了技术创新，还有理论创新、思想创新、方法创新、管理创新等。因此，创新不一定是技术性的，而发明要求提出新的技术方案。与创新相比，创业则更加明确地强调顾客导向和创造价值。

约瑟夫·熊彼特 1934 年出版的《经济发展理论》一书首先提出了创新理论，认为创新是“新的组合”，是建立一种新的生产函数，也就是说，是把一种从来没有过的关于生产要素和生产条件的“新组合”引入到生产体系。

彼德·F·德鲁克认为，创新是一个经济和社会术语，创新不一定必须与技术有关，社会创新远比蒸汽机车或电报更为重要。创新是展现创业精神的特定工具，是赋予资源一种新的力量，使之成为创造财富的活动。创新就是改变资源的产出。创新和发明是完全不同的任务，要求具有完全不同的才能。一项创新的考验并不在于它的新奇性、科学性或智慧性，而在于推出市场后的成功程度。这也就是说，创造产品的新概念或新的程序方法还不能称为“创新”，因为“创新”必须要将新产品、程序或服务带到市场上，进而实现市场利

① 张玉利，李新春. 创业管理[M]. 北京：清华大学出版社，2006：16.

益。因此，创业者不一定要是发明家，企业家是创新者(Innovator)，却不必是发明家(Inventor)。确实有不少企业家同时也是发明家，著名的例子包括诺贝尔和爱迪生。但更多的企业家不是技术的原创者或新产品的发明人。

发明与创新目的不同：发明人——满足创造的兴趣和研究欲望，未必与现实经济生活相联系，具有“开发纯粹科学的倾向”；创业者——追求商业利益，具有“将科学应用于市场产出的倾向”。企业家不一定是发明家，他们需要的是在商业机会面前的独具慧眼。

2.1.3 创业学研究内容和方法

创业是个复杂的过程，创业管理并不等同于企业管理(表 2-2)，创业行为、创业活动、创业过程具有其特殊性和内在规律，这些都需要研究并得出科学的结论。目前，创业学借鉴管理学、经济学、社会学、心理学等学科的相关知识，产生了许多比较科学的研究成果，逐渐形成一门比较系统的交叉学科。

表 2-2 一般企业管理与创业管理特征比较

企业管理特征	创业管理特征
发展战略	创业计划
计划、组织	创意的产生
领导、控制	识别和把握机会
成长管理	生存管理
资源冗余	资源约束
组织惯性	组织生成
成熟的负担	新进入缺陷
危机管理	风险管理

资料来源：根据张玉利《创业管理》整理.

1. 创业学研究内容

创业学是研究创业活动及其规律的科学，它的主要研究内容应该包括创业者个体特征、创业的方法及其过程。具体内容涉及创业能力的培养、商业创意设计、创业机会评估、创业团队组建、商业模式设计、创业计划、创业资源整合、创业融资方法、创建新企业、公司创业以及社会创业等方面的内容。

创业学研究的目的是揭示创业活动和创业过程的基本规律及其内在联系，为潜在的创业者学习创业知识、培养创业精神、提升创业技能、从事创业活动等提供科学的指导；同时，为研究建设创业型社会、促进经济和社会发展、政府决策等提供科学的理论基础。由于创业对发展经济、促进就业和增强国家竞争力的重要作用，创业学已经成为许多国家尤其是发达国家高等教育的通识教育、专业教育和研究生教育的重要内容。

2. 创业学研究方法

创业学研究方法吸收了管理学、经济学、社会学、心理学等研究方法，从对企业家的实证调查发展到了更多地以过程为导向的研究，已经形成了几个具有代表性的思想学派。

(1) 环境思想学派(The Environmental School of Thought)：主要涉及影响创业者可能的

活动方式的外部因素，如制度环境、经济环境、文化环境、融资环境、教育环境等。这些因素在创业愿望的形成过程中起着正面的或者负面的影响作用，综合在一起就形成了对创业者的发展产生巨大影响的社会政治环境框架①。例如，一个潜在的创业者如果能够得到支持自主地开发创意，或者创造新的方法、新产品，那么，这样的环境就会激励他追求创业的愿望和行动。

(2) 资本思想学派(Capital School of Thought)：基于寻找资金的过程，这种观点强调的重点是寻求创业启动和发展的资金，把寻找资金看作是创业过程的一个部分，如怎样启动资金、风险投资的来源、财务分析与评估等。在任何情况下，投资过程对创业者和创业企业的发展都是至关重要的。商业计划也强调重视此阶段，关注融资和资金应用过程。主要从财务管理的角度来看待创业企业，并关注在创业过程的每个关键时刻如何进行财务决策。

(3) 创业者特质思想学派(The Entrepreneurial Trait School of Thought)：该学派研究者关注成功创业者们的共同特点，认为这些共同特点如果能够被模仿，将增加创业者成功的机会。创造力、成就感、果断和技术知识被认为是成功的创业者通常具备的 4 个要素，家庭条件与教育程度也被看作是创业者成长发展的重要因素。一些观点认为这抑制了创造力与挑战创业的本性，另一些观点则主张增加新的教育计划将有助于创业者发展。家庭氛围的培养、早期生活中形成的特征和得到的支持对创业者成功具有重要影响。

(4) 创业机会思想学派(The Venture Opportunity School of Thought)：该学派关注创业发展的机遇，寻找创意的来源、把握创业机会和发展构思是该学派主要的研究内容。该学派认为除了创造力和市场意识，把握机遇，在恰当的时间、恰当的市场环境中发展恰当的创意是创业成功的关键。该学派的另一个观点是“走廊原则”，即新机遇的出现将带领创业者走向不同的方向，而发现机遇的能力和采取必要的行动步骤是把握机遇的关键。“幸运”就是做好充分的准备来迎接机遇，这构成了“走廊原则”的基础。做适当的准备将提高识别创业机遇和把握创业机遇的能力。

(5) 战略规划思想学派(The Strategic Formulation School of Thought)：该学派将战略规划看作是创业活动中特定要素的杠杆，确定并运用独特的市场、独特的人、独特的产品、独特的资源，并将它们融入到有效的企业结构中，从而列出了战略适应性的各种明显特征。例如：高山缝隙战略(Mountain Gap Strategies)，指识别大市场中的主要细分市场及市场空隙(独特的市场)；优化产品战略(Better Widget Strategies)，指围绕新市场或者已经存在的市场进行产品创新(独特的产品)；优秀厨师长战略(Great Chef Strategies)，指具有特殊技能的人才，这些人共同建立新企业；水井战略(Water Well Strategies)，指长期积累或者利用特殊资源(土地、劳动力、资金、自然资源等)的能力；运用各学科知识的方法等能力②。

尽管创业学的知识和研究还不够成熟，但是仍然能够对各种学派和观点做出评价，并作为创业学理论的基础。就像管理学界使用“丛林”理论作为理解这个领域及管理能力的基础一样，创业学在成长发展中也会产生和应用大量的理论。

---

① Andrew H. V. The Development of an Infrastructure for Entrepreneurship. Journal of Business Venturing, 1993(3): 211-230.

② [美]Kuratko D F, Hodgetts R M. 创业学[M]. 张宗益，译. 北京：清华大学出版社，2006：35.

2.2 创业模型与创业过程

创业是一个复杂的资源组合和管理过程，正如德鲁克所指出，“创业是可以组织、并且是需要组织的系统性的工作”。霍华德·史蒂文森(Howard H. Stevenson)认为，创业是一种管理方法，可以从 6 个方面对这种管理手段进行描述：战略导向、把握机会、获取资源、控制资源、管理结构、报酬政策。吉尔伯特(Gilbert)等人认为，创业研究必须对新企业成长的实现路径做出合理的解释，而剖析创业过程的行为和要素之间的作用关系是解决这一问题的关键①。关于创业过程研究的具有代表性的观点主要有以下几种。

2.2.1 创业的基本模型

1. 蒂蒙斯(Timmons,J.A)创业模型

蒂蒙斯创业模型(如图 2.1)主要包括 3 个要素：团队(Team)、机会(Opportunity)和资源(Resources)。在创业过程中，TOR 三要素相互联系，相互作用，缺一不可。蒂蒙斯创业模型主要包含 3 层含义。

(1) 创业过程由机会驱动、团队领导、资源保证。在蒂蒙斯创业模型三要素中，创业过程始于机会，团队的作用是利用自己的创造力，在模糊、不确定的市场环境中发现机会，并发挥领导作用，利用资本市场等组织适宜的资源，引导创业走向成功，最终实现机会的价值。在创业过程中，资源与机会的关系是适应、差距、再适应的动态过程，资源要与机会相匹配，满足机会对各种资源的需要。在这个过程中，还需要精心设计出创业计划，一份完整的创业计划书可以对 3 个要素的匹配和平衡做出必要的战略规划。

(2) 创业过程依赖于机会、团队和资源的匹配和平衡。在蒂蒙斯创业模型三要素中，团队为了推动创业的进程，必须把握三者之间的匹配和平衡。例如，分析新创企业中三要素之间是否基本达到匹配和平衡；评价这个团队是否是个好的团队；创业的机会是否存在某些问题；外部环境存在什么样的机会和风险；怎样抓住机会、回避风险；实现创业目标需要什么样的资源、如何能吸引到必需的关键人才；如何能够减少或消除可能遇到的竞争、资金、管理等方面的风险；如何筹集到创业所必需的资金等。当众多的因素能够尽快缩小差距，达到相互匹配的状态，创业成功的可能性就会大大增加。

(3) 创业过程是一个不断寻求平衡的动态过程。在创业之初，各要素之间很可能处于不相匹配的状态，通过商业计划和团队的工作，使三者之间的差距缩小，逐渐趋向或接近平衡。尽管三者很难达到完全匹配和不存在绝对平衡，但是，必须持续不断地追求一种动态平衡，从出现差距、适应到再出现差距、再适应这样一个动态发展过程中，不断寻求和保持企业发展。如果资源不能和机会相匹配，将必然影响机会价值的实现。例如，如果缺乏资金，将导致企业无法运行；缺乏必要的技术人才，产品无法设计和生产。如果团队错误地确定了机会，将会极大地浪费资源，使创业陷入困境，甚至失败。当创业发展到一定

① Gilbert B A, McDougall P P, and Audretsch D B. New venture growth: A review and extension[J]. Journal of Management,2006,32(6): 926-950.

阶段，达到一定目标时必然会提出下一个目标或更大的目标，企业为了生存和发展，必须寻求新的机会，此时，团队必须重新考虑达到此目标是否具有足够的资源，怎样克服可能遇到的困难和风险。因此，三者之间的匹配和平衡是一个持续不断的动态发展过程。

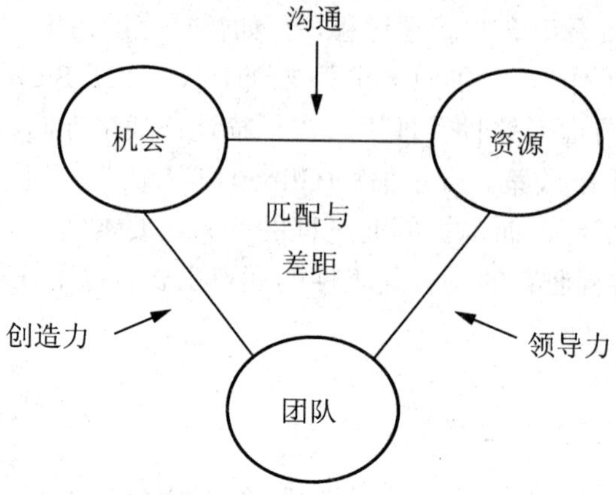

图 2.1　蒂蒙斯创业模型

资料来源：Timmons JA. New Venture Creation. Irwin McGraw Hill, 1999: 37-40.

2. 威克姆(Philip A.Wickham)创业模型

威克姆创业模型(如图 2.2)主要包括 4 个创业要素：创业者(Entrepreneur)、机会(Opportunity)、资源(Resources)和组织(Organisation)。创业者处于创业活动的中心，必须处理好其他三者之间的关系。该模型应至少包含以下三层含义。

(1) 创业者是创业四要素中的核心因素。在创业活动和创业过程中，创业者处于 EORO 四要素的中心位置，创业者必须发现并确认机会、管理创业所需的资源、领导一个高效的组织。创业者处于这种核心地位，必须努力工作，协调好其他三者之间的关系，以实现机会的价值。

(2) 创业者必须有效协调机会、资源和组织三者之间的关系。在威克姆创业模型中，由于创业者的核心作用，资源(包括人、财、物、技术等)被集中用于机会的开发上，在此过程中，应考虑资源利用的成本和可能遇到的风险，尽可能降低成本和风险带来的损失。同时，资源的集合形成了一定规模的组织。组织(包括组织结构、组织制度、组织文化、资产等)中各要素相互匹配，形成一个协调的有机整体，以适应所要开发的机会。总之，在创业过程中，创业者必须集合合适的资源形成组织、将资源集中用于所要开发的机会，同时，形成的组织也必须适合于所要开发的机会。

(3) 创业过程是一个不断取得成功或失败的学习过程。在威克姆创业模型中，创业组织是一个不断从成功或失败中吸取经验和教训，从而发展壮大的学习型组织。创业组织必须根据环境和市场的变化调整自己，并能够随时对机会和挑战做出反应。组织的各种资源、组织结构、组织规模、制度等随着环境的变化和组织发展不断得到改进和完善，从而使组织在不断的学习和成长中获得更大的成功。在现代激烈竞争的经济社会中，创业者必须学会开放性地学习，才能不断获得成功。企业发展过程是一个从创建组织、学习到成功的一个动态发展过程。

威克姆创业模型提出了创业过程四要素，强调了创业者在创业过程中的中心地位和在协调各要素关系中的核心作用，勾画出了一个学习型的创业组织从创建到成功的发展过程，并指明了开放性的学习在组织走向成功过程中的重要作用。应该说该模型的构建比较新颖、内容全面，合乎现代企业创建与发展的规律。

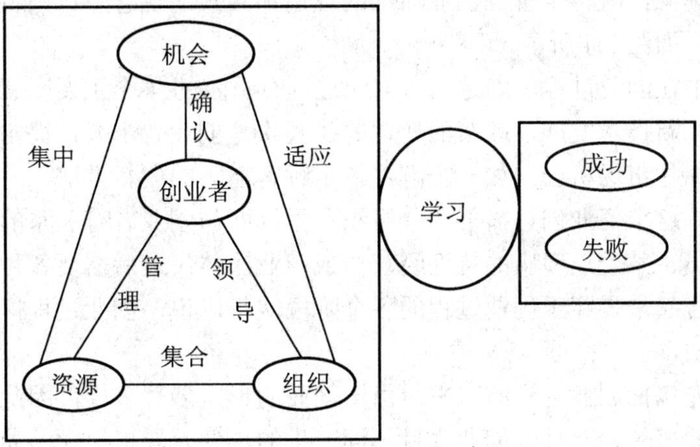

图 2.2　威克姆创业模型

资料来源：Wickham P A. Strategic Entrepreneurship. Pitman Publishing, 1998: 30.

3. 三要素创业概念模型

张玉利和杨俊以蒂蒙斯创业模型为理论基础，将机会感知、创业团队和资源获取三要素作为创业的内核，认为创新和冒险精神以个体为依附，具有天生的属性，取决于个人特质，并受后天环境特别是个体所处的文化环境的影响；企业是利润导向的经济行为，特定的经济环境必然影响创业行为。由此以机会感知、创业团队和资源获取为创业内核，以个人特质、文化环境和经济环境为影响创业的外生因素，构建出创业概念模型，如图 2.3 所示。

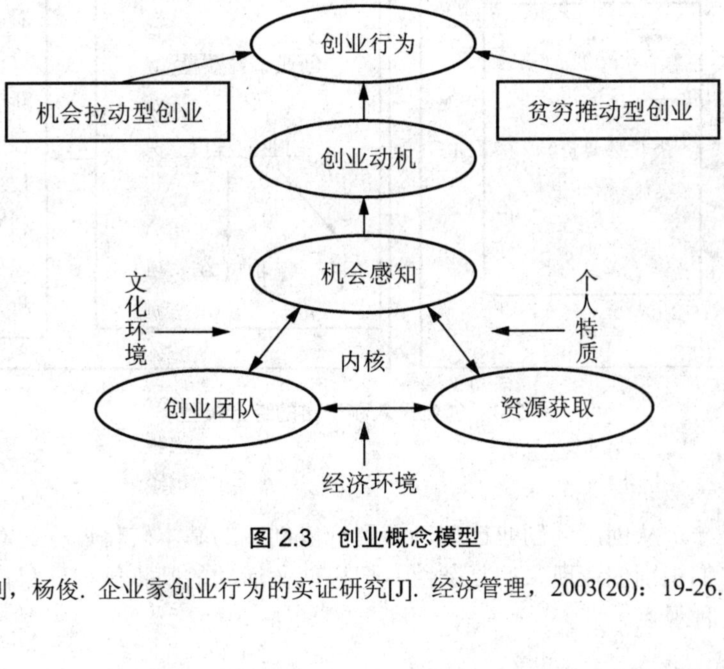

图 2.3　创业概念模型

资料来源：张玉利，杨俊. 企业家创业行为的实证研究[J]. 经济管理，2003(20)：19-26.

4. 创业投入和产出的综合模型

迈克尔·H·莫里斯(Michael H. Morris，1994)等提出创业过程的综合模型，围绕创业过程投入和产出建立，融合了影响创业活动的理论和实践的观念，试图将创业过程描述成各种因素的结合，如图 2.4 所示。

投入部分集中在创业过程，确定了对创业过程有贡献的 4 个主要因素：首先是环境机遇，如人口变化、新技术发展、政策的变化等；其次是创业者个人，提出了独特的商业创意、确认机会并抓住市场机会，如一个解决特定顾客需求的创新方法，并承担实施创业的责任；第三是实施这个商业创意需要一些组织背景，即与创业者有关系的人或组织，可以是亲戚、地方官员、某个连锁店的特许经营商或商业团体；最后需要各种资金和非资金来源。这些因素结合起来贯穿于创业过程的各个阶段，可以说，创业过程提供了一个组织创业投入的逻辑框架。

产出部分首先包括创业达到的水平，由于创业的形式多种多样，因此，创业过程中能够产生无数的创业事件，并且因创业项目不同产生的事件差异也很大，如在创新、承担风险、运作等方面创业的强度可能是不同的。

基于创业的强度不同，产出可能不同，最后的产出将包括经营中的企业、价值创造、新产品和工艺、新技术、收益、工作机会和经济增长等，结果也可能是失败，并导致精神打击、经济损失或付出社会成本等。这个模型不仅仅全面介绍了创业过程和创业的实质，而且从不同的层面，描述了独立创业过程中的各种现象。

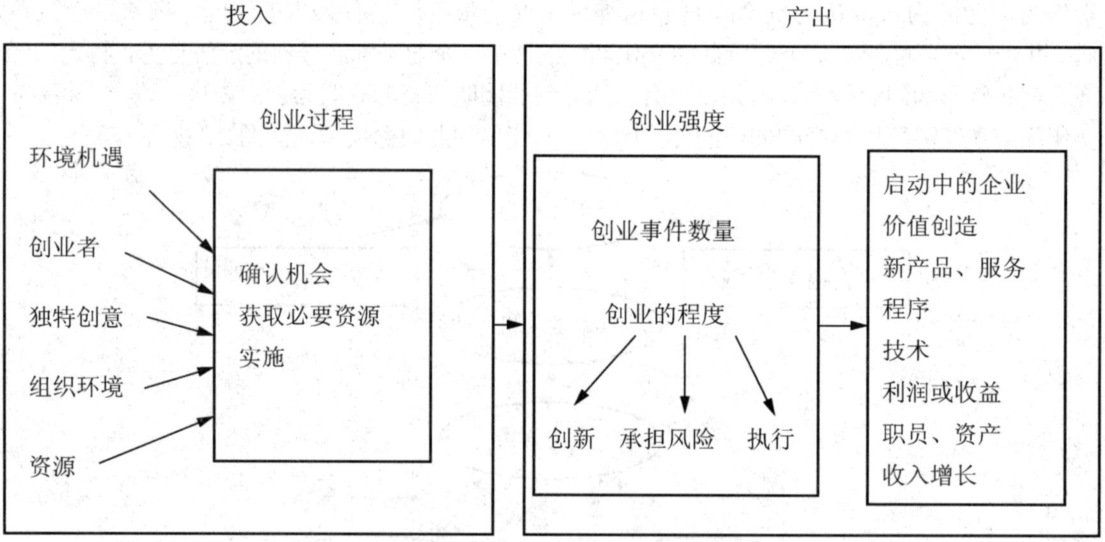

图 2.4 创业投入和产出的综合模型

2.2.2 创业过程

创业过程是一个从创意到创业计划，再到价值创造的基本转化过程。对于创业过程的研究，有利于人们识别创业现象的复杂性、把握创业活动的基本规律。目前创业过程的研究主要有以下 3 种观点。

(1) 创业的基本过程。各国学者针对不同的创业群体和创业活动对创业过程的研究产生了多种观点。本书认为创业过程和创业活动虽然复杂多样，其基本过程应该主要包括 5 个阶段，如图 2.5 所示。

图 2.5　创业的基本过程

(2) 奥利佛创业流程。奥利佛(Olive，2001)将创业过程分为 8 个阶段，如图 2.6 所示，主张创业流程的重点是创立新事业阶段，创业达到获利回收，就是完成预期目标。至于企业的继续经营，则不属于创业管理的范畴。奥利佛的结构化创业流程有助于新生创业者对创业管理复杂活动的认识和理解。

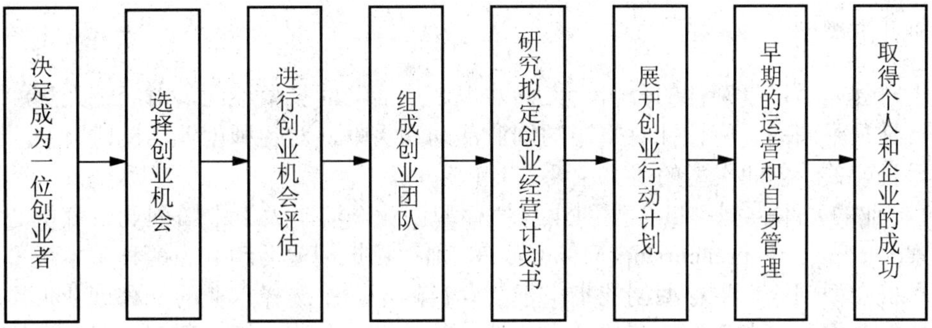

图 2.6　奥利佛创业流程

资料来源：张玉利，李新春. 创业管理[M]. 北京：清华大学出版社，2006：20.

(3) 创业环境驱动下的创业过程。刘沁玲(2003)教授认为任何创业活动都是发生在特定的社会、经济环境中，因此，创业活动受当地创业环境的影响。包括创业政策、创业文化、创业教育、创业融资、创业信息环境等要素，如图 2.7 所示。

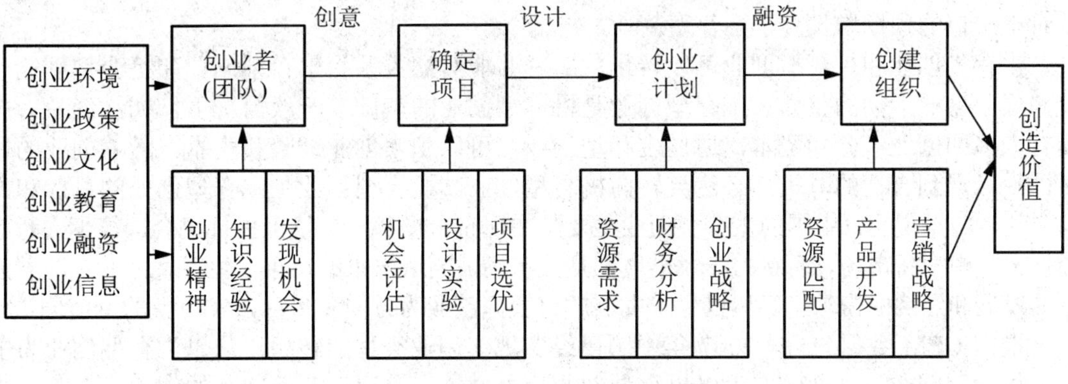

图 2.7　创业环境驱动下的创业过程

在创业环境培育和驱动下，创业者的产生基于创业精神、创业知识、经验和机会发现；

创业项目的确定要经过对市场机会的评估，对已有创意进行精心筛选；精心设计创业计划是寻求资金的重要工具和实施创业的必要准备；创业组织的建立基于资源的匹配和整合。总之，创业过程是一个由潜在的创业者到现实的创业者，再到创造价值的一个动态发展过程，也是在环境的影响和驱动下，从产生创业精神、创业动机到实现创业目标的创业项目开发实施过程。一个好的创业项目到底是否能够获得预期的成功，除了创业者自身的知识和能力，在很大程度上还取决于他所处的创业环境的优劣。一个创业环境优良的地区会鼓励更多的人从事创业活动，人们在创业过程中也会享受到环境的支持。

2.3 创业类型与创业的作用

基于创业环境和条件、创业目的的不同，人们会选择不同的创业类型，而创业类型的差异会导致不同的创业效果，进而对社会、经济发展产生不同的影响和作用。国内外学者对此提供了比较丰富的研究成果。

2.3.1 创业的类型

基于对创业活动复杂性的分析，人们发现创业活动的类型不同，对经济发展、创新和就业的贡献是不同的，应该针对不同的创业活动和贡献，对各种创业活动进行科学的研究和分类。目前关于创业类型的研究主要有 6 种观点。

(1) 创业的基本类型：机会型创业与生存型创业。清华大学中国创业研究中心的全球创业观察(Global Entrepreneurship Monitor, GEM)项目把创业活动分为两种基本类型：生存型创业和机会型创业。生存型创业指出于生存目的不得不选择创业的一种创业形态。基本特征是把创业作为个人获得生存的基本条件，如下岗失业等。机会型创业指在发现或创造新的市场机会进行的创业活动。基本特征是把创业作为个人更大发展的一种选择，进行过机会的识别和把握，如政府工作人员辞职“下海”，寻求事业更大的发展和价值创造。

机会型和生存型创业产生的影响显著不同，在市场机会方面，生存型创业关心的是在现有市场上创业；机会型创业是发现新的市场机会，并关注较大的市场。在预期的就业人数上，生存型创业对未来创造的就业机会预期低于机会型创业；机会型创业预期创造的就业机会更多，因此，对于提高就业水平的作用更加明显。在出口预期增长方面，机会型创业对于出口的预期增长高于生存型创业。

生存型创业和机会型创业可以转化，二者并非对立关系。生存型创业和机会型创业一起构成了创业活动的整体。生存型创业是机会型创业的基础，一般情况下，初次创业者并没有太多的创业经验和资本，通过生存型创业，可以积累创业经验和资本。随着创业的发展，一旦遇到合适的时机，必然会转向机会型创业。机会型创业是生存型创业的目标和方向。统计数据说明，中国的生存型创业主要是在现有市场和小市场上捕捉机会，很少去考虑捕捉大、中型新市场。而新的产业出现都是大市场被创造出来的结果，生存型创业者随着创业的发展和经济的需求，必然以寻求发展的机会型创业为方向和目标，实现新的价值创造。

根据 GEM 数据分析，2007 年中国已经实现了创业类型的转型，从以生存型创业为主导、机会型创业为辅助转变为以机会型创业为主导、生存型创业为辅助的创业形态，表明了随着创业环境的改善，人们的创业意识和创业能力得到提升，使中国创业类型发生了明显的变化，见表 2-3。

表 2-3　中国创业类型的变化

年	机会型创业	生存型创业
2002	40%	60%
2005	47%	53%
2007	60.4%	39.6%

以生存型创业为主导

以机会型创业为主导

(2) 基于创业主体的分类：个体创业和公司创业。个体创业主要指个人创业或团队的创业行为。公司创业指已有组织发起的组织创新、创业活动。个体创业和公司创业虽然都是创新、创业活动，具有一些共同的特征，如机会导向、创造性地整合资源、价值创造、超前行动、创新和变革等，但是在起初的资源、组织形态、战略目标、承担的风险、决策速度、创业环境、创业成长等方面存在较大差异，见表 2-4。

表 2-4　个体创业与公司创业的主要差异

个体创业	公司创业
(1) 创业者承担风险	(1) 公司承担风险，而不是与个体相关的生涯风险
(2) 创业者拥有商业概念	(2) 公司拥有与商业概念有关的知识产权
(3) 创业者拥有全部或大部分事业	(3) 创业者或许拥有公司权益的很小部分
(4) 从理论上讲，对创业者的潜在回报是无限的	(4) 在公司内，创业者所能获得的潜在回报是有限的
(5) 个体的一次失误可能意味着生涯失败	(5) 公司具有更多的容错空间，能够吸纳失败
(6) 受外部环境波动的影响较大	(6) 受外部环境波动的影响较小
(7) 创业者具有相对独立性	(7) 公司内部的创业者更多受团队的牵扯
(8) 在过程、试验和方向的改变上具有灵活性	(8) 公司内部的规则、程序和官僚体系会阻碍创业者的策略调整
(9) 决策迅速	(9) 决策周期长
(10) 低保障	(10) 高保障
(11) 缺乏安全网	(11) 有一系列安全网
(12) 在创业主意上，可以沟通的人少	(12) 在创业主意上，可以沟通的人多
(13) 至少在初期阶段，存在有限的规模经济和范围经济	(13) 能够很快地达到规模经济和范围经济
(14) 严重的资源局限性	(14) 在各种资源的占有上都有优势

资料来源：Morris M, Kuratko D. Corporate Entrepreneurship[M]. Harcort College Publishers, 2002: 63.

(3) 基于创新程度的分类：创新型创业和模仿型创业。创新型创业与模仿型创业在创造就业、促进经济增长等方面存在较大差异。根据彼得·F·德鲁克的观点：“通过运用管理观念和管理技术，将产品标准化，设计科学的制作过程及操作工具，创立了一个全新的市场氛围和新顾客群体，这就是企业家精神”。而完全复制别人的创业不具备创业精神，因而也不能称为企业家。因此，创新型创业是指创业者能够识别具有创新性的创业机会，通过创造和使用新技术、新工艺、新方法等向市场提供新产品或者新服务，并创造价值的创业活动。其明显特征是具有新的商业模式，创造一个新行业或新产品，能够实现高速成长和创造更大价值等，因而对经济和社会发展的贡献比较大①。同时，创新型创业也具有更大的风险和不确定性。创业学习能力、人力资本、创造力、先前经验、社会网络、执行力等都与创新型创业具有密切联系。而模仿型创业是在已有模式基础上完全模仿别人的技术、

① 刘沁玲. 基于创新型创业特质分析的高校创业教育改革新思路[J]. 学术论坛，2011(5)：184-189.

运营方式、产品等建立自己的企业，因而没有创造新的产品、新的技术和新的服务，当然也不具备企业家精神，对经济和社会的贡献较低，也难以创造较大价值。

(4) 基于创业效果的分类。著名学者戴维森(Davidsson，2001)基于社会层面和组织层面的产出效果对创业类型进行了研究。他认为，组织层面、社会层面均为正的创业企业属于成功创业类型，如星巴克公司在咖啡市场开创了一个全新的休闲行业；组织层面为正、社会层面为负的创业企业属于重新分配式创业，如我国钢铁行业的低水平重复建设现象；组织层面为负、社会层面为正的创业企业属于催化剂式的创业，如万燕 VCD 的失败催化了一个新兴产业；组织层面、社会层面均为负的创业属于失败的创业，如破产的污染环境企业、造假企业等，如图 2.8 所示。

组织层面的产出 \ 社会层面的产出	+	−
+	成功创业 组织、社会层面均为正	重新分配式创业 组织为正、社会为负
−	催化剂式创业 组织为负、社会为正	失败的创业 组织、社会层面均为负

图 2.8　基于社会层面和组织层面的产出的分类

资料来源：Davidsson P, Wiklund J. Levels of Analysis in Entrepreneurship Research: Current Research Practice and Suggestions for the Future[J]. Entrepreneurship Theory and Practice, 2001: 81-99.

(5) 基于创业初始条件的分类。芝加哥大学阿马尔·毕海德(Amar V. Bhide)教授带领学生对美国成长最快的 500 家企业进行深入访谈，2003 年出版了专著《新企业的起源与演变》，从不确定性和投资两个维度构建了一个投资、不确定性与利润的动态模型，将原始性创业概括为 5 种类型：边缘型创业(Marginal Businesses)、冒险型创业(Promising Start-ups)、与风险投资融合的创业(VC-backed Start-ups)、大公司内部创业(Corporate Initiatives)、革命型创业(Revolutionary Ventures)，如图 2.9 所示。

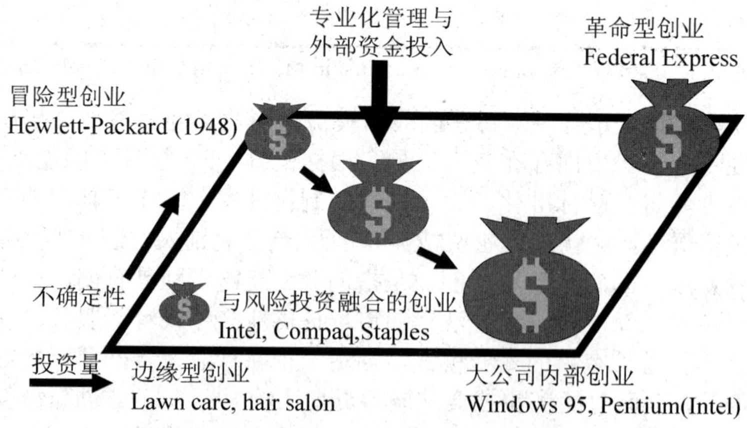

图 2.9　投资-不确定性-利润模型

注：钱袋的大小代表潜在的利润

阿马尔·毕海德教授通过深入研究，综合大量的调查数据和信息，对各种创业类型的特征进行了比较，见表2-5。

表2-5 不同创业类型特征的比较

因素	冒险型的创业	与风险投资融合的创业	大公司的内部创业	革命性的创业
创业的有利因素	创业的机会成本低；技术进步等因素使得创业机会增多	有竞争力的管理团队；清晰的创业计划	拥有大量的资金；创新绩效直接影响晋升市场调研能力强；对R&D的大量投资	无与伦比的创业计划；财富与创业精神集于一身
创业的不利因素	缺乏信用，难以从外部筹措资金；缺乏技术管理和创业经验	尽力避免不确定性、又追求短期快速成长，市场机会有限；资源的限制	企业的控制系统不鼓励创新精神；缺乏对不确定性机会的识别和把握能力	大量的资金需求；大量的前期投资
获取资源	固定成本低；竞争不是很激烈	个人的信誉；股票及多样化的激励措施	良好的信誉和承诺；资源提供者的转移成本低	富有野心的创业计划
吸引顾客的途径	上门销售和服务；了解顾客的真正需求；全力满足顾客需要	目标市场清晰	信誉、广告宣传；关于质量服务等多方面的承诺	集中全力吸引少数大的顾客
成功基本因素	企业家及其团队的智慧；面对面的销售技巧	企业家团队的创业计划和专业化管理能力	组织能力，跨部门的协调及团队精神	创业者的超强能力确保成功的创业计划
创业的特点	关注不确定性程度高但投资需求少的市场机会	关注不确定性程度低的、广阔而且发展快速的市场和新的产品或技术	关注少量的经过认真评估的有丰厚利润的市场机会，回避不确定性程度大的市场利基	技术或生产经营过程方面实现巨大创新，向顾客提供超额价值的产品或服务

资料来源：Bhide, A V. The Origin and Evolution of New Businesses. Oxford University Press. 2003.

(6) 基于价值创造的分类：商业创业与社会创业。社会创业(Social Enterprise)是指以创造社会价值为主要目的、以公益为出发点的创业行为，是创业精神与创业技能在非营利组织和部门的体现和应用。概括而言，社会创业指个人在社会使命的激发下，在非营利领域援用商务领域的专业作风，追求创新、效率和社会效果，实现相应的使命和愿景。社会创业一词是由阿苏迦基金会创始人追顿在20世纪80年代率先提出。社会创业家指创办非营利组织、致力于公益事业的创业家。

① 社会创业与商业创业的比较如下所示。

在价值创造方面：商业创业使命在于创造经济价值；社会创业使命在于创造社会价值。

在机会感知方面：商业创业家以潜在机会所能带来的利润和顾客价值作为首要衡量标准；社会创业以潜在机会是否有助于解决社会问题作为首要条件。

在资源机制方面：商业创业家获取资源的能力能够有效衡量资源使用效率上的差异；对于社会创业家来说，社会价值难以衡量，因此社会型组织更多依赖于慈善捐款、政府津贴、志愿者等低成本资源。

在驱动机制方面：市场机制是衡量企业运作效率和调配资源使用的有效机制；对于社

会创业而言，市场本身不能有效衡量社会价值，如社会进步、公共福利等，这些因素对社会创业十分重要。

② 商业创业向社会创业的转型。2007 年第 11 期《商务周刊》的一篇文章“企业家的‘第二人生’”写道：“由‘商业企业家’转型而来的‘社会企业家’，正在一个更大的社会范畴内履行自己的职责。”例如，以奥康集团董事长名字命名的“王振滔慈善基金会”，帮助贵州、湖北、安徽、四川、重庆等地的 3 000 多名贫困学子进入高校继续深造。王振滔认为，“商人最开始是在创造财富，后来就要去分配财富。分配财富有很多形式，你搭建平台让别人来发挥是一种财富分配，做慈善也是分配财富的一种。我们的财富取之于社会，最后要用之于社会①。”王巍专注的公益方向是创办亚洲商学院和中国金融博物馆，为培养金融人才做出贡献。2008 年汶川地震和 2010 年玉树地震刺激了中国慈善事业的发展，万科董事长王石、福耀玻璃董事长曹德旺的捐款，以及被称为“中国首善”的陈光标的“裸捐”都得到了社会的广泛赞扬。《2010 年胡润慈善榜》中 100 位上榜慈善家平均捐赠金额达 2.3 亿，占其个人财富的 6%。由胡润研究院发表的《2009 年中国千万富豪生活方式与品牌倾向报告》显示，2009 年中国企业家们认为承担社会责任的最好方式依次是：纳税、环保、慈善捐款、维护职工权益、提高就业率、引领行业等方式。可见，中国越来越多的商业企业家在取得经济成功之后，开始关注解决社会问题，寻找一条新的关于“社会企业家”的成长之路。

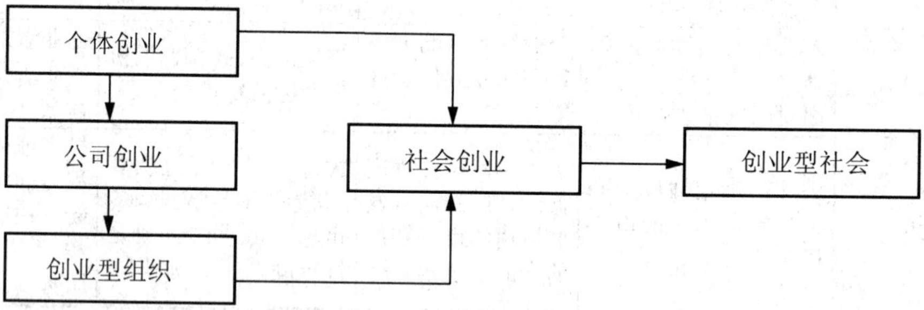

图 2.10 商业领域向非商业领域的拓展

表 2-6 2009 年中美慈善事业比较

	中　国	美　国
年度慈善捐款额度	509 亿元	3 000 亿美元
占当年 GDP 的比例	0.17%	2%
慈善组织数量	1 843 个	100 万个
慈善从业人员数量	20 000 人	900 万人

资料来源：申燕. 富人应该如何做慈善[J]. 商界导刊，2010(12)：16-17.

2.3.2 创业对经济、社会发展的重要作用

1. 创业对经济发展的影响

2002 年的全球创业观察报告认为，“国家的创业活动水平在数量统计上与国家的经济

① 张娅. 企业家的“第二人生”[J]. 商业导刊，2010(21)：80-83.

增长水平显著相关。”美国学者的研究数据显示，到1984年，《财富》500强公司减少了至少400万至600万个就业岗位。据《经济学家》报道，在美国，每年新注册的公司多达60万家，大约是20世纪五六十年代的经济繁荣时期的7倍。1995年，807 000个新的小企业被建立起来，15%增长最快的新企业(瞪羚型企业)创造了 94%的新工作，小企业(少于 500个雇员)雇用了53%的个体劳动力。所有新发明的67%是由小企业创造的(Reynolds, Hay, & Camp, 1999)。在过去的 10 年间，美国通过鼓励和促进创业活动取得了经济的高速增长(Minniti，Bygrave, 2004)。

概括地讲，创业企业在两个方面对市场经济做出了必不可少的贡献。首先，创业企业是渗透和定义市场经济更新过程的构成部分，它们改变市场结构，在导致技术变革和生产力增长的创新方面发挥了至关重要的作用。市场经济是个动态的有机体，总是在变化的过程中，创业企业是未来的期望，而不是过去的遗产(Kuratko & Hodgetts, 2004)。其次，创业企业是数百万人加入经济主流的必要机制，能够使更多的人(包括妇女、少数族裔、移民等)追求通向经济成功之路。创业为经济增长、机会平等、灵活性等提供了机会，成为增强实力的最好来源。在这个变革的过程中，创业扮演着至关重要和必不可少的角色(Small Business Administration[SBA], 1998)。

1934年，奥地利经济学家约瑟夫·熊彼特首先清楚地表达了创业对经济和社会发展的重要性。在他的著作《经济发展理论》中论述到，创业者们开发新产品和新技术，并随时间推移不断淘汰当前产品和技术。他把这个过程称为创造性破坏(Creative Destruction)，这种小企业被称为“创新者”或“变革推进者”。由于新产品和新技术优于那些被取代的产品，并且改进后的产品和技术的有效性提高了消费者需求，所以“创造性破坏”刺激了经济活性。

新的企业不断诞生，推出新的产品和技术，抢夺旧有企业的市场份额，打破旧有的经济秩序，进行“创造性的破坏”，从而把经济推上新台阶。熊彼特认为可能发起创业活动的生产要素结合方式包括下列5种情况。

(1) 采用一种新的产品；

(2) 采用一种新的生产方法；

(3) 开辟一个新的市场；

(4) 开辟或控制原材料的一种新的供应来源；

(5) 实现一种产业的新的组织。

布鲁斯·R·巴林格(Bruce R. Barringer)和R·杜安·爱尔兰(R. Duane Ireland)认为，创业行为对经济具有强烈影响有3个原因。

(1) 创新：创新是创造新事物的过程，是创业过程的核心。创业型小企业承担了美国全部创新的67%，完成了二战以来95%的激进型创新，并且许多创新有助于个人和企业更平稳、更有效地工作和改进绩效。

(2) 创造就业：由于创业型小企业专注于创新能力和特殊任务，1993—1996 年，年轻的快速成长的企业创造了美国2/3的新工作机会。成长为大企业的创业型企业(微软、戴尔公司等)也提供了大量的工作机会。

(3) 全球化：美国97%以上的出口商是不足500人的小企业。1987—1997年，小企业出口商的数目增长了3倍，1992—1997年间，小企业出口货物的美元价值也增长了3倍。出口市场为国家生产的产品和服务提供了销售出路。

2. 创业对社会的影响

创业不仅仅是一种经济现象，而且也涉及社会文化，创业对社会的重大影响主要表现在以下几个方面。

(1) 使人们生活的更加舒适，如空调、微波炉、网络购物；

(2) 提升人们的工作生产率，如个人计算机、隔夜快递；

(3) 改善人们的健康，如生物科技产业的形成，生产了许多显著改变人们生活和健康的药品、保健品；

(4) 提供娱乐的新产品和服务，如数码照片、游戏；

(5) 发展战略性新兴产业，如新能源、电动汽车、3G通讯、物联网等。这些产品对当代人来说都是新的。如果没有它们，很难想象人们的社会、生活会是什么样子。

本章小结

本章主要内容是创业学基本知识，包括创业、创业类型、创业模型、创业过程、创业学研究内容以及创业对经济、社会的影响等。创业是不拘泥于当前资源条件的限制下对机会的追寻，将不同的资源组合以利用和开发机会并创造价值的过程。创业的类型根据不同的分类方式有多种，最基本的创业类型分为生存型创业和机会型创业。生存型创业指出于生存目的的创业活动，基本特征是把创业作为个人获得生存的基本条件。机会型创业指发现或创造新的市场机会而进行的创业活动，基本特征是把创业作为个人更大发展的一种选择。创业的特征表现为：创造性、风险性、功利性、自主性、市场化。社会创业是从公益为出发点的创业行为，是创业精神与创业技能在非营利组织和部门的体现和应用。创业学是研究创业活动及其规律的一门交叉性学科，研究内容具体涉及创业者个体特征、商业创意设计、创业机会、创业团队组建、商业模式设计、创业计划、资源组织以及价值创造等。创业学代表性的思想学派主要包括：环境思想学派、资本思想学派、创业者特质思想学派、创业机会思想学派、战略规划思想学派。创业过程一般分5个阶段：成长为创业者、开发商业创意、设计商业计划、创建新企业/新事业、创业发展/创造价值。熊彼特指出的“创造性破坏”是指创业者们开发新产品和新技术，并随时间推移不断淘汰当前产品和技术的创业活动，包括5种生产要素结合方式：采用一种新的产品、采用一种新的生产方法、开辟一个新的市场、开辟或控制原材料的一种新的供应来源、实现一种产业的新的组织。创业对经济和社会发展具有重要影响。

关键术语

创业精神(Spirit of Enterprise)
环境思想学派(The Environmental School of Thought)
资本思想学派(Capital School of Thought)
全球创业观察(Global Entrepreneurship Monitor, GEM)
与风险投资融合的创业(VC-backed Start-ups)
大公司内部创业(Corporate Initiatives)
创业机会思想学派(The Venture Opportunity School of Thought)
创业者特质思想学派(The Entrepreneurial Trait School of Thought)
战略规划思想学派(The Strategic Formulation School of Thought)
创业(Entrepreneurship)
社会创业(Social Enterprise)
边缘型创业(Marginal Businesses)
冒险型创业(Promising Start-ups)
革命型创业(Revolutionary Ventures)
创造性破坏(Creative Destruction)

知识链接

1. American Journal of Small Business
2. Small Business Economics
3. Journal of Business Venturing
4. Entrepreneurship Theory and Practice
5. Harvard Business Review
6. Academy of Management Review

习　题

1. 简答题

(1) 如何理解创业的概念和本质？
(2) 机会型创业与生存性创业有何不同？
(3) 如何理解创业学研究的主要内容和研究目的？

2. 论述题

(1) 如何理解熊彼特“创造性破坏”的含义，它包括哪些生产要素结合方式？
(2) 简述创业学研究的主要学派及主要观点。
(3) 简述创业对经济和社会发展的重要作用。

实际操作训练

1．列举一些你熟悉的创业的不同类型。

2．结合本章学过的知识分析一个大学生创业案例，包括案例中讲到的创业类型、过程、对经济社会的贡献等。

案例分析

比亚迪公司王传福创业史：从电池大王到汽车大王

1966 年 2 月 15 日，王传福出生在安徽无为县一户再寻常不过的农民家庭，在父母的关爱下度过了无忧无虑的童年。然而，在他读初中时家里发生的变故，让他经受了心灵的创伤并从此沉默寡言。为了忘掉痛苦，年纪尚小的王传福便两耳不闻窗外事，一心苦读，形成了坚强忍耐的性格。他相信，没有比脚更高的山，没有比脚更远的路；他坚信，只要灵魂不屈，自己一定会走出一条康庄大道。

1987 年 7 月，21 岁的王传福从中南工业大学冶金物理化学系毕业，进入北京有色金属研究院。在研究生期间，他更加刻苦，把全部的精力投入到电池研究中去。人们常说，“有志者，事竟成”。仅仅过了 5 年的时间，26 岁的王传福被破格委以研究院 301 室副主任的重任，成为当时全国最年轻的处长。而更让他意想不到的是，一个促使他从专家向企业家转变的机遇从天而降。1993 年，研究院在深圳成立比格电池有限公司，由于和王传福的研究领域密切相关，王传福顺理成章成为公司总经理。

在有了一定的企业经营和电池生产的实际经验后，王传福发现，作为自己研究领域之一的电池行业里，要花 2 万～3 万元才能买到一部大哥大，国内电池产业随着移动电话的“井喷”方兴未艾。作为研究方面的专家，眼光敏锐独到的王传福心动眼热，他坚信，技术不是什么问题，只要能够上规模，就能干出大事业。于是，他做出了一个大胆的决定——脱离比格电池有限公司单干。脱离具有强大背景的比格电池有限公司，辞去已有的总经理职务，这在一般人看来太冒险。但王传福相信一点：最灿烂的风景总在悬崖峭壁，富贵总在险境中凸现。1995年2月，深圳乍暖还寒，王传福向做投资管理的表哥吕向阳借了250万元钱，注册成立了比亚迪科技有限公司，领着20多个人在深圳莲塘的旧车间里扬帆起航了。

1. 冲破牢笼"蚍蜉"撼动了大树

成立一个公司并不难，生产一个产品也不难，难的是如何将尽可能小的投入演变为尽可能大的产出。这就需要眼光，需要冒险。很多人创业失败不在于缺乏资金，而在于缺乏眼光和冒险精神。王传福拥有的最大的资本，就是战略眼光和冒险精神。

回想起当时的情形，王传福都有些不敢相信自己哪来这么大的勇气。在当时，日本充电电池一统天下，国内的厂家多是买来电芯搞组装，利润少，几乎没有竞争力。如何打开局面？经过认真思考，王传福决定依靠自身技术研究优势，从一开始就把目光投向技术含量最高、利润最丰厚的充电电池核心部件——电芯的生产。

更让人们津津乐道的是，正在寻求快速发展之道的王传福在一份国际电池行业动态报告中发现，日本宣布本土将不再生产镍镉电池，而这势必会引发镍镉电池生产基地的国际大转移，王传福立即意识到这将为中国电池企业创造前所未有的黄金时机，于是决定马上涉足镍镉电池生产。

那时，日本的一条镍镉电池生产线需要几千万元投资，再加上日本禁止出口，王传福买不起也根本买不到这样的生产线。但世上无难事，只怕有心人。王传福是一个知道如何控制成本的"抠门"老板。根据企业的特点，他利用中国人力资源成本低的优势，决定自己动手建造一些关键设备，然后把生产线分解成一个个可以人工完成的工序，结果只花了100多万元人民币，就建成了一条日产4 000个镍镉电池的生产线。

利用成本上的优势，通过一些代理商，比亚迪公司逐步打开了低端市场。经过努力，比亚迪的总体成本比日本对手低了40%。为进驻高端市场，争取到大的行业用户和大额订单，王传福不断优化生产工艺、引进人才，并购进大批先进设备，集中精力搞研发，使电池品质稳步提升。王传福还经常出国参加国际电池展示会，直接与能下大订单的摩托罗拉等大客户接触，获得了客户的认可后，公司的订单源源不断。

1996年，比亚迪公司取代三洋成为台湾无绳电话制造商大霸的电池供应商。大霸是电信巨头朗讯的OEM，比亚迪公司因此成为朗讯的间接供应商。1997年，比亚迪公司镍镉电池销售量达到1.5亿块，排名上升到世界第四位。

在镍镉电池领域站稳脚跟后，不甘寂寞的王传福又开始了镍氢电池的研发，并从1997年开始大批量生产镍氢电池。但此时恰逢东南亚金融风暴，半数以上产品出口的比亚迪公司遇到了困难。此时，王传福的表哥吕向阳通过其所有的广州融捷投资管理集团向王传福投资1 660万元，使比亚迪公司注册资金从450万元扩大到3 000万元。这一年，比亚迪公司镍氢电池销售量达到1 900万块，一举进入世界前7名。

此后，王传福把目光放到了欧美和日本市场。1998年至2000年，比亚迪欧洲分公司、美国分公司先后成立，日本厂商后院起火。1999年至2000年，比亚迪公司在这些市场势如破竹，大客户名单上出现了松下、索尼、GE、AT&T和业界老大TTI等。

2000年，王传福投入大量资金开始了锂电池的研发，很快拥有了自己的核心技术，并成为摩托罗拉的第一个中国锂电池供应商。2001年，比亚迪公司锂电池市场份额上升到世界第四位，而镍镉和镍氢电池上升到了第二和第三位，实现了13.65亿元的销售额，纯利润高达2.56亿元。

目前，比亚迪以近15%的全球市场占有率成为中国最大的手机电池生产企业，在国际市场上正与日本三洋一决雌雄。目前，比亚迪在镍镉电池领域全球排名第一，镍氢电池领域排名第二，锂电池领域排名第三。

2. 电池大王造汽车

如果说单干创业对于王传福来讲是第一次冒险，那么决定制造汽车无疑是他冒险的疯狂之举。2003年1月23日，比亚迪宣布以2.7亿元的价格收购西安秦川汽车有限责任公司77%的股份。比亚迪成为继吉利之后国内第二家民营轿车生产企业。

2003年8月，在陕西广东经贸合作推介会上，王传福再爆惊人之举，比亚迪与西安高新技术产业开发区、陕西省投资集团签订合资组建比亚迪电动汽车生产线合同，项目投资达20亿元人民币。

王传福的思路是，通过电池生产领域的核心技术优势，打造中国乃至世界电动汽车第一品牌，"电池大王”将造汽车与自己的长项相结合。王传福的自信来源于比亚迪在电池生产领域的成功。他要复制这样的成功，他看准了庞大的汽车市场，王传福为比亚迪做汽车寻找了充足的理由。首先，3年之后，比亚迪的电池制造将达到顶峰，需要寻找其他行业进行拓展；其次，相对于国企来说，比亚迪拥有制度优势；而国内私车市场每年增长60%以上的巨大空间更充满诱惑。

“我下半辈子就干汽车了。”王传福说。2004年1月，深圳市有200辆比亚迪制造的锂离子纯电动汽车投入出租运营，成为全国第一家电动车示范区，真正实现尾气零排放。这种电动汽车一次充电后可行驶350公里，成本价在10万元到12万元之间，零售价在14万元左右。在做完必要的改进后，这种电动汽车将全面进入北京市场，并且在上海、广州、西安等城市陆续上市。

2006年，比亚迪电动车正式开始商业运营，而且在王传福的“盘子里”也已经做好了这样的规划：比亚迪控股秦川的主要目的是通过收购小型车企业，开发电动车电池，欲以此入股国内一家电动车制造厂，并配合该公司开发电动车二次充电电池。据悉，比亚迪汽车公司研发部门正倾力设计规划1.3L排量到3.0L排量的八大系列的轿车开发计划。筹建中的比亚迪汽车主体厂房位于西安市高新技术开发区，辅以对现有的轿车生产线进行改造。同时，比亚迪在上海成立“比亚迪汽车研发中心”。不久，比亚迪汽车将会达到年产3 0万辆轿车的生产能力，成为中国又一大轿车生产基地。

尽管王传福的规划看上去环环相扣，但是很多人士认为，充电汽车的产业化难度远非现有技术条件可以想象，王传福的造车之梦无疑是一次疯狂冒险之举。这一点，具有工学硕士背景的王传福心里应该有谱。

3. 敢于冒险打造致富团队

敢于冒险、敢想敢干及当断则断的作风，为王传福的成功带来了传奇的色彩。当初，公司在香港上市时，作为比亚迪的核心创始人，王传福本人在比亚迪股份的持股比例仅为28%，2003年王传福以资产3.28亿美元登上《福布斯》杂志“中国大陆百富榜”，位列第13位。

然而，财富并没有给王传福带来生活上的任何变化，他和妻子及5岁的孩子依然住在深圳龙岗区葵涌镇上一套两室一厅的房子里，开的是一辆开了很久的凌志。王传福身上唯一值钱的东西是一块阿迪达斯运动表，因为它能够显示很多地方的时间，通过它可以确切地知道，分散在全球的分支机构是在白天还是夜晚。

在王传福看来，名誉和财富对于他已经无所谓了。个人财富和公司财富的增加给王传福带来更多的是责任和压力的增长，他现在要对近3万名员工生活负责，他现在有很强的社会责任约束。

“我们面对的有两万多员工，又是上市公司，买股票的是美国基金，他们要看你的增长，对我们来说是一种责任，他们之所以买你的股票是希望你增长，因此我们有增长的义务，我们有义务把这个企业变成每年增长的企业。”王传福这样说。从电池行业进入自己并不熟悉的、全新的汽车行业，这本身就是极大的挑战。因为有了这种挑战，也因为背负的社会责任，作为公司的带头人在要求公司所有员工加强学习迎接挑战的同时，更要带领大家打造一支敢于冒险的团队。王传福认为“因为发展企业与人生成长都像攀登一座山一样，而找山寻路却是一种学习的过程，我们应当在这个过程中，学习如何从慌乱中找到生机。冒险精神给比亚迪的初期发展带来了举世瞩目的成就，同样，比亚迪要成为汽车大王，同样需要冒险精神，更需要一支敢于冒险的企业团队。”

2009年，王传福以350亿元的财富成为“2009胡润百富榜”中国内地首富。

资料来源：草根创业网 www.chuangyezg.com.

思考与讨论：

1. 比亚迪公司对经济、社会的贡献主要表现在哪些方面？
2. 你对企业家精神有什么新的认识？
3. 简要描述王传福的创业过程和创业类型。
4. 请根据王传福的创业活动构建一个创业模型，并结合本章知识简要说明。
5. 王传福的创业活动对你的启示有哪些？

第3章 创业生涯管理

本章教学目标与要求

(1) 理解创业者的含义，了解创业者的个性特征；
(2) 理解企业家创业的动机及其类型；
(3) 掌握创业者特质与创业技能研究的基本理论；
(4) 了解创业能力培养的基本途径；
(5) 把握大学生创业选择的自我评估方法；
(6) 理解创业生涯规划的含义、方法和途径；
(7) 了解大学生创业应注意的几个问题。

本章知识架构

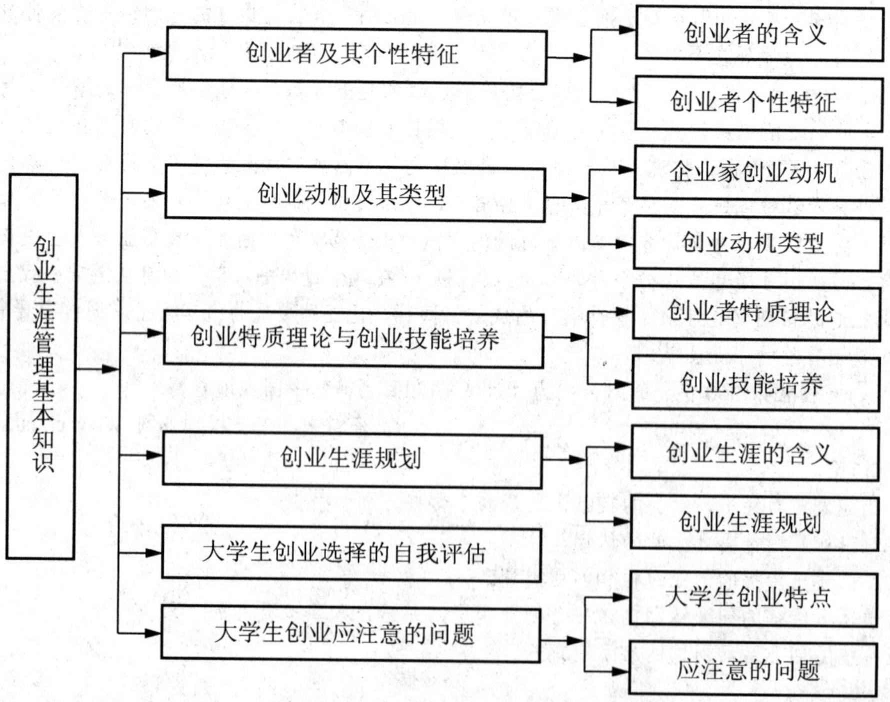

天不生人上之人，也不生人下之人。

——日本庆应大学 福泽谕吉《劝学篇》

导入案例

网易公司创始人丁磊的创业人生

丁磊1971年10月生于浙江宁波，他从小就非常喜欢无线电，上初一时就自己组装了一台在当时是非常复杂的六管收音机。

1993年，他从成都电子科技大学毕业后，任宁波市电信局技术工程师。工作之余他学习了大量的UNIX系统知识，并自己开发了一些小程序。但由于单位的体制原因，他的才能没有得到重视和发挥。

1995年5月，他离开宁波市电信局南下广州，任职于Sybase广州分公司技术支持工程师，并成为国内最早的一批上网用户，在当时他已经可以熟练地使用Internet。

由于难以接受每天重复同样工作的技术工程师工作，丁磊于1996年5月离开Sybase广州分公司。1997年6月，他创办网易公司，凭借敏锐的市场洞察力和扎实的工作，将网易从十几个人的私企发展到拥有近300员工在美国公开上市的知名互联网技术企业。

2000年3月，丁磊辞去首席执行官的职务，出任网易公司联合首席技术执行官。2000年6月，网易在纳斯达克上市，主要业务有短信服务、在线游戏等。2001年3月，丁磊担任首席架构设计师，专注于公司远景战略的设计与规划，同年6月至9月担任代理首席执行官和代理首席营运官。2003年，丁磊在各大财富排行榜均以75亿元身家高踞中国内地首富之位。2005年11月28日，丁磊第三次被任命为公司CEO。

资料来源：腾讯科技网 http://www.tencent.com.

管理型经济向创业型经济的转型，要求每个人尤其是大学生要具备创业精神和创业能力。在创业型社会中，仅仅做好职业生涯规划是不够的，无论将来从事哪个行业，行政、教育、金融、企业等各行各业都需要创业，因此，必须做好创业的准备。创业生涯即创业者一生不断从事创业活动的过程，创业学习对大学生培养创业素质非常重要。通过本章的学习，每个人要树立创业意识、培养创业的特质与技能，并科学规划创业的人生，为成为一个成功的创业者做好各种准备。

3.1 创业者与创业动机

研究显示，创业者有其独特的个性特征，同时也可以解释为什么有些人能够成为创业者，而另一些人为什么没有成为创业者的问题。在进行创业生涯规划之前，先要了解创业者及其他们的个性特征，以便在创业学习过程中，有效地培养创业素质，提高创业能力。

3.1.1 创业者的含义

关于什么是创业者的问题，存在着各自种各样的观点和争论，归纳起来大致有4种。

一是认为创业者是天生的，并非后天培养。其实，没有人天生是创业者，每个人都有成为创业者的潜力，是否能够成为创业者是环境、教育、经历、个人生活、学习和选择的结果。

二是认为创业者主要是追求金钱的刺激。创业需要资金是不可避免的，创业者必须拥有金钱，然而，金钱并非企业家的唯一追求，很多企业家实现了他们的社会价值。

三是认为创业者是赌徒。事实上，成功创业者通常是适度风险的承担者，他们可能比普通人面临更多的不确定性，但是，他们具有强烈的愿望并执着地去追求和实现挑战性目标。

四是认为创业者是为了炫耀自己。在众多的创业者中，多数创业者忙碌一生并没有吸引公众的注意，他们专注于产品开发和创造价值。例如，有人知道比尔·盖茨、戴尔，并不知道Google、诺基亚的创建者的姓名，更多的创业者为社会和经济发展做出了巨大贡献，但是人们并不知道他们的名字。

关于什么是创业者，可以先分析著名管理学家约瑟夫·熊彼特和彼得·F·德鲁克的观点。熊彼特认为："作为社会经济创新者的企业家不同于投机家和发明家。企业家所从事的，不是囤积任何种类的商品，不是创造前所未有的生产方法，而是以不同的方式运用现有的生产方法，以更恰当的方式，更有利的方式运用现有的方法。他们实现了新的生产要素结合方式。"彼得·F·德鲁克认为："并非每一个新创办的小型企业都属于企业家行为或者代表了创业精神。一对夫妇在美国郊区开了一家熟食店，他们的确要冒一点风险。不过，他们是企业家吗？他们所做的事情以前被重复了多次，既没有创造出一种全新的满足，也没有创造出新的消费需求。从这个角度来看，即使他们开办的是新企业，也不能称之为企业家。但是，麦当劳所表现出来的却是'创业精神'。通过运用管理观念和管理技术，将产品标准化，设计科学的制作过程及操作工具，创立了一个全新的市场氛围和新顾客群体，这就是创业精神。"①创业精神决不仅限于经济型机构，学术创业家开办的针对一个全新的"市场"而精心设计的大学也代表了创业精神。

根据上述观点，创业者需要具备创业精神、实现新的生产要素结合、创造出新的消费需求等，否则，完全重复别人的创业还不是一个真正具备创业精神的创业者。创业者应该是指通过发现或创造机会，运用新技术和新方法，创造性地组合资源，开发新产品或新市场等，实现价值创造的个人或团队。这个定义包括几个要点：首先，创业者必须具备创造性，创新性地建立一个新组织，而不是完全模仿或复制；第二，实现价值创造是衡量创业者成败的关键因素，通过重组社会资源、开发新产品创造新的价值；第三，创业者必须具备创业精神，通过发现新的机会和市场运作实现人生目标。

3.1.2 创业者的个性特征

创业者应该具备什么样的个性特征，或者具备什么样的个性特征才能成为一个成功的创业者，一直是学术界关注和探讨的重要问题。中外学者对此持有多种观点。

(1) 美国福罗里达中央大学的布鲁斯 R.巴林格等人认为，成功的创业者应该具备以下4种特征(如图3.1所示)。

① 创业激情(Passion for Business)是创业者共有的一个特征，这种激情来自于创业者认为他们的企业对人们的生活将具有积极影响的信念，也解释了创业者为什么放弃安定的工作去创建自己的企业。

① [美]彼得·F·德鲁克. 创新与创业精神[M]. 张炜，译. 上海：上海人民出版社，上海社会科学出版社，2002：25-26.

② 产品/顾客聚集(Product/Customer Focus)突出了企业在任何时候都要重视这两个要素：产品和顾客。如果企业缺乏用好的产品满足顾客需求的能力，创业就难以持续成功。史蒂夫·乔布斯(Steven Jobs)曾经讲过："计算机是我们曾经制造过的最为非凡的工具……但最重要的事情却是将计算机送到尽可能多的顾客手中。"只有保持高度的产品/顾客聚集，才能创造出能满足广大用户需求的高品质产品。

③ 不怕失败，坚忍不拔(Fortitudinous Character)是创业者的另一个特征。由于开发新事业的过程类似于科学家在实验室中进行实验的情形，挫折与失败不可避免地会出现，因此，创业者应具有经受挫折与失败而坚持下去的能力和坚忍不拔的品质。

④ 执行智能(Execution Intelligence)，指将商业创意变为可行企业的能力。亚马逊网站创始人杰夫·贝佐斯(Jeff Bezos)曾说过："创意很容易，难的是执行。"例如，1987 年星巴克的创业者霍华德·舒尔茨(Howard Schultz)设计了一个为美国人在舒适、安静环境中享用咖啡的地方的创意，他通过雇佣一支经验丰富的管理团队、执行有效的战略、明智地使用信息技术等，成功地实现了他的创意。许多创业的案例表明，忽视执行的代价是非常高的。

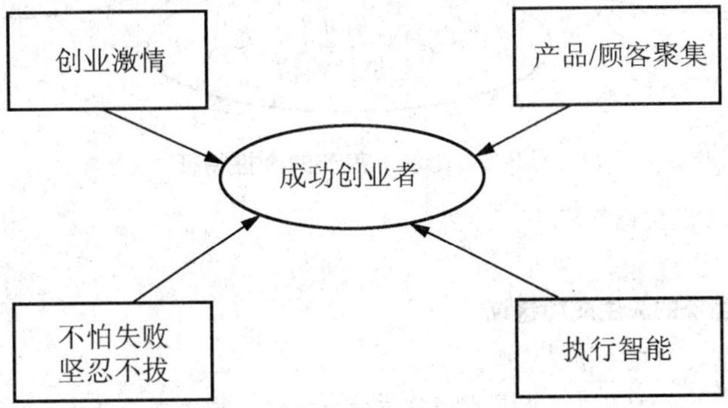

图 3.1　成功创业者的主要特征

资料来源：[爱尔兰]Barringer B R, Duane R. 创业管理[M].张玉利，王伟毅，杨俊，等译. 北京：机械工业出版社，2006：7.

(2) 比尔·盖茨的个性特征。比尔·盖茨、迈克尔·戴尔坚信，他们的产品和服务对人类生活非常重要，能让世界成为人间天堂；向市场引入能满足顾客需求的产品和技术；曾经做过的最佳事情是"拥有高度的韧劲"；将商业创意变成可行企业的能力。通过对比尔·盖茨传记的研究可以发现，比尔·盖茨从中学、大学到成为世界首富的成长过程中，有其独特的个性特征，如图 3.2 所示。

(3) 复合化的创业素质。

史蒂夫·乔布斯(Steven Jobs)曾经认为，创业者需要综合能力，具备以下综合能力的人适合创业：创新求异意识、市场嗅觉、组织策划能力、沟通协调能力、领导力、投资理财能力、专业知识。大学生应该学习并养成优秀的创业素质，经过不断的创业学习、实践和经验积累，逐步具备复合化的创业素质，以便能够取得巨大成功，为经济和社会发展做出更大的贡献。复合化的创业素质主要有以下 5 方面。

① 创新家的头脑与追求。

② 战略家的敏锐与远见。

③ 冒险家的勇敢与魄力。

④ 组织家的果敢与干练。

⑤ 实干家的踏实与坚韧。

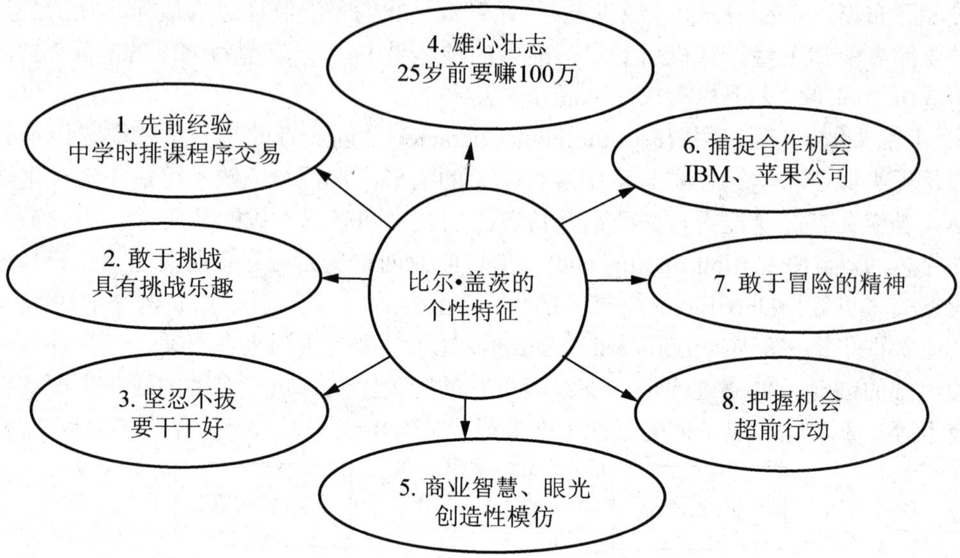

图 3.2 比尔·盖茨的个性特征

资料来源：根据比尔·盖茨传记整理.

小资料：比尔·盖茨的人生成功建议

(1) 人生是不公平的，习惯去接受它吧！

(2) 这个世界不会在乎你的自尊，而是期望你先做出成绩，再去强调自己的感觉。

(3) 你不会一离开学校就有百万年薪，你不会马上就是可以发号施令的副总裁，这两者，你必须以更多努力得来。

(4) 如果你觉得老师很凶，那么等你有了老板就知道了，老板是没有工作任期保障的。

(5) 在快餐店送汉堡包并不是作践自己，你的祖父母对此有另外的理解：机会。

(6) 如果你一事无成，不是父母的错。所以，不要怨天尤人，要学会从错误中学习。

(7) 学校里成绩的高低好坏对人生来说还言之过早。

(8) 人生不是学期制，人生没有寒暑假。没有哪个雇主有兴趣帮你寻找自我。

(9) 电视里演得并不是真实的人生，在真实的人生中每个人都要离开咖啡厅去上班。

(10) 对书呆子好一点，因为你未来很可能就为他们中的一个工作。

资料来源：根据比尔·盖茨传记整理.

3.1.3 创业动机

创业者为什么要创办企业以及他们与非创业者(或创业失败的人)有什么不同，这些问题与创业者动机密不可分。由于创业者是创业的主体，在创业过程中是最活跃的因素，因此，有必要认真研究创业者的创业动机，而且这种动机在创业过程中发挥了重要作用。

为什么有人想当企业家呢？谁也无法否认“赚钱”这一动机。说到底，赚不赚钱、赚多少钱是衡量一个企业家成功与否最重要的尺度，所以世界上大概没有不想赚钱的企业家。

可是，赚钱似乎又不是企业家的唯一目的，否则，像比尔·盖茨那样的巨富早该回家休息了，赚500亿美元与赚800亿美元没有什么不同。关于企业家的创业动机，大致有5种观点。

1. 企业家的动机多是“雄心壮志”(Heroic Aspiration)

熊彼特的论述最令人信服。他说，如果企业家的动机只是赚钱而后享乐，那么很多企业家的行为简直是非理性的，因为他们一辈子辛苦奔忙，很少有时间享受自己的财富。熊彼特对创业动机在精神层面上进行了剖析，归结为“建设私人王国、对胜利的热情、创造的喜悦”。除了赚钱之外，人们想做企业家是因为梦想建立一个私人王国。在现代社会，取得像中世纪时的爵位并在特定的范围内唯我独尊已经不可能了，取得商业上的成功是达到近似地位的最佳捷径。无法以其他方式获得优越社会地位的人们这种想法尤其强烈。其次，企业家动机还包括征服的愿望、战斗的冲动、证明自己比别人强的心理。因而有些企业家追求成功只是为了成功本身，而不是为了成功的果实。从这种角度来看，企业家之间的较量和拳击、赛跑等是一样的，就是想拿个冠军。冠军是最高的奖赏，而真正的奖品(财富)反倒成了次要的。最后，熊彼特说，企业家的动机还包括追求创造的喜悦，享受做事情所带来的愉快，寻求改变世界而带来的满足感，体验冒险的刺激。从这一角度来看，企业家又像是登山运动。

2. 经济需要与社会需要

由于人的需要不同，创业动机是很复杂的，如为生活所迫、为利益驱动、弹性工作、实现人生价值等。根据心理学家马斯洛的需要层次论，创业者创业动机的激发因素可以归结为经济需要和社会需要，经济需要指生理和安全需要，衣、食、住、行、健康等基本需要，解决这类需要的办法是经济手段，即创业动机源于经济利益的驱动；社会需要主要指受人尊重和自我实现的需要，如地位、赞赏、尊重、独立、成就、价值等，这类需要是在基本需要得到满足后衍生出来的需要。

在现实中，创业者的创业动机是会发生变化的，创业初期可能是经济性动机起主导作用，追求的主要目标是尽快获得经济回报；在经济需求得到满足之后，社会需要逐步成为驱动创业的主导力量。如比尔·盖茨开始关注慈善事业，李嘉诚资助教育和医疗事业，陈光标公开表示将要“裸捐”，企业家在汶川地震中的大量捐赠等。

3. 机会拉动型与生存推动型

机会拉动型创业动机指创业者具有抓住现有机会和实现创业理想的强烈愿望，在出现的商业机会可能带来的巨大利润与抓住机会的强烈愿望的共同作用下，创业者会承担一定的风险，并表现出超常的进取心和创业行动。在这种创业动机驱动下，创业活动成为个人偏好，并将其作为实现某种目标(如实现自我价值、追求理想等)的手段。

生存推动型的创业动机是基于不得不从事创业活动来解决其所面临的生存困难。对于创业者来说，创业机会的存在与否不是其进行创业活动的关键因素，而是别无其他选择。这种生存推动型创业动机的核心在于创业活动是一种生存需求的被迫选择，而不是个人把握机会的主动自愿选择。

4. 满足个人成就感

根据 Cooper 和 Lybrand(1991)的观点，在美国小企业创业动力的排序中，排在前两位的分别是“个人成就感”和“按自己的方式做事”，安全感排在第 4 位，最后才是给子女留下产业，如图 3.3 所示。这似乎与中国人的创业动机有所不同，值得去分析思考。

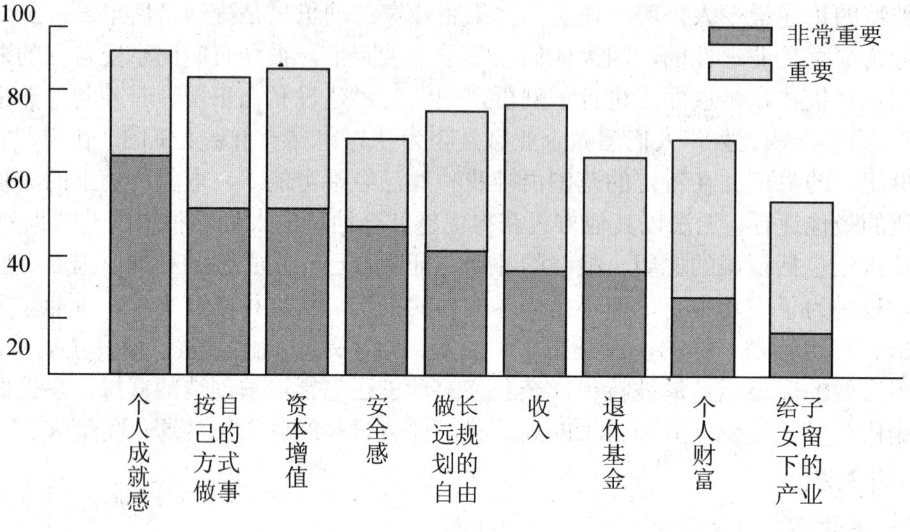

图 3.3 美国小企业创业动力的排序

5. 分享幸福的创业动机

创业者的价值观不同会产生不同的创业动机。可以从中央电视台“致富经”栏目看到许多成功的创业者把自己的财富与家乡人共同分享、回报社会的感人案例，如陈光标的“高调慈善”、史玉柱的“再多捐 100 万”，卡内基和洛克菲勒的慈善机构拥有比美国财政部还要慷慨的预算。正如达·芬奇曾说：“人的美德的荣誉比他的财富的荣誉不知大多少倍。”

2010 年 6 月，股神沃伦·巴菲特和前世界首富比尔·盖茨共同倡议发起“捐赠誓言”活动，号召富豪们在一生中或死后将自己一半的财富捐给慈善机构。截至 2010 年底，已有近 60 位亿万富翁加入了“捐赠誓言”活动。2011 年 2 月，沃伦·巴菲特荣获了美国 2010 年度总统自由勋章。当记者采访时，巴菲特说，“创造财富的目的是为了分享”，“一个人如果想幸福，必须先让别人幸福”。他把自己财富的 99%捐给慈善基金，自己只留下 1%，并号召全世界的富人要捐出自己财富的 50%，去帮助那些需要帮助的人，使资金产生更大的社会价值，也许这才是企业家最主要的创业动机。

小资料：当代大学生的创业动机

(1) 不满自己单位的老板或不喜欢复杂的办公室环境，一怒之下，自己当老板。跟老板性格不合，讨厌办公室复杂的人际关系，与同事之间尔虞我诈或经常有小矛盾……此时，你会觉得还是自己当老板比较好。

(2) 找不到工作，不创业就无法生活。在创业过程中可能承受着巨大的心理压力和经济压力，并随时都有可能遇到风险。

(3) 机缘所为，遇到一个偶然机会就选择了创业。这种情况纯属机缘巧合，你根本就没有做好经商的所有准备，只是机会来了，就顺势开始自己经商。

(4) 期望一夜暴富，迅速提高生活品质和社会地位。这种人经常做白日梦，往往有很强的虚荣心，希望自己能提高生活品质，过上层社会的生活。

(5) 受周围环境的影响，自己也想尝试。身边的朋友纷纷创业，并且似乎过得都不错。于是，内心开始波动，一定得试试，走上了创业之路。

(6) 为了圆梦，实现自己的人生梦想。从小就有自己的创业梦想，希望能通过自己的努力做成一件了不起的事，于是就选择了自主创业。

(7) 为了追求独立和自由。向往自由自在的生活，不愿被束缚，希望自己能够当家做主，有一份属于自己的事业。

(8) 为了实现自我价值，证明自己的能力和才华。人总是希望自己的能力和才华能被社会承认，希望能证明自己。于是，创业便是这样一种实现自我价值的方式。

(9) 追求责任感和使命感，立志为社会做点事。很多大学生创业者的定位就是回报社会，回报人民。他们具有强烈的责任感和使命感，希望自己的事业能够为社会带来更多贡献。

资料来源：www.cctv.com.

小思考

你的创业动机是什么？

3.2 创业者个体特质理论与创业技能培养

被称为创业教育之父的美国创业教育家杰弗里•蒂蒙斯认为，“创业者是通过多年积累相关技术、技能、经历和关系网才被塑造出来的，这当中包含着许多自我发展历程”。这说明创业学习对创业者来说非常重要。研究表明，经验和专门技能在成功创建新企业的过程中扮演着重要角色。成功与准备、计划密切相关。许多成功的创业者都强调，虽然创业者要有首创精神并担负责任，同时还要有恒心和较高的适应能力，但是，这些并不是他们的个性使然，而是他们后天努力的结果。

大量事实表明创业者具有先天素质，并可以在后天被塑造得更好，某些态度和行为可以通过经验和学习学到、被开发、实践或被提炼出来。据调查，创业者成功的 3 个首要原因是“对挑战做出正面反应以及从错误中学习的能力”、“个人创造”和“极大的恒心和决心”。先天素质是创业成功的必要条件，但不是充分条件，提高创业能力需要学习和培养。

3.2.1 关于创业者个体特质理论研究的主要观点

“为什么有些人能够从事创新型创业活动，而更多的人只能选择模仿型创业？”这一问题是非常值得研究的重要课题。一个重要的假设是创新型创业者应该具备创新型个性特质，才能完成具有更大不确定性的创新型创业活动。创新型个性特质与创新型创业活动之间存在怎样的关系，如何使更多的大学生具备这类特质并成为创新型创业者，国内外学者从不同的角度进行了研究，并提出了一些值得关注的观点。

1. 学习能力是创业机会识别的内生变量

目前的研究指出，学习能力与创业技能存在密切联系。通过运用基本的方法获得信息和转化信息，每个人在知识方面的差异导致的产物能够发现不同的机会。Ward(2004)通过调研提出，学习能力对机会识别的影响是重要的，这取决于个体怎样使用他们的知识，知识能够架起通向创业之路的桥梁或便道。所有人不可能发现同样的机会，因为社会中存在信息优先分配的差异，这导致个体之间知识不对称，因而识别创业机会的类型也是不同的。个人识别机会的能力不仅取决于知识，也有赖于个体获得和转换信息和知识的过程。正是信息获得优先选择造成在机会识别能力方面的巨大差异。

Alvarez 和 Barney(2007)提出了一种知识溢出创业理论(The Theory of Knowledge Spillover Entrepreneurship)，认为创业机会不是外生的，而是由内在的丰富知识创造的。创业是一种由新知识投资所产生的对机会的内在反映。具有丰富的知识背景表现为更大程度的不确定性，同时导致了更大的创业机会。创业机会的来源是新知识和新想法，具有新知识和新想法的人更可能选择创新型创业。这类观点主要是把学习能力和知识看作是创业机会识别的内生变量和创业机会产生的根本来源，知识和学习能力的差异性造成了机会识别的差异性。具有丰富的知识，进行知识投资和知识创新，才能创造出新的创业机会，即创业学习能力强的人更可能选择创新型创业。

2. 人力资本对识别创新型创业机会具有重要作用

近年来关于创业人力资本的研究获得了新的进展，一些学者看到了人力资本在创业活动中所起的重要作用。在 Becker(1975)区别了创业者的一般人力资本和特殊人力资本的基础上，Arribas 和 Vila(2007)提出了累积性人力资本(Accumulated Human Capital)，认为人力资本是可以累积的，以前在专门活动和管理中的经验、相关培训活动能够增强创始人的生产力，例如他们可能筹集更高的创业资本和社会资本，可能带来解决新公司问题的专门知识和有利可图的市场机会。人力资本能够通过所有创办者的一般和特殊人力资本聚合所累积。

Irastorza(2006)进一步确定，创造性公司的创业者人数与新公司成功的水平之间存在正相关关系，提出一个新企业的业绩与所有创始人的一般、特殊和累积的人力资本是相关的。Marvel 和 Lumpkin(2007)通过检验技术创业者人力资本的结构与高创新的关系，认为在机会识别方面，人力资本结构与根本性创新水平可能有关，提出了个体人力资本因素影响创新成果差异，个体创业者根本性创新优势能够使技术创业者产生杰出的洞察力(Insights)，导致根本性创新的是技术创业者人力资本特征。此观点认为有根本性创新优势的原因包括：丰富的技术知识；不拘泥于当前顾客和现有产品和服务标准的创造性行为能力。更深经验和更高层教育的个体更适合与高满意创新成果相匹配，并且技术知识是识别根本性创新机会的先决条件，期望开发突破性技术的创业者在发展一般和特殊人力资本方面一直是优先的，获得额外的正式教育和技术知识可能对创新型创业特别有益。由于创业者人力资本结构与高创新的联系，个体人力资本结构不同会影响创新成果差异，特殊人力资本及其累积效应对根本性创新或者创新型创业应该具有特别重要的作用。

3. 高创造力在创新型创业活动中具有关键作用

由于创造性贯穿于创业活动整个过程，创造力一直被认为是创业者不可缺少的重要素质。个体创造力是个性品质特征的功能之一，如广泛兴趣、独立判断、自治和一系列与技能相关的发散思维、悬念判断等。根据 Amabile(1996)的观点，创业的创造力是“对建立新企业或提供新产品、新服务计划的新奇、有益的创意的运作”，通过对奇特创意的运作实现创业理想。同时，创业也是一个眼力、变化和创造的动态过程，它要求运用活力、创造热情、执行新想法和创造性的解决方法。

Engle 等人(1997)把创业者与就业者进行比较发现，创业者比就业者更具创造力，并且具有高创造力感知的人有高创业意图。具有强创造力锚(a Strong Creativity Anchor)的个体由自我雇佣所驱动，具有一种创造某个新事物的需求，他们更可能选择创新型创业。

Buchanan 等人(1991)提出了创造机会的观点，认为机会并不是客观存在的，是由主动型创业者创造出来的，机会的创造内生于想象和创造一个更美好未来的交互活动中。在这种交互活动中创业者可能会去创造一个新的市场或新产品。

Leonidas 等人(2006)提出了创造力模型，认为创造力的主要条件是高水平的“灵活性、新奇和认知过程的流畅”，具备高创造力特质的人更可能选择创新型创业。因此，高创造力在创新型创业活动中具有关键作用。高创造力也是区别创新型创业者与模仿型创业者的重要标志之一，是模仿型创业者转化为创新型创业者的关键因素。

4. 先前经验对机会价值的识别和创业效果具有重要影响

研究表明，有先前经验的创业者在社会网络、产业技能、风险决策以及探索机会等方面优于缺乏经验的创业者，经验能够增强创业的技能。Gimeno 等人(1997)认为，劳动力市场经验、管理经验和创造性对创业的影响与创业活动和实际效果具有重要的关系。个体在行业内的工作经验可以直接影响新创企业的特定人力资本的产生，这种人力资本与其在曾就职的组织学到的特定产业技能及管理经验密切相关。

Mosey 和 Wright(2007)把有先前经验的创业者与缺乏经验的创业者进行比较，提出有先前经验的创业者有更加广泛的社会网络，并在发展网络关系、获得公正的资金和管理知识方面更加有效。相比之下，缺乏经验的创业者可能在科学研究网络和产业网络之间遭遇结构性漏洞，这抑制了他们识别机会和得到信任的能力。Shane 等人(2003)指出，拥有新企业所处产业工作经验的创业者，可以依赖产业知识来识别潜在的机会和其他相关产业的状况。商业经验、功能性经验和产业经验对发现和探索机会都是有益的。通过工作经验，人们获得的信息、技能、资源和组织过程的确定性强化了创业战略，经验增强了人力资本，并减少机会价值的不确定性。专业经验越深、越广，并且正规教育水平越高的技术创业者，将有更大能力识别根本性创新的机会。曾经的创业经验为个体提供了宝贵的经验，提升了创业者的创业技能，即使是失败的经验对创业者来说也具有指导意义。因此，先前的行业经验能够影响机会价值的识别、创业决策和创业效果，专业经验更多的创业者可能在创新型创业方面更具优势。

5. 社会网络有助于产生创新型创业机会

关于创业社会网络的研究，有的学者将其称为区别于人力资本的社会资本，进一步的研究则将其细化为强关系网络和弱关系网络，对二者的利用有利于提高创新型创业技能。Nahapiet 和 Ghoshal(1998)指出社会资本是指存在于个人所拥有的关系网络中，是个体能够通过这些关系网络获得现实的和潜在的资源的总和。创业者累积的网络资本可以帮助其从社会网络成员那里以较少的时间和财务成本获取和交换创业相关信息、知识与资源，进而帮助创业者进行机会的识别与开发。

Putnam(2002)把创业的社会网络分为强关系和弱关系，认为创业者可以利用强、弱关系实现个人社会网络中不同团体之间的信息或资源交换，使得创业者更容易地获得信息与所需的资源，进而有利于其对创业机会的识别。与仅利用一种关系网的创业者相比，能够混合利用强关系和弱关系的创业者可以识别出更多的创业机会。Singh(2000)的研究发现强关系网络能够在成员之间建立起信任以及情感联系，人们更愿意花费时间为彼此提供信息或建议，因而拥有更多强关系的潜在创业者有可能识别出更多的创业机会。个体不仅能从强关系网络中获取质量较高的信息，还能够方便地从网络成员那里获取有关市场信息、技术应用、顾客需求等专业信息。而网络成员之间的信息交流与相互学习，也有利于个体识别创新性机会。而 Ruef(2002)的研究发现，从弱关系中获取信息的创业者更可能从事创新性活动，弱关系能够提供更多的异质性信息，与重复性信息相比，多样化信息更有利于个体识别到创新性创业机会。总之，创业社会网络中的不同关系能够帮助创业者获得各种信息、技术和资本等，而从强关系网络中获取的高质量信息、技术和从弱联系中得到的异质性信息可能更加有利于产生创新型创业机会。

6. 执行智能能够增强把创业意图转化为新企业的效果

执行智能(Execution Intelligence)即将创意变成可行企业的能力，是决定初创企业成功与否的重要因素之一。高校通常通过课外活动、社会实践、企业实习、“挑战杯”创业竞赛等，提高大学生的实际创业能力。有的学者更加强调默许知识对提高学生创业能力的作用，认为人类的默许知识远远多于显性知识，显性知识可以在课堂中由教师传授，而默许知识是隐含在实践活动之中的、情境性的、个体化的和不可言传的，而且是不能以正规形式加以传授的，主要依赖于个体的实践和感悟。

美国国家创业指导基金会创办者史蒂夫·马诺提出了 12 种被普遍认为是创业者需具备的能力素质：适应能力、竞争性、自信、纪律、动力、诚实、组织、毅力、说服力、冒险、理解和视野。这些能力素质可以说基本上属于默许知识。而这些知识在以传递、理解和掌握显性知识为主的课堂教学中是难以学到的，只能在“做中学”、“干中学”才能真正掌握，即创业能力是练出来的。也有的学者认为，执行力是创业成功的重要素质，是实施发展战略、实现发展目标的能力，是将思想转化为行动、把理想变成现实、把计划变为成果的能力，包括交际能力、创新能力、管理能力、获取和有效组织资源的能力等。创业就是创业者依照自己的想法和努力工作来开创一个新企业。

美国 ABB 公司董事长巴尼维克也曾说过：“一位经理人的成功，5%在战略，95%在执行。”可见，执行智能更多地来自于实践和经验，能够增强把创业意图转化为可行企业的效果，对实现创新型创业起着极为重要的作用。大学生创业者应该通过多种途径加强创业实践经验的积累，才能有效提升创新型创业能力。

3.2.2 培养创业技能的主要途径

1. 创业教育是创业学习的重要途径

目前各国都在加强创业教育，特别是高等院校的系列化的创业课程，为学生创业设定了理想的学习框架。通过创业教育一方面可以启发学生考虑一些有关他们自己的自身定位、目标、期望、思想、行动、未来发展等问题。另一方面，创业教育在识别创业机会、整合资源、应对风险、创建企业方面给学生以具体的指导，通过对创业知识的学习、创业规律的理解、商业计划书的编写等，增加学生对创建新事业过程的认知与了解，使所有专业的学生都具备创业精神和创业能力，增加学生发展中的创业选择。美国创业教育的经验证明，接受过创业教育的毕业生在创业率、个人收入、资产等方面明显高于没有接受过创业教育的毕业生。

2. 在解决问题中培养创业技能

除了创业知识理论学习，还要注重在实践中培养创业能力，在解决现实的社会问题中提高创业能力。有很多创业者创建自己的企业是在关注社会问题、解决生活中和工作中遇到的问题过程中产生的，见表 3-1，这需要改变思维方式，关注和把握环境变化带来的机会，创造性地组合资源，并迅速采取行动等。在创业活动过程中，创业者不断积累各种经验，构建创业网络，提高创业技能，成为成功的创业者。

表 3-1 在解决问题中提高创业能力举例

发现问题	解决方法	结　果
儿童营养问题	设计儿童营养配方	宗庆厚创建娃哈哈
公司不能及时得到交付的备用零件	设法利用飞机快运包裹	Fred Smith 1973 年创建了联邦快递公司 Fedex
鲜花容易凋谢问题	生产永不凋谢的花	设计制造塑料花、绢花
无法找到自己喜欢的网站	创建网络导航系统	杨致远 1994 年创建 Yahoo 网站
生命短暂与健康问题	寻找健康长寿的办法	保健产品

3. 增强识别机会的能力

机会识别是学术界研究的一项重要课题。为什么同样的机会，有些人能够看到，而有的人则熟视无睹？为什么有些人能够抓住机会，而另一些人则没有抓住机会？事实上，识别和开发创业机会是一个复杂的过程，识别机会的能力需要通过训练得以提升。一些学者对机会识别能力进行了研究。熊彼特(1934)认为，创业机会是通过把资源创造性地结合起来，迎合市场需求(或兴趣、愿望)并传递价值的可能性①。Kirzner(1997)认为，机会的最初状态是未精确定义的市场需求或未得到利用、未得到充分利用的资源和能力②。创业机会能否从最初的市场需求和未利用资源的形态发展成为新企业，不仅涉及机会本身是否是真正的市场需求，还要求创业者具备识别和选择正确的商机的能力(如图 3.4 所示)。

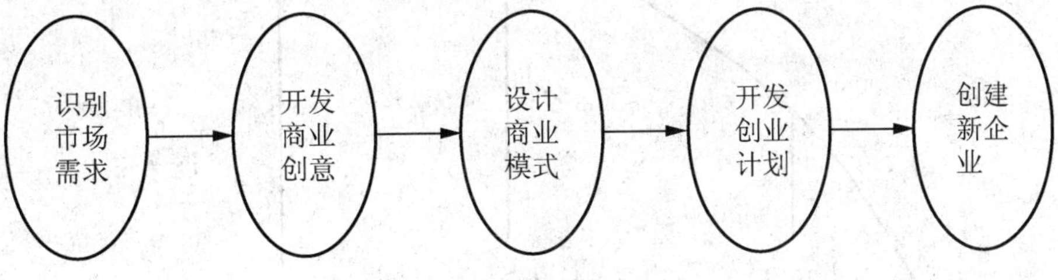

图 3.4 创业机会识别与开发过程

① Schumpeter J. Capitalism, Socialism, and Democracy [M].New York: Harper & Row, 1934.

② Kirzner I M. Entrepreneurial discovery and the competitive market process: an Austrian approach [J].Journal of Economic Literature, 1997, 35:60-85.

3.3 创业生涯管理概述

在一个创业型社会中，每个人都面对着巨大的挑战，一个必须视为机遇并加以利用的挑战——每个人需要不断学习和再学习。个人必须对自己的学习、再学习、自我发展和事业前途承担责任。只有依靠自己不断学习、再学习，不断地调整方向，才能免遭社会淘汰。彼得·F·德鲁克指出："人们应假设有决心的个人在一生的工作中，将会发现、决定和发展出好多个职业。……最好认为：15年后，自己将会从事不同的新业务，拥有不同的新目标；在许多情况下，还将从事不同的职业。"①创业生涯规划对一个人一生的发展非常重要。

3.3.1 创业者的生涯管理

在认识到这个世界充满了商机的时候，见识了众多新贵们创业历程时，是否想过：我们自己该如何达到理想的彼岸？当毕业离开校园走向社会的时候，是否规划过我们的创业人生目标？过去人们的创业目标：三十亩地一头牛，老婆孩子热炕头。新贵们的理想目标：房子、车子、票子、妻子、孩子。现代年轻人在追求什么样的"创业生涯"目标？

下面先来给出著名创业家的人生命运曲线和发展轨迹，从中会发现大多数人的命运曲线仅仅是一条弧度很小的抛物线，而顶级创业家们有办法让自己的一生充满奇迹。有的人的人生发展轨迹从一个高度达到另一个高度，如图 3.5 所示，而另一些人会通过二次创业东山再起，如图 3.6 所示。

1. 创业生涯

生涯(Career)，即一个人在其一生的工作历程中职位的变换。20年前，组织中设计职业生涯发展规划的目的是通过提供信息和评估来协助员工发展他们的职业(工作)生涯，进而实现其生涯目标。但对于今天的组织来说，这种设计思想是不够的。组织紧缩、重构、流程再造、创业等活动已经促使组织必须重新塑造个体在职业生涯发展中的角色。个人必须主动选择自己一生的发展轨迹。

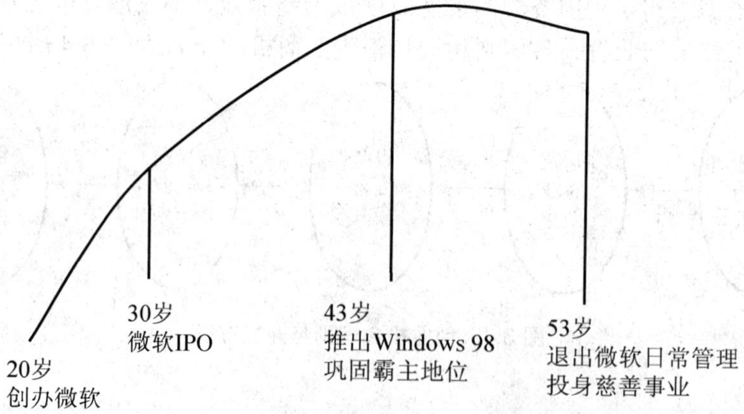

图 3.5 比尔·盖茨创业生涯的发展轨迹

① [美]彼得·F·德鲁克. 创新与创业精神[M]. 张炜，译. 上海：上海人民出版社，上海社会科学院出版社，2002.

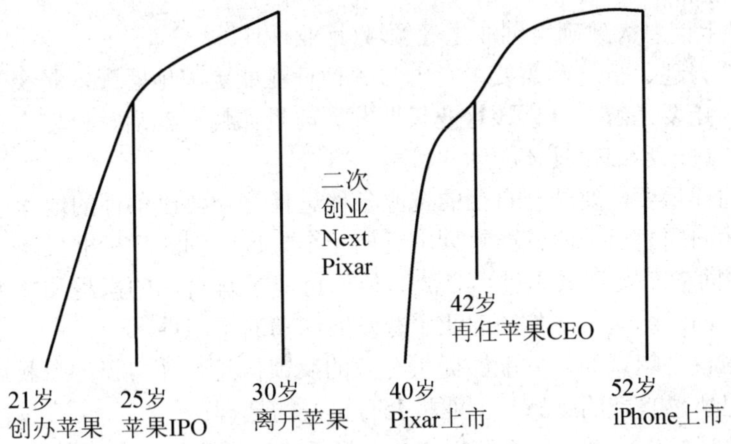

图 3.6　乔布斯创业生涯的发展轨迹

创业生涯，即创业者一生从事各种创业活动的过程。马云说过，创业者的魅力来自平凡，创业者每天都在路上。在决定成为创业者之前，需要了解创业者面临的各种好处、风险和挑战，做好创业的心理准备。

(1) 创业生涯的益处如下。

① 独立自主：摆脱了官僚组织的监管和约束，自由地支配时间；

② 满意的生活方式：做自己愿意做的事情，摆脱了单调乏味的例行上班工作；

③ 创造利润：不受定额工作、定额报酬的限制，依靠自己能力创造价值。

(2) 创业生涯的风险如下。

① 辛苦的工作：不分节假日地连续工作，有时甚至没有休息的时间；

② 挑战性的压力：经常从事挑战性的活动，完成挑战性的任务；

③ 经济上的风险：经营中经常遇到各种风险，一旦经营不利，自己承担损失。

2. 创业生涯规划

创业生涯规划是人生规划的重要内容，也是创业人生的起点。一个人在正式决定成为创业者之后，他的人生轨迹将从此改变。因此，创业决定是创业者人生道路上的关键决策。要把握好创业的人生，创业生涯规划起着不可忽视的重要作用。

创业生涯规划(Enterprise Career Planning)就是根据自己的创业理想、目标，对一生将要从事的创业活动进行设想和描述。规划的目的是加深了解自己的需求、价值观和人生目标，并且这种设想和描述应该具有 3 个特征：相当的高度、很强的可操作性以及实现的可能性。

1) 可以通过以下 3 个步骤进行自我评估

(1) 确认并列出你的技能、兴趣、与创业有关的需求和愿望。

① 哪些课程是你最喜欢的？哪些是你最不喜欢的？

② 你最积极参加的课外活动是什么？

③ 你有哪些技能和专长？

④ 在你曾经做过的社会工作中，最喜欢的是什么，最不喜欢的是什么？

⑤ 你希望在哪个领域得到发展？

(每一项回答都要保持诚信)

(2) 根据以上信息大致确定创业生涯领域(行业)和目标。

根据自己的兴趣、技能和需要，考虑与哪种行业能更好地匹配，是金融业、制造业，还是服务业等，还要了解、分析该行业长期发展前景如何。然后，判定自己可以进入什么样的行业领域，进一步细化具体的创业目标。

选择地域同样重要，要结合自己的资源条件选择符合自己条件的地理位置。

清楚了上述问题之后，应该能够列出近期一个具体的创业目标框架。

(3) 找一些同学朋友、家人进行交流，他们可能了解自己的兴趣和能力以及所想要去的行业等情况，同时测试一下你的创业生涯发展成功的可能性。

这种交流应该是坦诚的，并能够提供有效的反馈信息，使自己的自我评估更加客观，同时也能对自己所感兴趣的领域和创业机会有更好的把握。

总之，在选择好你的创业领域和地点的前提下，要尽可能将自己的兴趣、能力、资源、专长和外部的机会结合起来。创业生涯规划还要能够体现经验的可积累性和成长性。

2) 创业生涯规划

尽管很多人认为创业的风险性和不确定性使得创业人生难以规划，或者说这种规划缺乏现实的意义，但是，从对众多创业成功人士的研究结果来看，还是可以从中找出一些共性的和具有现实意义的因素。至少创业生涯规划对创业者的创业活动和发展目标等方面具有重要的指导意义。

日本"软银集团"的创办人孙正义指出："成功不会在几年内就降临，它需要多年的努力。我建议每个人都准备好自己的清单，来决定你的人生该怎么走，然后全心全意做你决定好的事情。99%的人走一步看一步，所以他们只能取得一般性成功；而早早就树立愿景的人，往往会取得巨大的成功。"他在19岁就立下大志，列出他的人生50年计划。

(1) 在20岁时，要向所投身的行业宣布自己的存在。

(2) 在30岁时，要有足够的种子资金(1亿美元以上)做一个大的项目。

(3) 在40岁时，至少要有1 000亿日元的资产，选好一个非常重要的行业，然后全力以赴在这个行业里做成第一名。

(4) 在50岁时，做出一番惊天动地的伟业。

(5) 在60岁时，获得标志性的事业成功。

(6) 在70岁时，把事业交给下一任接班人。

这个渴望成功的梦想使孙正义在少年时代就立下雄心大志，他认为，如果他许下一个宏大的愿望，拥有一个伟大的梦想，并有着高昂的激情和卓越的远见的话，人生就会变得更加充实、更加精彩。当孙正义的人生画卷徐徐展开，竟然几乎是按照他的这个50年计划所设计的轨道运行的，当初被嘲笑为"妄想"的梦想正在一个个成为现实。截至2008年8月，软银投资了800多家互联网公司，他所构建的商业帝国轮廓清晰，业务网络遍布全世界。

孙正义与软银大事记：

1974年2月，孙正义从美国留学回到日本。

1981年，孙正义注册成立软件银行公司。

1994年，软银在东京股市上市，募资1.4亿美元。

1995年，在美国加州注册成立软银风险投资公司，决定倾力投资互联网。

1996年春，向雅虎追加投资1亿美元(1995年投资200万美元)，2个月后，雅虎上市，软银在雅虎的投资得到84亿美元的回报。

1999年7月，软库中华基金公司在香港注册成立，投资了新浪、网易、8848、当当网上书店、携程旅行网等20多家企业。

2000年年初，向阿里巴巴投资2 000万美元。

2001年2月，软银亚洲基础设施基金在中国成立，并投资了陈天桥的盛大网络。

2003年年初，向阿里巴巴投资8 200万美元资本金，支持阿里巴巴C2C网站，即后来的淘宝网。

2004年，软银收购日本第三大固网运营商日本电信，成为日本电信市场中的领军企业之一。

2006年4月，软银以155亿美元的价格收购英国沃达丰日本子公司97.68%的股份，并组建软银移动。

2007年5月，美国《福布斯》杂志公布当年“30位日本富豪榜”，孙正义再度成为日本首富，总资产约人民币437.7亿元。

……

资料来源：招毅慧. 孙正义[M]. 中国经济出版社，2009: 1-17.

3.3.2 大学生创业的特点及应注意的问题

作为一个特殊群体的创业活动，大学生创业具有一些明显的特点，这些特点直接影响到大学生创业者的人生规划内容和未来发展。因此，潜在的大学生创业者应了解大学生创业者的特点及应注意的问题，以便做好自己的创业生涯规划。

1. 大学生创业者的特点

阅读案例2

出师未捷债务缠身(近年来大学生创业遭遇的最严重的挫折之一)

日前，上海市第二中级人民法院对上海某高校学生秦坚民(化名)下达了一纸判书，秦坚民将负连带赔偿95万元。学生创业，居然“创”下近百万的负债。

两年以前，秦坚民还是一个大四的学生。他想为就业积累经验，便四处寻找实践机会。当时恰逢联通公司的CDMA在扩张时期。当时联通公司与上海美天通信工程设备公司签订了销售代理协议，将以直销方式在校园发展用户。每台手机700元的补贴款和不菲的酬金让秦坚民动心了。获取这一信息的秦坚民决定要尝试一下。根据要求，他找到了上海想云科技咨询有限公司与美天公司签协议，在高校师生中发展CDMA客户。

高校的就业指导中心虽然力图为学生创业搭建起良好的平台，但目前学生仍将其视作就业介绍所。为尽快拓展校园市场，秦坚民还邀请了同学做他的助手，开始了他第一次的创业经历。

吸引他成为校园代理的重要原因，就是联通公司提供的优厚条件。根据双方签订的《CDMA校园卡集团用户销售协议书》，秦坚民可以以优惠的价格向大学校园内的客户销售CDMA手机，要求客户购买联通公司UIM卡入CDMA网，并至少使用两年。而作为报酬，秦坚民每发展一个客户，根据不同的业务种类，可以获得手机补贴费、业务酬金等，收入不菲。

被高回报吸引，也急于求成，市场的火爆蒙住了双眼，他忽略了合同中一个细节的重要性。合同规定，所发展的用户必须凭学生证、教师证原件和复印件才能购买这个CDMA的手机套餐业务，而外地生源的学生还必须有学校的担保，也就是说，严格的身份认证是联通公司这笔业务成功的关键，一旦发现有恶意登记的“黑户”存在，秦坚民就需要负责任。

学生们似乎都对于这个问题并不在意。秦坚民和他的"助手"们在自己的学校里以直销形式发展客户，生意出奇的好。一开始，他们还像模像样地查看、登记学生证和教师证，但是后来这道程序就成了摆设。很多社会上的人得知校园里有卖便宜手机，便趋之若鹜。他们中的一部分别有居心地带来各种假的身份证件，秦坚民和助手们却无暇审查身份，于是就埋下了祸根。

仅仅两个月的时间里，秦坚民就发展了 4 196 个客户，而其中有 1 000 多户是冒牌"校园客户"，他们中有无主户、不良用户和虚假用户 440 多户，他们大肆恶意拖欠话费，有的话费异常。上海联通公司无法通过身份登记寻找到这些客户，损失百万余元，联通将秦坚民告上了法庭。秦坚民还没有踏上工作岗位，便亏欠近百万元。

秦坚民的委托律师张先生表示，一方面秦坚民赚钱心切，一方面没有自我保护意识，才导致了事情的发生，"从他的经济状况来看，法院的判决几乎无法执行"。

资料来源：根据新华网上海频道原文改编.

小思考

秦坚民等人亏欠近百万元的原因是什么？

许多案例显示，大学生创业具有明显特点。

(1) 明显的急功近利特征。大学生具有创业的激情和美好的梦想，大多具有强烈的目标追求和快速成功的欲望，因此，他们在进行创业决定、评价创业项目和创业计划中，对项目的可行性分析更多地会从积极的一面来看待和分析市场，对盈利的分析往往倾向于过于乐观，而对风险的估计不够。

(2) 知识与经验的非均衡性。一方面，大学生(硕士或博士)创业者具有创业的激情、较强的专业技术知识和研究开发能力，使他们比较容易地利用自己的知识和技术在本专业领域从事创业活动。另一方面，大学生创业者由于缺乏工作经历和社会经验，在社会阅历、网络经验、管理能力、心理素质等方面明显缺乏，并常常被认为是导致失败的根本原因。这种个人素质明显的非均衡性是大学生创业者应该注意的重要问题。

(3) 抵御风险的能力较差。由于多数大学生缺乏社会经验，自身经济基础薄弱，并且可利用的社会资源相对较少，大学生创业抵御风险的能力相对较弱。加上发展过程中遇到融资困难、环境变化等问题，脆弱的心理素质使其遇到风险和挫折就不知所措、失去信心，经常会因此而功亏一篑。

2. 通过创业学习丰富人生经历

阅读案例 3

巨人集团创始人史玉柱的创业人生

史玉柱 1962 年生于安徽怀远；1984 年毕业于浙江大学数学系，分配至安徽省统计局，因工作表现突出，被单位送到深圳大学软科学管理专业进修研究生；1989 年 1 月毕业于深圳大学研究生院，为软科学硕士。

1989 年夏，史自认自己开发的 M-6401 桌面文字处理系统作为产品已经成熟，便用 4 000 元承包下天津大学深圳电脑部。史以软件版权做抵押，在《计算机世界》上先做广告后付款，推广预算共计 17 550 元。至当年 9 月中旬，史的销售额就已突破 10 万元。史付清欠账，将余钱投向广告，4 个月后，M-6401 销售额突破 100 万元。这是史的第一桶金。凭借技术优势和疯狂的广告投入，随后成立的巨人公司成为中国计算机行业的领头军，进而发展成为业务遍及生物制药、保健品、计算机、房地产等若干领域的巨人集团。

1992年，18层的巨人大厦设计方案出台。后来这一方案一改再改，从18层升至70层，为当时中国第一高楼，需资金超过10亿元。史玉柱基本上以集资和卖楼花的方式筹款，集资超过1亿元，未向银行贷款。

1993年，巨人推出M-6405、中文笔记本电脑、中文手写电脑等，其中仅中文手写电脑和软件的当年销售额即达到3.6亿元。巨人成为中国第二大民营高科技企业，史玉柱成为珠海第二批重奖的知识分子。1995年，巨人推出12种保健品，投放广告1个亿。史玉柱被《福布斯》列为内地富豪第8位。1996年，巨人大厦资金告急，史玉柱决定将保健品方面的全部资金调往巨人大厦，保健品业务因资金“抽血”过量，再加上管理不善，迅速盛极而衰。

1998年巨人大厦停工标志着巨人的名存实亡。包括史玉柱自己在内的评论者都认为，史玉柱的一系列决策失误是巨人覆灭的根本原因，而实际上这与史玉柱过于简单的人生经历不无关系。

在经历了一次惨痛的教训之后，史玉柱卧薪尝胆。2000年，史玉柱自称和原班底人马在上海及江浙创业，做的是“脑白金”业务。史玉柱自称曾到农村去、到商店去，和买脑白金、买其他保健品的消费者聊天，了解他们的习惯、喜好，终于在脑白金项目上取得了成功。

在做第二个保健品黄金搭档的时候，史玉柱开始向团队灌输自己的“危机意识”：我们得采取什么措施避免失败。危机意识之下，这个团队也就进入了紧急状态，一周工作7天，一天15小时。而正是预先将自己置之死地，也让黄金搭档成为保健品市场成功的产品。

2004年11月，上海征途网络科技有限公司正式成立。2007年上海征途网络科技有限公司正式更名为上海巨人网络科技有限公司。

2007年11月1日，史玉柱带领巨人在纽约证券交易所成功上市。

资料来源：腾讯科技网 http://www.tencent.com.

丰富的人生经历能够帮助积累经验，而经验是创业成功的一个重要因素。因此，在创业生涯规划的基础上，在前创业阶段通过丰富的人生经历，获得创业所必需的各种知识、技能和社会网络等，是创业生涯取得成功的重要途径。

创业学习有利于丰富人生经历，可以克服大学生创业的明显弱点。首先，一个人的经历总是有限的，不可能拥有所有的知识、技能和信息，必须依赖大量的第二手信息和经验来丰富和增强自己的能力。因此，通过大量的社会实践、积极开拓社会网络是一个人积累经验的重要途径。其次，社会关系网络极大地丰富了创业者的个人信息库，是寻找创业合作伙伴的主要来源，良好的社会关系网络也是创业后开展各项工作的有力支持。第三，创业学习是成功的根本。创业者可以在创业经历中学习创业并得到成长。对于大学生创业者来说，通过不断的创业实践经历和学习，才能从经历中得到丰富的经验和智慧，保持对所在领域最新形势的把握，发现真正的创业机会。随着当前知识和技术的更新速度不断加快，创业学习的作用已经表现得更加明显。社会网络是基础，创业学习能力是成功的关键因素。

3. 大学生创业应注意的几个问题

(1) 避免急功近利的想法。大学生从学习知识、积累经验到输出知识、创新创业往往需要通过长期的探索和磨练，非一朝一夕之功能完成。而且有很多知识来自于实践，而不是单纯的书本学习和传授，例如在管理、财务、组织资源等过程中有很多技巧一时难于掌握。当创业者真正面对实际问题时，可能发现与学习的东西完全不同。因此，大学生创业不要眼里望着高科技，心里想着一夜暴富，要从小事实践开始，逐步积累经验和发展。

(2) 尽量丰富自己的社会实践。多次调查显示，社会经验的缺乏是大学生创业的最大弱点。因此，如何通过创业生涯规划、丰富的社会实践经历逐步弥补这一缺陷对大学生创业者来说极为重要。大学生可以通过参加学生社团活动、创业比赛以及假期打工实践等方式，丰富自身的社会阅历和创业经验。

(3) 养成善于观察和思考的习惯。善于观察、勤于思考是创业成功的重要因素之一，正是这种习惯培养了创业者对商机的敏锐洞察力、恰当应对风险和处理创业复杂问题的能力。因此，有志于创业的大学生必须及早地训练和培养自己对市场的观察和思考能力，善于分析和识别现象背后的本质，对于及时捕捉机会、规避风险是非常重要的。

本章小结

本章主要介绍了创业者的含义及其个性特征、企业家创业的动机及其创业动机的各种类型，创业者特质理论研究的基本理论和创业技能培养的基本途径，大学生创业选择的自我评估方法，创业生涯规划的含义、方法以及大学生创业应注意的几个问题。创业者是指通过发现或创造机会，运用新技术和新方法，创造性地组合资源，开发新产品或新市场等，实现价值创造的个人或团队。他们具有独特的个性特征。大学生应该逐步具备复合化的创业素质。创业动机有多种类型：经济需要与社会需要、机会拉动和生存需要、满足个人成就感和分享幸福等。创业者个体特质理论研究的主要观点包括学习能力、人力资本、创造力、社会网络、先前经验和执行力等。大学生应该掌握创业特质理论，培养和提高创业能力。创业生涯规划是根据自己的创业理想、目标，对一生中将要从事的创业活动进行设想和描述，在选择创业项目之前应该对自己的特点进行评估。大学生创业具有明显的特点，例如，容易急功近利、知识与经验不均衡等。因此，大学生应该通过创业学习丰富自己的人生经历。

关键术语

创业警觉(Entrepreneurial Alertness)
走廊原理(Corridor Principle)
社会网络(Social Network)
创业激情(Passion for Business)
人力资本(Human Capital)
强创造力锚(a Strong Creativity Anchor)
创业生涯(Entrepreneurial career)
创业者(Entrepreneur)
执行智能(Execution Intelligence)
顾客聚集(Customer Focus)
知识溢出创业理论(the Theory of Knowledge Spillover Entrepreneurship)

知识链接

1. 南开大学创业管理研究中心 http:// www.ebg.org.cn
2. 浙江大学全球创业研究中心 http://www.hrsd.zju.edu.cn
3. 中国青年就业创业网 http:// www.chinajc.com
4. 中国创业招商网 http:// www.89189.com
5. 《创业家》杂志 http://www.chuangyejia.com

习　　题

1. 简答题

(1) 什么是创业者？他们有哪些鲜明的个性特征？
(2) 大学生创业应注意哪些问题？
(3) 什么是创业生涯规划？它有哪些特征？

2. 论述题

(1) 简述创业者个性特质理论研究的主要观点。

(2) 简述大学生应该如何培养创业技能。

(3) 简述大学生应该怎样设计自己创业生涯。

实际操作训练

根据孙正义的创业规划和所学内容，设计一份适合自己的“创业生涯规划”，包括自我评价、具体规划框架和可行的实施方案。

案例分析

钱俊东的创业经历与成长

这是一个令人感动的创业故事，但它的意义不只在于令人感动，而在于说出了一些大学生创业的秘密：从身边同学有迫切需求而又有现实负担能力的消费产品做起，尤其是学生的时尚消费产品，并在一至两个“利基”产品的基础上，不断进行外延的扩展，持续稳定地推进，非常适合大学生创业，“收益小一些没有关系，只要风险也不太大就行”的特点。本案例适合一切资本条件不太好的“穷”学生，是保证控制风险前提下能够尽快获取收益的一条捷径。

2000 年，钱俊东还是长安大学交不上学费的贫困生，3 年后即创办西安三人行信息通讯有限公司(西安第一家在校本科生全资创业公司)，资产逾 50 万。如今公司拥有 6 家主营通信电子类产品的全资店面，持股西安深科数码喷绘有限公司、西安永乐彩印厂等，员工 16 人，200 多名兼职人员都是在校大学生，员工的平均年龄不到 22 岁。

1999 年，钱俊东高考失败，哭过，最终跟着“淘金”的父母从安徽来到天津，准备自学再战。一家人在天津大港区上古林镇找了个小平房，邻居从小摊贩到三陪女都是外乡人。每天一大早，父母支个炉子做烤鸭，6 点赶去农贸市场，晚上 12 点才回。

一张木桌，一个小灯泡，一张木床，大沓的考试书籍和励志书——就是钱俊东的世界。18 岁，心事再轻也重，他更加发奋学习。2000 年春季高考，钱俊东如愿收到首都师范大学的录取通知。本可万事大吉，他偏偏这时又读到一句话：“若想要生命更精彩，就要把自己推向狮口！”是，他渴望更精彩！不如再努力 3 个月，参加夏季高考，考上清华！他把录取通知埋到箱底，对着半块缺口的镜子，用发锈的小刀剃掉了眉毛和头发，心高气傲地在日记上写上：“我的百日维新！”

父母当日回来，觉得儿子疯了。看到昏黄的灯照着儿子光溜溜的头颅，母亲一拍双手，都要哭了。钱俊东没有料到，接下来的日子，压力如此沉重，不久，他又患上鼻炎成天头疼……

结果很残酷，钱俊东没能考上清华，揣着家里七拼八凑的 2 000 多元，只身来到西安长安大学公路学院。站在交学费的队伍里，新生唧唧喳喳地谈笑，钱俊东却神思恍惚：一会儿是父母的叹息和白发，一会儿是姐姐因昼夜加班的黑眼圈……钱俊东一次次退到队伍的最后面，最后申请了缓交学费。

不怕是“贫困生”，就怕贫困一生。到校第三天，钱俊东就遇上“商机”。有位师哥到寝室推销随身听，说 80 元一部。钱俊东故意说：“老兄，我也卖这个，60 元差不多了！”师哥急了：“你不也在康复路和轻工进货吗？干吗要砸价呢？”正说着，室友回来了，一人买了部随身听。

此间大有市场！次日，钱俊东打听到西安东郊这两个小商品批发城，走遍了所有摊点，仔细对比随身听的性能和价格，并以 15 元的批发价拿到同样的随身听。下一步是推销。虽然挑了偏远的宿舍楼，钱俊东在门外仍然忐忑，手心都汗湿了，活像《人生》里第一次卖馒头的高加林。敲开门了，他支吾地问，“要随身听吗？”果然被轰了出来。“没关系”，他呼口气，一扇扇地再敲过去！那一次，钱俊东净赚 300 元。之后，他更加留心校园市场的消费趋势。卡式电话一流行，他马上找到 IC 卡经销商，批发到更低廉的话卡。渐渐地，钱俊东赢得更多的信任和稳固的客户群。

解决了生存问题，钱俊东在课余不断读书，法律学、心理学、市场动态、公关营销等方面的书，统统全包。不久，他参加学校的第一届创业策划大赛，获奖之时，将创业的种子埋进了勃勃野心。

大一的假期，钱俊东都不在西安，边走边看边打工。钱不够，他就买站票。寒假他在北京，缩着脖子看童谣里的天安门；暑假去深圳，22天挣了800元，但那地儿剪发太贵，离开前他头上像顶着“锅盖”；国庆去了重庆，元旦又在无锡……什么都干，做推销、做策划，甚至无偿为大公司进行市场调查，一点点的心得写到日记里：“进行业务谈判时，言谈举止要大方得体；管理企业时，注重培养团队精神……”

在很多大学生沉溺于CS的战火纷飞与QQ的眉来眼去时，钱俊东却在获取社会经验，并在实践中确信自我。“虽然学的是公路专业，但我喜欢结交朋友，喜欢冒险，崇尚超奋斗、超挑战的工作，更适合经商……时机合适，我就自己创业！”

“没有鸟飞的天空我飞过”2002年，别有意味。那年假期钱俊东去重庆大学玩儿，吃夜市时，和卖米线的老板闲谈，才知道他们都是在读研究生。对方坦然地说：“北大才子不还卖肉吗？社会竞争越来越激烈，我们都必须作好准备，适应变化！”

他们的简单“创业”，让钱俊东突然茅塞顿开。回到西安，他边思索边在宿舍划拉“处方笺”：“大学生创业要点：①不一定在高科技领域；②创业不等于做老板，业务员、司机都得做；③均分股份最易散伙；④不能耽误学习，宁可毕业后再创业。”

之后，钱俊东找来同学，谈到对校园市场的开发设想，一拍即合，决定成立“三人行校园信息服务中心”，并租借房子，招聘兼职大学生，开展介绍家教、校园活动策划等业务。

同年9月，新生入校。当时宿舍只有接线，电话机需要新生自己配买，惹得抱怨声声，电话亭、IC电话处，挤满新生。钱俊东立即召集“三人行”的成员，开了短会：“我去争取学校相关部门的支持，崔蕾和马光伟负责购买电话机！”销路大好，短短几天，新生宿舍都装上了电话机。乘胜追击的钱俊东带领同事把业务扩展到周边大学，每人负责一两所大学，热销电话机，有时一天销出2 000门电话，收入高达5万元。

钱俊东信心大增，看电视也能看出“新商机”：上海APEC峰会期间，各国元首都穿唐装。西安曾是盛唐古都，唐装流行势在必行，丝绸肯定走俏！钱俊东又与同事商议，去苏州、无锡进批丝绸！七嘴八舌的都是疑惑：“学生和商人交手会不会受骗？”“把资金砸进去会不会赔？”钱俊东不管，上网搜索了解丝绸的知识、流行花色和差价，再到当地多方比较。货还在路上，订单已被抢完，稳赚近10万元。

做梦都会笑醒。钱俊东触角更广，四处奔波，争取与移动西安分公司、陕西电信合作，“三人行”相继代理了移动校园卡、诺基亚手机等业务，售出“动感地带”SIM卡近3万张，并策划了“西安移动40所高校金秋校园行”活动……上半年，“三人行”直接收益近30万。

2003年8月，“三人行”清点资产，已逾50万，作为在校大学生，经过困难重重，终于在西安高新技术开发区的支持下，注册成立西安三人行信息通讯有限公司。

2004年7月，钱俊东毕业，但是企业发展却遇到瓶颈。他每天工作14小时，没有假期，企业却发展缓慢！

“从前你是学生，还有照顾，现在是商人，对方只跟你讲利益。有次与一个广告公司竞争，主办某公司露天演出的宣传活动，价钱从1.5万元砸到7 000元，谈一会儿就出去打电话，各自找人帮忙……最终我们拿到了主办权，但利润非常微薄……”，像这样的商业谈判，最苦恼的是什么？“不是所有人都像我们想象的有诚信，有时也玩儿阴的，手段很多。非实力的关系干扰着事情的发展，这才是我最苦恼的！”

尽管前途艰辛，钱俊东仍充满信心，正如他在新年计划书上所写的：“没有鸟飞的天空我飞过。”生命更丰富的体验，才刚刚展开。2009年，钱俊东被评为陕西省十大杰出青年、西安市青年创业形象大使。

资料来源：中国大学生创新创业网 www.cndxcy.com.

思考与讨论：

1. 从钱俊东创业经历中能够发现哪些大学生创业者的个性特征？
2. 你认为在校大学生应该怎样去培养创业能力？
3. 怎样理解“不怕是贫困生，就怕贫困一生”这句话的含义？
4. 创业者通过哪些途径和方法可以发现新商机？
5. 钱俊东创业的经历对你的创业人生规划有何启发？

第4章 商业创意

本章教学目标与要求

(1) 理解商业创意的含义和特点；
(2) 理解商业创意的功能；
(3) 理解创意产业及其特征；
(4) 了解世界创意产业的发展；
(5) 理解德鲁克提出的七个创新来源；
(6) 掌握以知识为基础的创新理论；
(7) 掌握培养创意思维的方法；
(8) 理解创意的来源和创意过程；
(9) 理解创意设计的方法和原则。

本章知识架构

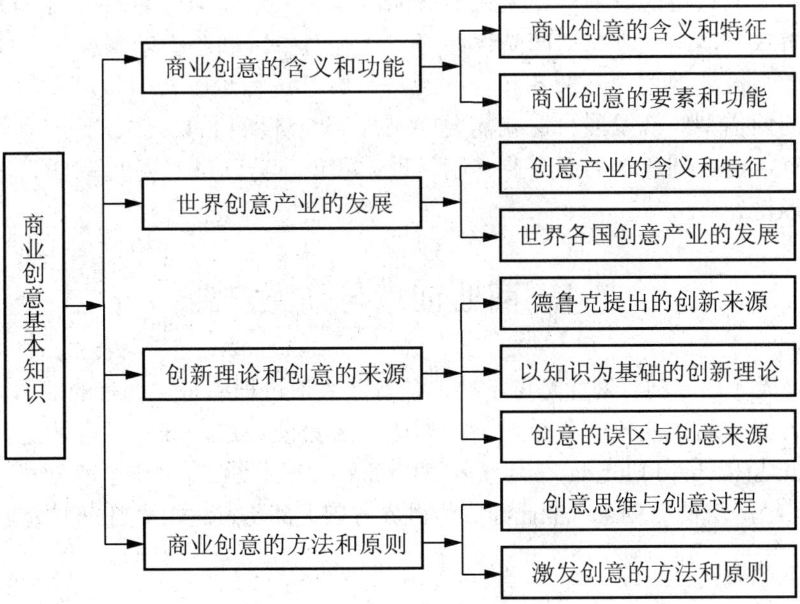

如果你发明了一个更好的捕鼠器，那么全世界的人会把你的门槛踏破。

——本杰明·富兰克林

导入案例

创意魔镜

镜子是人们日常使用的物品，出现了各种各样的创意设计。《时代周刊》2011 年度 50 大最佳发明揭晓，其中一个最佳发明就是“魔镜”，这种创意镜子能为人们提供多种方便的服务。

早晨与你的镜子说话，尤其是它可以为你提供当天的新闻，这些并非异想天开。纽约时报研发实验室发明的一种镜子，能利用微软的 kinect 运动传感器认出你，并与你互动。走近镜子，它会映出你的影子，除了你的容貌以外，你还会看到你的健康史和日常安排。

这种魔镜会做你早晨需要做的任何事情：为你提供新闻、告诉你天气情况、快速背诵你的日程表。把早晨需要服用的药物放在镜台上，它会告诉你需要服用多大剂量。如果你的药物吃完了，需要再添一些，它甚至会提醒你的医生。

不过不要问这个镜子谁是最美丽的。如果你问这个问题，它的相机可能会扫描你的所有行头，然后告诉你佩戴哪条领带会更好一些。

资料来源：中国工业设计网 www.cndesign.com.

人们每天使用的各种移动设备、正在浏览的网站、工作的座椅、驾驶的汽车中有很多都是创意的结果，创意每天在影响着人们的生活。好的创意不仅可以改善生活，还会让世界变得更加美好。中国在世界经济中正变得越来越重要，建设创新性国家、从“中国制造”到“中国创造”，人们需要做些什么？可持续发展的问题比以往任何时候都更为重要，与生活也更加密切相关，普通人可以做些什么来使生活更加可持续化？从生态城市到可持续发展的建筑；从令人兴奋的电动车、无人驾驶的汽车、太阳能动力的船只到 3D 立体大巴；从互联网、游戏、动画到漂亮的产品设计等，这些对中国创意的未来意味着什么？

根据“十二五”规划，未来 5 年中国经济将继续进行深度转型，逐步向以科技、创新人才为中心的内需型经济发展。这就需要中国提高经济增长的品质，更需要培养大批的创意人才。本章从商业创意、创意产业、创新理论和创意方法 4 个纬度为学习者提供最新知识和重要的理论。

4.1 商业创意与创意产业

创造不是天才的专利，创意是可学的，是普通人通过训练可以拥有的能力。一个好的创意能够改变人的命运，挽救一个企业。正如比尔·盖茨说过，好的创意才是价值之源。理查德·弗罗里达(Richard Florida)在其《创意经济》一书中断言，“哪里有创意，哪里就必定有技术创新与经济增长”。创意产业已经成为世界各国尤其是发达国家财富创造的最重要来源。

4.1.1 商业创意概述

创意是什么？许多人试图对这个词进行解释。西方学者通常用 idea(构思、主意)或者

creation(富于想象力的作品、艺术作品)来表达创意的含义。中国学者也有多种解释，如：创意是创造性思维的产物；创意是超越常规的想法；创意是深度情感和理性的思考；创意是创造未来的过程；创意是旧有元素的重新排列和组合；创意是致富的知识货币等。总体上讲，创意就是与众不同的、创造性的、新颖的想法，即构思、立意、点子等。随着市场经济的发展和人类可持续发展问题的提出，创意一词被引入商业领域，越来越受到学者和企业家们的关注。

1. 商业创意的含义和功能

(1) 商业创意的含义。商业创意(Business Idea/Creation)是指运用创造性思维和方法，把产品的形象、风格、意境等构思出来，形成有商业价值的独特、新颖的想法和方案。创意是创业策划的重要环节，也是创业的第一步。理解商业创意的含义需要把握以下几点：商业创意的产生需要运用创造性思维和方法；商业创意必须具有独特性、新颖性和价值性；商业创意是对产品形象、风格、意境等构思的过程。

一个创意的产生可能通过多种途径，它可能源于市场需求、新技术的出现、环境的变化、一个问题或困难，也可能产生于半夜做梦时的一个灵感。无论采取何种方法和途径，商业创意的产生，需要运用创造性思维，提出与众不同的新想法，通过创新最终为顾客创造可利用的产品和价值。因此，一个好的商业创意应该具有创造性、新颖性、适用性、价值性等特征。

从创意到产品需要很多要素，不同行业、企业的创意产品可能涉及的要素不同。但是，任何一个好的创意产品的产生都有它的独特的思考逻辑和构成要素。通常情况下，一个创意产品的形成应该包括 3 个要素。一是构思概念，即在充分调研的基础上，把创意产品的意境、形象、风格等构思出来。二是选择恰当的工具或素材，即在产品的意境、形象确定之后，就要寻找能够更好地表达这个形象或产品的工具或素材。例如，广告创意与工业创意产品所需要的工具可能是不同的，不同行业的创意产品所需要的素材可能也不同。三是表现技巧和方法，各种创意构思只有通过相应的工艺、技术和方法，才能把头脑中的创意变成现实的产品，巧妙地设计出深受消费者喜爱的创意产品。

根据创意产品的构成要素，人们设计了各种各样的创意产品。人们最熟悉的创意可能是文化创意，如动画、艺术作品、广告创意等。近几年，商业创意被广泛应用于工业产品设计，从绿色环保型创意房屋、创意汽车到小小的创意椅子、创意茶杯、创意牙签等，创意越来越贴近人们的生活。通过创意设计的产品，更受消费者喜爱，也大大提高了创意产品的价值。随着科技对农业的贡献越来越大，创意农业随之产生，如番茄王国、南瓜餐具等，通过创意把文化艺术活动、农业技术与农耕活动以及市场需求有机结合起来，开拓了新的创意空间。到目前为止，人们吃的、穿的、玩的、使用的工具等都出现了各种各样的创意产品。概括地讲，可以将其分为文化创意产品、工业创意产品和农业创意产品三大基本类型。

(2) 商业创意的功能。经济学家罗默(P. Rohmer，1986)指出，新创意会衍生出无穷的新产品、新市场和财富创造的新机会，所以新创意才是推动一国经济成长的原动力。从这个角度讲，商业创意对刺激经济活力具有不可替代的重要作用。具体来讲，商业创意本身应该具有 3 个重要功能：一是吸引消费者，通过创意设计，可以使普通产品更加富有个性、美感，增强可使用性，对消费者也更具有吸引力；二是增加产品的文化内涵，一个普通的产品可能仅仅是由冷冰冰的物质材料构成的，但是，经过创意设计注入它的文化内涵，就丰富了产品的内容和使用价值；三是提升产品经济价值，普通产品可能是依据它的成本定价，销售价格比较低廉，而创意产品由于具有独特性、新颖性和更多的知识、技术和文化内涵，深受消费者喜爱，自然提升了它的经济价值。正如一个企业家所讲："产品是种子，市场是土壤，政策是阳光，创意是水，可以浇灌出有价值的美丽花朵。"也正是意识到了商业创意具有这些重要的功能，创意产品能够为企业增加价值和提升持续发展的竞争力。目前，很多企业更加注重创意产品的设计与开发。

2. 创意、创新与创业

(1) 创意与创新。创新在于用一种独特的方式来观察世界，发现别人没有发现的事物之间的联系，创新在创意过程中起关键作用。德鲁克认为："创新对创业有着特殊的意义……通过创新，创业者们要么创造出新的财富来源，要么赋予现在的资源更大的创造财富的潜力[①]。"有的学者认为，创新是创业者将机会转化为创意的过程，创新的过程比提出一个创意要复杂得多。创新过程需要发挥创造力(Creativity)的作用，能够产生系统功效。提出一个好的创意是重要的，但创新对创意的发展和完善起关键作用。从单纯的思考中产生的创意与经过深思熟虑、调查研究、实践尝试后的创意是截然不同的。更重要的是，一个有远见的创业者还必须把一个好的创意继续发展下去。因此，创新不仅要有发掘创意的眼光，还要有实施创意的毅力和耐心[②]。因此，创意与创新并不是完全相同的概念，二者之间既存在密切联系，又具有不同之处。

(2) 创意与创业。创意与创业同样有着密切的关系。创意的产生以人的丰富知识、创新精神和创造能力为基础，创意是对创业项目或产品的构思，创业是把创意变成现实的过程。所以，提出一个好的创意并不等于创业就能成功。人们通过创业把创意变成新产品，才能使创意产生应有的价值。创业的过程是复杂的，提出一个好的创意只是创业的第一步，还有很长的路需要走，如图 4.1 所示。

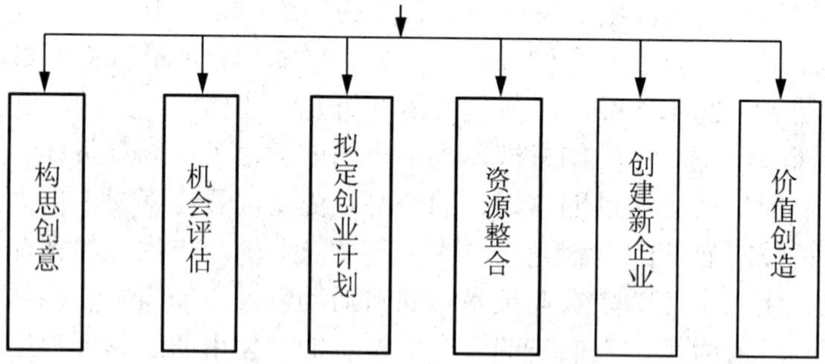

图 4.1　创业过程的主要步骤

从创意到产品也需要一个过程，每个产品起源于创意，但并不是所有创意都具备获取经济或商业成功的潜力(据估计，一个成功产品平均需要 60 或 70 多个创意)，这取决于创

① Drucker P F. Innovation and Entrepreneurship[M]. New York: Harper& Row, 1985: 20.
② [美]Kuratko D F, Hodgetts R M. 创业学[M]. 张宗益，译. 北京：清华大学出版社，2006：126.

意产生和筛选的质量。创意产生是新产品开发过程中最低成本的阶段，需要将重点放在识别创意的适用性和质量方面。创意筛选过程的主要职能表现在两个方面：清除不能带来利润的创意；将可行的创意拓展到全部产品概念。

4.1.2 创意产业及其发展概况

由包括联合国教科文组织、世界知识产权组织、国际贸易中心等在内的5家机构共同完成的《2010年创意经济调查报告》指出，“创意产品需求的增加将有助于各国、尤其是发展中国家的经济从全球衰退中尽快恢复；如果能得到政府积极的政策支持，创意产业将成为全球化世界中推动经济增长和促进社会发展的强大动力”，并强调创意经济作为全球发展的新趋势对推动经济复苏具有特殊作用。

1. 创意产业的概念和特征

创意产业(Creative Industries)，又称创意工业、创造性产业。1997年5月，英国首相布莱尔为振兴英国经济，提议并推动成立了创意产业工作组(Creative Industry Task Force，CITF)，希望改变英国老工业帝国陈旧落后的形象。1998年英国出台的《英国创意产业路径文件》中首次提出了创意产业概念，将创意产业定义为“源自个人创意、技巧与才华，通过知识产权的开发和运用，具有创造财富和就业潜力的行业”(CITF，1998)。根据这个定义，英国将广告、建筑、艺术和文物交易、工艺品、设计、时装设计、电影、互动休闲软件、音乐、表演艺术、出版、软件、电视广播等行业确认为创意产业。创意产业以创意为核心，向大众提供文化、艺术、精神、心理、娱乐等产品，并快速成为英国经济发展的重要角色和新兴产业。2006年英国又公布《英国创意产业竞争力报告》(《Comparative Analysis of the UK's Creative Industries》)，将创意产业分类为3个产业集群：生产性产业(Production Industries)；服务性产业(Service Industries)；艺术品及相关技术产业(Arts and Crafts Industries)。经过10多年的努力，如今创意产业在英国已成为与金融服务业相媲美的支柱性产业。

此后，发达国家和地区相继提出了创意立国或以创意为基础的经济发展模式，发展创意产业已经被提到了发达国家或地区发展的战略层面。与此同时，西方理论界也率先掀起了一股研究创意经济的热潮。从研究“创意”本身，逐渐延伸到以创意为核心的产业组织和生产活动，即“创意产业”、“创意资本”(Creative Capital)，又拓展到以创意为基本动力的经济形态和社会组织，即“创意经济”(Creative Economy)，逐渐聚焦在具有特别创造力的创意人力资本，即“创意阶层”(Creative Class)。

R·凯夫斯(R. Caves)从文化经济学的角度进一步将创意产业定义为：提供具有广义文化、艺术或仅仅是娱乐价值的产品和服务的产业。J·豪金斯(J. Howkins)则从知识产权的角度扩展了创意产业的范畴，即版权、专利、商标和设计，知识产权法的每一部分相对应的产业，所有这些产业的总和就组成了创意产业。J·豪金斯指出：“英国的定义排除了大部分商业创意以及几乎所有的科学创造……很难想象市场营销不属于创意，但广告却可以算。”凯夫斯的定义更多的是从微观层面研究文化创意的商业化路径，缺乏对于商业创意的阐述。豪金斯的定义更加适合作为产业研究的依据。因此两者对创意产业的定义都不够全面。创意产业是指以创意人才和创意组织为基础，通过创新思维和技术手段，设计新颖、独特的方案和产品，创造就业和价值的新兴产业。它以创新为根本，以知识产权为核心，实现文化、技术与经济的有机结合，是目前各国发展经济的一个战略性产业，涉及文化、艺术、广告、设计、软件、建筑、装饰、娱乐、时尚等很多行业。

创意产业作为一个新的学术、政策和产业论述范畴，无疑捕捉到了大量新经济企业、高新技术企业的动态。创意经济理论建立在内生增长理论基础之上并声称找到了保证新经济可持续增长的发动机(Engine)。知识和创意代替自然资源和有形的劳动生产成为财富创造和经济增长的主要源泉(R. Florida，2005)。创意产业具有以下明显的特征。

(1) 创意产业是知识密集型、高附加值产业。创意产业的核心生产要素是信息、知识、文化和技术等无形资产，创意是技术、智慧和文化等相互交融的产物。创意产业在技术、知识产权、专利制度等要素的支撑下，以居于价值链高端的地位渗透所有产业。创意性产品的特性、基调、风格“独立于购买者对产品质量评估之外”(R. Caves，2000)，主要由创意决定的产品差异性，对创造高附加值的贡献，远远超过产品质量的贡献。

(2) 创意从业人员主要是能激发创意灵感的知识工作者和专门人才，即“具有高创造力的核心”(Super Creative Core)和“创造性的专门职业人员”(Creative Professionals)。创意人员依靠知识、技巧、灵感和经验的积累等不断创造新观念、新技术、新产品，生产方式是智能化、信息化和现代化等手段的巧妙融合。

(3) 创意产品是技术、文化集成创新相互交融的产物。创意产品是新思想、新知识、新技术的物化形态，呈现出智能化、特色化、个性化、艺术化等特点，通过集成创新相互交融产生出新的价值。

(4) 创意产业的组织呈现集群化、网络化、灵活性等特点。个人创作是集群创意的基础，创意产业的发展需要形成集群化、网络化、灵活性的环境。“少量的大企业，大量的小企业”成为普遍现象。各个城市为了刺激经济增长，制订多样化的宽松政策，利用独特的本地特征组织和形成各种创意产业基地。

(5) 创意产业呈现多元化发展趋势。随着高新技术的发展和人们需求的变化，特别是数字技术和文化、艺术的交融和升华，技术产业化和文化产业化交互发展，创意产业从广告创意、文化创意发展到各种工业创意、农业创意等，已经渗透到许多产业部门。

事实上，创意离人们并不遥远，创业和企业管理过程中，随时都可以用到创意。作为新崛起的产业，创意产业既有设计、研究开发、软件、咨询、会展策划、印刷包装等生产性服务的内容，也有信息、文化艺术、时尚消费和娱乐等消费性服务的内容。可以说，所有产业都需要创意来推动创新，如广告创意、文化创意、工业创意、农业创意等。创意产业是产业发展演变的新趋势，已经成为现代经济发展的新的增长点。

2. 世界各国创意产业的发展

约翰·霍金斯(John Howkins)在《创意经济》一书中明确指出，全世界创意经济每天创造 220 亿美元，并以 5%的速度递增。在一些国家，增长的速度更快，美国达 14%，英国为 12%。

英国创意产业具体包括出版、电视和广播、电影和录像、电玩、时尚设计、软件和计算机服务、设计、音乐、广告、建筑、表演艺术、艺术和古玩、工艺等 13 个子行业，是英国经济中增长速度最快的一个产业。根据英国文化媒体体育部发表的《创意产业专题报告》，2001 年，英国创意产业的产值约为 1 125 亿英镑，占 GDP 的 5%，超过任何制造业对 GDP 的贡献。2003 年，英国创意产业工作组指出，就就业和产出衡量，伦敦创意产业对经济发展的重要性已经超过了金融业。据 2011 年 2 月英国文体部公布的最新数据(Creative Industries Economic Estimate-February 2011)，2009 年创意产业产值 363 亿英镑，占当年 GDP 增加值的 2.89%；英国创意产业就业人数为 150 万，占全部就业人口的 5.14%，较上年度的 144 万人和 4.99%均保持了增长；创意产业年出口额占英国服务业出口额的 10.6%。2011 年英国创意企业总数约有 106 700 家，占全英在册企业总数的 5.13%。

在美国，创意经济是知识经济的核心内容，更是其经济的重要表现形式，没有创意，就没有新经济。阿特金森于 1998 年明确指出，美国新经济的本质就是以知识及创意为本的经济，新经济就是知识经济，而创意经济则是知识经济的核心和动力。美国人发出了“资本的时代已经过去，创意的时代已经来临”的宣言。据统计，到 2001 年，美国的核心版权产业为国民经济贡献了 5 351 亿美元左右，约占国内总产值的 5.24%。

1997 年韩国政府开始改革，提出“设计韩国”战略，把文化创意产业视为 21 世纪最重要的产业之一。为推动文化创意产业的发展，韩国政府还设立了文化产业局，并于 1999 年通过了《文化产业促进法》，明确鼓励文化、娱乐等产业的发展。韩国还成立了文化产业振兴院，作为辅助机构协助将文化创意内容衍生成文化产品。韩国尤其重视向电子游戏、音乐、网络等新产业倾斜支持，2003 年其影视、音乐、手机及电子游戏 4 个产业都有两位数增长，出口额超过钢铁。2005 年韩国游戏产业市场规模达到 43 亿美元，其中网络游戏已经成为游戏市场的主导。目前，韩国占世界游戏市场的 5.3%，其中网络游戏占 31.4%，手机游戏占 13.3%，PC 游戏占 2.3%，电视游戏占 1%。

3. 中国创意产业发展概况

自中国政府 2009 年出台《文化产业振兴规划》之后，创意产业上升为国家战略，全国各地区政府从硬件设施和软件环境等方面支持和投入创意产业，使创意产业在规模上取得较大的进展。中国创意产业研究中心发布了 2011 年《中国创意产业发展报告》指出，近年我国创意产业蓬勃发展，众多大中城市相继将创意产业纳入当地战略性新兴产业来培育和发展，取得长足进步。

上海创意产业在最近几年时间里获得了快速发展，建立了一批具有很高知名度的创意产业园区，聚集了一批具有创造力的优秀创意人才。上海市创意产业 2005 年产值为 549.4 亿元，占当年全市 GDP 的 6.0%。上海目前挂牌的创意产业集聚区有 50 家，发展目标是力争到 2010 年创意产业产值占 GDP 的比重达到 10%，建设成为“国际创意产业中心”。

北京大力发展创意产业，已初步形成了六大创意产业集聚区。例如，国家时尚创意中心——北京(宋庄)时尚创意产业园，将以聚集时尚创意为主线，建设成为包括时尚创意总部基地、时尚艺术博物馆园区、时尚创意孵化园等为依托的创新性综合型园区。从 2004 年到 2009 年，北京的创意产业产值从 573 亿元增加到 1 489.9 亿元。2005 年北京实现文化创意产业增加值 700.4 亿元，占全市生产总值的 10.2%，占地区的国民生产总值的比重从 9.5%增加到 12.3%。

文化创意产业已经成为仅次于金融业的第二大支柱产业。深圳、广州、杭州、西安、成都等也在发展创意产业，可以说中国各地都在积极发展创意产业，如下所示。

(1) 深圳：创意产业目标是成为“创意设计之都”；

(2) 杭州：打造“动漫之都”，为动漫游戏为主的创意文化产业提供一个平台；

(3) 陕西：发展创意文化产业是争取话语权的王牌；

(4) 长沙：创意文化产业创造480亿产值；

(5) 云南：像抓烟草一样抓文化创意产业；

(6) 珠江创意中心：吸引瑞典SANDVIK、美国动视、三星电子、日立电器、中国联通、合生创展等国内外大批知名企业；

(7) 郑州中原文化创意产业园：将建设卡通主题体验区、文化创意产业基地、动漫广场、动漫小镇和其他配套商业地产项目。

从创意产业的分类体系来看，目前我国还没有统一的创意产业行业分类标准。根据《国民经济行业分类》创意产业主要包括文化艺术、新闻出版、广播、电视、电影、软件、网络及计算机服务、广告会展、艺术品交易、设计服务、旅游、休闲娱乐、其他辅助服务。

2011年《中国创意产业发展报告》指出，通过与第一次全国经济普查数据的对比分析发现，我国创意产业发展有一些明显特点：①在产业总体规模方面，创意型企业数量在全部企业中比率较高，能够大量吸纳就业人员；②在产业结构方面，内资企业，特别是私营企业，是我国创意企业的绝对主力，并且以中小企业为主，内资企业和中小企业继续成为引领我国创意经济增长的主要力量，表现出国家政策导向下这些企业对创意产业的极大热情；③在就业方面，就业人数的增速明显快于国民经济所有行业的平均增速，创意产业对高学历和高职称从业人员的汇聚作用进一步增强，从业人员的高智力特征明显，显示出创意产业对高智力、高技能人才的强烈需求。

报告还对60个城市进行了总体排名，通过数据比较和分析发现，我国主要城市创意产业的发展大致呈金字塔结构，可以明显划分为4个不同的发展层次，如图4.2所示。

其中，北京和上海以绝对领先的优势占据第一层次，继续领跑我国创意产业城市排行榜。在各项统计指标上均遥遥领先于其他城市，企业数量超过5万个，就业人数超过100万人，资产总额超过1.5万亿元，营业收入均在5 000亿元以上，与其他城市拉开了较大差距。

广州、深圳、杭州等11个城市各项指标的排名也基本在前20名以内，企业数量均在10 000个以上，就业人数在200 000人以上，资产总额在1 500亿元以上，营业收入在500亿元以上。从这些指标总体表现看，这些城市创意产业已经具有较为明显的优势，正处于稳步发展阶段，第二层次是我国创意产业发展的中坚力量。

第三层次是大连、福州、沈阳等17个城市，各项指标的排名也都在40名以内，企业数量在5 000个以上，就业人数在100 000人以上，资产总额在300亿元以上，营业收入在500 亿元以上。从这些指标综合看，这些城市的创意产业处于成长阶段，已具备一定的基础，有较大的增长潜力。

第四层次基础较为薄弱。石家庄、乌鲁木齐、绍兴等其余30个城市创意产业处于萌芽和成长阶段，如果采取必要的政策倾斜和资源投入，创意产业将会有一定的发展前景。一些城市虽然总体排名靠后，但创意产业的行业特色比较明显。具体如图4.2所示。

创意产业园区(或集聚区、创意基地)、创意旅游区、创意村镇沿着全国各个城市向农村辐射，展现着创意产业所具有的包括经济效益、社会效益、生态效益等在内的综合效益。可以看出，创意产业已经成为各地寻求经济发展最具活力的新兴产业。从制造到创造的演变，正是“创意”扮演着重要角色。当传统制造业的优势弱化时，“创意经济”成为治疗“制造业萎缩症”的良方，而在创意人才培养方面我国还有很多工作要做。不少学者认为，人才是发展创意产业的根本，中国仍缺少创意人才，创意普遍出现模仿能力强、创意不足的弱点，这与缺少创意教育具有直接的关系。

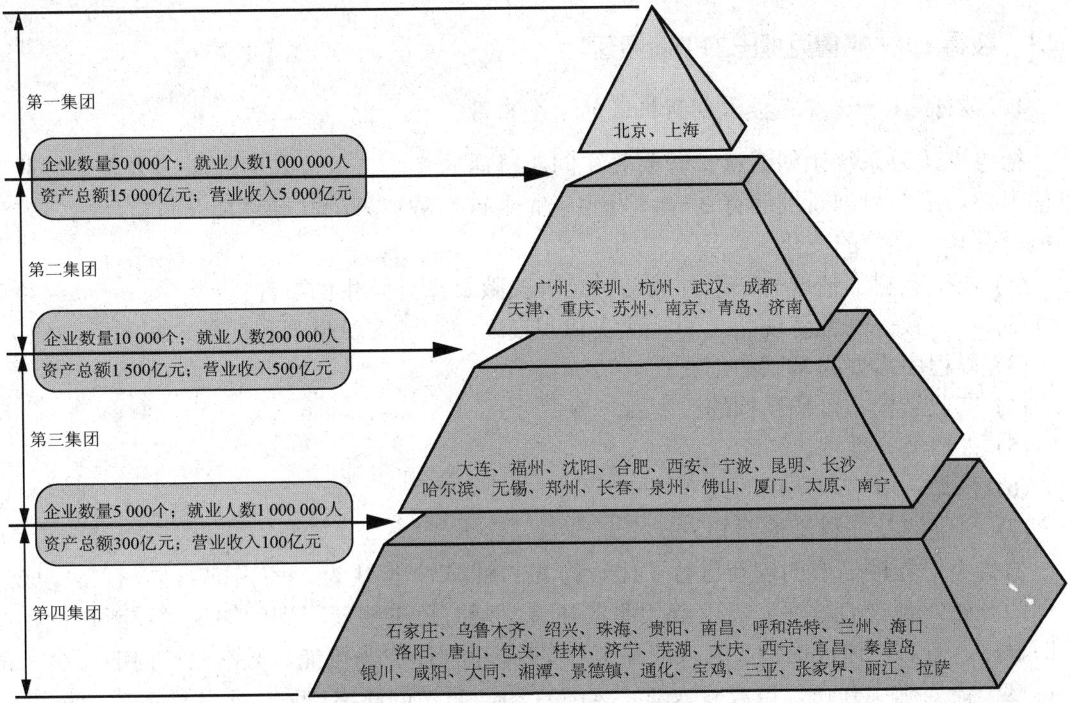

图 4.2　我国创意城市层次划分

资料来源：人民论坛网，2011 年 08 月 17 日.

创意产业对经济发展和促进就业具有重要作用。联合国发布的《2010 年创意经济报告》指出，世界金融危机的爆发导致全球需求急剧缩减，国际贸易额减少了 12%。然而，对音乐、动漫、电影、手工艺品、多媒体以及广告等创意产品和服务的需求却在这一年保持增长态势，其世界出口额达到了 5 920 亿美元，比 2002 年增长了一倍多，年均增长率达到 14%。这证明了创意产业为发展多元化的经济体系提供了可能性，是目前世界经济最具活力的产业之一。报告显示，2008 年，发展中国家向世界出口的创意产品达到 1 760 亿美元，占整个创意产业贸易额的 43%；在 2002—2008 年间，其出口年均增长 13.5%。同时，中国的创意产品出口将近 850 亿美元，占全球市场份额的近 21%。这充分显示了发展中国家创意产业的活力及其巨大的市场发展潜力，而且能够为经济复苏做出更大贡献。报告称，在适当的政策、战略以及公共和私营部门伙伴关系的支持下，创意产品的生产、销售和贸易将能够通过创造就业、吸引投资以及鼓励创新等方式刺激发展中国家经济增长。

4.2　创新原理与创意来源

创意离不开创新，创意设计过程也是创新的过程。因此，创意设计必须掌握创新的方法和工具。彼得·F·德鲁克在《创新与创业精神》一书中指出："创新是企业家的特定工具。他们利用创新改变现实，作为开创其他不同企业或服务项目的机遇。创新能够成为一门学科，能够被人们学习和实践。企业家需要有目的地搜集创新的来源和变化，并且发现由于变化而出现的成功创新机会的征兆。此外，他们也需要了解及运用成功创新的原理。"

4.2.1 彼得·F·德鲁克提出的创新原理

1. 彼得·F·德鲁克提出创新机遇的7个来源

德鲁克认为系统化创新意味着要关注创新机遇的7个来源，其中前4项来源于产业或单位内部，第二组创新机遇有3个，发生于企业或产业以外的社会环境、哲学环境、政治环境以及知识环境的变化。

(1) 出乎意料的情况——意外成功、意外失败、意外发生的事件；

(2) 不一致——经济现状之间、现实和假设之间、顾客价值观和期望之间的不一致；

(3) 以程序需要为基础的创新；

(4) 产业结构与市场结构的改变；

(5) 人口统计数据；

(6) 认知、情绪和意识的改变；

(7) 科学的及非科学的新知识。

德鲁克对程序需要的创新进行了比较详细的解释①，他认为，程序需要是以有待完成的工作为开始，使现有程序完美，取代薄弱环节；同时还围绕新得到的知识，重新设计存在的旧程序，有时，通过提供“欠缺的环节”，使某个程序成为可能。通常机构内的每个人都知道这个需要确实存在，但没有人对它采取行动，而当创新出现后，不久就会成为标准。

爱迪生是基于程序需要进行创新的典型代表。20多年以来，人人皆知未来将出现一个“电力工业”，当时情况十分明朗，“所缺的环节”就是电灯泡。没有它就不可能有电力工业。爱迪生确定，所需要的新知识就是将潜在的电力工业转变为实际工业。随后他开始投入研究工作，并在两年内发明了电灯泡。

德鲁克指出，以程序需要的创新有5项基本准则。

(1) 一个不受外界影响的程序；

(2) 一个“薄弱的”或“缺少的”环节；

(3) 对目标的明确规定；

(4) 解决方法的详细计划能够被清楚地加以确定；

(5) 广泛地理解“应该有更好的方法”，即对知识和思想的高度接受性。

德鲁克对创新提出了一些重要告诫。第一，必须理解需要，仅仅“感觉到”是不够的，应该能够确定解决方法的详细计划。第二，也许了解所需程序，但仍然缺乏解决问题所需要的知识。例如，造纸业中存在着众所周知的不一致：发现一种比目前的造纸程序更节约、更合算的程序。尽管人们付出了一百年的辛勤研究，仍然缺乏进行这项工作的知识，只能试试其他方法。第三，解决方法必须符合人们的工作方式或人们希望的工作方式。

2. 以知识为基础的创新理论

(1) 以知识为基础的创新特征。德鲁克认为：以知识为基础的创新，是创业精神中的“超级明星”。在创造历史的创新中，以知识为基础的创新占有重要地位。这类知识并不一定是科学类或技术类的知识，社会创新能够产生同样或更大的影响。

---

① [美]彼得·F·德鲁克. 创新与创业精神[M]. 张炜，译. 上海：上海人民出版社，上海社会科学院出版社，2002：84-88.

这类创新的特征有两个。第一个是需要很长的前置时间，从知识的出现到转变为可用的科技，随后开始被市场所接受的时间间隔大约在25年至35年之间。例如：1918年，所有研制电脑所需的知识一应俱全，1946年第一台电脑诞生；1951年，福特汽车制造部门的一位管理人员创造了“自动化”(Automation)这个词，并且详细描述了自动化所需的整个生产过程，直到1978年，日本的日立和丰田两家公司才把机器人引入他们的工厂，20世纪80年代初，通用电气公司建造了一家自动化机车工厂。

以知识为基础的创新第二个特征是知识的结合。依靠多种不同知识的聚合，而且不局限于科学性和技术性知识。例如，飞机的制造需要与数学有关的空气动力学和汽油发动机相结合；电脑需要3种知识结合在一起：一项科学发明——三极管，一项重大数学发现——二进制定理，一种全新逻辑——穿孔卡片的设计思想、程序和反馈的概念。

小思考

新一代以知识为基础的创业有何特征？

马云	阿里巴巴	互联网(B2C)
陈天桥	盛大	互联网(游戏)
李彦宏	百度	互联网(搜索)
张朝阳	搜索	互联网(门户)
马化腾	腾讯	互联网(及时通信)
俞敏洪	新东方	英语培训
江南春	分众	户外媒体
施正荣	尚德太阳能	新能源

(2) 以知识为基础的创新的特定需要。德鲁克认为，由于知识创新自身的特征，决定了它与其他创新的需要截然不同。第一，需要对所有必要的要素(知识本身、社会经济、认知要素)进行分析，通过分析确定哪些要素还无法得到、缺少的部分是设法制造还是把它延期。如果不进行这类分析，可能会面临失败，或者创新者丧失创新成果，只是“成功地”替别人创造了机遇。特别具有启发意义的是英国人没有从自己的创新中获得丰厚的利益，英国人发现了青霉素，坐享其成的却是美国人。英国人做了大量的技术性工作，研制出了青霉素，并确定了它的正确用途，然而没有把青霉素的生产能力视为一种重要的知识要素。虽然他们完全有能力开发，但却连实验都没做。而美国一家小公司——辉瑞制药公司最终成为全球第一流的青霉素制造公司。第二，需要把重点放在策略性位置上，基本上有3个重点。一是建立一个完整的系统，以控制这个领域，为自己的产品创造市场。美国化学家查尔斯·霍尔发明了降低铝成本的电解制铝法后，制铝公司便开始创建一个销售锅、盘子和其他铝制品的市场。它是自己生产最终产品、并通过自行创建的市场从事销售业务，阻止了潜在竞争者的出现。IBM公司的早期采用了类似的方法，即把电脑租给客户而不是卖给他们，同时提供软件、程序、设计和服务等。二是占据一个策略性位置。爱迪生并不是唯一发明灯泡的人，英国物理学家约瑟夫·斯旺与爱迪生同时发明了灯泡。斯旺在技术上高一等，他发明的灯泡质量更好，爱迪生买下了斯旺所有的专利权，并用于自己的灯泡工厂生产中。还确定了一个“系统”：灯泡为电力公司设计；为购买灯泡的顾客安装电线；安排配销系统等。所以，斯旺仅发明了一种产品，而爱迪生却发明了一个产业。三是以知识为基础的创新者，必须学习和实践企业管理。事实上，以知识为基础的创新者比其他创新

更需要企业管理。因为这类创新风险非常高，更需要财务与管理上的远见、市场导向和市场驱动。

德鲁克认为，“正是由于以知识为基础的创新，其固有风险非常高，企业管理就显得尤其重要且特别有效①”。以知识为基础的产业之所以失败率高，多半是由于知识创业者自己的错误造成的，过于迷恋自己的专长，经常认为“品质”意味着技术的复杂程度，而不是向用户提供价值。许多公司的经验证明，如果认真地运用企业管理，可以大幅度地降低风险。惠普公司、英特尔公司就是很好的例子。

4.2.2 产品创新和创意来源

产品创新的源泉是市场需求，产品创新需要以“市场需求”为出发点。创新的源泉是到有水的地方找水，没有水的地方是创造不出水来的。有两则流传的谚语：“机遇是创新的来源”，“需要乃发明之母”。创新是创业的一种工具，创业者应利用内外环境的变化，识别和捕捉创新的机会。

1. 产品创新要以消费者需求为导向

消费者的需求有些是显性的，有些是隐性的。很多产品之所以同质化，是因为厂商都盯着显性需求，忽略了隐性需求。显性需求好比浮出水面的冰山一角，而真正庞大的那部分却在水下，需要靠创新去挖掘。资料表明，较成熟的欧美市场商品总类比中国市场多出5倍以上，而它们高度同质化的产品大约只占20%；中国商品总类只有欧美市场的五分之一，而高度同质化的产品却占60%；其主要原因是企业没有深入研究消费者的潜在需要，仅以模仿、跟进为主。

20世纪人类最伟大的创新产品有两类。第一类是方便面、铁丝网、针、抽水马桶、安全剃须刀、胸罩、创可贴、月经棉条、尿不湿、插拼玩具等；第二类是计算机、互联网、微处理器、传真机、复印机、空调、微波炉等。第一类产品所占的市场比例更大一些。

小思考

这些产品源自哪些需求？

知识链接

2011年度最佳发明

(1) 从脂肪中提取干细胞：吸脂术过程中从腹部和大腿吸出的所有脂肪会有什么归宿呢？以前的答案是：它会被扔掉。新答案是：它将被植入心脏细胞里，用来弥补心脏病发作造成的组织死亡。脂肪包含干细胞，能在实验室器皿里把它转变成心肌，因此研究人员已经开发出从吸脂术样本里提取干细胞，并赋予它们新细胞身份的方法。这种细胞现在已经在心脏病发作患者身上进行试验。由于它们是用患者自己的脂肪制成的，因此它们有望在不引起任何组织排异的情况下，修复受损部位。

(2) 激光前灯：德国宝马汽车公司的汽车前灯像该公司多变的标志一样具有特点：即使距离很远，它们也会让你意识到，那是一辆宝马。现在这些前灯将会有更大改进。2011年9月宝马公司宣布，它将用激光取代当前使用的发光二极管灯泡研制前灯。激光的耗能量大约是发光二极管的一半，而且经过改进，这种前灯将比激光指示器更安全、强度更小，它们将产生令眼睛感觉很舒服的非常亮的白光。

① 彼得·F·德鲁克. 创新与创业精神[M]. 上海：上海人民出版社，上海社会科学院出版社，2005：150.

(3) E感觉技术：芬兰Senseg公司的E感觉技术不仅可以让用户触摸屏幕上的图片，还能感觉到摸的是什么。触觉像素利用电场和震动，可以模拟从干燥到湿润，从粗糙到润滑的大量质感。从理论上说，这样的界面可以在小到智能手机，大到银幕的屏幕上工作。

(4) 最放松的歌曲：这有可能成为未来的安眠药吗？英国Marconi Union声称他们创作出世界上最放松的歌曲《失重》，此曲长达8分10秒，证明可以减少65%的焦虑感，可以使心率下降35%，倾听者的身体节奏会与歌曲同步。事实上，《失重》可以诱发睡眠，科学家警告司机在驾驶时不要听。

(5) 新型LED灯：2014年前，美国的传统白炽灯将逐渐被淘汰。目前，很多荧光灯替代品含有有毒材料，同时放射出刺眼的白光，并不受美国公众欢迎。为了抢占先机，很多公司纷纷研制能够产生我们熟悉和喜欢的暖光的高能效电灯。Switch Lighting公司可能已经做到这一点，他们研制的60瓦和75瓦电灯采用可发出黄光的LED，可通过开关调整亮度。Switch公司的电灯造价20美元，耗电量远低于白炽灯，60瓦的耗电量与12.5瓦白炽灯相当，而寿命却长达2.5万个小时，可使用20年。

(6) 记忆绘图笔：这种绘图笔会自动记住你在任何种类的纸上都画了些什么。它利用超声波和红外线技术捕捉描绘的每一条线，并把信息传递给安装在纸上的接收器。通过USB插口把这个接收器与电脑连接后，它会把这些图片传输到文件夹里，徒手绘制的图画立刻会变成数码图像。这种绘图笔的特点是它保留了电脑绘图有时会失去的笔在纸上作画的原始特征。尽管这种工具适合专业插画家和设计师使用，但是它操作简单，也适用于业余爱好者。

(7) 聚焦超声波：磁共振成像和超声波技术在各自领域都是非同寻常的技术，但是将两者结合在一起，可能会得到一种足以改变生活的东西,这项技术被称为聚焦超声波。它利用磁共振成像形成的图像指导多个声音束进入身体内部某一集中的热点加热，并把肿瘤或其他正在生长的纤维瘤融化。

(8) 灭火魔杖：哈佛大学怀特塞德斯研究团队研制出一种新型灭火装置，被形象地称为“魔杖”。这款装置的主要部件是一个电极，设计用于减弱火势和扑灭火焰。参与研究的鲁多维科·卡德马蒂里表示：“它并不是在变魔术。”“魔杖”可以形成一个电场，电场产生带电粒子流，对抗火焰。这款装置不仅可以减少火灾造成的破坏，同时也能减少灭火用水数量。

(9) 自动面包售货机：美国人可以在深夜买到比萨，巴黎人则可以在深夜买到棍子面包。这要感谢一名法国面包师，他的名字叫让·路易斯·赫切特。赫切特发明了自动面包贩卖机，只需要1欧元(约合1.35美元)，巴黎和法国东北部城市上翁堡的消费者便可以在深夜法国的3.3万家面包店都已经打烊后，仍然可以买到美味而热乎的棍子面包。赫切特在接受美国媒体采访时表示，他的面包店不管到了多晚都有人敲门来买面包，为此，他决定发明自动面包贩卖机。赫切特研制的贩卖机一次可以装120个预先加热的棍子面包。在推出这项服务后的第一个月，销量达到1 600个，第7个月更是达到4 500个。

(10) 带有滑雪道的垃圾焚烧炉：哥本哈根投资6.4亿美元建设一座新型生活垃圾焚烧发电站(丹麦最大的环保项目)时，官员们并不希望它只是一座高100米的焚化装置，他们需要把这座垃圾处理厂转变成一个旅游目的地。因此，他们要求投标者把该结构与哥本哈根市结合在一起。获胜建筑师比加尔克·印格尔斯在焚烧炉上为所有级别的滑雪者设计了一座长425米、占地3.1万平方米的滑雪坡，可谓匠心独具。

资料来源：http://www.brandcn.com.

创业不一定要“眼里瞄着高科技，心里想着一夜暴富”，生活中有许多看来是小事的创意，也能解决大问题，如下所示。

(1) 英国的可折叠式自行车，乘车时可带上车、带回家里；

(2) 贵州布依族村寨的“簸箕画”，旅游者都喜欢买；

(3) 成都的“导吃”业，指导去餐馆的人根据自己身体条件健康饮食；

(4) 日本的机器人套装，穿上就能帮助腿脚不灵的人轻松上高楼；

(5) 法国的“梨子白兰地”，梨子小时塞入瓶中，长大后再装入梨汁；

(6) 便携式扫描仪，在文件上一扫就可记录，可容纳100页文件；

(7) 循环水淋浴器，安装一净化器可节水 70%；

(8) 英国一家汽车厂开发的水陆两用车；

(9) 美国特拉弗吉亚公司研制的会飞的汽车；

(10) 人性化的公共椅子，方便散步的人在上面休息，没人时也是一道靓丽的装饰灯带；

(11) 走出神话的人参果娃，让植物结出像娃娃一样的人参果。

根据德鲁克的观点，创新就是工作，是人们工作和生产方式的变化。创新者必须依靠自己的长处，创新必须接近市场。产品创新必须具备 3 个条件：创新需要知识和智慧；创新必须重要而有意义；创新必须以市场为导向。

2. 创意来源

(1) 澄清对创意的误解。人们可以从各种媒体看到很多企业家致富的绝妙创意和故事。但是，这些故事容易给人一种对伟大创意的错误印象。因此，研究创意的来源，先要理解对创意的一些误解和现实情况。

① 创意是偶然产生的。偶然可以产生灵感，但事实上，伟大的创意往往是以一种有组织的系统方式获得的，创业者通常不会花太多时间等待闪电般的偶然出现。

② 顾客会告诉你一个新创意。尽管顾客可以提供尚未满足的需求信息，但让一个创意变得可行还有许多事情要做。

③ 没有愚蠢的创意。很多最初的创意看起来可能是不合逻辑的，甚至是可笑的，但是，有时看起来不可能的创意却是非常有效的。

④ 坐着开会就能获得所需要的创意。开会讨论可以得到一些新想法和方案，但是，这些想法是否可行，还需要仔细筛选，并进行设计和试验。

(2) 创意来源。创意从何而来？这是一个非常值得研究的问题。一些学者对此进行了研究，发现创意的来源是变化多样的。一项调查显示，60%的被调查者说在同一个行业中工作是商业创意的主要来源，71%被调查者复制或修改了在原来的工作中所获得的想法，另有 20%调查者说他们是从一个偶然发现中获得的创业想法。调查中发现了类似这样的话语："在工作中恰巧看到这个行业"、"在意大利度蜜月时想到的主意"、"作为个体消费者，想要某些产品或服务"、"一个想要却得不到的产品"等。根据调查我们可以发现，创意的来源可能有以下几种途径。

① 个人兴趣和爱好。兴趣是最好的老师，有些创业者喜欢工业设计，有些喜欢传统艺术，而另一些人的兴趣可能是美味的食品。人们会在兴趣引导下，设计出各种各样的创意产品。

② 直觉，即"本能的感觉"。直觉是一个认知过程，在这个过程中，基于自己积累的知识和经验，潜意识地产生新想法。尽管有组织的系统方法对形成创意很重要，但最有效的方法可能是把直觉和系统方法结合起来，先听从直觉——"内心的声音"，然后使用更系统的方法对创意进行设计。

③ 工作经验。工作经验、知识和技能可能是比较普遍的创意来源。创业者从长期的工作中获得某一行业或市场的知识、技能和未来发展的信息，看到某些需求或机会，从而产生某种新的想法。

④ 需要某些产品或服务。很多创业的案例表明，创业者在需要某种产品或服务却购买不到的情况下，产生了自己设计解决问题的新想法，从而达到自己所希望的状态和目的。

⑤ 环境的变化和趋势。经济、政策、技术、人口、产业结构等因素的变化，会带来各种创新的机遇。正如彼德·F·德鲁克所认为的，内外部某些环境的变化是企业家的创新来源。

4.3 创意的方法和原则

创意的方法有很多，但要开发出一个好的、真正有价值的商业创意并不容易。许多创意的产生是为了寻找利用机会的最佳途径。有些技术可被用来激发和促进新产品和服务业务创意的产生。创业者们可以运用多种方法开发新的创意并加以测试。

4.3.1 培养创意思维

1. 走出思维定势

经验会受时间空间条件的限制，创意思维必须走出思维定势。思维定势有多种类型，如从众型思维枷锁、权威型思维枷锁、书本型思维枷锁、自我中心型枷锁、经验型思维枷锁等。除此之外，还有一些影响创意思维的因素，例如：对于自己认可的东西就认为是最好的，对于新的东西则不能接受；对于事物的发展只考虑单一因素；当一件事情成功之后拒绝再做改变等。培养创意思维，走出思维定势，需要经常进行联想和想象力训练，如下所示。

(1) 一个玻璃杯子有什么用途？太多了，可以用它插花、养鱼、灭蟑螂……

(2) 给你几个三角形，可以组合成哪些东西？风筝、漏斗、冰淇淋……

(3) 走出迷宫的方法有哪些？除了按照传统思维方法，试探着多条路线最终走出迷宫，还有其他方法吗？是否可以利用开路工具清除障碍另辟蹊径？或者咨询有经验的人走哪条路最便捷？

(4) 科幻小说的因果推理，可以训练创意思维。在科幻小说的“假如”部分，允许进行各种打破陈规、超越常理的假设，就可以充分发挥想象力和创造力，由前提出发，通过推理得到可能的创意结果。

(5) 语言组合训练也可以培养想象力。当看到报纸的新闻、街上的招牌、电视里的广告时，看到的不仅是文字和图案，也是人们生活的改变，可以联想到创意的结果。

除此之外，创业者在日常工作和生活中还要注意一些环节：花时间培养好奇心；不要轻易否定；多看漫画故事；寻找弱关系的人聊天等，养成创新思维的习惯。当有了好的创意之后，更重要的是采取行动。只有创意，没有行动，创意永远不会实现。

2. 挖掘创意潜力

挖掘自己的创意潜力，关键在于个人的态度、意志、勇气、力量和智慧。要培养积极的创新思维习惯，才可能构思出好的创意。积极的创新思维至少可以产生以下成果：增强自信心、进取精神、创造性、将帅才能，并找到发展的机会，发现取得成功的路径等。

“创意库”(Idea Bank)是一种保存创意的有形或数字化的知识库。建立自己的“创意库”是一种挖掘创意潜力的有效方法，可以将自己每天想到的创意记录下来，以便收集、评估和保护创意。当潜在有价值的创意产生时，就应该及时采取行动，将创意变成一种可见的形式，并创造价值。例如，亚洲首富孙正义的事业成功就来自于积极的创新思维和勤奋工作。他上大学时通过每日“5分钟创意思维”，挖掘个人创意潜力。他将自己每天的创意记录在一个小笔记本里，一年记录了200多个创意。最后经过评估，他选择了“多国语言翻译机”进行产品的设计开发，获得了100万元的专利费，为后来事业的发展奠定了基础。清华大学生物系学生陈某在上大学期间，通过积极的创新思维，攻克了猕猴桃保鲜的技术难题，1997年获得了国家“星火”科技成果奖，并获得科技成果专利费50万元。

4.3.2 创意过程

形成创意是一个革新的、创造性的过程，也是一个需要花费时间的过程。当面对某种事物或特定场景时可能产生某些联想，思维得到升华，不断迸发出灵感的火花，就可能产生某种异想天开的创意。但是，真正形成有价值的创意，可能需要知识、经验和资源的积累，更需要智慧和对创意事物本质的把握，甚至需要具有相当的综合知识和专业水平。根据库洛特克(Kuratko D.F.)和霍志茨(Hodgetts R.M.)的观点，一个好的创意的产生往往需要一个过程，即知识积累、构思、创意、评估和实施4个阶段(见图4.3)。

首先是知识积累阶段，成功的创意设计需要对市场的调查、查阅相关报刊收集信息、与相关人员交流、参加专业会议等相关领域的调研和资料收集，通过积累相关的知识和经验，探索这个创意产品开发的各种可行的思路和方法。

其次，在构思阶段，需要对收集的大量信息进行分析，思考如何形成有价值的创意。构思过程中有时可能感到问题无法解决，可以采取一些启发思维的方法，例如，在睡觉前想想问题，有时可能需要暂时抛开问题，让潜意识来思考，创意思维可能会不断产生。

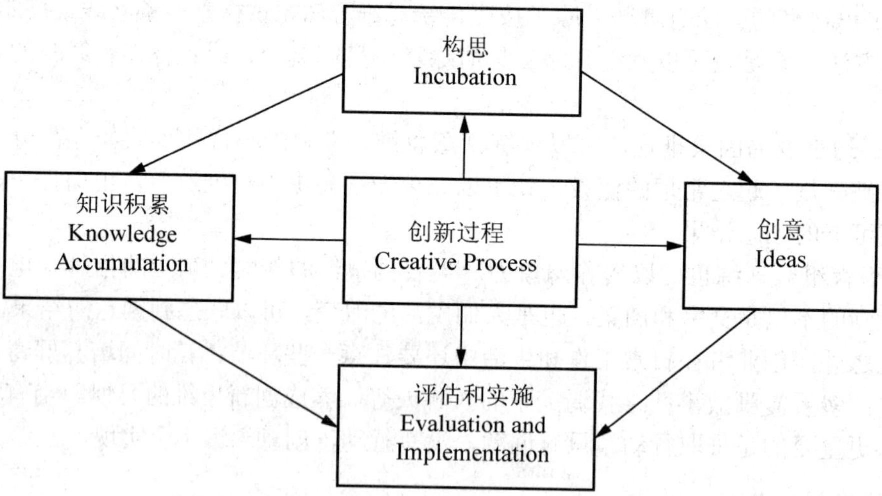

图4.3 构思创意过程(The Creative Thinking Process)

资料来源：[美]Kuratko D F, Hodgetts R M. 创业学[M]. 张宗益，译. 清华大学出版社，2004：140-142.

第三是创意产生阶段。在这个阶段，一直苦苦思索的创意或解决方案终于有了令人兴奋的突破。有时创意会源源不断地涌现，但是，多数情况下，解决方案是逐渐变得清晰的。为了加速创意的产生，可以做白日梦，幻想方案，并将已有的想法记录下来。这个阶段产生的创意可能是粗略的，需要修正、检验才能最终定型，这就需要进入下一个阶段的评估和实施。

第四是评估和实施阶段，创业者必须对所有方案进行评估，研究每一个可能性，以便区分可行的、有能力实施的创意，就像人们在做一次重要的购物时，会研究每一个选择的特征。通过评估创意，可以确保选择充分利用有限资源，并使风险最小化、利润最大化(有一个更好的捕鼠器)。创意实施需要创业者有勇气、毅力和自我约束，在遇到困难时不会轻易放弃。有时创业者的想法会与原来的创意背道而驰，有时在实施原创意过程中会发现新的更可行的创意。因此，可能需要不断地改进原创意，在经历多次失败后才能成功地开发出最佳创意。

这 4 个阶段存在本质的联系，而且在创意过程中出现的顺序不一定相同。如果在这个过程中遇到大的困难，最好能返回到上一个阶段再试一试。例如，当一个人始终不能获得创意或解决方案时，可以重新回到第一阶段，埋头于数据资料的研究，潜意识就会重新处理数据，建立因果关系，最后设计出可行的创意。

4.3.3 激发创意的方法

商业创意的方法有很多，一些学者罗列了许多创意的线索，如把一件产品颠倒过来、缩小、改变颜色、插入音乐、飞行、立体、滚动、弯曲、倾斜、加速、透明、交替、溶化、折叠、发光、软化、轻便化、脱水、干燥、抛出、缠起来等。但是，真正独创的、好的创意的产生，就像德鲁克讲的“聪明的创意”(Bright Idea)一样，“风险最高、成功几率最低，每 100 项这类创新中，能够赚回研制成本和专利申请费用的仅为 1%”。喷雾器为什么会成功？拉链容易卡住，可为什么还会被市场接受？因此，创意设计通常需要人们采用一些系统有效的方法，以便产生更好的效果。

1. 逆向思考法

逆向思考法(Reverse Thinking)即，从事物存在的性质、发展的过程、相互关系的反面思考和分析问题，产生一种与之相反的新功能。比如，快节奏的生活使都市里的人们变得烦躁、无奈，现在又趋向于追求慢节奏的生活。有人喜欢同质性，有人偏爱异质性。逆向思考法产生的创意产品有很多，人们通过把热的变冷、动的变静、圆的变方、长的变短、改变运动方向，甚至把香的变臭等，生产了许多不同寻常的产品，例如：吹风机与吸尘器、热风机与空调、香豆腐与臭豆腐、圆形西瓜与方形西瓜等。

2. 组合创意法

组合创意法(Combination of Creation)就像拼图游戏，把不相关的东西拼凑在一起，使之产生另一种有用的东西。例如，电子笔是把手表和笔的功能组合在一起；音乐贺卡是把音乐与贺卡组合在一起。通常有一些不同效果的组合方法：①优点组合法：将多种产品的优点集中起来，创造出新的产品；②多功能组合法：将多种产品的单一功能进行组合，创造出一种多功能的产品，如多功能床、多功能牙刷、多功能治疗仪等；③主体附加法：以某一特定产品对象为主体，然后置换或插入其他附加产品功能，从而导致组合创新的产品，如掌上电脑就有 6 种附加功能，即阅读、游戏、计算器、闹钟提醒、速记与通讯录、多媒体功能等。

3. 自由联想法

自由联想法(Free Association of Ideas)是通过一条由词汇联结的链条发掘创意的方法，也是创业者所能使用的最简单、有效的开发新创意的方法之一。它有助于产生对某一问题的全新看法。许多发明和创新源于发现事物、材料、技术和人之间的关系，培养认识事物之间关系的能力，寻找人和事物之间不同寻常的关系，能够导致新奇的创意。例如，果汁、饮料和人之间的关系，就产生了果汁饮料。

为了培养这种洞察力，需要尝试一种关联模式来感知。首先，写下一个与问题有关的词或短语，然后由这个词或短语写出更多的词和短语，每一个新的词和短语都要在前面词或短语的基础上增加点内容，如此不断往下写，会得到一条创意链，最后就可能出现一个新的创意产品。可以试着用想象力罗列出一个玻璃杯的用途：插花、装笔、当听筒、用杯口画圆圈、当蜡烛台、装水后敲击出音乐……

4. 强迫关系法

强迫关系法(Forced Relations)是通过分析产品组合开发新创意产品的方法。具体地讲，就是在一些产品组合之间强制性地建立关系，通过询问与目标或创意有关的问题来开发一个新的创意，见表 4-1。新的组合和最终概念是通过 5 个步骤开发出来的：①将问题的各个要素孤立开来；②找到这些要素之间的关系；③以一定的顺序记录这些关系；④对找到的各种关系进行分析，以发现创意或模式；⑤从这些模式中开发出新的创意。

表 4-1 强迫关系法举例：纸张和肥皂

形　式	关系/组合	创意/模式
形容词	像纸的肥皂 像肥皂的纸	薄片 有助于在旅行中清洗和干燥
名词	纸肥皂	浸透肥皂的硬纸用来清洗表层
与动词关联的短语	上过肥皂的纸 肥皂将纸打湿 肥皂清洁纸	装订成小本的肥皂纸片 浸渍和上皂过程 墙纸清洁用品

资料来源：[美]赫里斯 R D，彼得斯 M P. 创业学[M]. 5 版. 王玉，等译. 北京：清华大学出版社，2004：162.

例如，纸与手机本来没有什么关系，但是，加拿大人研发了像纸那样轻薄的手机。由加拿大安大略女王大学研究人员开发的“纸手机”，得到美国亚利桑那州立大学技术支持。“纸手机”厚度堪比信用卡，重量不足苹果 iPhone4 手机的六分之一，显示屏约长 9.4 厘米。手机采用电子墨水技术，触摸屏是超轻薄、可弯曲的“薄膜”。“纸手机”不仅能拨打电话、发送短信，还能储存电子书和播放音乐等，也可谓“纸电脑”。

5. 调查法

调查法(Survey)是从个体样本收集信息的方法。样本通常只是所研究人群的一小部分，可以通过电话、邮件、网络或亲自实施。最有效的调查是对人群总体进行随机抽样，调查的目的是获得对整个人群的综合认识。调查能产生产品、服务业务的新创意，因为调查询问特殊问题能获得具体答复。

例如，一家公司可能对它的一种产品拥有者的随机样本进行调查，询问参与者，如果下列增强功能被添加到某种产品上去，他们愿意为哪些功能支付额外费用：语言能力(如蜂窝电话)、文字信息、互联网接入、页面调度、GPS功能等。调查也可能询问参与者：愿意为每项增强功能支付多少额外费用。史玉柱对“脑白金”的亲自调查取得了良好的效果。史玉柱说，他曾经一次又一次地跑去商场，问那些买脑白金的人为什么要买脑白金；在脑白金最早起家的江苏江阴市场，他甚至挨家挨户去问农村老太太，怎么才会买保健品，最终得出的结论是：很多老人想吃保健品，但不舍得自己买。著名的一句广告词就在这种上千次的调查中得出：“送礼要送脑白金”。

6. 头脑风暴法

头脑风暴法(Brainstorming)是一种以得到新创意为目的的小组会议形式，为寻求创造性的解决方法而鼓励尽可能多的其他选择，产生的大量创意，需要以后进行分析和过滤。这种方法被广泛使用，是一个相对简单的技术，一般由6～12名不同知识背景的小组成员组成，针对某个特殊主题提供创意。小组负责人要求参与者共享创意，一个人提出创意供分享，另一个人对该创意做出反应提供新的创意，其他人又对新创意反应提出新创意，如此等等，记录所有创意。为轻松愉快、开诚布公地提出并分享更多创意，必须遵守4个原则。

(1) 大声说出或写下想到的每一个解决方案。

(2) 欢迎荒唐可笑的创意。稀奇古怪可能引出更好的创意。

(3) 对任何创意都不允许批评，包括暗笑、皱眉、怀疑的面部表情。

(4) 会后整理。创意的数量越多，有用创意出现的可能性越大。

7. 科技创意法

科技创意法(Technological Creativity)是利用科技手段和方法开发创意产品。科技进步为新创意产品的产生提供了极大的机遇。无论是互联网、绿色革命，还是新材料、新能源等方面的技术创新，都会带来许多创新产品。因此，科技发展趋势是商业创意的强有力来源，利用先进的科技、独特的工艺设计创意产品是企业创造价值的一种有效方法。

例如，电子动态版《清明上河图》在英国获创意界大奖(西安晚报，2011)。电子动态版《清明上河图》是中国水晶石公司呕心沥血之作，从技术难度来说，它的巨幅数字影像拼接播放是全球首创，色彩、影像完美同步播放的难度极大；从创意来说，制作活动的电子版《清明上河图》需要对中国传统文化深刻理解并加以创新，是一种高难度的创意展示。整个电子动态版《清明上河图》的创意策划超过两年，为了表达宋代的商业繁盛，电子版除了增设夜景部分外，部分人物的动作、风景等均有别于原作。画卷以4分钟为一个日夜循环，展示了原作的每条街道、船只、树木及建筑。人们观赏时更可听到不同的音效，如马车声、小贩叫卖声、骆驼商队入城的声音等，效果活灵活现。

知识链接

技术创新带动便携产品爆发性增长

“再一次，改变一切”，iPhone4的巨幅广告毫不夸张的宣示着，这个世界正在被电子产品，尤其是便携电子产品的创新不断改变着。30年前人们难以想象巨大的电脑会变得如此便携；20年前大家不会预料手机将会无处不在；10年前的用户也难以相信智能手机会拥有媲美台式电脑的性能；而最近几年，在iPhone和iPad的引领下，在移动互联和云计算技术的推动下，便携电子产品更是爆发出无穷的创新活力，从工作生活各个角度不断改变着世界。

在改变世界的同时，便携产品技术创新不但为 MEMS、AMOLED、多点触控、传感器等新型技术带来庞大市场，也使得更多传统技术焕发出勃勃生机。“2011 便携产品创新技术展”于 7 月 14 日—15 日登陆深圳会展中心，全面呈现推动手机、平板电脑、电子书等便携终端技术革新的各种新技术、新材料与工艺，包括 Turnkey 方案、关键元器件、多点触控、新型显示、MEMS、电源管理、工业设计、软件应用、热门产品拆解等精彩内容。

未来这些便携电子产品将无处不在，无论是在家中、办公室还是汽车之中，又或者在大街、酒店、广场、野外等公共场合，都可以随时满足用户工作、娱乐、社交的需求，成为未来数字生活方式的一部分。而对于传统的电子厂商而言，这些新的尺寸、新的交互形式意味着挑战，大家必须打破以往的思维定势，尝试更多新创意的设计思路。

云计算和移动互联的发展，将带来智能手机、无线终端等便携电子设备的爆发性增长。联合国电信机构负责人哈马德·图埃 1 月 26 日称，“2000 年全球移动电话用户约为 5 亿，互联网用户也仅有 2.5 亿，至 2011 年，两者的数字已分别达到 50 亿和 20 亿”。便携产品创新技术将要呈现的，包括速度更快的 CPU/DSP/MCU/AP、无线射频、电源、新型显示技术、更小更节能的元器件、更精湛的制造设备、更精细的材料、更好的软硬结合，以及让产品与人更亲近的各种人机接口、结构件、外观件等。

资料来源：中国工业设计网 www.designdo.cn.

8. 焦点小组法

焦点小组(Focus Group)是与讨论议题相关的 5～10 人构成的小组，就某一问题进行讨论，帮助产生新的商业创意。主持人要保持小组“聚焦”并产生活跃的讨论。例如，星巴克召集由 7～10 人组成的焦点小组，询问“你们不喜欢我们咖啡店的什么方面”、“有多少人愿意购买每包 3 磅或 5 磅的咖啡”。如果有 5 人举手，咖啡店可能发现了一个有关新产品线的创意。

其他方法还有：戈登法、列举清单法、科学法、梦想法、价值分析、启发、属性列举法、集合笔记本法等。在进行创意设计时，创业者可能会根据需要选择多种方法。

4.3.4 创意设计的基本原则

1. 发挥想象力锁定创意正确方向和主题

想象力是创意力的催化剂，它可以将脑中存在的感化能力、专业技能和生活经验，调配成精彩的想法。首先，寻找创意正确方向，紧紧锁定产品及主题，知道子弹要射向何处极其重要。其次，深刻地揣摩消费者的心态，创意才容易引起共鸣。正确的诉求才会改变和影响人的消费态度和行为。先求对再求妙，最好的创意应该能不露痕迹地把产品、主题和点子三者有机结合。精彩的创意令人眼睛一亮，印象深刻。

2. 同时企划多个好点子

多构思一些好点子，再从中挑选、组合最好的点子，往往会有惊喜的收获。不管你是设计一件家具，或是制作一部动画电影，一开始不能只抱着一个点子，至少应该有 3 个点子在脑袋中。同时想出 3 个都是非常好的点子，好到自己都难以评判哪个是最好的，然后，再来决定会去实现哪一个想法。如果全神贯注地只研究一个想法，后果是限制了自己的选择空间。因此，创业者应该去考虑同时企划 3 个点子的做法，去思考从来没有思考过的东西，必然会发现新大陆。这个世界上永远同时会有 3 个好点子供你去思考。

3. 追求高质量和适用性最重要

并不是所有创意都具备获取商业成功的潜力，这取决于创意产生和筛选的质量。一个永远都不会妥协的重要原则是无论制作周期或是经费上的限制，一定要对创意认真推敲，一旦有了更棒的想法，就要重新设计。要有“别人也会想到的想法我不用”的骨气，目的在于激励自己超越平凡。推敲之间，才能摆脱平凡。创意人知道一个说法：“把写好的文案放进抽屉里隔天再看，会发现需要修改润色的地方。”修改创意时一定要兼顾“创意好或坏”以及“诉求的正确还是错误”两个标准，缺一不可，将重点放在识别创意的适用性和质量。

赛格威电动代步车的产生就是一个追求设计质量的例子。2000 年，一个成天沉迷于医疗器械的工程师道格·菲尔德发明了一个直到现在看来都非常伟大的产品：赛格威电动代步车！道格请了两位大人物来为自己的作品把脉：乔布斯和亚马逊创始人杰夫·贝索斯。乔布斯对道格的创意赞叹不已。这个创意产品可用作：治安巡逻车、警用巡逻车、院校巡逻车、社区巡逻车、飞机场巡逻车、都市巡逻车、电动旅游车、景区巡逻车、轻型警用车等。

韦恩·罗特林顿(Wayne Lotherington，2005)在《点亮你的创意灯泡》一书中指出：“创意能够使个人、企业、国家自己决定他们所希望达到的目的，从而创造出真正属于自己的未来，而不是一个由外部力量来决定的未来。”21 世纪的今天，将创意转变成可行的事业仍然是人们面临的巨大挑战，掌握本章的知识是解决问题的最好方法。

本章小结

本章的主要内容包括商业创意、创意产业、创新理论和创意方法等相关理论。商业创意是指通过创造性思维和方法，把产品的形象、风格、意境等构思出来，形成有商业价值的独特新颖的想法和方案。商业创意的特点是：创造性、新颖性、适用性和价值性等。创意产业是指从个人创造力、技能和天分中获取发展动力，通过知识产权的开发和运用，创造潜在财富和就业机会的产业。彼德·F·德鲁克提出了著名的创新原理，德鲁克指出，创新机遇的有 7 个来源：出乎意料的情况；不一致；以程序需要为基础的创新；产业结构与市场结构的改变；人口统计数据；认知、情绪和意义的改变；科学的及非科学的新知识。以程序需要的创新有 5 项基本准则：一个不受外界影响的程序；一个“薄弱的”或“缺少的”环节；对目标的明确规定；解决方法的详细计划能够被清除地加以确定；广泛地理解“应该有更好的方法”。以知识为基础的创新有两个特征：需要很长的前置时间；依靠多种不同知识的结合。以知识为基础的创新的特定需要：第一，需要对所有必要的要素(知识本身、社会经济、认知要素)进行分析；第二，需要把重点放在策略性位置上；第三，以知识为基础的创新者，必须学习和实践企业管理。激发创意的主要方法包括：逆向思考法、组合创意法、焦点小组法、自由联想法、强迫关系法、调查法、头脑风暴法等。逆向思考法即从事物存在的性质、发展的过程、相互关系的反面思考和分析问题，产生一种与之相反的新功能。多功能组合法是将多种产品的单一功能进行组合，创造出一种多功能的新产品。创意设计的基本原则包括：发挥想象力锁定创意正确方向和主题；同时企划多个好点子；追求高质量和适用性等。

关键术语

创业型经济 Entrepreneurial Economy

商业创意 Business Idea/Creation

聪明的创意 Bright Idea

创意产业 Creative Industry

创意产业专责小组 Creative Industry Task Force
创意资本 Creative Capital
创造力 Creativity
创意库 Idea Bank
头脑风暴法 Brainstorming
逆向思考法 Reverse Thinking
自由联想法 Free Association of Ideas
生产性产业 Production Industries
创意经济 Creative Economy
创意阶层 Creative Class
创新过程 Creative Process
知识积累 Knowledge Accumulation
焦点小组 Focus Group
组合创意法 Combination of Creation
强迫关系法 Forced Relations
服务性产业 Service Industries

知识链接

1. [美]杰弗里·蒂蒙斯. 战略与商业机会[M]. 周伟民，等译. 北京：华夏出版社，2002
2. 南开大学创业管理研究中心网站 http:// www.ebg.org.cn
3. 百森商学院网站 http://www.babson.edu
4. 草根创业网 http://www.chuangyzg.com
5. 中国大学生创新创业网 http://www.cndxcy.com
6. 中国工业设计网 http://www.designdo.cn
7. 上海电视台星尚频道 http://www.haoetv.com/tv/shanghai-215
8. Http://www.culture.gov.uk/creative/creative_industry.htm
9. Http://www.unmultimedia.org/radio/chinese

习　　题

1. 简答题

(1) 什么是商业创意？商业创意具有哪些特点？
(2) 如何理解创意产业的含义？请列举一些目前出现的创意产业。
(3) 激发创意的主要方法有哪些？

2. 论述题

(1) 德鲁克提出创新机遇的 7 个来源是什么？举例说明人口数据的变化会带来哪些商机。
(2) 根据德鲁克的观点，以知识为基础的创新有哪些特定需要？
(3) 创意设计应遵循哪些原则？
(4) “提出一个绝妙的创意是不够的。你必须得把它放对地方——正确的市场，来从中获取价值。”你认为这句话的意思是什么？

实际操作训练

1．张新是一家中型企业营销部的管理者，他计划举行一次头脑风暴会议，以提出向客户提供产品和服务的新创意。张新从你的简历中发现你曾经学习过创业学课程，因此请你到他的办公室，询问如何通过头脑风暴法提出新创意的方法。请运用所学知识，准备一份材料提供给张新。

2．通过消费者调查，结合本章学习的知识，运用合适的创意方法，设计一个具有商业价值的独特创意。

案例分析

伊利世博会的创意产品

(1) 创意背景：伊利是中国最大的奶制品制造商之一，作为2010年上海世博会唯一指定奶制品赞助商，如何利用这一事件大力推广销售产品——面向18～25岁的女大学生和白领女性的大果粒产品，如何在众多的产品中突出这个产品优势，吸引消费者，将是其代理广告公司奥美面临的极具挑战性的问题。

(2) 创意目的：伊利集团酸奶事业部计划借助世博会这个大事件的契机，建立与消费者之间的情感链接，大力提高大果粒产品的销售和知名度。而国内目前的情况是水果酸奶市场已经饱和，在消费者的周围有太多类似的产品。奥美公司在调研中发现，消费者往往以价格和口味作为购买依据。为了使伊利大果粒产品从同类产品中脱颖而出，奥美选择了通过一个强大的创意理念和创意设计，以独特的方式吸引消费者。

(3) 创意设计：伊利大果粒产品的主要消费者是18～25岁的女大学生和白领女性，她们钟爱设计可爱的产品。为了吸引这一核心消费群体，奥美设计了6个可爱的卡通人物，象征着世界不同的地区，包括欧洲、非洲、夏威夷、印度、北美和中国。这个创意与上海世博会“足不出户便能体验世界多样文化”的理念相符合。伊利大果粒更是希望通过像玉米、无花果加葡萄干这些口味为消费者营造别样的风情。该创意还运用了销售点展示空间视觉设计，使得消费者一进入卖场便能迅速被产品吸引。

(4) 创意效果：通过这样的创意设计，伊利大果粒产品与包装开始销售后不久便取得了巨大成功，仅在第一个月销售额就增长了33.3%，伊利大果粒390g规格的销售额得到大幅度提高。同时，某些之前销售弱势的其他口味的酸奶也大大提高了销售额，如玉米口味在第一个月后销售额就增长了33%，无花果加葡萄干口味上涨了42%。由于6个卡通女孩广受消费者喜爱，伊利将进一步开发这几个卡通人物，并为大果粒260g规格设计新的纪念包装。利用世博概念与契机迅速反应，进行创意设计，与消费者建立有趣的情感链接，并在各个卖场与销售点同步更新主体性视觉设计，吸引消费者注意，进而引发其购买兴趣，达到了提高销售和产品知名度的目的。

整合这一系列环节的实施和效果，可以说，很难仅仅用广告宣传的范畴来定义，似乎称之为“互动性的商业创意”更为确切。其实，要想做好一个品牌的整合推广，必须接触到这个产品从生产到定位、包装、上市、广告宣传、促销、售后服务等各个环节，每一个环节都要有新鲜的不同于其他品牌的创意产生。当然，这些都要建立在洞察消费者的基础上进行创意设计。只有这样，才能在竞争激烈的市场上生存下来，走得更快更远一些。

大多数广告公司在服务一个客户或一个品牌的时候，往往只是解决客户在广告宣传方面的一个问题。这其实是不够全面的，因为很难把品牌整合营销发挥作用，也解决不了根本问题。广告公司要做的是在充分调研的基础上，帮助客户分析品牌的每一个环节存在的问题，并提出更适合品牌生存的“商业创意”，这样才能确保提高品牌传播的效率。

一个广告传播的概念创新，需要两个最基本的支撑点：一个是基于产品本身的属性；另一个是基于消费者内心的共鸣。伊利大果粒产品之所以能够快速成功，就是将二者有机结合，准确地找到了这样的市场机会。首先，在世博这样的大环境下，前来参观的人来自世界各地，考虑各个国家、各种肤色的特点，伊利适时推出了利用代表各地区形象的卡通美女作为代言人，用在包装与销售点上，迎合了目标人群喜欢可爱的东西的心理，又很好地与世博产生联想。但这样还不够，当消费者被新的包装与醒目的促销看板吸引过来后，拿起产品一看，除了包装之外，如果产品与以前没什么两样，谁还会有兴趣尝试一下？因此，还必须在产品方面做一些创新，如酸奶加玉米口味代表南美洲形象，酸奶加芦荟口味代表非洲形象等，这样会更加容易地激发消费者的购买欲望。

为了更好地了解消费者，常常要观察他们的购买行为，如消费者在购物时，更注重哪些方面：包装、质量、品牌、口味等，只有站在消费者的角度去观察思考，才能设计出深受喜爱的创意产品。

资料来源：根据伊利世博创意营销改编 http://blog.sina.com.cn

思考与讨论：

1. 伊利产品创意设计的目的是什么？
2. 如何理解伊利大果粒产品的创意理念？
3. 简要分析伊利创意产品成功的原因。
4. 你如何理解“互动性的商业创意”？
5. 怎样才能设计出能够激发消费者购买欲望的创意产品？

第5章 创业机会

本章教学目标与要求

(1) 理解创业机会的概念及内涵；
(2) 了解创业机会的分类和特点；
(3) 把握创业机会的来源；
(4) 掌握创业机会的识别方法；
(5) 掌握创业机会评价的基本方法；
(6) 掌握大学生创业机会的筛选原则；
(7) 了解创新型创业机会的思维训练。

本章知识架构

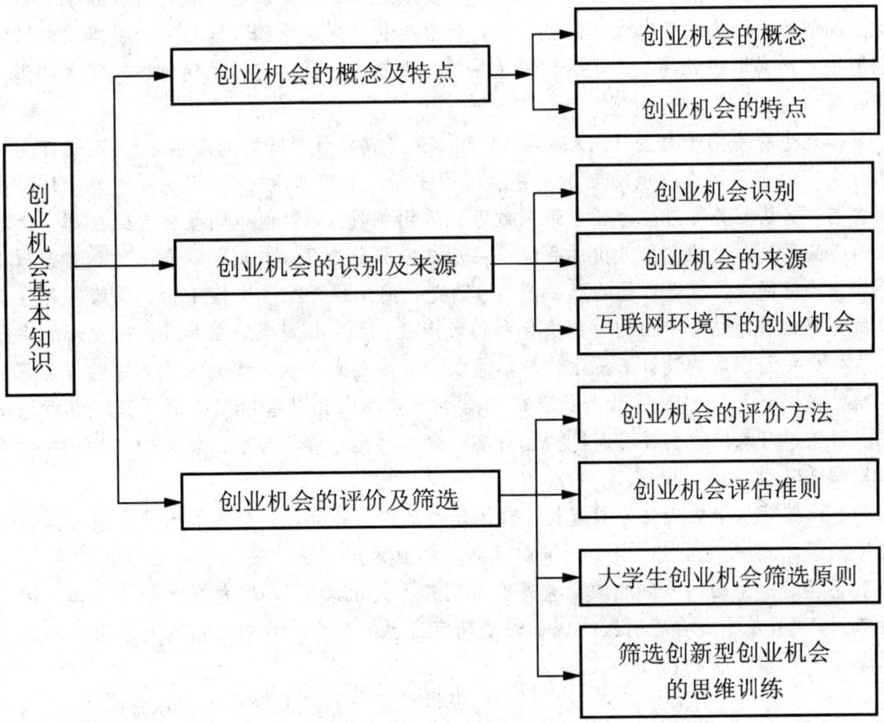

一个明智的人总是抓住机遇，把它变成美好的未来。

——托·富勒

导入案例

手绘生意，从T恤到儿童绘画培训

1. “抖机灵”的大学生创业

2007年，在电子科技大学中山学院环境艺术设计专业读大三的何龙祥偶然看到街上一个打扮新潮的女孩脚上穿着一双手绘鞋，顿时产生了浓厚的兴趣。“我是学艺术设计的，做手绘没有太大难度，既然有人喜欢，应该有市场”，凭着这种直觉性的判断，何龙祥成立了自己的手绘工作室，从最简单通行的手绘情侣T恤开始进行创作。

起初，他并不知道如何为自己的手绘T恤做推广，就把画好的T恤穿在自己身上，在学校里来回地走，以吸引周围同学的注意。慢慢打开校园市场后，他发现周围越来越多的同学喜欢在网上购物，又萌生了开淘宝网店，把生意做到学校以外去的想法。但此时的何龙祥毕竟还是个在校学生，他找来师弟师妹，无论是创作手绘产品、运营网店还是包装发货都从零开始。第一个月，“祥子手绘”淘宝店的销售额就达到了3 000元，第二个月增长至5 000元。

2008年，毕业在即的何龙祥申请了中山市青年创业基金，以“祥子手绘”的项目加入创业大军的行列。在成功申请到第一批创业基金5万元，并用这笔钱在中山市大信商业街租下一个6 m^2大小的店铺之后，何龙祥终于将淘宝店上的生意延伸到了线下实体店内。

2. 定位，从说“不”开始

完成了从“大学生”到“创业者”身份转变的何龙祥，开始思考如何将“祥子手绘”永续经营下去。他告诉南都记者，过去作为大学生社会实践项目，更多地是为了积累社会经验，所以并不会就产品的品类选择、如何凸现创意手绘价值考虑太多。但现在，既然要将“祥子手绘”作为一个品牌来经营，就必须与市面上其他的手绘产品形成差异。为了给“祥子手绘”重新进行品牌定位，何龙祥决定关闭淘宝店，专注线下实体店经营。

乍听之下，这个决定似乎有些让人难以理解:为什么要放弃开得好好的淘宝店?尤其是作为一名80后创业者，为什么宁愿放弃飞速发展的电子商务，而押注在线下实体店上呢?何龙祥的解释是，虽然在决定关闭淘宝店之前，这块业务每月能为公司带来数万元的销售收入，但他也明显感觉到在那个鱼龙混杂的平台上，自己的产品很难与其他主打低价的手绘产品形成差异化竞争，并获得消费者的认可。与其同样走低价策略，不如先收缩回来，打造自己的产品能力。为此，何龙祥压缩了手绘T恤、手绘鞋等在市面上随处可见的产品的比例，转而结合中山的古镇文化和特色产业，如古镇灯具、家具等，研发新的手绘产品和手绘墙服务，首先在手绘图案的设计来源上，与其他以卡通漫画或个性人像为主题的手绘作品区分开来。另一方面则瞄准儿童市场，将DIY手绘与绘画培训结合起来，成立创意DIY主题乐园，继续培育手绘艺术的潜在市场。目前，何龙祥的手绘培训机构已有200余名学生，参与与绘画相关的各种动手动脑、开发创意思维的家庭娱乐项目。

何龙祥坦言，尽管从毕业成立公司起算，自己至今已创业4年，但有关如何开发出独具特色的手绘产品，他仍在不断摸索之中。同时，由于一毕业就加入创业大军，缺乏在大公司里的工作经历，“刚成立公司那会儿，我甚至连一个公司里到底该设置哪些部门都不是很清楚”，何龙祥半开玩笑地说道。现在，用他自己的话来说，“我从不会看着别人的成长轨迹确定自己的目标，我对自己的要求很简单，就是每年都能看到自己与上一年相比的成长”。

资料来源：丁家乐.《南方都市报》，2012年2月13日.

随着社会变革及信息技术的发展，来自市场各方的竞争压力和动态复杂的外部环境使得创业者必须对创业机会进行深入的分析和评估，以选择优质的创业项目。从创业的过程来看，创业是一个各种影响因素动态交互的过程，创业是创业者在面对大量的不确定性因素时分析、识别相关的创业机会，并在对各种机会进行评估后进行的决策的行动。创业因机会而存在，而机会具有很强的时效性，甚至瞬间即逝，创业者要根据事物的发展变化审时度势地做出机智果断的应变。机会总是存在的，但需要创业者去发现、识别和筛选。通过本章的学习可以了解创业机会的特点及来源，掌握机会识别和评价的基本方法，提升对创业机会的识别能力。

5.1 创业机会的概念及特点

创业始于机会，并因机会而存在。如何发现并抓住机会、实现机会的价值，是潜在的创业者需要关注的重要问题，首先要理解机会的概念，把握创业机会的特点，才能在模糊不清的环境中识别并捕捉真正有价值的创业机会。

5.1.1 创业机会的概念

由于创业机会在整个创业过程中处于非常重要的位置，一直以来，创业机会研究主题一直都是创业研究者关注的核心，来自经济学、社会学、管理学等学科的学者从各自不同的侧重点对其进行了研究。Schumpeter(1934)指出，创业机会是通过把资源创造性地结合起来，满足市场的需要，创造价值的一种可能性[①]。Timmons(1994)认为创业机会“具有吸引力、持久性和适用性，并且伴随着能够为客户创造或增加使用价值的产品或服务”[②]。Kirzner(1997)认为机会就是“未明确定义的市场需求或未充分使用的资源或能力”[③]。从研究学者们对相关概念大的阐述中可以看到，创业机会是创业活动的源头，创业就是从发现、挖掘、利用某个创业机会开始的。

1. 商业机会与创业机会

创业机会属于商业机会的范畴，但是一种特殊的商业机会。根据价值创造流程的目的—手段关系，商业机会代表着目的—手段关系的任何局部或全盘变化，而创业机会则是对目的—手段关系的全盘甚至是颠覆性变化。机会必须能在市场上考验，能有持续的利益潜能；创业机会有其市场定位，有其价值脉络与竞争的前景[④]。可见，创业机会和商业机会之间存在着紧密的联系，创业机会能够为企业带来超额经济利润，是孕育商业机会的源泉，而一般商业机会则注重改善现有利润水平。把握一般商业机会同样能够创业，其差别在于

① Schumpeter J.Theory of Economic Development[M].Oxford: Oxford University Press, 1934.

② Timmons J. New Venture Creation[M]. Chicago: Irwin,1994.

③ Kirzner I M. Entrepreneurial Discovery and the Competitive Market Process: An Austrian Approach[J]. Journal of Economic Literature, 1997(35): 60-85.

④ 邓学军，夏宏胜. 创业机会理论研究综述[J]. 管理现代化，2005(3)：14-16.

把握创业机会的创业活动的风险更高，相应的回报也更高，在创业活动中，大部分创业者都是把握一般商业机会从而成功创业的。

2. 创意与创业机会

创意是“创造性意念”的简称，即有创造性的想法、构思，它存于人们的头脑思维中。一个创意可以在市场环境中行得通，不仅要具有创造性、新颖性，而且还要有现实意义。创业者不仅要让这个创意能够吸引人们的眼球，还要有能力实现盈利，并能为人们提供产品或服务。

有一个好的创意也并不意味着就一定有市场机会。一般来说，在有了创意之后，创业者需要进行市场研究，并且在此基础上对市场机会进行辨别和筛选。最先获得创意也并不意味着创业活动就能成功或顺利进行，还要看创业者能否迅速抢占市场份额以及是否设置进入市场的壁垒。

对机会的识别源自创意的产生，而创意是具有创业指向同时具有创新性的想法。创业者需要将创意转化为目标消费者的现实需求，并有能力将创意的点子转化为利润。此外，就创业者而言，创意具有创业指向，在产生创意后，具有创业意愿的人会很快把创意发展为可以在市场上进行检验的商业概念。

5.1.2 创业机会的分类与特点

1. 创业机会的分类

Ardichvili 等学者根据创业机会的来源和发展情况对创业机会进行了分类。在他的创业机会矩阵中有两个维度：横轴以探寻到的价值(即机会的潜在市场价值)为坐标，这一维度代表着创业机会的潜在价值是否已经较为明确；纵轴以创业者的创造价值能力为坐标，这里的创造价值能力包括通常的人力资本、财务能力以及各种必要的有形资产等，代表着创业者是否能够有效开发并利用这一创业机会。按照这两个维度，把不同的机会划分成 4 个类型，如图 5.1 所示。

		探寻到的价值	
		未确定	已确定
创造价值的能力	未确定	第一象限： 梦想	第二象限： 尚未解决的问题
	已确定	第三象限： 技术转移	第四象限： 市场形成

图 5.1 创业机会的 4 个类型

左上角的第一象限中，机会的价值并不确定，创业者是否拥有实现这一价值的能力也不确定，Ardichvili 称这种机会为“梦想”。在右上角的第二象限中，机会的价值已经较为明确，但如何实现这种价值的能力尚未确定，Ardichvili 认为这种机会是一种“尚待解决的问题”。对于左下角的第三象限，机会的价值尚未明确，而创造价值的能力已经较为确定，这一机会实际上是一种“技术转移”，创业者或者技术的开发者的目的是为手头的技术寻找一个合适的应用点。在右下角的第四象限中，机会的价值和创造价值的能力都已确定，这一机会可称为“业务或者说是企业形成”。Ardichvili 认为，比起右下角的创业机会，右上角的机会成功的可能性不大①。

2. 创业机会的特点

创业机会的特点主要可以归结以下几点。

1) 创业机会的可行性

看到机会、产生创意并发展成清晰的商业概念意味着创业者识别到机会。一些未经系统论证调查的或偶然发现的机会给人们带来了初步的创业想法，至于发展出的商业概念是否值得投入资源开发，是否能成为有价值的创业机会，还需要对机会的可行性加以论证。

2) 创业机会的“机会窗口”特性

机会窗口是指市场中存在的、能够使创业者在一定时段中创立企业，并获得投资回报的时间空间。创业者必须善于识别并准确把握机会窗口。若竞争者已经有了同样的思想，并把产品已推向市场，那么机会之窗也就关闭了。由于创业机会存在于一个动态的、发展变化的背景下，创业机会通常被形象的比作“窗口”，这说明了创业机会的适时性很重要，窗户打开的时间长度，能否在窗户关闭之前把握和抓住机会。创业机会是一个移动的目标，表现为一个时间窗口。如图 5.2 所示，第一个阶段是机会窗口尚未开启的阶段，第二个阶段是机会窗口开启到关闭的阶段，第三个阶段市场已基本成熟，机会窗口基本关闭了。

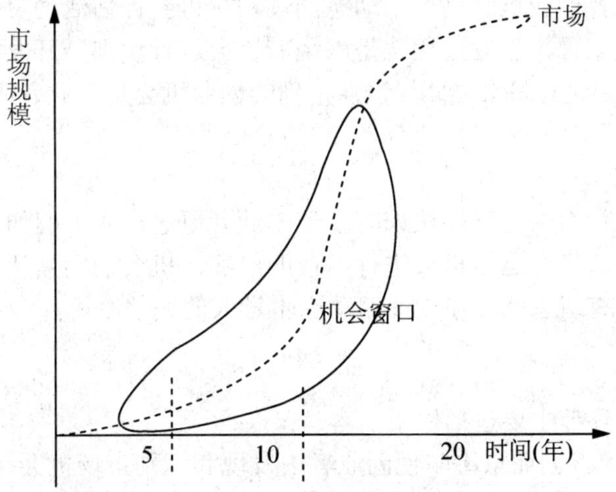

图 5.2 机会窗口

“机会窗口”对创业者主要有以下几点启示。

一是创业者在“机会窗口”的哪个阶段进入市场，在很大程度上决定了创业的成败。创业者最好在“机会窗口”敞开时开展创业活动，这能够增加创业成功的可能性。

二是市场规模和“机会窗口”敞开时间的长短对于创业成功有关键作用。一般而言，市场规模越大，特定机会的时间跨度越大，市场的成长性越好。

三是创业者需要具备前瞻性的市场判断能力。如果创业者一定要等到“天时、地利、

① 林嵩，姜彦福，张韩. 创业机会识别：概念、过程、影响因素和分析架构[J]. 科学学与科学技术管理. 2005(6)：128-132.

人和”各种条件都具备的时候再开展创业实践，之前的商机可能已经不复存在，适度的前瞻性以及对市场变化趋势的判断力是创业者必需的素质。

3) 创业者具有相关的创业资源

创业机会能否被成功地开发出来，进而形成创业实践活动，通常取决于创业者掌握和能整合到的资源，以及对资源的利用能力。创业者的资源可分为外部资源和内部资源两种。内部资源主要是创业者个人的能力，包括自身的专业知识、技能、执业资格、社会声誉等资源。创业者的外部资源主要是指人脉资源，即创业者拥有的社会人际网络或社会资本。

综合起来，创业机会有以下几方面的特点：首先是创业机会应具有基本的商业可行性，即创业机会能在当前或不久的将来的商业环境中行得通；其次是创业机会需要在机会窗口存在的期间被实施；最后，创业者需要具备相应的资源，包括人、财、物、信息、时间和技能等，这是将创业机会转化为现实生产力的基础。

5.2 创业机会的识别及来源

创业机会识别就是要借助职业经验和商业知识，通过调研了解特定机会的方方面面，对拟创业的项目做出理性的分析与思考，进而判断创业者利用特定机会的商业前景如何。创业机会的识别和选择创业机会是一个动态的过程，机会评估活动贯穿于整个创业的全过程。从创业过程角度来说，创业过程就是围绕着机会进行识别、开发、利用的过程。面对创业机会，创业者需要进行机会辨识。识别正确的创业机会是创业者应当具备的重要技能。

5.2.1 创业机会识别

对于创业机会的特性的进一步认识有助于创业者更进一步了解如何来发掘机会。识别与评估创业机会是企业家在运用机会进行创业的前奏，机会识别被认为是创业过程的关键环节，在这一环节稍有疏忽就会使创业活动产生较大的偏差。

1. 创业机会的识别环节

创业机会的识别环节主要包括以下内容。

(1) 具有创业意愿，创业意愿驱使创业者去发现和识别市场机会；

(2) 形成创意或者某种商业点子；

(3) 创业机会信息的收集和整理；

(4) 创业机会与创业环境的综合分析；

(5) 确定合适的创业机会，并对候选方案进行评价。

2. 创业者识别机会具备的一些特征

创业研究的学者和实务专家们都一直试图回答这样的问题：为什么是有些人而不是另外的人看到一个机会？这些看到了机会的创业者有什么独特之处？在影响机会识别和开发的各项因素中，Shane 和 Venkataramen 认为主要可以分为两个方面，即机会本身的属性和创业者的个人特性。对于机会识别来说，更重要的因素应当来自创业者的个人因素，因为从本质上说，机会识别是一种主观色彩相当浓厚的行为。一般而言，下面的几类的影响因素，被认为是创业者识别机会具备的一些特征。

(1) 具有创造性思维和创新意识。从某种程度上讲，机会识别实际上是一个创造过程，创造性思维贯穿始终。在许多新产品、服务和业务的形成过程中，需要人们用全新的视角审视存在的问题，而具有创造性思维和创新意识人通常可以通过突破传统，获得原创性的分析问题、解决问题的思路。

(2) 具备的专业知识背景。在通常情况下，对某个领域专业知识了解较多的人，本身对相关专业内容存在的问题、发展的现状较为敏感，会比其他人对该领域内的机会更具警觉性。例如，在通常情况下，一位外语口译专业人员会比一位医学专业的研究人员对翻译市场内的商业机会和市场需求更为警觉与敏感。

(3) 之前的从业经验。在某一特定行业领域中的先前从业、学习经验有助于创业者识别机会。多数创业者的创业想法是在复制或修改以前从事行业的创业想法，一些刚毕业的大学生由于缺乏实践，在创业活动中大多需要自己去摸索，这势必会影响其对机会的识别判断。

(4) 社会关系网络。在通常情况下，拥有良好的社交网络资源的人，会比那些拥有少量网络的人容易得到更多机会。

尽管上述特征并不是使创业成功的必然条件，但具备了这些特征，往往较其他创业者具有更多的优势，也更容易获得成功。

5.2.2 创业机会的来源

按照创业机会发现观，典型的创业过程包括发现、评价和开发创业机会等一系列活动，创业者在这个过程中不断获取资源、选择组织方式和制定创业战略。然而，创业者所采取的具体行动和对创业资源的配置取决于创业机会的来源和特征[①]。在企业家从事创业的过程中，创新是展现企业家精神的特定工具，是赋予资源一种新的能力，使之成为创造财富的活动。

Holcombe 提出创业机会的来源可归纳为以下 3 种：第一是打破市场平衡点的因素；第二是提高产量可能性的因素；第三是创业机会来源于其他创业活动。创业者创造出一种新产品或新服务，由此带来的资源新组合过程本身就是新机会的创造过程，并且同时创造了更多新的创业机会，因此 Holcombe 认为创业活动本身创造了更多的创业机会[②]。

我国学者对创业机会的来源进行了探索。刘常勇指出创业机会的来源有 4 个：其一是现有产品和服务的设计改良；其二是追随新趋势潮流，如电子商务与互联网；其三是时机合适；其四是通过系统研究来发现机会。如上所述，创业机会来源众多，然而由于在信念、偏好、信息拥有等方面的不同，创业者并不能完全采用同样的方式来对其进行识别和评估，因此选取的创业项目也千差万别。

创业的机会大都产生于不断变化的市场环境，环境变化了，市场需求、市场结构必然发生变化。变化将带来产业结构的变动、消费结构升级、城市化加速、人们思想观念的变化、政府改革的变化、人口结构的变化、居民收入水平提高、全球化趋势等诸多变化。归纳起来，创业机会主要包括以下几个来源。

---

① 梁强，张书军，李新春.基于创业机会的新创劣势和应对策略分析与启示[J]. 外国经济与管理. 2011，33(1)：19-25.

② Holcombe R.The Origins of Entrepreneurial Opportunities[J]. The Review of Austrian Economics. 2003, 16(1): 25-43.

1. 新的市场需求

发现新的市场需求首先需要对已有的市场进行细分，找到适合自身发展的“利基市场”(Niche Market)，即“缝隙市场”。出色的创业者通常擅长利用市场空白创建了一些成功的缝隙企业。往往大行业中存在很多市场空白，如果从中找到了合适的市场空白点，就可以抓住了创建一家能够持久成长且能够盈利的企业的机会。例如，越来越多的高收入人群开始注重提升自身层次品味、文化修养，但由于平时工作应酬繁多，无暇做此类事情，有人做过实地调查，在高档社区内的新装修房屋的业主，大多有打造精品书架的需求。有创业者就看到了这类缝隙市场，选择了专门提供帮人规划书架的服务，根据客户的职业特点、兴趣爱好采购相应的图书，并设计出美观且合理的书架陈列格局，赚取相应的采购、咨询及服务费用。

2. 新技术及新知识的出现

新的技术和知识有助于创业者创造出消费者需要的新产品或新服务。随着互联网的普及，网购已经成为一种基本的购物方式，但在网民当中仍有相当数量的人出于对网络购物的安全性的担忧，表示不愿尝试这种消费模式。在这样的背景下，线下代购店应运而生。在线下代购服务点，消费者可以通过网上浏览或者线下宣传册获取产品信息，选择所需的产品，确认型号尺寸之后告诉代购店，由线下代购店负责在线订购，消费者只需要和代购店进行简单线下的交易即可。可见，代购店的出现很好地解决了特定人群对新技术的不适应问题。

3. 新利益的创造

新利益能够提升产品或服务性价比，功能更完善，并有可能创造多方共赢的局面。例如，传统的团购网站通常的运作方式是先与商家沟通，由商家发起团购，“反向团购”采取逆向思维的创新模式，由用户看到喜欢的产品自发地组织团购，在适当相同的时间，聚合一帮有同样主动需求的人，购买同一种产品，使得商家可以在薄利多销的情况下主动提供更多优惠。在“反向团购”中，商品议价权向终端消费者方向转移，并且用户知道自己想要的是什么，只要商家提供的价钱合适，质量也符合要求，就可以进行团购。“反向团购”不仅可以在规定时间内集合大量零散购买者以增强与商家的议价能力，使消费者得到实惠，而且企业也可以以极低的成本从团购者社会化媒体口碑传播中获得收益。

4. 政策、法规新变化带来的人的行为规则变化

从 2011 年 5 月开始，醉酒后驾驶违法行为已上升为违反刑法规定，由此过去“叫好不叫座”的酒后代驾服务开始走俏。中国的酒文化源远流长，亲朋好友聚会，应酬接待，开车人常常很难推却喝酒的邀约。随着“醉驾入刑”，一种以疏导为主的“酒后代驾”服务，很好地解决了亲朋好友饮酒助兴与驾车安全的矛盾，赢得了有车族的青睐。

此外，社会经济大环境发生宏观变迁，变化主要包括：①产业结构变化；②人口结构变化；③政府监管政策变化；④经济发展方式的变化；⑤消费者消费观念变化；⑥人们生活方式的多元化等。这些变化交织在一起，会给各行各业带来良机，人们通过这些变化，就会发现新的创业机会。

5.2.3 互联网环境下的创业机会

互联网最初只是为了沟通的方便，现在已经变为新产品、新服务、商业模式不断产生的平台，它不仅给人们提供了新的信息传播方式，而且产生了新的分销渠道、新的资源配置模式。这些新的变化、发展趋势为创业者发现新的创业机会提供了可能，同时也体现了电子商务“技术创新引领商业模式变革”的核心价值。

1. 长尾理论揭示出的创业机会

2006年，美国《Wired》杂志总编辑克里斯·安德森(Chris Anderson)在《长尾理论》(Long Tail)一书中指出：新技术正在将大规模市场转变为无数的小市场，而后者盈利的总和并不比热门产品小。长尾理论认为，由于成本和效率的因素，过去人们只能关注重要的人或重要的事，如果用正态分布曲线来描绘这些人或事，人们只能关注曲线的“头部”，而将处于曲线“尾部”、需要更多的精力和成本才能关注到的大多数人或事忽略。

2002年山西财经大学毕业生孙雨田创办了孔夫子旧书网，它现已成为世界最大的中文旧书网，去年其成交额突破2亿元。这个基于C2C模式经营旧书的网站找到了当当、淘宝之外的一片“蓝海”。购买旧书的读者是分散的，在传统市场环境下，一般只能通过旧书市场交易，费时费力而且局限于本地市场，这给旧书网络销售提供了很大的空间。此外，在网上旧书卖家不需打折，一些二手书凭借珍贵稀少就能卖出一个好价格，旧书的长尾潜力显现。孙雨田关注了传统市场忽略的二手书交易市场，利用互联网平台为供求双方提供了一个全新的交易平台，充分展示了长尾理论的精髓。

针对创业项目的选择，创业者如果仅关注一小部分重要的大客户的常规需求，则会错过来自大量的小客户形成的“非常规”小众市场需求。在互联网应用普及的时代，由于关注的成本大大降低，创业者有可能以极低的成本发现并关注曲线的“尾部”，其中蕴含的商业能量甚至超过了曲线的“头部”。对创业机会的识别，可以通过网络渠道挖掘的“长尾”力量，这与更多依赖于传统的“二八理论”的市场策略有非常明显的差异。

2. 众包模式下的创业机会

众包(Crowdsourcing)又称为网络化社会生产，指的是一个公司或机构把过去由员工执行的工作任务，以自由自愿的形式外包给非特定的大众网络的做法。众包可以使企业或组织“更开放、更简单、更低成本”地利用内外部智力资源。

问题以公开招标的方式传播给未知的解决方案提供者群体，网民大众典型地组成在线社区并提交方案。经过筛选，最优的方案最终由提出问题的一方(众包人，Crowdsourcer)所有，并且胜出的个体能够获得物质激励。

众包与传统的企业外包(Outsourcing)行为有着根本的区别。在外包过程中，出于降低成本的考虑，企业将非核心业务委派给外部的专业公司，外包业务存在明确的承包方。而采用众包模式的企业，会将一些核心业务，比如重要产品的设计，或是关键技术的开发，委托给并不明确的个体。与外包相比，众包通常能够节省更多的企业成本。更重要的是，众包能够带来企业自身资源无法产生的核心顾客价值，以及全新的营销理念。众包模式凭借Web 2.0的交互沟通应用，使大众参与创新的成本和门槛大幅度降低①。

① 叶伟巍，朱凌. 面向创新的网络众包模式特征及实现路径研究[J]. 科学学研究，2012(1)：145-151.

随着互联网的发展，促成众包市场的繁荣，这是技术创新带来商业变革的又一次体现。通过众包，企业可以发现用户潜在需求，通过用户创造、传播价值，并让用户紧密围绕在自己周围。互联网出现导致大众沟通成本的大幅降低，是现代意义上的众包活动成为可能的直接原因。近年来出现的威客(Witkey)理念，可以理解为众包模式的具体表现。国内知名威客网站包括猪八戒威客网、威客中国、任务中国、万能威客网、一品威客网等。这类平台通常允许任何企业、个人发布任务，并设置奖励。承包方在提交任务解决方案后，需要等待发包方审核。如果其解决方案能在若干候选方案中脱颖而出，被发包方选中，承包方就能获得相应的奖金。

众包的思想和方法对于创业活动来说是完全可以借鉴的，如对于创业者而言，刚刚起步的新创企业不需要专门的招聘人员，不需要设立专门的办公场所，便可以节约运营成本。同时，还能将众包平台融入到新创企业内部中，突破固定工作地点和工作时间的限制。企业既可以将众包作为一种营销策划或者解决问题的求助方式，也可以整合企业内外资源，形成可持续盈利的创业方案。

互联网时代的创业者可以更多地借助于众包的模式，通过互联网创建众包信息平台、建立信息共享机制、建立知识贡献的激励机制，并可以重新审视自身的业务流程，哪些是可以外包的，哪些是可以众包的，通过对某个项目进行招投标或者悬赏，并从中获得众包资源，最终产生价值。通过众包征集的创意、方案的费用相比咨询公司、专业服务机构报价具有极大的优势，大大减少创业企业的运营成本开支。

此外，随着众包商业模式的不断丰富完善，衍生出一些新的内容，一种新型的创业融资方式“众筹”[①](Crowdfunding)应运而生。在国外的 Kickstarter 网站上，一些创业者将个人创业点子作为项目发起，通过视频、图片、文字介绍项目以及具体执行方式，设定需要的目标金额以及达成天数，并给出对集资者的承诺，一些有创意的想法依靠集合众多网民的点滴力量得以实现。

3. 社会化媒体营销带来的创业机会

社会化媒体通常包括 SNS 社区、微博、博客、图片和视频分享等。大部分的社会化媒体都鼓励人们评论、反馈和分享信息，参与和利用社会化媒体中的内容几乎没有任何的障碍。社会化媒体的典型代表包括微博、SNS。

微博，即微博客(MicroBlog)的简称，是一个基于用户关系的信息分享、传播及获取的平台，用户可通过网络终端以 140 字左右的文字更新信息，并实现即时分享。这种超简单的应用，现已升级为朋友间互动交流、分享信息的平台。Twitter 是最早也是最著名的微博，国内有新浪微博、腾讯微博等。

SNS(Social Network Site，社交网站)是指个人之间的关系网络。在这种基于社会网络关系的网站上，人们可以在这类站点上建立个人的主页，在朋友之间分享内容并进行交流。最著名的社交网络是 Facebook，国内的人人网、开心网等也是知名的社交网站。通过

① http://en.wikipedia.org/wiki/Crowd_funding.

微博、SNS等社会化媒体可以轻易找到生活在不同地方、兴趣相同的人，并且把他们聚集起来，这为企业宣传营销提供了一个契机。企业可以通过举办产品体验活动把粉丝聚集起来，由品牌的口碑贡献者来宣传本企业的产品，以达到更好的效果。社会化媒体营销就可以利用社会化网络、微博或者其他社交平台和媒体来开展营销、销售、公共关系处理和客户服务维护及开拓活动。

河南开封一名“90后”女孩贾梦，2011年3月和父母一起出资20多万元人民币在郑州西郊开办了一家绿色养鸡场，并利用微博在网上火爆卖鸡，得到众多网友的支持。[①]2011年9月16日，她发出了第一条关于卖鸡的微博：“让人吃上放心肉放心蛋，搞生态养鸡，这是我的创业选择。”她又连发了四条微博，分别上传了关于鸡场养殖环境的照片，以及对于生态养鸡的想法。让贾梦意外的是，由于网友的热情转发，她的微博得到了郑州媒体的关注。当年十一期间，她通过微博卖掉了300多只柴鸡。

必胜客在一次微博营销活动中，在新浪微博举办了一个幸运粉丝活动。在活动中，用户可以评论感兴趣的新品，同步到自己的微博，即可获得当日的“你的粉丝号”，并预设“幸运传递粉丝号”。凭借“你的粉丝号”，用户有机会在“当日美味头条”公布后，获得100元美食券。借助这样的活动，必胜客短时间内积累了22万名粉丝。在社会化媒体的作用下，线上用户的声音传播得更快、影响更大。举手之劳的“转发”，可以在短时间内将企业产品或服务的口碑告知给成千上万的人[②]。

传统媒体与社会化媒体优势互补的传播形态，各大网络都会将新业务植入到社交网络应用中。随着互联网、移动终端和业务融合不断深化，互联网企业的竞争优势将充分体现。新业务模式和商业模式不断出现，将会给创业者带来新的机遇。

据中国电子商务研究中心监测数据，截至2010年12月，中国电子商务服务企业直接从业人员超过160万人，其中一半以上年龄在20至32岁之间；大学生网络创业成为时代潮流，网上开店或成为其创业的开端，或者为其累积实践经验。在互联网环境下创业浪潮中，大学生不应仅仅停留在传统网上开店活动上，而应该结合互联网环境下的新型商业模式寻找相关的创新型创业机会。相信互联网经济时代将给大学生带来前景无限广阔的创业空间。

知识链接

杰弗里·蒂蒙斯(Jeffry A. Timmons，1942—2008)

从20世纪60年代后期开始，杰弗里·蒂蒙斯教授就一直是美国创业学教育和研究的领袖人物之一，有“创业教育之父”称号。他在创业管理、创业融资和风险投资等方面的专题研究、创业教育等方面被公认为世界级的权威。1985年，他设计并发起了普莱兹·百森项目，旨在通过组织成功创业者和富有经验的教师一起教学来提高教学和科研水平。蒂蒙斯教授提出的机会价值评价框架，已经成为创业者机会选择以及风险投资机构甄选创业项目的重要标准。

① 中国新闻网. 河南开封“90后”女孩微博卖鸡生意火，2011年10月12日.
② 刘炼. 社会化媒体营销例说[J]. 企业管理，2012(2)：85.

5.3 创业机会的评价及筛选

看到机会、产生创意想法并发展成清晰的商业概念意味着创业者识别到机会，至于发展出的商业概念是否值得投入资源开发，是否能成为有价值的创业机会，还需要认真的论证和评估。创业者对机会的评价来自于他们的初始判断，而初始判断通常就是假设加简单计算。机会瞬间即逝，如果都要进行周密的市场调查，经常会难以把握机会。假设加上简单计算只是创业者对机会的初始判断，进一步的创业行动还需依靠调查研究，对机会价值做进一步的评价。一般来说，创业者和投资人会对创业企业的商业计划进行全面的评价，这些评价有助于创业者进一步调整自身的创业方案以及发掘新的机会。

5.3.1 创业机会评价方法

1. 综合性评价方法

最有代表性的是美国哈佛大学教授杰弗里.蒂蒙斯(Jeffry A. Timmons)提出的创业机会评价框架。蒂蒙斯 1999 年在《New Venture Creation: Entrepreneurship for the 21st Century》中概括了一个评价创业机会的框架，涉及 8 类指标，分别从产业和市场、经济条件、收获条件、竞争优势、管理团队、致命缺陷、创业家的个人标准、理想与现实的战略差异等方面，共 50 多个条目的详细评价因素，对创业机会进行评估，具体的评价因素指标见表 5-1。

表 5-1 Timmons 评价因素指标

行业和市场	(1) 市场容易识别，可以带来持续收入 (2) 顾客可以接受产品或服务，愿意为此付费 (3) 产品的附加价值高 (4) 产品对市场的影响力高 (5) 将要开发的产品生命长久 (6) 项目所在的行业是新兴行业，竞争不完善 (7) 市场规模大，销售潜力达到 1 千万到 10 亿 (8) 市场成长率在 30%～50%甚至更高 (9) 现有厂商的生产能力几乎完全饱和 (10) 在五年内能占据市场的领导地位，达到 20 %以上 (11) 拥有低成本的供货商，具有成本优势
经济因素	(12) 达到盈亏平衡点所需要的时间在 1.5～2 年以下 (13) 盈亏平衡点不会逐渐提高 (14) 投资回报率在 25%以上 (15) 项目对资金的要求不是很大，能够获得融资 (16) 销售额的年增长率高于 15% (17) 有良好的现金流量，能占到销售额的 20%～30 %以上 (18) 能获得持久的毛利，毛利率要达到 40%以上 (19) 能获得持久的税后利润，税后利润率要超过 10% (20) 资产集中程度低 (21) 运营资金不多，需求量是逐渐增加的 (22) 研究开发工作对资金的要求不高

续表

收获条件	(23) 项目带来附加价值的具有较高的战略意义 (24) 存在现有的或可预料的退出方式 (25) 资本市场环境有利，可以实现资本的流动
竞争优势	(26) 固定成本和可变成本低 (27) 对成本、价格和销售的控制较高 (28) 已经获得或可以获得对专利所有权的保护 (29) 竞争对手尚未觉醒，竞争较弱 (30) 拥有专利或具有某种独占性 (31) 拥有发展良好的网络关系，容易获得合同 (32) 拥有杰出的关键人员和管理团队
管理团队	(33) 创业者团队是一个优秀管理者的组合 (34) 行业和技术经验达到了本行业内的最高水平 (35) 管理团队的正直廉洁程度能达到最高水准 (36) 管理团队知道自己缺乏哪方面的知识
致命缺陷问题	(37) 不存在任何致命缺陷问题
个人标准	(38) 个人目标与创业活动相符合 (39) 创业家可以做到在有限的风险下实现成功 (40) 创业家能接受薪水减少等损失 (41) 创业家渴望进行创业这种生活方式，而非单纯为了获利 (42) 创业家可以承受适当的风险 (43) 创业家在压力下状态依然良好
理想与现实的战略差异	(44) 理想与现实情况相吻合 (45) 管理团队已经是最好的 (46) 在客户服务管理方面有很好的服务理念 (47) 所创办的事业顺应时代潮流 (48) 所采取的技术具有突破性，不存在许多替代品或竞争对手 (49) 具备灵活的适应能力，能快速地进行取舍 (50) 始终在寻找新的机会 (51) 定价与市场领先者几乎持平 (52) 能够获得销售渠道，或已经拥有现成的网络 (53) 能够允许失败

对于上述的 53 项问题，做出简单的“是”、“否”判断，然后将回答为是与否的问题分别相加，求得两者的比值，比值越大，则意味着机会价值与可行性越高。

此外，Thomas 等[①](1996)描绘了创业机会评价过程的主要步骤：第一步，判断新产品或服务将如何为购买者创造价值，判断使用新产品或服务的潜在障碍，如何克服这些障碍，根据对产品和市场认可度的分析，得出新产品的潜在需求、早期使用者的行为特征、产品达到创造收益的预期时间；第二步，分析产品在目标市场投放的技术风险、财务风险和竞争风险；第三步，进行机会窗分析，在产品的制造过程中是否能保证足够的生产批量和可以接受的产品质量；第四步，估算新产品项目的初始投资额，使用何种融资渠道；第五步，在更大的范围内考虑风险的程度，以及如何控制和管理那些风险因素。

① Zimmerer T W, Scarborough N M. Entrepreneurship and the New Venture Formation. Prentice Hall, 1996.

2. 定量评价方法

以下列出三种常见的评价方法。

1) 标准打分矩阵

通过选择对创业机会成功有重要影响的因素，并由专家小组对每一个因素进行极好(3分)、好(2分)、一般(1分)3个等级的打分，最后求出对于每个因素在各个创业机会下的加权平均分，从而可以对不同的创业机会进行比较。其中10项主要的评价因素见表5-2。

表5-2 标准打分矩阵

标准	专家评分			
	极好(3分)	好(2分)	一般(1分)	加权平均分
易操作性	8	2	0	2.8
质量和易维护性	6	2	2	2.4
市场接受度	7	2	1	2.6
增加资本的能力	5	1	4	2.1
投资回报	6	3	1	2.5
专利权状况	9	1	0	2.9
市场的大小	8	1	1	2.7
制造的简单性	7	2	1	2.6
广告潜力	6	2	2	2.4
成长的潜力	9	1	0	2.9

表5-2中列出了影响因素中10项主要评价因素，在实际使用时可以根据具体情况选择其中部分或者全部因素进行评价。

2) 温斯丁豪斯法(Westinghouse)

这实际上是计算和比较各个机会的优先级。公式如下：

技术成功概率×商业成功概率×(价格－成本)×投资生命周期/总成本＝机会优先级 (5.1)

在该公式中，技术和商业成功的概率是以百分比表示(从0到100%)，平均年销售数是以销售的产品数量计算，成本是以单位产品成本计算，投资生命周期是指可以预期的年均销售数保持不变的年限，总成本是指预期的所有投入，包括研究、设计、制造和营销费用。对于不同的创业机会将具体数值带入计算，特定机会的优先级越高，该机会越有可能成功。

3) 泊泰申米特法(Potentionmeter)

这种方法可以通过让创业者来填写针对不同因素的不同情况，预先设定好权值的选项式问卷方法，来快捷地得到特定创业机会的成功潜力指标。对于每个因素来说，不同选项的得分可以从-2分到+2分，通过对所有因素得分的加和得到最后的总分，总分越高说明特定创业机会成功的潜力越高，只有那些最后得分高于15分的创业机会才值得创业者进行下一步的策划，低于15分的都应被淘汰(表5-3)。

表 5-3 泊泰申米特法评分表

因素	得分
对于税前投资回报率的贡献	
预期的年销售额	
生命周期中预期的成长阶段	
从创业到销售额高速增长的预期时间	
投资回收期	
占有领先者地位的潜力	
商业周期的影响	
为产品制定高价的潜力	
进入市场的容易程度	
市场试验的时间范围	
销售人员的要求	

3. 选择因素法

在贝蒂(Betty)的选择因素法中，通过 11 个选择因素的设定来对创业机会进行判断。如果某个创业机会只符合其中的 6 个或更少的因素，通常情况下这个创业机会是不可取的；相反，如果某个创业机会符合其中的 7 个或者 7 个以上的因素，那么这个创业机会是非常值得考虑的(表 5-4)。

表 5-4 贝蒂的选择因素法

这个创业机会在现阶段是否只有你一个人发现了？
初始的产品生产成本是否可以承受？
初始的市场开发成本是否可以承受？
产品是否具有高利润回报的潜力？
是否可以预期产品投放市场和达到盈亏平衡点的时间？
潜在的市场是否巨大？
你的产品是否是一个高速成长的产品家族中的第一个成员？
你是否拥有一些现成的初始用户？
是否可以预期产品的开发成本和开发周期？
是否处于一个成长中的行业？
金融界是否能够理解你的产品和顾客对它的需求？

5.3.2 简易创业机会评估准则

创业活动具有综合性、多变性、复杂性的特点。创业活动的这些特点在很大程度上决定了人们对创业机会的甄别难以通过简单的非此即彼的逻辑进行判断，也不能采用片面的财务或是技术指标加以筛选，因为机会的鉴别和后续开发在相当程度上需要依赖于创业主体的主观价值判断[①]。

① 邓卫华，易明，蔡根女. 基于信息过程模型的创业机会识别研究[J]. 情报理论与实践，2011，34(4)：92-95.

一些大学生对创业的认识过于理想化、简单化，对自身的创业基础条件缺乏足够的认识和科学评价，由此而产生的“非理性创业”很难经受住市场的考验，因此，在选择创业机会时，应对创业项目实施的各个方面进行综合评估。针对创业机会的市场评估与效益分析，有研究者提出一套评估准则[①]，并说明各准则因素的内涵，旨在为创业者提供评估是否投入创业开发的决策参考。

1. 市场评估准则

市场评估主要包括市场定位、市场结构、市场规模、市场渗透力、市场占有率、产品的成本结构等，具体准则如下。

(1) 市场定位：一个好的创业机会，必然具有特定市场定位，专注于满足顾客需求，同时能为顾客带来增值的效果。因此评估创业机会的时候，可由市场定位是否明确、顾客需求分析是否清晰、顾客接触通道是否流畅等，来判断创业机会可能创造的市场价值。创业带给顾客的价值越高，创业成功的机会也会越大。

(2) 市场规模：市场规模大小与成长速度，也是影响新企业成败的重要因素。一般而言，市场规模大者，进入障碍相对较低，市场竞争激烈程度也会略为下降。如果要进入的是一个十分成熟的市场，那么，纵然市场规模很大，由于已经不再成长，利润空间必然很小，因此这项新企业恐怕就不值得再投入。

(3) 市场渗透力：对于一个具有巨大市场潜力的创业机会，市场渗透力(市场机会实现的过程)评估将会是一项非常重要的影响因素。聪明的创业者知道选择在最佳时机进入市场，也就是市场需求正要大幅成长之际，已经做好准备，等着接单。

(4) 市场占有率：从创业机会预期可取得的市场占有率目标，可以显示这家新创公司未来的市场竞争力。一般而言，在成为市场的领导者，最少需要拥有20%以上的市场占有率。如果低于5%的市场占有率，则这个新企业的市场竞争力不高。尤其处在高科技产业领域，新企业必须拥有成为市场排名前几位的能力，才有可能被投资者青睐。

(5) 产品的成本结构：产品的成本结构，也可以反映新企业的未来前景。例如，从物料与人工成本所占比重的高低、变动成本与固定成本的比重，以及经济规模产量大小，可以判断企业创造附加价值的幅度以及未来可能的获利空间。

2. 效益评估准则

效益评估主要包括合理的税后净利、达到损益平衡所需要的时间、投资回报率、资本需求、毛利率、退出机制与策略等，具体如下。

(1) 合理的税后净利：一般而言，具有吸引力的创业机会，至少需要能够创造15%以上税后净利。如果创业预期的税后净利在5%以下，那么这就不是一个好的投资机会。

(2) 达到损益平衡所需的时间：合理的损益平衡时间应该能在两年以内达到，但如果3年还达不到，恐怕就不是一个值得投入的创业机会。不过有的创业机会确实需要经过比较长的耕耘时间，通过这些前期投入，创造进入障碍，保证后期的持续获利。在这种情况下，可以将前期投入视为一种投资，才能容忍较长的损益平衡时间。

(3) 投资回投率：考虑到创业可能面临的各项风险，合理的投资回报率应该在25%以上。一般而言，15%以下的投资回报率，是不值得考虑的创业机会。

① http://chuangye.umiwi.com/2011/0812/28862.shtml.

(4) 资本需求：资金需求量较低的创业机会，投资者一般会比较欢迎。通常，知识越密集的创业机会，对资金的需求量越低，投资回报反而会越高。因此在创业开始的时候，不要募集太多资金，最好通过盈余积累的方式来创造资金。而比较低的资本额将有利于提高每股盈余，并且还可以进一步提高未来上市的价格。

(5) 毛利率：毛利率高的创业机会，相对风险较低，也比较容易取得损益平衡。反之，毛利率低的创业机会，风险则较高，遇到决策失误或市场产生较大变化的时候，企业很容易就遭受损失。一般而言，理想的毛利率是40%。当毛利率低于20%的时候，这个创业机会就不值得再予以考虑。软件业的毛利率通常都很高，所以只要能找到足够的业务量，从事软件创业在财务上遭受严重损失的风险相对会比较低。

(6) 退出机制与策略：所有投资的目的都在于回收，因此退出机制与策略就成为一项评估创业机会的重要指标。企业的价值一般也要由具有客观鉴价能力的交易市场来决定，而这种交易机制的完善程度也会影响新企业退出机制的弹性。由于退出的难度普遍要高于进入，所以一个具有吸引力的创业机会，应该为所有投资者考虑退出机制，以及退出的策略规划。

5.3.3 大学生的创业机会筛选

在现实经济生活中，适于大学生创业的机会并不是很多的。创业者需要进行一层又一层筛选，才能在众多机会中筛选出真正适合自己的创业机会。

面对较好的创业机会，大学生创业者需要进行“自我质疑”，“质疑”内容应至少包括：为什么这么好的想法之前没有人将其发展成创业项目；关于该创业机会自己能否获得其他创业者较难获得的资源；遇到竞争时，自己是否有能力与之抗衡；自己是否可能创造新增市场；自己是否有能力承受利用该创业机会带来的各种风险。

1. 大学生创业机会的识别能力

创业活动中的成功者在把握创业机会时，难能可贵的是他们能发现其他人所看不到的机会，并迅速采取行动来进一步挖掘创业机会并实现创业机会的商业价值。创业环境为创业机会的存在提供了客观条件，但只有创业者意识到创业机会的存在并且清楚知道其创业价值，才能获得利润。作为一名当代的大学生，不怕没有机会，就怕自己不能发现机会。概括来讲，创业者的个体能力都与发掘并利用创业机会有关，因此，大学生创业者应具备发掘创业机会和合理利用创业机会的能力。归纳起来，发掘创业机会的能力来源于大学生的知识结构、抗压能力、创新创业精神、认知能力以及社会网络等。

(1) 知识结构。大学生的知识结构来源于大学生的教育背景。通过高等教育的学习，专业知识的积累是创业成功的充分条件。虽然大学生的主修专业为大学生创业提供了进入与之相关行业的基本专业知识，但是由于其他方面的限制，由目前已有的自主创业案例可以知道，大多数大学生创业者并没有选择自己的专业领域作为创业领域。有学者对我国中部地区高校的一项调查显示，94.6%的创业学生所从事的行业与自己所学专业无关，大学生创业的范围局限在服务咨询、饮食行业、娱乐业等服务性行业[①]。这与大学生另外一种专业

① 叶国爱，徐紫云，徐朝亮. 高校在校大学生创业的影响因素及对策建议——基于中部地区某高校的调研分析[J]. 江西农业大学学报(社会科学版)，2008，7(2)：147-150.

知识，即创业相关理论的缺乏有关。由于我国创业教育发展基础较为薄弱，多数大学生在创业意识、创业方法和创业能力培养等方面缺乏系统的理论学习，这导致我国大学生在创业过程中的创新能力不足，不能将自身的知识结构与所从事行业充分结合，学以致用。

(2) 坚韧品质及抗压能力。一个成功的大学生创业者应具有较强的抗压能力。生活中确实存在着大量的创业机会，关键的问题是是否有耐心不断寻找，即便是暂时没有得到很好的机会，也不要轻易放弃。大学生在大学校园轻松单纯的氛围中养成的浪漫的、理想的心理状态，往往难以经受社会的风吹日晒。创业者在实施的过程中还有许多随之而来的压力，包括心理焦虑、挫折、孤独感。大学生创业者应勇于面对压力，在逆境中能够坚持目标，顽强坚韧，提升自身创业机会的识别能力。同时，这些性格品质也是大学生创业者建立创业团队、吸引风险投资必有的精神品质。

(3) 创新创业精神。大学生创业者应该而且必须具备企业家精神。创新精神是企业家精神的主要内涵之一。企业家或创业者需要在不确定的状态下做出决策。他们面临的是完全没有出现的崭新情况，是具有不可重复性的那种不确定性[①]。高校毕业生凭借其年轻的生机和活力，拥有更多的创造性和创意激情，并且头脑灵活，充满想象，不墨守成规，具备勇于打破常规的性格特质，同时掌握一定程度的人文知识和现代科技知识，这些特征使大学生能够更好地迎接创新活动的挑战。

(4) 认知能力。成功的创业者比其他人更容易看到创业机会，这与其具有较强的认知能力有关。大学生创业者应该具有敏锐的观察力与准确的市场判断力。大学生要把创业看成是一种机会而不是风险，同时对信息的发掘要形成独特的认知，打破陈规惯例的束缚。

(5) 社会网络及社会人脉资源。个人社会关系网络的深度和广度影响着机会识别，这已是不争的事实。在通常情况下，建立了大量工商领域及相关专业领域专家联系网络的大学生，会比那些拥有少量网络的人容易得到更多创业机会。

2. 大学生创业机会的行业筛选

由于缺乏资金、经验不足、缺乏人脉资源等原因，大学生创业者中败多成少。以下总结的是大学生创业机会选择相对集中的几个行业。

(1) 高科技成果聚集行业。大学是科研成果和科技人才聚集的地方，在高科技领域创业有得天独厚的优势。作为大学生，如果自己在某一领域有自己的科技成果，则可以利用自己的专业背景、专利成果走科技创业的道路。常见的大学生高科技创业领域包括互联网应用开发、生物医药、新能源技术等。高科技领域创业，在进行科技创业时，要将科技成果转化成商品，这是用科技成果创业能否成功的一个重要因素。创业投资者更看重的是创业计划真正的技术含量有多高，在多大程度上是不可复制的，以及市场盈利的潜力有多大。同时应当注意的是，并非所有的大学生都适合在高科技领域开展创业活动，一些研究成果在从理论到实际投入生产、包装上市的整个过程中需要投入大量人力和物力，这有赖于该项目能否吸引到风险投资和其他一些创业基金的支持。

(2) 智力服务。随社会经济的发展，服务业在我们的生活中已占有越来越重要的地位。智力是大学生创业的资本，在智力服务领域创办公司，大学生创业应发扬自己的知识优势，

① 汪丁丁. 企业家的精神[J]. 今日科技，2002(3)：27-28.

选择一些需要知识和专业的智力服务，如翻译、家教培训、活动策划、设计工作室等。另一方面，大学生能够充分利用高校资源或专业背景更容易实现自身的创业目标。

(3)创新创意产业。创意产业指那些从个人的创造力、技能和天分中获取发展动力的企业，以及那些通过对知识产权的开发可创造潜在财富和就业机会的活动。创新创意领域的创业机会主要包括个性化礼品定制、时尚设计、互联网多媒体制作、表演艺术、出版业等。创意产业是知识密集型的产业，其实现程度越来越依赖于大量富有创新精神的、高学历的从业人员。大学生凭借其年轻的生机和活力，拥有更多的创造性和创意激情，并且不墨守成规，同时接受过高等教育，掌握一定程度的人文知识和现代科技知识，这些特征使高校毕业生能够更好地适应于创新创意产业。

3. 大学生创业机会的选择策略

主动识别机会？等待机会？或是与机会失之交臂？——作为一名有创业意愿的大学生，需要做好哪些准备，需要从哪做起？大学生创业机会的选择应该遵循下列基本原则。

(1) 扬己之长，避己之短。不与行业强者展开硬碰硬的直接竞争，集中优势做强自身的特色。

(2) 选择机会应发挥兴趣主导的优势，将兴趣爱好发展成为具有商业可行性的创业项目。

(3) 在新技术研发报道、专利公告等信息面前做一个有心人。新技术的出现、新产品的研制意味着生产及生活条件的改善，随之而来是人们行为和生活方式的改变，这些中都可能蕴含着大量未被开发的商机。

(4) 选择过程谨慎论证、大胆实践。前期做好充足的调研论证工作，抓住机会并将想办法付诸实施，在实干中摸索，逐步确定发展方向。

(5) 挖掘缝隙市场，查找他人创业项目的不足，思考如何改进。善于从别人的忽视之处下手，以此做到"标新立异，见缝插针"。

(6) 关注政府的相关产业发展引导举措。政府为了更好地贯彻其产业政策，促进相应的产业健康发展，通常会对相关的行业采取相应的优惠政策以鼓励和引导其发展，大学生创业者在选择的时候可以充分地考虑这些优惠政策，关注国家政策优先支持的领域。

5.3.4 筛选创新型创业机会的思维训练

创新型创业机会有别于人们常见的模仿型创业。创新型创业是指创业者能够识别具有创新性的创业机会，通过使用新技术或新商业模式向顾客提供新产品或者新服务，创造更高价值的创业活动。

想要发现常人无法发现的创业商机，就需要从模仿型创业活动中跳出来，具备创新思维，学会创新思维方法。创新型创业强调选择创业项目的新颖性、原创性，这也意味着一定程度的领先性。通过思考下述几个问题来激发思维活动，以此为创新型创业者筛选和发现创业机会提供一个较为简易的创新思维方法，经过对这些问题的思考，可以使想象活跃起来。

(1) 现有的产品或服务有无其他盈利点可以开发？对传统商业机会稍加改变，能否产生新的价值？

(2) 现有的业务范围能否扩大？能不能增加一些新的商业元素？能否对现有业务范围进行进一步的精准划分？能不能舍弃一些不必要的商业元素？

(3) 能否从别人的创业项目中得到启发？其他人的创业经验或理念能否借鉴？

(4) 对于某个成熟的产品或服务，还能用什么新颖的营销手段？

(5) 现有的项目能否引入其他的创新型创业构想之中？有什么东西是可供模仿的？

(6) 创业所需的各种要素能否代用，是否能找到更合适的东西来代替，例如，是否能找到新的融资渠道？是否能找到其他的经营场地代替？产品或服务存在的缺陷是否能引入新的技术、工艺来代替？

(7) 通过逆向思维发现创新型创业机会，将传统主流模式换个方向来思考会怎么样？从相反方向思考问题，模式倒过来会怎么样？

(8) 从综合的角度分析问题。把几种商业要素组合起来怎么样？组合起来会产生哪些正、负效应？

对于创新型创业项目，项目本身创意的新颖性可以是新的技术和新的解决方案，可以是新的盈利模式，也可以是差异化的经营理念。具有新颖的创新想法不仅将来会吸引到投资者和消费者，还可以加大创业项目的模仿难度，避免与其他企业出现同质化竞争。

本章小结

从创业过程角度来说，创业过程就是围绕着机会进行识别、开发、利用的过程。辨识、评价创业机会是创业者应当具备的重要技能。本章主要阐述了创业机会的概念及内涵，创业机会是在不拘泥于当前资源条件的限制的情况下对机会的追寻，将不同的资源组合以利用和开发机会并创造价值的过程。

本章归纳了创业机会的特点及其识别方法，分析了创业机会的来源，如新的市场需求、新技术及新知识的出现、新利益的创造、政策、法规新变化带来的人的行为规则变化等，特别提出了互联网环境下的新型商业模式给创业者带来的机遇，介绍了创业机会评价的定性、定量方法，以及一种简易的评价方法。

大学生创业机会选择应该遵循的基本原则包括：扬己之长，避己之短；发挥兴趣主导的优势；在新技术研发报道、专利公告等信息面前做一个有心人；选择过程需谨慎论证、大胆实践；挖掘缝隙市场；关注政府的相关产业发展引导举措等。最后本章针对大学生创业机会的筛选方法，提供了一种创新型创业机会筛选的思维训练方法。

关键术语

创业机会 Entrepreneurial Opportunity

机会窗口 Windows of Opportunity

商业机会 Business Opportunity

创意产业 Creative Industry

智力服务 Intellectual Services

利基市场 Niche Market

创业机会评价 Entrepreneurial Opportunity Evaluation

知识链接

1. 张玉利. 创业研究经典文献述评[M]. 天津：南开大学出版社，2010
2. 郑炳章，朱燕空. 创业研究：创业机会的发现、识别与评价[M]. 北京：北京理工大学出版社，2009
3. 张玉利，李新春. 创业管理[M]. 北京：清华大学出版社，2006
4. 全国大学生创业服务网 http://cy.ncss.org.cn/
5. 创业邦 http://www.cyzone.cn/

习　题

1. 简答题

(1) 对创业机会进行评价，主要有哪些指标？

(2) 结合自己的理解，阐述一下什么是“机会窗口”。

(3) 创意和创业机会的异同、关系是什么？

2. 论述题

(1) 你认为好的创业机会应具备哪些基本的条件。

(2) 结合自身的情况，说一说自己如何识别创业机会，选择创业项目。

3. 讨论题

(1) 商业机会等同于创业机会吗？谈谈两者之间的区别和两者之间的关系。

(2) 从不同渠道联系3至5位不同专业的同学，举行一次头脑风暴活动，针对某一领域，让大家从各自专业出发，分析一下自己身边的创业机会。创业机会来源分别取自以下几个方面。

① 个人生活经历和工作经历；

② 偶然发现的(在日常生活中、参加活动、旅行中……)；

③ 有目的地深入调查研究(阅读相关报刊、资料、书籍、访谈等)；

④ 教育(专业课程)；

⑤ 个人兴趣爱好；

⑥ 个人的家庭环境、家庭成员从事的职业及相关的行业背景等。

(3) 在大学校园当中，有为数不少的同学对个人创业很感兴趣，但同样有创业意愿的人，为什么有的人能够发现创业机会，而另一些人却看不到创业机会呢？谈谈你的想法。

实际操作训练

蒂蒙斯教授提出的机会价值评价框架，已经成为创业者机会自我评价以及风险投资人甄选创业项目的重要标准[①]，阅读这些标准后，选择一两位身边认识的从事创业活动的亲友，做实地调查。看看他们是如何理解创业机会的特点，并与蒂蒙斯教授提出的标准进行对比，看他们把握的创业机会价值有何差异，你又会据此给他们提供什么建议？

同时，简单列出判断理由，并提出对创业者朋友的建议或意见。

案例分析

看快书包如何卖书

精明的商人徐智明以图书类电子商务作为切入点，看似简单的商业模式，背后却瞄准了一个巨大的市场。

图书还能怎么卖？一年前，这个问题始终困扰着徐智明，此时他的身份还是龙之媒广告书店董事长。在此之前，徐智明经营龙之媒书店15年，年营业额已连续10年稳定在七八百万元，徐在图书和广告业内也颇有口碑。“这些年没有太大变化，于我个人而言，经营龙之媒更像是一种生活方式，吃喝不愁，有车有房，但公司始终像个作坊，做不大，很难有突破。”在徐智明看来，在互联网和电子书的影响之下，读书买书已经成了一件奢侈的事情，不过他认为电子书取代纸质书是近些年不太可能发生的事。但图书领域

① 姜彦福，邱琼. 创业机会评价重要指标序列的实证研究[J]. 科学学研究，2004，22(1)：62-63.

的重复性经营没有意义，比如模仿当当网、卓越网。在国外有很多专业书店，但中国大陆并不多见，所以实体开店也赚不到钱。“这些都是死胡同，行不通。”于是，他想到快书包这样一个点子。龙之媒照样做，“快书包”网站算是徐智明的二次创业，它的显性商业模式是服务于国内大中城市中心区读者，以1小时配送作为切入点，方便读者在第一时间内拿到书。据统计，图书电子商务领域市场规模在2010年达到50亿元，而整个图书市场的市场规模是200多亿，在线销售潜力巨大。按照徐智明的设想，“只在这一领域切一小块儿‘蛋糕’，希望后年能做到1%，相当于1个亿的规模”。徐智明并不避讳快书包绝大多数的客户都是从当当网和卓越网分流过来的。“但这些人依然是当当、卓越的顾客，只是偶尔来快书包消费一次。”徐智明讲这番话时显得相当谦虚，即使在同师兄李国庆吃饭时，他也这样讲：“当当和卓越吃肉，快书包只想有一勺汤喝。”

1. 快书包的商业逻辑

快书包上线几个月，引来大批媒体聚焦，免费吸引来的关注倒不是因为徐智明个人魅力，而是快书包倚在了当当、卓越这样的大树之下生长。于是，上线不久快书包便被媒体包装成了“小当当”、“小卓越”。徐智明当然不会认同外界的这种说法。不过，当当网的联合总裁李国庆倒是特意关注过快书包，后来他得出的结论是：快书包与当当、卓越的模式并不一样，对他们也构不成竞争。在徐智明看来，首先，快书包所占市场份额太小，即使发展起来最终也不过1%的市场份额。其次是商业逻辑不同，当当和卓越是全品种经营，求大求全。快书包则相反——求不全，最终只做400～500种图书。第三，如果当当和卓越也做1小时送书服务，势必会伤害到更多的消费人群，因为1小时送书服务最终只能服务到一小部分客户，更多的还是需要至少一天时间送达，但对这部分人的打击太大，消费者心理也会有波动。满足了1%的顾客而伤害了99%的顾客，不划算。

“快书包不是大众市场，只做城市中心区，针对的客户群也只是网上购书比较频繁的人群，而且这一人群一年里绝大多数时间都会在当当、卓越上买书，偶尔一两次会在快书包上消费”，徐智明说，当当与卓越并不是快书包的直接竞争对手，就如同7-11与沃尔玛可以共存。快书包的商业逻辑很简单——快书包希望通过卖书识别一群非常有价值的网购群体，这一群体消费比较高，对服务、流程、体验的要求相对较高，所以快书包客户定位于有读书习惯、消费比较高的优质客户群。

2. 图书市场的80/20原则

图书类电子商务网站的黏性很强，习惯在卓越上购书的很少去当当，反之亦然。原因是图书类电子商务的差异性不强，例如当当和卓越在价格、配送、服务、流程等方面几乎都差不多，至少构不成顾客转移的理由。多年的行业浸淫，徐智明对图书市场的80/20原则理解得比较透彻，在他看来，中国图书市场年销量超过3万册的图书大概在1 000种左右，年销量超过10万的有200多种。快书包选的图书基本圈定在这1 000种以内。所以，在讨论快书包模式之初，徐智明就确定了价格必须和当当、卓越一样，同时要免配送费的基本框架。差异性关键体现在送货速度上，当当和卓越送书现在基本是次日送达，但偶尔也会有不准时现象，网上对此类投诉也很多，时间不可控。

与“为有价值的网购群体服务”相配套的商业逻辑是精益化服务。徐智明认为，根据精益服务理论的几大要素，顾客更加希望在确切的时间、确切的地点以确切的方式接受确切的服务。这些要求对于网购市场来说，目前只有确切的时间仍无法做到。换言之，快书包背后的商业逻辑并不是快，而是准时，所以在快书包购书的顾客一部分要求在60分钟内送达，还有一部分是约定时间，例如约定在次日上午10点送到，或是下午3点送到……这在所有电子商务领域都很难实现，京东商城提出4小时送货，当当网提出次日送达，都是希望能够做到在确切的时间提供服务。只不过快书包更加推进一步，把时间限制在1小时以内。“对消费者来说这是很重要的一点，例如去中关村，坐地铁可以保证时间可控，但开车就不能保证，不知道什么时间能到，所以快书包的‘快’只是表象。”目前，快书包销售量为每月两三千单，平均每单50元左右。这远远没有达到徐智明所期望的销售量，但他表示目前他的经营压力并不大。“哪有刚开门就赚钱的生意”，徐智明说，目前要做好几件事，一是进行地域拓展增加销售机会，订单量增加后很多费用就可以平摊；二是顾客单价和订单量必须提高，快书包的目标是从现在的每单50元左右提高到每单80元左右，从每天80单提高到300单左右。“如果北京能做到每天200单就可以实现本地区持平，现在的问题在于大家还不知道快书包的存在，我们要在营销推广上下工夫。”

3. 以质取胜

“快书包”在北京目前有10个小库房，每个库房有专人配送，配送员都是“快书包”自己的员工，而非快递公司。在接到订单后，配送人员根据划分的区域就近配送。一些初次登录的顾客抱怨快书包网站所售书目过少，而这恰恰是徐智明追求的效果。上线之前，快书包就确立了以当下流行的畅销书为主的模式。此后徐智明在电影院、健身中心、咖啡馆等地方进行测试，又得出销量大的畅销书未必是其核心顾客常购书目的结论。买书越多的人，对书的品质越挑剔，渐渐地，快书包确定了20个图书类型和100多个关键词，按照关键词去采购，都是精挑细选出来的，但每一类书可能只有一两本，是这一系列里最好的书。再比如孕婴类，看似很大一个门类，市场上这类书有很多，但快书包网上只有2本，育儿类的有3本，“也就是说，从怀孕到宝宝出生再到哺育，看这3本书足够了”。“我们有自己选书的方式，也能满足读书人的要求。在当当卓越排行榜上排名靠前的书，也许我们这里并没有，事实也是如此，卖得好并不代表它就是本好书。”在徐智明看来，决定一本书销量的因素有很多，所以在选书上是下了大工夫的。于是，如何挑选图书成了最大的挑战。为了完成这一任务，徐智明找来当当网的前图书部高级总监蒋磊，他在当当网负责选品、采购、图书定制。这样，每一本书上架都会经过蒋磊、徐智明和他太太三人之手。为了一本书是否能进入快书包的小库房，3个人经常会争论很久。比如蒋磊爱读小说，要上很多小说，小说也是当当网的很大一个门类，基本不读小说的徐智明不太同意，开始时小说品种比较少，后来数据显示小说类图书很受欢迎，于是就增加相应的品种。

显然，徐智明希望快书包以质取胜，而非依靠数量。快书包还尝试了多种创新的服务模式，比如掐表记录从下单到收到产品需要多长时间；送货员穿没穿工作服，戴没戴帽子；送货员是否准备好零钱；送书的时候是否用了蓝色印花布包裹；是否当面打开；是否礼貌用语……

4. 尝试更多的可能

如果仔细分析，会发现徐智明瞄准的市场并非“一勺汤”或“一小块蛋糕”，也不仅仅限于图书市场，现在快书包的网站上除图书外，还出现了豆浆、咖啡、红茶，甚至大闸蟹，这些都不是偶尔，而是在试探性经营，包括快书包上还卖20余种杂志……将来，与书有关的食品、饮品、消费品都会在下一步进行尝试性经营。徐智明认为这并不矛盾，无论图书还是快速消费品，都有着极大的市场，而且种类繁多，在相当长一段时间，快书包都会定位于“1小时送货”为主，但整个图书市场规模是有限的，“未来几年，再大不过200～300亿元的规模，快书包能占的比例再大也不过2～3亿，这样的发展太有限了”。所以，一定要拓宽这条产业链，以图书为切入，拓展其周边产品，比如快消品、办公饮品，凡是与图书相关的，都可以在快书包上出现。和做图书一样，与图书相关的产品也都并非大而全，而是每个系列只选择几个品种，“例如红茶，只选1个品种，咖啡也选1种，我只考虑有读书习惯人群的需求，而非创立一种新的需求”，“快书包的定位还是卖书，来买书的人，顺带买茶或咖啡”。这一模式很像7-11便利店，7-11的商业模式一直被徐智明所崇信，包括与这家店相关的书他也读了不少。快书包上线后，他甚至每天都去店里研究货物品类，为什么要选这一品牌而非其他品牌，比如饮品，在7-11只有50多个品种。

除此之外，徐智明还在健身中心、电器连锁店、少年宫、电影院、加油站，包括咖啡厅等地方做了测试。效果最好的是电影院，去年10月，徐智明在北京万达电影院的电梯入口处摆放了两排书架，30天测试期，每天能卖出1 000元。徐智明的书架没能在电影院长期留下来，原因是赚得还不够，“卖爆米花赚的钱是我的10倍，爆米花利润是90%以上，我的书才能给别人分百分之十几”。徐智明知难而退。于是他又开始研究快餐业的外卖，北京望京有两家麦当劳，徐智明每天坐在店里，掐着表计算那些外卖员的工作情况和效率，最后发现，这两家店平均每天的外卖营业额在7 000元左右，“这个量一点都不小。”

5. 意在“1小时品质生活”

从表面上看，快书包突出的是“快”，但在其背后，徐智明并非这样想的，他意在向图书之外拓展，咖啡、松露、茶都已经摆在了网站上销售。“在现代社会，看似物质生活极大丰富了，但消费者面临的是选择难题。比如买手机，光一个品牌就有几十个系列，买咖啡、茶包也如此，选择越来越多，花费的精力也就越来越多。从顾客心理来讲，不需要如此麻烦。”徐智明认为图书也是如此，一个人一年也就是读几十本书，但每一个品类都有上千本，比如炒股类书，在西单图书大厦有上百本，哪一本都觉得不错。不是顾客需要这么多书，而是出于竞争的考虑，出版社出了这么多书。第二，人们买东西都希望能简单、精准，这是顾客真正的需求。比如 7-11 为什么受办公族欢迎，一是它方便，二是精准，店里每类商品只投放几种，根据消费者的习惯已经选好了，一个人的日常需求，它用 1 000 种商品加 100 m^2 的店铺就全部解决了，这是它和超市最根本的区别。将来快书包还会关注到礼品市场，但无论是哪一领域，它所有的东西都围绕"可控"来做文章。"举例说，有顾客下单后要求后天下午 6 点将书送到某地，早不行，晚也不行，因为那个时间恰好朋友过生日。我们将来会关注这一市场，这个市场看似很小，但在做龙之媒时，几乎每个月都能遇到几单这样的生意，可惜我们确实没办法做到。这一块属于细分市场，过去无法实现，现在快书包就可以实现。"现在快书包网上的包袱皮卖了几千块，绝大多数都是送礼用。如果这一商业模式最终能够实现，那么快书包的市场份额绝不止 1%，将是无限的 1%叠加与累积。"从图书开始，逐渐扩展到饮品、小食品、办公室零食……下一步还不知道卖什么。"快书包的模式现在已经确立，即打造"1 小时品质生活"的概念，但对徐智明来说，目前最大的挑战是如何扩大非图书品类，比如饮品类是研究了很久才下决心要卖的，另外是如何让更多的人知道快书包。

徐智明的最终目标是把快书包做大，然后卖掉。现在已经有风投来谈，但这一模式虽然在徐智明的心里已经非常清晰，但仅仅是纸上谈兵，而且此前市场也没有同类模式出现。因此尽管有不少风投来谈，但徐智明都心里打鼓，吃不准将来快书包能否按照自己设想的发展。

资料来源：智联招聘网 http://cho.zhaopin.com/articles/3056_1.html.

思考与讨论：

1. 案例中的创业者选择的创业机会来自于一个怎样的缝隙市场，他是如何在这个缝隙市场实施自身的市场战略的。

2. 为什么"快书包"选了这种创业机会？结合蒂蒙斯教授提出的机会价值评价框架，分析一下该创业者选择"快书包"项目的优势。

3. 快书包选择了哪些目标客户？如果你来做创业决策，你如何选择？

第6章 创业团队

本章教学目标与要求

(1) 把握创业团队的含义及类型；
(2) 识别创业团队的基本构成；
(3) 了解创业团队对创业成功的重要性；
(4) 了解创业团队组建要考虑的主要问题；
(5) 理解创业团队成功建设的一般规律；
(6) 掌握优秀创业团队应具备的标准；
(7) 把握创业团队发展的过程。

本章知识架构

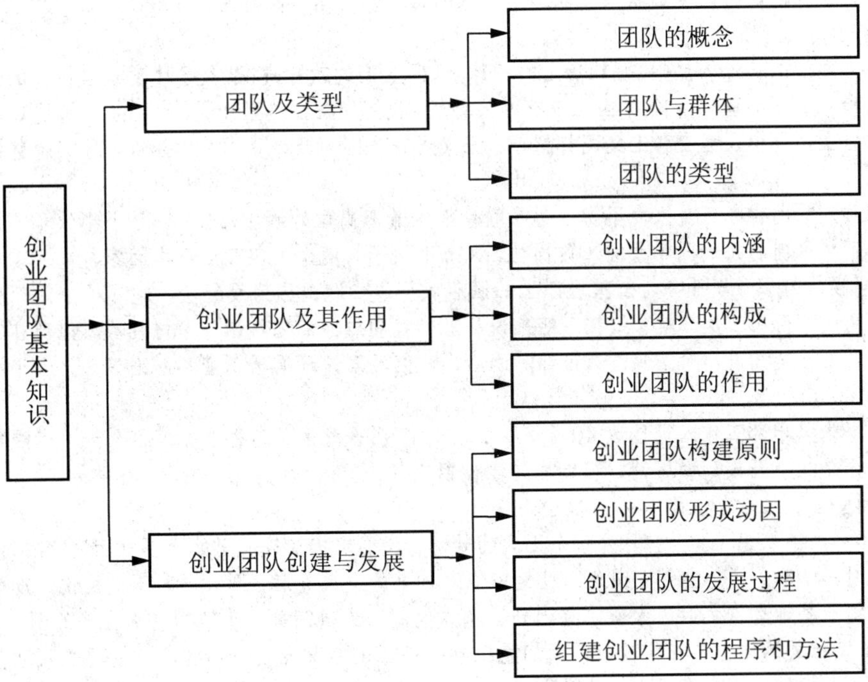

领军人物好比是阿拉伯数字中的1，有了这个1，带上一个0，它就是10，两个0就是100，三个0是1 000。

——柳传志

事实上我们全都是些集体性人物，不管我们愿意把自己摆在什么地位。

——歌德

导入案例

8个男孩的蜗牛俱乐部

1. 创新大赛激发创业梦想

时间回到了2008年秋季，1988年出生的王义民和他的伙伴们刚刚进入新疆工业高等专科学校就“不安分”起来，校园里张贴的“挑战杯大学生创新大赛”的宣传海报，让他们找到了“不安分”的目标。

“足足准备了3个月，拉赞助、做项目，还好功夫不负有心人，我们设计的跆拳道光信号测速手把获得了自治区的优秀奖。”和王义民一起参加大赛的王有璞说，刚入校就得奖，大家都很激动，还在老师的帮助下申请了专利，当时一门心思就想着如何能把它转化成商品。

因为经费等原因，王义民他们的梦想破灭了。王义民说：“从满怀信心到希望破灭，落差是很大的。我们都不愿服输，就谋划着一定要在上大学期间做点事。”

于是，8个有想法的小伙子走到了一起。在一次聊天中，他们不约而同地说到了同一个问题。“身边的很多同学节假日想打工，但苦于地方难找。找中介吧，将近50块钱的中介费对于学生来说不是小数目；自己找吧，又不知道去什么地方。”王有璞说，他们几个在校园里做了调查，之后大家商量了一下就确定了目标——成立社团，帮同学们联系兼职工作，从用人单位那里收取费用。

2. 边打篮球边开会

初春的大学校园格外的热闹，篮球场上的拍球声，同学们的欢呼声，从教学楼窗户里传出的讲课声……

王义民指着热闹的篮球场说：“因为没有办公场所，我们经常在这里开会，而且往往都是边打球边开。”走在校园的路上，不少人都会和王义民打招呼。王义民说，因为开办了蜗牛俱乐部，他们也算是学校里的“红人”。

这个“红人”的称呼可是来之不易。为了联系提供兼职岗位的酒店、公司，8个小伙子不知碰了多少次壁；为了顶替平时打工的同学坚守工作岗位，8个小伙子有两个大年三十没有回家。

“大一寒假，为了开展业务，三星级以上的酒店我们没少跑。因为没经验，吃了不少闭门羹。一次不行去两次，两次不行去三次。就拿银都酒店来说，当时我们被他们委婉谢绝了好几次，但现在我们是不错的合作伙伴。”王义民说，除了鸿鑫、银都等酒店，他们的客户还有诺基亚、创维等，大大小小固定的客户就有十多家。

如今，蜗牛俱乐部工作人员已达40余人，工作网点几乎覆盖了乌鲁木齐的各个大中专院校，业务也从单纯的工作介绍，开展到做促销、帮助培训学校招生等。

3. 社团变公司继续创业路

“实现了一个小梦想，就会有另外一个更大的梦想，我们想把在校园里的学生社团，做成真正的事业。和朋友聊天时，了解到了一些创业政策。让兄弟们对未来的发展充满了信心。”王义民说，没想到去乌鲁木齐小企业创业基地咨询之后，大家才意识到，原本他们认为很简单的事情却有那么多的困难。

“我们不懂相关的法律，在学校时，我们是以学生社团的名义开展业务的，可是现在入驻基地，我们就必须注册成正规的社团或公司。”王义民说，公司一旦成立了，也就是说要把小作坊变成企业，各项制度、机构的设置健全也是大问题。

但是对于未来的新公司，8 个小伙子都充满了信心，他们说，虽然困难很多，但是他们会努力地为之奋斗，希望自己能够成功。

如今他们已经在工商局注册了公司的域名“乌鲁木齐蜗牛信息资讯有限公司”，计划做一个专门为大学生服务的网络平台。本月底，他们的公司就将正式入驻小企业创业基地。

王义民说：“我们会一步一步往上爬，相信流过了泪和汗后，总有一天我们有属于自己的那一片天。”

资料来源：大学生创业网 http://zd.studentboss.com/html/news/2011-12-19/98254.htm

6.1 团队及其类型

团队可以使组织更加有效地完成任务并提高绩效。作为已被众多企业组织采用的管理模式，团队正在纷繁复杂的市场竞争中发挥着越来越重要的作用。那么，到底什么是团队？团队对创业成功有何重要影响？团队有什么特征和作用？怎么组建高效的创业团队和促进创业团队的发展？本章将详细地阐述。

6.1.1 团队的概念

作为广泛的概念，团队的定义往往强调了不同的方面。例如从协作的角度，Francis 和 Young 认为团队是“由人组成的充满能量的群体，人们努力完成共同的目标，热爱自己的工作并彼此很好的协作从而实现高质量的成果”；Adair 认为是“由个人组成的群体，其中每个成员都拥有共同目的，并且他们的工作和技巧能协调一致”。从关注团队成员的角度，Katzenbach 和 Smith 的观点认为“团队就是一个小型的群体，群体成员不仅在技术上互补，而且拥有一致目的、绩效目标和工作方法并负有责任”；Salas 等学者认为团队是两人或者两人以上组成的集合，成员为了促成共同和有价值的目标动态地、相互依赖地和适应性地互动，每个成员具有各自的角色、职能和有限的参与期间。此外团队也被 Johnson 等学者认为是“用于完成既定目标而构建的一个人际关系的集合”，“处于变革和稳定之间紧张状态的，具有目的性的、开放性的社会技术系统①”。国内学者廖泉文提出：“团队是由为数不多的、相互之间技能互补的、具有共同信念和价值观、愿意为共同的目的和业绩目标而奋斗的人们组成的群体。团队的意义在于，群体成员间通过相互的沟通、信任和责任承担，产生群体的协作效应，从而获得比个体绩效总和更大的团队绩效②”。该定义清晰、完整、准确和简洁地界定了团队的概念。此外，他还给出了优秀团队的特征，包括非常明确的团队目标、非常清晰的团队角色、强有力的团队领导、高度的团队信任、成员得到充分的授权、良好的团队学习氛围、硬激励和软激励的有机结合等等③”。

综合上述国外学者与国内学者对团队的定义，可以从以下几个特征界定团队含义。

(1) 团队成员的个体技能或专长具有互补性；

(2) 团队成员之间存在相互协作并相互影响的关系；

---

① 姜皓，孙林岩. 如何构建团队：团队类型及构建思维[J]. 上海经济研究，2007(5)：87-91.

② 廖泉文. 人力资源管理[M]. 北京：高等教育出版社，2003: 84.

③ 廖泉文. 以人为本是构建优秀团队的基础[R]. 转型中国企业人力资源管理. 北京：中国劳动社会保障出版社，2004.

(3) 团队成员存在共享价值观和共同的目标；

(4) 团队成员为共同的业绩目标相互承担责任；

(5) 团队成员的整体效力优于所有单个团队成员效力之和。

一般地应具备上述 5 个方面特征可称作为团队。比如，某趟长途汽车上的乘客，虽然他们具有共同的目的或目标——安全及时到达某个目的地，但因缺乏界定团队的其他要素(如相互协作并影响)，显然不能称之为一个团队。当然，若该辆车上的乘客在旅途中共同解决了一些突发的故障或事故，最终顺利到达目的地，可称之为“临时性团队”。另外某些在一起工作的集体表面上类似团队，如每年美国的 NBA 联赛结束后，常会从各个优胜队中挑出最优秀的队员，组成一支“明星梦之队”赴各地比赛，以制造新一轮高潮。但并不将该“明星梦之队”称为严格意义上的团队，虽然他们都是最顶尖的篮球种子选手，而且队员在每场球赛上都有相互的分工与协作，但是由于他们平时分属不同球队，无法培养长期的协作精神，相互之间的长期影响作用甚小，所以仅仅是一群人的机械组合，应不属于团队范畴①。

6.1.2 团队与群体

团队并不等同于一般意义的“群体”，有些学者认为二者的根本差别在于，团队中成员所做的贡献是互补的；而群体中成员之间的工作在很大程度上是互换的。其他差别主要表现在：团队的成员对是否完成团队目标一起承担责任，而群体的成员则只承担个人成败责任；团队的绩效评估以团队整体表现为依据，而群体的绩效评估则以个人表现为依据；团队的目标实现需要成员间彼此协调且相互依存，而群体的目标实现却不需要成员间的相互依存性。此外，团队较之群体在信息共享、角色定位、参与决策等方面也进了一步②。

具体而言，团队和群体之间有 6 点根本性的区别：

(1) 领导方面。作为群体，应该有明确的领导人；而团队可能就不一样，尤其是团队发展到成熟阶段时，成员共享决策权。

(2) 目标方面。群体的目标必须跟组织保持一致；但团队中除了这点之外，还可以产生自己的目标。

(3) 协作方面。协作性是群体和团队最根本的差异，群体的协作性可能是中等程度的，有时成员还有些消极、有些对立；但团队中是一种齐心协力的气氛。

(4) 责任方面。群体的领导者要负主要责任，群体成员则只承担个人责任；而团队中除了领导者要负责之外，每一个团队的成员也要负责，甚至要一起相互承诺，共同负责。

(5) 技能方面。群体成员的技能可能是不同的，也可能是相同的；而团队成员的技能是相互补充的，把不同知识、技能和经验的人综合在一起，形成角色互补，从而达到整个团队的有效组合。

(6) 绩效方面。团队成员通过共同努力创造团队绩效，团队的绩效以团队整体表现为依据，而群体的绩效则以个人表现为依据。有的公司把几个员工聚集在一起做一件事，就号称建立了一个团队，这显然是对团队本质的不了解。要知道，建立一个团队，不是一件

① 邓显勇. 领导者特征与团队类型的匹配研究[D]. 厦门大学博士学位论文，2009.

② 张玉利. 创业管理[M]. 北京：机械工业出版社，2010：81.

容易的事，而要建立一个优秀的团队，更是特别地不易。最起码，在建立一个团队之前要弄明白，为什么要建立一个团队？建立团队有什么好处？

马云用阿里巴巴的成功阐述了团队的重要性。对马云来说，他不懂电脑，对软件、硬件更是一窍不通，但是，他却通过建立一个团队成就了阿里巴巴的辉煌业绩。

马云最欣赏的就是唐僧师徒团队，他认为："唐僧是一个好领导，他知道孙悟空要管紧，所以要会念紧箍咒；猪八戒小毛病多，但不会犯大错，偶尔批评批评就可以；沙僧则需要经常鼓励一番。这样，一个明星团队就成形了。"在马云看来，一个企业里不可能全是孙悟空，也不能都是猪八戒，更不能都是沙僧，"要是公司里的员工都像我这么能说，而且光说不干活，会非常可怕。我不懂电脑，销售也不在行，但是公司里有人懂就行了"。

马云认为，很多时候，中国的企业往往是几年下来，领导人成长最快，能力最强，其实这样并不对，他们应该学习唐僧，用人用长处，管人管到位即可。毕竟，企业仅凭一人之力，永远做不大，团队才是成长型企业必须突破的瓶颈。

其实，何止是创业期成长型企业需要团队来突破发展的瓶颈，即使是已经成熟的企业，也需要精英团队的带动才能持续地发展。在全球经济一体化的框架下，欧美的通用电气(GE)、飞利浦、施乐、摩托罗拉，日本的丰田、索尼等跨国公司早已广泛运用团队建设与改善策略，来获得企业的持续发展。如果没有精英团队的带动，很难说这些企业还能不能继续保持现有的竞争优势。

对任何一家公司来说，仅仅把员工聚集起来是不够的，要让聚集起来的员工互相取长补短，爆发出高于他们本身的能量，这才是最重要的①。

因此，团队是群体的特殊形态，是一种为了实现某一目标而由相互协作、依赖并共同承担责任的个体所组成的正式群体。具体而言，团队是由两个或两个以上具有不同技能、知识和经验的人所组成，具有特定的工作目标，成员间相处愉快并乐于在一起工作，互相依赖、技能互补、成果共享、责任共担，通过成员的共同协调、支援、合作和努力完成共同目标。真正的团队不只是徒有其名的一群人，而是总能超过同样的一组以非团队模式工作的个体集合，尤其是当绩效由多样的技能、经验和判断所决定时更是如此②。

在一个团队中，每位成员往往具有不同的优势和劣势，在团队中发挥的作用也不尽相同。一般而言，成员在团队中扮演的角色有九种定位，见表 6-1。如果把具有某些特性的成员安排在最能够发挥其个人潜能的位置上，则有利于实现团队功能的最大化③。

表 6-1　九种团队角色描述

角　色	角色描述	可允许的缺点	不可允许的缺点
栽培者	解决难题，富有创造力和想象力，不墨守成规	过度专注思想而忽略现实	当与别人合作会有更佳结果时，不愿与他人交流思想
资源探索者	外向、热情、健谈，发掘机会，增进联系	热情很快冷却	不遵循安排而令顾客失望

① 张镦亓. 如何打造团队战斗力：三角团队[M]. 北京：机械工业出版社，2009：3-6.

② [英]伊丽莎白·切尔. 企业家精神：全球化、创新与发展[M]. 李裕晓，赵琛微，译. 北京：中信出版社，2004：56-78.

③ 张玉利. 创业管理[M]. 北京：机械工业出版社，2010：81.

续表

角　　色	角色描述	可允许的缺点	不可允许的缺点
协调者	成熟、自信，是称职的主事者，阐明目标，促使决策的制定，分工合理	如果发现其他人可完成工作就不愿亲力亲为	完全信赖团队的努力
塑形者	激发人的、充满活力，在压力下成长，有克服困难的动力和勇气	易沮丧与动怒	无法以幽默或礼貌的方式平息局面
监控者	冷静，有战略眼光与识别力，对选择进行比较并做出正确决定	有理性的怀疑	失去理性地讽刺一切
团队工作者	协助的、温和的、感觉敏锐的、老练的、建设性的，善于倾听，防止摩擦，平息争端	面对重大事项优柔寡断	逃避承担责任
贯彻者	纪律性强，值得信赖，有保守倾向，办事高效利索，把想法变为实际行动	坚守教条，相信经验	阻止变化
完成者	勤勤恳恳，尽职尽责，积极投入，找出差错与遗漏，准时完成任务	完美主义	过于执着的行为
专家	目标专一，自我鞭策，甘于奉献，提供专门的知识与经验	为了学而学	忽略本领域以外的技能

资料来源：Belbin M. Team Roles at Work[M]. Oxford: Butterworth-Heinemann, 1996:58.

6.1.3　团队的类型

国内外许多学者对团队类型的划分进行过不同侧重点的阐述。

国外学者 Goodman 依照概念与行为的程度，将团队分为概念化团队、行为化团队和中间化团队 3 类：研发团队所执行的任务的概念化程度较高，属于概念化团队；生产与业务推广团队偏向于行为方面，属于行为团队；而品质管理、管理团队介于两者之间，属于中间化团队①。

Sundstrom 等人依据团队任务的性质和团队成员的技能水平，将团队分为 4 种不同类型：生产或服务团队、行动/磋商团队、计划和发展团队、建议及参与团队。生产或服务团队是在制造、生产及服务中常见的团队，他们的工作按部就班，并且参与保持生产或服务的稳定流动；行动/磋商团队由拥有较高技能的个人组成，他们共同参与专门的活动，每个人的作用都有明确的界定，如医疗团队、军队战斗小组、销售开发小组等；计划和发展团队的工作时间跨度比较长，一般是由技术较高的科技或专业人员组成，并且包含许多不同的专业，他们为了一项计划走到一起，一旦任务完成，团队成员便从事各种不同的工作；建议及参与团队向组织提供建议和决策，最典型的就是高层管理团队、人事或财政计划类的专家顾问团队，他们的作用是提出构想、建议，并通过一些提议②。

Susanne 和 Walter 等人根据“成员配置以及任务复杂性”这两个维度作为团队分类的划分标准，将团队类型分为 3 种，即工作团队、项目团队以及虚拟团队。成员配置(Membership

① Goodman P S. Impact of task and technology on group performance [M]. Jossey-Bass, 1986.

② Sundstrom E, De Meuse K P, Futrell D. Work teams: Applications and effectiveness [J]. American Psychology, 1990, 45(2): 120-133.

Configuration)指的是团队预期的存在时间、成员的稳定性、成员工作时间的分配等。这个维度可以从静态到动态来衡量其两个极端情况。静态团队通常是指那些全职的团队成员，在团队存在的时间里，所有成员都保持不变，并全程参与团队存在时间里的一切事务。动态团队则是指那些因为任务的出现而存在，随着任务的完成即解散的团队。任务复杂性(Task Complexity)可以从常规到非常规来衡量其两个极端情况。常规任务是指完成这项任务通常不需要进行太大的创新。而非常规任务则是指这些任务一般都比较偶然，完成任务的方法以及完成后的结果一般都不可能提前预测到，完成任务的期限也不确定，且时间周期一般也都比常规任务的时间要长①。

Suan 和 Diane 等学者总结了大量文献中的团队研究，划分了 4 种类型，其分类方式与 Sundstrom 等人很相似，划分了 4 种团队类型(表 6-2)：工作团队(Work Team)、并行团队(Parallel Team)、项目团队(Project Team)和管理团队(Management Team)。

表 6-2 团队类型及团队特征

团队类型	团队特征
工作团队	长期的稳定的成员，例如生产服务型的团队
并行团队	跨部门人员组成，非正式组织单元，例如以提高产品质量为目的或者员工参与决策型团队
项目团队	有时间周期的，例如新产品服务开发、市场定位类型的团队
管理团队	通过判断、整合来协调指导公司整体层次的事务，以帮助公司提高业绩或竞争力，例如高层管理团队

工作团队就是为完成产品和服务由较为稳定的成员组成的长期的组织单元，内部成员通常全职并且经过挑选。工作团队一般由上级领导，不过近年也出现了一些更受欢迎的形式，例如自我管理团队、自主或者半自主、自我指导或授权型团队。其次，从不同部门和岗位抽调工作人员完成正常组织之外的任务，这种团队与正常的组织结构并存，被称作并行型团队。并行团队是为了解决问题或者为了促成有针对性的提高活动，例如质量提高团队、员工参与团队等。项目团队具有时间界限，往往制造一次性的“产品”，例如一个市场定位公司的某个新产品或者一个新的信息系统等。项目团队的任务一般是非重复性的，并且需要大量知识、判断和专业技术的应用。团队的成员可能从需要具体技术的不同部门选取，例如新产品发展团队，成员可能来自营销、工程和制造部门。当任务完成后团队成员又返回各自的岗位。管理团队对所属的子部门在各自权限之下进行协调并进行指导，同时在关键的商业流程中对相互依赖的各部门进行整合。管理团队一般对于包括各个部门的总体绩效负责，它的权威来自于成员的行政等级差别。它的成员一般包括各个部门的管理者，例如负责研发或者营销的副总经理。高层的管理团队一般考虑公司的整体战略发展和绩效，管理团队可以运用整体的智慧帮助公司赢得竞争优势②。

斯蒂芬·罗宾斯根据团队成员的来源、拥有自主权的大小以及存在目的的不同，将团队划分为“问题解决型团队”、“自我管理型团队”和“多功能团队”。问题解决型团队：一般由来自同一个部门的 5～12 个员工组成，他们每周用几个小时的时间相聚，来讨论如何

① Scott S G, Einstein W O. Strategic Performnance Appraisal in Team-based Organizations: One Sized Does Not Fit All[J]. Academy of Management Executive, 2001.

② 姜皓，孙林岩. 如何构建团队：团队类型及构建思维[J]. 上海经济研究，2007(5)：87-91.

提高产品质量、生产效率和改善工作环境。在问题解决型团队里，成员就如何改进工作方式和工作方法，互相交换看法或提供建议。但是，这些团队几乎没有权力根据这些建议单方面采取行动，在调动员工参与决策过程的积极性方面，尚嫌不足。20 世纪 80 年代期间，最为人熟悉的问题解决型团队就是“质量小组”。自我管理型团队：是一种真正独立自主的团队，它不仅注意问题的解决，而且执行解决问题的方案，并对工作结果承担全部责任。自我管理型团队通常由 10 至 15 人组成，他们承担着一些管理上的责任。一般说来，他们的责任范围，包括控制工作节奏、决定工作任务的分配、安排工间休息。彻底的自我管理型团队，甚至可以挑选自己的成员，并让成员相互进行绩效评估。现在，美国大约 1/5 的公司采用了这种团队形式。多功能型团队：是由来自同一等级、不同工作领域的员工组成，他们来到一起的目的是完成某一项复杂的项目。团队的成员甚至可扩展到包括不同地区的其他分公司的专家。通过这种方式，能有效地使组织内(甚至组织之间)不同领域员工之间交换资讯，激发出新的观点，解决问题和协调复杂的项目①。

彼得·杜拉克按照对团队成员行为的要求，将团队类型划分为以下 3 种类型：棒球队型、足球队型、网球双打队型。棒球队型：福特汽车公司和外科手术队伍属于这种类型。在这种队伍中，所有队员都在队里发挥作用，但不是作为一支队伍发挥作用。棒球队的每位队员都有固定位置，他决不能离开这个位置，所以每个人上场击球，完全是孤军作战。足球队型：它是交响乐队和深夜急救心脏病人小组的组织模型。这种队伍的队员虽然有固定位置，如足球队中的后卫或前锋，但前锋可以回来防守，后卫也可以助攻，这些队员是作为一支队伍在发挥作用，而且每个队员和其他队员起相互配合的作用。网球双打队型：大公司高级管理人员、科研开发小组、创业者团队及小型爵士乐队都属于这种类型。在双打队型里，队员有他最喜爱的而不是固定的位置，他们相互掩护，随时调整自己以适应其他人的长处与弱点。这种队伍必须很小，7～9 人可能是最大限度②。该种团队如果调整得好，可能是上述 3 种团队类型中最能够发挥力量的组织。

国内学者通过对团队的研究，也对其提出了不同的类型划分方法。例如，黄赤钧等按照团队所拥有各种能力的交易性质，即是否可以在市场上具有独立交易的可能进行划分，可以成为独立交易对象的能力称为功能性能力，不能成为独立交易对象的能力称为结构性能力，从而将团队划分成依附性团队和功能性团队。仅具有结构性能力的团队称之为依附团队，具有功能性能力的团队称之为独立团队。结构性能力不具有提供市场可交易产品或服务的能力，因此必须和互补的结构性能力结合，进行“捆绑式销售”，方能进行交易。而一般功能性能力由两个或以上的结构性能力构成③。

樊耘等按照工作的时间和空间独立性将团队划分为传统团队和虚拟团队。传统团队一般是基于作业分析的长期性团队，它一般设置为组织内的部门，由固定的成员组成，生产一种规定的产品或执行一种职能，并且团队领导是通过已设定的管理体系指定的，团队在时间和空间上的独立性较差，不能够有效地克服地域限制，成员之间更多的是面对面的交流；而虚拟团队是为了开发一种特殊产品或者解决一个特定的问题而设置的短期性的团队，其成员可能是跨越城镇、跨越地区的甚至是跨越国界的，具有时间上和空间上较强的独立

① 严梅福. 团队管理与团队建设[J]. 湖北大学成人教育学院学报，2004，22(4)：6.

② 彼得·杜拉克. 三种类型的团队. http://www.hr.com.cn/.

③ 黄赤钧. 基于团队的组织构造[J]. 现代管理科学，2004(1)：88-90.

性，是以网络为依托建立的组织架构，团队成员的选择上可以克服地域的限制，成员之间的交流大多通过信息网络进行①。

文章代等按照团队营运氛围可以区分为民主型团队和专制型团队。民主型团队和专制型团队的区别主要在于团队内领导方式是民主的还是具有专制色彩的。所谓民主型团队，主要的特点就是团队内的决策大都由成员协商决定，领导者鼓励和支持团队成员参与决策，团队成员协商解决问题，安排工作的程序及进度。与民主型团队相对的专制型团队，其特点就是团队领导操纵一切，具体的工作程序和步骤均由领导下指示。在缺乏监督时，民主型的团队能较好的进行自我管理，而在专制型团队中，容易产生推卸责任和消极应付的现象②。

廖泉文归结了多种团队类型的划分标准，列举了比较系统的分类：按团队的功能分为产品开发团队、项目团队、管理团队、质量提高团队、服务团队、生产团队；按团队存在的时间分为临时团队和固定团队；按跨越组织的边界分为企业内团队和企业间团队；按团队成员的多样化分为同质团队和异质团队；按团队所处周期阶段分为构造期团队、震荡期团队、规范期团队、表现期团队、休整期团队③。

还有众多学者根据组织任务目标的不同将团队划分为工作型团队、促进型团队、整合型团队和自我管理型团队。工作型团队：为完成组织的基本工作任务而组建的团队，如完成企业中的研发、采购、生产、销售等基本活动而组建的相应工作团队。工作团队通常是永久性团队，存续时间长，相对稳固。促进型团队：其任务不是为了完成组织的基本工作，而是为了提高完成基本工作的能力和效率，如品质管理圈、工艺重组团队、企业流程再造团队等。整合型团队：其任务是使组织内部的不同部门的工作相互协调，形成整体战斗力，通过协调合作来解决各部门的矛盾冲突。整合型团队可以是临时性的，如临时协调小组；也可以是永久性的，如高层管理委员会。自我管理团队：其成员合作处理日常事务，自行为整个工作流程负责。团队获得充分授权，充分发挥民主，共同决策。成员接受各种技能的交叉培训，也进行工作轮换，能够胜任多种工作。团队不受外部监督，自我监督，自我管理④。

可以看到，上述对团队类型的划分方式多种，划分结果各异。本书根据任务或工作领域不同对团队的类型加以区分，由于工作类型不同，团队以不同的种类、规模和形式出现，名称也各不相同。团队能被运用于几乎任何工作情况中和不同水平的组织中，从产生节省成本思想到做出高层决策，从设计和生产产品到解决组织问题等，可以组成各种层次与种类的团队。

(1) 管理团队。这种团队可能是一个董事会、一个部门经理群体等，他们定期会面制订政策和处理组织业务。

(2) 技术团队。由来自其他组织的技术顾问或技术专家和本组织内的技术人员组成，当企业引进新技术时，需要组织这样的技术团队，对新技术进行考察、评估、论证等，团队将延续至整个方案结束。

---

① 樊耘，朱荣梅，张灿. 虚拟团队与传统团队的行为差异及其管理对策研究[J]. 中国软科学，2001(12)：67-71.

② 文章代，侯书森. 人本管理[M]. 北京：中国石油大学出版社，1999：275-277.

③ 廖泉文.人力资源管理[M]. 北京：高等教育出版社，2003：206-220.

④ 邓显勇. 领导者特征与团队类型的匹配研究[D]. 厦门大学博士学位论文，2009：53.

(3) 项目团队。是一个专家群体，团队成员是由于组织实施计划中的一个新项目而被挑选并组织起来。团队成员在兼职的基础上定期会面，讨论方案，解决问题，项目完成后团队解体。

(4) 质量改进团队。在采用质量管理的组织中，可以组成质量改进团队，研究改进质量的方案和技术能力，长期为提高产品质量而工作。

(5) 业务组团队。这种团队负责实施组织的某一具体明确的业务。一个业务组团队通常也包括几个生产者、办公人员、会计员、一个团队领导或管理者。

(6) 用户——供应商团队。这种团队由几个组织的员工和供应商组成，负责商讨改进供应商所提供的服务的有关问题，同时将组织的一些标准和好的做法传递给供应商。

(7) 解决问题团队。为解决某个问题，选择各部门中的有关人员并组织在一起，定期会面解决特定的问题。

(8) 特定目的团队。这种团队是为了实现某一特定目的而组织起来的团队，团队结构的重要特征是自主权。

(9) 自我管理团队。这种团队有一个清晰限定的工作领域，领袖在团队中出现，不必等待上级拿主意，有权力做出改动或裁减某些标准，做出决定，并可以自主对环境的改变做出迅速回应。

(10) 销售团队。这种团队共同的终极目标无疑就是销售额，因为所在行业、所处职位的不同，营销团队成员之间分工协作的紧密程度和重要程度大不一样。

选择不同类型的团队是复杂的事情，需要考虑人员、生产、技术、组织结构和文化因素等，使组织的任务与所选择的团队相匹配。组织必须选择能够使生产技术、服务活动和雇员能力最大化地发挥出来的团队类型，并把目前与将来的发展趋势结合起来进行考虑①。

6.2 创业团队及其作用

随着经济发展的多样化、知识的进步、技术的更新、生活方式的转变，我国目前创业环境下的企业也在发生着巨大的变革，新的企业层出不穷，创业已成为引领我国经济增长和社会生活进步的一种重要的方式。但是，创业并不仅仅意味着就是单个人的活动，在创业过程中，创业者需要整合和利用多种资源和机会，单靠个人难以完成。从企业数量上看，无论是传统企业，还是高科技企业，以团队创业组建的企业比个人组建的企业要多。因此为了成功地创办一个企业，创业团队就显得非常必要②。

6.2.1 创业团队的内涵

创业团队的概念是建立在团队概念基础之上的。在团队基础之上引入创业团队的概念，目前国内外学者对创业团队的定义并没有一个公认的标准，而主要争论的焦点集中在所有权、人员构成以及参与时间上。

① 刘沁玲. 知识创业论[M]. 西安：陕西科学技术出版社，2004：147-149.

② GartnerW A, Conceptual Framework for Describing the Phenomenon of New Venture Creation[J]. Academy of Management Review, 1985, 10(4): 695-705.

Kamm，Shuman，Seeger 和 Nurick 首先对创业团队做了以下的定义：“创业团队是指两个或两个以上的个人参与企业创立的过程并投入相同比例的资金”。这个定义的描述中要求创业团队的成员必须在创立的企业中拥有相等的股份，并且这些人在公司管理过程中处于相同地位，他们之间只存在合作的关系，显然这个定义的出发点着重于创业团队的创建和所有权的两大特性[①]。

Ensley 延伸了创业团队定义认为创业团队“包含了对战略选择有直接影响的个人”，也就是说公司里的董事会特别是占有一定股权的投资人也包含在创业团队的定义之中[②]。

Vyakarnam，Jaccobs 和 Handelberg 等人更多的是从职能的角度来定义创业团队：在企业的启动阶段，两个或更多的人，他们共同努力同时投入个人资源以达到目标，他们对企业的创立和管理负责[③]。

从已有学者关于创业团队的定义中不难看出，创业团队概念的界定是随着创业理念的发展而逐渐变化的，大体上呈现出以下两方面的发展趋势：一个方面是从人员构成的角度来研究创业团队的定义；另一个方面是从职能的角度来研究创业团队的定义。综合以上观点，创业团队是指由两个或两个以上具有一定利益关系，彼此间通过分享认知的合作行动，共同承担创建新企业责任、参与新企业创建过程的一种工作团队。狭义的创业团队是指具有共同目的、共享创业收益、共担创业风险的一群创建新企业的群体；广义的创业团队则不仅包括狭义创业团队，还包括与创业过程有关的各种利益相关者，如风险投资者、专家顾问等。

总体上，对创业团队的内涵把握可以从以下 4 点入手：

首先，创业团队是一种特殊群体。创业团队首先是一种群体，创业团队成员在创业初期把创建新企业作为共同努力的目标。他们在集体创新、分享认知、共担风险、协助进取的过程中，形成了特殊的情感，创造出了高效的工作流程。

其次，创业团队工作绩效大于所有个体成员独立工作时的绩效之和。虽然个体创业团队成员可能具有不同的特质，但他们相互配合、相互帮助，通过坦诚的意见沟通形成了团队协作的行为风格，能够共同对拟创建的新企业负责，具有一定的凝聚力。曾有研究得出这样的结论：工作群体绩效主要依赖于成员的个体贡献，而团队绩效则基于每一个团队成员的不同角色和能力而尽力产生的乘数效应。

再次，创业团队对创业成功具有重要的价值。“创业教育之父”杰弗里·蒂蒙斯在其所提出的创业理论经典框架中，将创业团队、资源、机会一起视为三大核心要素，其中任一个要素的弱化都会破坏三者之间的平衡，其中，创业团队在这种从不平衡到平衡的状态变化过程中发挥着重要的作用。

最后，创业团队是高层管理团队基础和最初组织形式。创业团队处在创建新企业的初期或小企业成长早期，现实中往往被人们称为“元老”，而高层管理团队则是创业团队组织

---

① Kamm J B, Shuman J C, Seeger J A, Nurick A J. Entrepreneurial Teams in New Venture Creation: A Research Agenda[J]. Entrepreneurship Theory and Practice, 1990, 14(4): 7-17.

② Ensley, Pearson, Pearce. Understanding the Dynamics of New Venture Top Management Teams Cohesion, Conflict, and New Venture Performance[J]. Journal of Business Venturing, 2003, 17: 365-386.

③ 张振华. 创业团队胜任力结构与创业绩效关系的机理研究[D]. 吉林大学博士学位论文，2009：14-15.

形式的继续。虽然在高层管理团队中既可能存在部分创业时期的元老，也可能所有的创业元老都不再存在，但高层管理团队的管理风格在很长一个时期内是很难彻底改变的①。

可以从团队基本特征、功能作用及管理模式等三方面来比较分析一般团队与创业团队之间的差异性表 6-3。

表 6-3 创业团队与一般团队比较

比较项目		创业团队	一般团队
目的		开创团队或拓展新事业	解决某类具体问题
职位层级		团队成员居于高层管理者职位	团队成员并不局限于高层管理者职位
权益分享		一般情况下，团队成员拥有企业股份	并不必然拥有股份
组织依据		基于工作原因而经常性地共事在一起	基于解决特定问题而临时性地相聚在一起
影响范围		影响组织决策的各个层面，涉及的范围广	只是影响局部性的、任务性的问题
关注视角		战略性的决策问题	战术性的、执行性的问题
领导方式		以高管层的自主管理为主	受公司最高主管的直接领导和指挥
冲突化解过程	表现方式	认知性冲突隐性化；情感性冲突缓慢堆积而成	认知性冲突公开化；情感性冲突瞬间对峙形成
	解决机制	内部沟通	内部沟通，借助上诉途径请高管成员仲裁
团队成员对团队的组织承诺		高	较低
团队成员与团队之间的心理契约关系		心理契约关系特别重要，影响到企业家精神强度	心理契约关系尚不正式，其影响力很小

资料来源：陈忠卫. 创业团队企业家精神的动态性研究[M]. 北京：人民出版社，2007.

创业团队成员加入团队的动因比较复杂，主要有以下 3 种。

(1) 商机拉动，即存在一个商机，且创业团队感知到了商机，由于把握和利用商机的需要，组成创业团队进行创业。

(2) 资源缺补，即创业过程中需要大量的、各种各样的资源，而单个创业者往往不具备所有的资源，因此需要通过引入掌握资源的人员来引进所缺少的资源。

(3) 风险共担，由于创业活动具有较大的风险，而单个创业者不具有抵御风险的能力，或不愿意承担过大的风险，因而需要引入合作者为其分担风险。

创业团队可以分为以下 3 种。

(1) 有领导的创业团队，即团队明确了一个最高的、最终可以拍板的、资源控制力强的主导性成员，并且，其领导地位通过职务、章程或其他明确的方式予以确认(如任命为董事长等)。

(2) 无领导的创业团队，即团队没有明确谁是主要领导，也没有默认或自然形成一个话语权明显重于其他团队成员的“权威者”；这时，团队的决策主要以相互协商的方式来进行。

① 张玉利. 创业管理[M]. 北京：机械工业出版社，2010：82-83.

(3) 半领导的创业团队，即制度尚未明确规定最高领导者是谁，但某个成员因资历高或者贡献大等原因，具有较大威信而形成一种非制度权力或默认权威[①]。

6.2.2 创业团队的构成

从 20 世纪 80 年代末开始，创业团队的成功带来的巨大经济效益及其产生的广泛社会影响，引起了学者们对创业团队研究的兴趣。创业团队常被视为组织取得成功和创造知识的基本单位，它能够有效突破单个创业者在能力、经验、资源等方面所受到的限制，通过多个创业者之间的优势互补，来为创业成功奠定基础。大量的研究表明，一流的创业团队能够带来大量的知识、经验、技能，并提升对公司的承诺，进而促进团队创业的成功。但团队成员能否做到优势互补，这在很大程度上取决于创业团队成员的选择和组合。创业者之间的团结和合作状况往往是决定创业成功的关键。许多学者从不同的角度对创业团队构成多元化或多样性(Diversity)问题进行了大量的研究[②]。

创业团队虽小，但是“五脏俱全”。创业团队成员不能是清一色的技术流成员，也不能全部是搞终端销售的，优秀的创业团队成员各有各的长处，大家结合在一起，正好是相互补充，相得益彰。

相对来说，一个优秀的创业团队必须包括以下几种人：一个创新意识非常强的人，这个人可以决定公司未来发展方向，相当于公司战略决策者；一个策划能力极其强的人，这个人能够全面周到地分析整个公司面临的机遇与风险，考虑成本、投资、收益的来源及预期收益，甚至还包括公司管理规范章程、长远规划设计等工作；一个执行能力较强的成员，这个人具体负责下面的执行过程，包括联系客户、接触终端消费者、拓展市场等。此外，如果是一个技术类的创业公司，那么还应该有一个研究高手(甚至是研究领导者型人物)，当然，这个创业团队还需要有人掌握必要的财务、法律、审计等方面的专业知识。唯有这样，团队成员才能算是比较合格的。

创业团队中必须有可以胜任的领导者，而这种领导者，并不是单单靠资金、技术、专利来决定的，也不是谁出好的点子谁当头的。这种带头人是团队成员在多年同窗、共事过程中发自内心的认可，其他的所有一切都是废话。许多创业团队在很短的时间内就消亡了，很重要的原因在于创业团队的带头人其实根本不是一个合格的领导者。而领导者的作用，说得直白点，就是“决定一切”[③]。

创建者成立创业团队的方式向潜在投资者、合伙人和员工传递一种重要信号。一些控制欲强的创业者不愿意与其他人合作，或招募那些比自己能力强的管理者。相反，有些创业者会敏锐地意识到自身存在的局限性，并会努力吸收最富有经验的人加入董事会。与此类似，一些新创企业从来没有组建过顾问委员会，而其他企业却极力说服他们所能发现的重要人士为企业提供咨询和建议。一般而言，给潜在投资者、合伙人和员工留下深刻印象的做法是组建尽可能强大的团队。投资者和其他人知道，有经营的员工与企业获得的高水平建议对新创企业的成功非常重要。由此可知，创业团队一般由创建者、核心员工、董事会、专业顾问所构成[④]。

---

① 谢科范，创业团队的理论与实践[M]. 北京：知识产权出版社，2011：6-7.

② 石磊. 论创业团队构成多元化的选择模式与标准[J]. 外国经济与管理，2008(4)：52-58.

③ http://www.795.com.cn/wz/91593.html.

④ 巴林格 B R. 创业管理：成功创建新企业(第 3 版)[M]. 杨俊，译. 北京：机械工业出版社，2010：156-164.

1. 创建者

企业创建者特征及其早期决策会对企业的被接受方式和创业团队形成的风格产生重要的影响。其中，创建者团队的规模和素质是两个最重要的方面。

大多数创业者面对的首要决策是，自己单独创办企业还是组建初始创建者团队(Founding Team)去创办企业。研究表明，50%～70%的新企业是由一个以上的创业者创建。人们普遍认为，由团队创业要比由个人创业更具有优势，因为团队为新创企业带来的才能、创意和专业联系，要远远多于个体创业者所能做到的。除此之外，新企业的共同创建者之间彼此给予的心理支持也是企业成功的重要因素。有些因素会影响创业团队的价值。首先，从前共过事的团队要优于首次合作的团队。如果人们以前曾在一起工作过并计划合作创建一家企业，那么他们通常会亲密相处并彼此信任。他们比那些相互陌生的团队成员能更有效地进行沟通和互动。其次，如果团队成员是异质性(Heterogeneous)的，意味着他们在能力和经营方面彼此各不相同；而如果是同质性(Homogeneous)的，则意味着他们的专业技能领域非常类似。异质性团队更可能对技术、雇用决策、竞争策略和其他重要活动产生不同观点。这些差异性的观点很可能引发争论和成员间的建设性冲突，从而减少了匆忙决策或缺乏对其他观点公开讨论的可能性。创建者团队有可能太大，从而带来沟通问题和逐渐增多的潜在冲突。超过 4 人的创建者团队，明显太大而不可行。

与企业创建者有关的第二个关键问题是创建者具备的素质。创建者之所以重要的一个原因是，在企业创建初期，创建者的知识、技术和经验是企业所具有的最有价值资源。正是由于这点，人们对新企业的评判主要依据企业的“潜力”而非当前的资产或绩效。在大多数情况下，这就导致人们通过评估企业创建者和最初管理团队来判断企业未来发展的前景。以下几个因素对企业创建者取得成功至关重要。创建者的受教育水平非常关键，因为人们相信通过大学教育可以提高包括研究能力、洞察力、创造力和计算机技术在内的创业能力。前期创业经验(Entrepreneurial Experience)、相关产业经验(Relevant Industry Experience)和网络关系也是企业创建者取得成功的重要保证。对企业创建者或团队来说，具有成熟的社会和职业关系网络也是一项尤为重要的能力。创建者必须经常与他们的社会与个人网络“打交道”，以企业名义筹集资本或获取其他关键资源。对于一些创业者而言，关系网络化是一件轻而易举的事情，已经成为他们日常例行工作的一部分，而对于另一些人，关系网络化还是一种需要学习的技能。

由此推知，由具备这类特征的创建者或创建者团队创办的新企业(表 6-4)，最有可能获得快速成功。

表 6-4　创业团队与一般团队比较

特　征	说　明
由团队创建企业	与个人创建企业相比，团队创办新企业能为企业提供更多的资源、更多样的观点和更广泛的项目选择
受教育水平较高	事实表明，高水平的教育能够提升重要的创业技能
前期创业经验	具有前期创业经验的创业者要比刚刚接触创业过程的创业者，更熟悉创业过程、更有可能避免犯重大错误
相关产业经验	与没有相关产业经验的创业者相比而言，具有新企业所在行业经验的创业者更有可能拥有良好的职业网络关系以及实用的营销和管理经验

续表

特　征	说　明
广泛的社会和职业网络关系	具有广泛的社会和职业网络关系的创业者，很有可能获取额外的技能、资金和消费者认同

资料来源：巴林格 B R. 创业管理：成功创建新企业(第 3 版)[M]. 杨俊. 译. 北京：机械工业出版社，2010：158.

2. 核心员工

新创企业需要认识的首要问题就是用错人要付出高昂的代价。与成熟的大企业不同，新创企业的用人不能以“善意的”或“态度好但行动差”为标准，而是要重视一个人能否实现价值增值。创业团队中的每一个人都十分重要，每一名团队成员的工作都必须直接影响企业的价值创造，否则，这个人就应该离开创业团队。

创业者所面临的一项紧迫的任务就是要设法招募到成功经营企业所需要的核心员工，这项任务不一定要等到正式注册成立了新企业之后才开展。创业团队往往不是一开始就彻底组建起来的，而是随着企业的成长，需要不断地物色和招募优秀的核心员工，并最终将其吸收到创业团队中来。对不少新创企业来说，其核心员工往往也是创业者的创业伙伴①。

阅读案例 1

星巴克核心员工的招聘

星巴克创建者霍华德·舒尔茨首批招募的成员之一就是戴夫·欧森(Dave Olsen)，他是西雅图大学区一家非常有名的咖啡店老板，而西雅图正是星巴克诞生的地方。舒尔茨在他的自传中回忆起如何招募欧森的事情，会面那天，戴夫和他坐在我的办公室里，他向戴夫展示了我的计划和蓝图，并和戴夫谈起了他的创意。戴夫马上就心领神会了。10 多年来，戴夫一直穿着专业围裙、站在柜台后面为顾客提供蒸煮的浓咖啡。无论在自己的咖啡馆还是在意大利，戴夫都亲身体会到人们对热煮咖啡的喜爱。他不必说服戴夫相信这个创意有巨大潜力。戴夫从骨子里就理解他的想法，他们之间有一种不可思议的默契。舒尔茨的优势在于外部：推介愿景、吸引投资者、筹集资金、寻找房产、设计店面、创建品牌并为未来做计划。而戴夫深谙内部工作：经营咖啡厅的具体细节、招聘和训练“咖啡师”(咖啡调配师)、确保高质量咖啡。

戴夫后来成为星巴克新创企业团队的核心成员。

资料来源：巴林格 B R. 创业管理：成功创建新企业(第 3 版)[M]. 杨俊，译. 北京：机械工业出版社，2010.

小思考

如何招聘并选拔到核心成员？

3. 董事会

当创业团队组建一家公司时，就要依法成立董事会，它是由公司股东选举产生以监督企业管理的个人小组。董事会一般由内部董事和外部董事构成，内部董事在企业中任职，而外部董事则不在企业中工作。董事会有 3 项基本职责：任命企业的高级职员(核心管理者)、

① 张玉利. 创业管理[M]. 北京：机械工业出版社，2010：84-85.

公布红利、监督公司重大事件。安然公司(Enron)和世通公司(WorldCom)丑闻进一步强调了董事会要在确保公司经营的道德规范上发挥作用。这一事件所带来的结果之一是，企业开始在董事会中增加更多的外部董事。这种趋势产生的原因是，不在企业供职的外部人员要比供职于企业的内部人员更有动力仔细检查企业的管理行为。大多数董事会一年召开3～4次会议，大企业为董事们的服务提供报酬。在新创企业中，企业很可能给董事们发放公司股票，或对其工作不支付直接报酬(至少在公司盈利以前如此)。法律要求，公司上市企业的公司董事会必须要有审计和薪酬委员会。许多董事会也有提名委员会，以选择股东填补空缺的董事岗位。

如果处理得当，公司董事会能够成为新创企业团队的重要组成部分。董事会为了帮助新企业拥有一个良好开端并形成持久竞争优势，可通过提供指导和提高资信两种方式。例如，如果两名计算机软件程序员想要创办一家软件企业，而他俩又都没有市场营销经验，这时候在董事会中配备一位营销管理者就十分必要。又如，假设某个企业说，思科系统公司的约翰·钱伯斯或甲骨文公司的拉里·埃里森已经同意加入企业董事会，那么这种传言对企业将会产生积极效果。这种现象被称为发信号，若没有可信赖的信号，潜在消费者、投资者或员工就很难识别出高质量的新创企业。

4. 专业顾问

在创业团队成员以外，在许多情况下，创业者还要依赖一些专家顾问，通过与他们的互动交流获取重要的信息和建议。顾问委员会、贷款方和投资方、咨询师等专业顾问通常都会成为创业团队的重要组成部分。

顾问委员会是企业管理者在经营过程中向其咨询并能得到建议的专家小组。和董事会不同，顾问委员会对企业不承担法定责任，只提供不具约束力的建议。组建顾问委员会的目的既可以是一般意义上的，也可以是满足特定主题或需要，因此，顾问委员会要尽可能涵盖较为广泛的才能和技术领域，而且在经验和技能方面应当是相互协调和彼此补充的。

贷款方和投资方会为企业提供有用的指导和资信，并保证发挥基本的财务监管作用。在一些情况下，贷款方和投资者还会通过多种途径积极帮助企业增加新价值，如帮助识别和招募核心管理人员、洞察企业计划进入的行业和市场、帮助企业完善商业模式、扩充资本来源渠道、吸引消费者、帮助企业安排商业合作以及在企业的董事会或顾问委员会任职等。

咨询师是提供专业或专门建议的个人。当新企业需要从专家那里获取诸如专利、缴税计划和安全规章等复杂问题的建议时，咨询师的作用不会太大，但是，当企业的咨询师以企业名义开展可行性分析研究或行业深入分析时，咨询师的作用就十分关键。由于这些活动要花费一定的时间，无法让董事会或顾问委员会来承担，因此就可以借助咨询师来完成[①]。

阅读案例2

合伙创业应该了解和掌握的原则

张君与李哥是从小一起长大的铁哥们，踏上社会后，两人虽然走上了不同的生活道路，但仍时常往来，友谊不减当年。张君大学毕业后在一所中专任教，虽然工资不高，但生活过得倒也十分悠闲；而李哥当年

① 张玉利. 创业管理[M]. 北京：机械工业出版社，2010：86.

没有考上大学，近年来在几家电脑公司之间跳来跳去，虽然积累了不少社会经验和业务关系，但总觉得给人打工没有什么出息，便有意自己开办公司。一次，他在与张君闲聊中透露了自己的想法，问张君有没有兴趣一起干。见张君有些犹豫，他便列举了一大堆别人创业的成功范例和自己预测的美好前景，终于说得张君动了心，辞去了中专教师的工作，两人合伙办起了一家电脑公司。然而，偏偏他俩时运不济，遇上电脑价格大幅度下调，李哥原先的一些客户单位也因为实行了政府集中采购制度，而失去了业务渠道，结果公司不仅没有像李哥预言的那样能赚大钱，反而背上了一屁股的债。此时的张君后悔听信了李哥的海口，而李哥却认为是张君给他带来了晦运，一对好友闹得不欢而散。

由此可知，亲密的朋友并不等于最理想的合作伙伴。理想的合作者不仅要求知根知底、相互信任，而且要求双方在能力上、性格上都有较好的互补性。默契的合作者有可能在长期的合作中成为知心朋友，但知心的朋友并不一定都能成为最好的合作伙伴，所以在选择合伙者的时候，千万不能感情用事。

资料来源：新盟国际咨询(集团)公司 http://www.sinomon.cn/.

小思考

合伙创业应该了解和掌握什么原则？

阅读案例 3

“好伙计”合作不成闹上法庭

2003 年 9 月 9 日，青岛市中级法院，几个曾合伙做生意的好友正在这里对簿公堂。

原告青岛实广工贸有限公司，法定代表人是赵玉光；第一被告是青岛城阳区红岛镇的孙公教，第二被告是孙公教的私人公司。

2000 年 10 月 4 日，赵玉光、孙公教等 6 位发起人(后有一人退出)共同起草了海发股份有限责任公司(成立后注册名称为青岛实广工贸有限公司)章程及发起人集体经营协议书，约定各出资 20 万元，在孙公教村里征购一块 9.75 亩的土地，征地资金和费用从公司发起人的出资资金中支付。赵玉光表示，在征地过程中，他们出于对合伙人孙公教的信任，在公司未办理注册手续的情况下，“暂将 9.75 亩土地的使用权过户到孙公教的私人公司名下，待海发公司注册后再由海发公司总经理孙公教负责将 9.75 亩土地使用权重新过户到海发有限责任公司名下”。没想到，这个“信任条款”为纠纷埋下了种子。

在法庭上，原告称协议签订后，合伙人均出资履行了约定，并将 9.75 亩土地落在了孙的私人公司。然而 2002 年 9 月，合伙公司正式注册成立后，孙公教拒不将这 9.75 亩土地过户到合伙公司名下。原告请求法院确认这 9.75 亩土地及地上附属物的所有权，判令被告孙公教及其私人公司履行产权过户义务。

孙公教在法庭上辩称，原告没有诉讼的主体资格，他们合伙的海发公司根本未成立，股东之间所签的经营协议未产生法律效力，对孙公教也没法律约束力。争议的土地及房屋是他的私人公司出资购买的，并非他及合伙人出资所购买。同时，作为第二被告的孙公教的私人公司则辩称，孙公教虽参与了海发公司的合伙，但都是个人名义参股，与第二被告没法律关系，第二被告是依法取得的土地，并办理了全部土地手续。

此外，原告向法庭提供了一份有孙公教签字的产权过户证明，以证明准备将争议土地从孙公教的私人公司名下过户到新成立的公司名下。但对这份证明，孙不予承认，而第二被告则认为过户证明上即使有孙公教的签字也是他的个人行为，对其私人公司不产生法律效力。

由于原告坚决不同意调解，法官宣布择日宣判。

资料来源：新盟国际咨询(集团)公司 http://www.sinomon.cn/.

小思考

由此案例能够得到什么启示？

6.2.3 创业团队的作用

正确认识创业团队的作用，对于积极组建创业团队和创业团队的有效运行具有重要作用。没有创业团队的新创企业不一定注定失败。但是，没有一个创业团队而建立一个高成长潜力的企业是极其困难的。某些创业者确实不喜欢合伙人介入，他们更倾向于对所创企业处于完全控制地位，他们想要的是员工而不是合伙人，他们不愿受内部合伙人或外部投资者的控制或制约。这类企业能够生存，但难以发展壮大，特别是难以迅速发展壮大。因为创业者个人的资源、视野和能力等因素限制了企业的迅速发展壮大。而拥有高素质创业团队的新创企业，不仅可以相互取长补短，拥有更多的资源，更广阔的视野和更强的能力，而且有更强的吸引私人资本和风险投资的能力，因而具有更大的增长潜力①。

创业团队的凝聚力、合作精神、立足长远目标的敬业精神会帮助新创企业渡过危难时刻，加快成长步伐。另外，团队成员之间的互补、协调以及与创业者之间的补充和平衡，对新创科技型企业起到了降低管理风险、提高管理水平的作用。在一项针对 104 家高科技企业的研究报告指出，在年销售额达到 500 万美元以上的高成长企业中，有 83.3%是以团队形式建立的；而在另外 73 家停止经营的企业中，仅有 53.8%有数位创始人②。这一模式在一项关于"128 号公路 100 强"的调查研究中表现得更为明显。"128 号公路 100 强"指波士顿市郊地区沿着 128 公路上，包括新型风险企业在内的顶级公司，这些企业中，成立 5 年以上的平均年销售额达到 1 600 万美元，成立 6～10 年的平均销售额达到 4 900 万美元，而那些更为成熟的企业则可达到几亿美元。这项调查还发现，在这些成功的企业中，70%有多名创始人，17%的企业创始人在 4 位以上，9%的在 5 位以上，还有一家公司是由一个 8 人团队组建的③。

由此可见，创业团队在创建新企业并创造价值和实现收益方面有着重要作用。具体而言，围绕创业机会这一核心问题，创业团队至少具有以下 3 个优势④。

其一，创业团队的机会识别能力较高。创业团队是由具有不同机会识别能力的创业者组成，因为创业团队内每一位成员具有不同的知识结构、处理信息方法和机会评价的标准，从而比个体创业模式能获得更为科学的评价，并形成一种为创业团队成员所认同的机会评价标准。创业机会的存在具有非对称性的信息，而创业团队要比个体具有更大的可能性认知某一创业机会的必要信息。同时，团队内的信息分享机制也有利于团队所有成员实现对机会的共同认知。

其二，创业团队的机会开发能力较高。识别创业机会并不意味着一定去开发这一机会。创业机会本身影响到创业团队开发创业机会的愿望，相对于个体创业者，创业团队开发创业机会的能力以团队成员异质性为基础，从而具有更高的机会开发能力，具体表现在：创业团队能更为全面准确地比较不同的开发方案，避免创业决策失误；创业团队具有更为广泛的社会联系，可以有效地获得开发机会所需要的资源；创业团队内部有更多的经验积累，从而可以增加开发成功的可能性。

---

① 宋克勤. 关于创业团队问题的思考[J]. 经济与管理研究，2004(2)：54-56.

② 王旭. 科技型企业创生机理研究[J]. 吉林大学博士学位论文，2004：67.

③ [美]杰弗里·蒂蒙斯，小斯蒂芬·斯皮内利. 创业学[M]. 周伟民，吕长春，译. 北京：人民邮电出版社，2005：199-215.

④ 张玉利，李新春. 创业管理[M]. 北京：清华大学出版社，2006：132-133.

其三，创业团队的机会利用能力较高。创业机会的利用可以有两种方式：一是自己利用创业机会，充分发挥其规模经济和范围经济优势，通过利用先动优势以获取创业利润；二是把创业机会以一定价格售出，获得利润。在此，创业团队在第一种机会利用方面具有显著优势：一是能够提供重大决策的时间保证，更利于企业获得足够时间思考企业战略等问题；二是共商创业之计，避免个人主观臆断；三是确保创业方案稳定，避免因高管人员变动而给企业带来的负面影响，保证创业团队决策的连续性①。

6.3 创业团队的组建和发展

创业团队往往是在新企业创建和发展过程中逐渐形成完美的组合。这一过程中，成员可能因为理念不合、矛盾冲突等原因不断替换。在美国创业团队成员的分手率要高于离婚率。可见，创业团队组成的不易，团队发展更需要精心维护。

6.3.1 创业团队构建原则

1. 战略协调原则

创业团队要与战略相协调。创业战略是全局性、长期性、方向性、纲领性决策，这一决策的贯彻需要高素质的创业团队，组织结构是实施战略的一项重要工具，没有良好的团队就无法实现战略目标，相反，错误的战略对团队来讲也是一种浪费。创业团队需要分析创业战略的特点，不同战略有不同要求，需要不同的人力资源，不同的产品类别需要不同的人才，需要比对二者的匹配性，找出最佳战略与团队的搭配方案。

2. 特色搭配

首先，团队的建立，其成员的志趣相投是前提。人们总是愿意与自己志趣相投的人一起交往，事实上，这样做有一定的道理。因为这些相似者彼此更加了解，而且可以容易、自信地预测合作伙伴的未来发展。大学生会选择那些在家族背景、教育经历、社会阅历、工作经验与自己相似的人一起工作，可谓“臭味相投”。如果是考虑工作中配合，相互理解的知识结构也很重要，它增加了沟通的便利性，有利于形成良好的人际关系，否则核心成员之间具有明显相反的动机或目标，那么他们之间的冲突就会更多。也就是说团队成员不仅要有理念上的一致性，也要有知识结构方面的相近性。

其次，能力互补。创业团队需要解决“冗余”问题，即团队成员的知识、技能、性格同质化问题，同质化造成个人贡献雷同，缺乏新的见解和资源，造成组织的发展潜力相对较小，团队效率较低。团队领导者要寻找那些与自己不一样的人，即与自己互补的人。他们可以有效地弥补自己的知识、经历的不足。因为创业团队需要广博的知识、多样化的技能和丰富的经验，而这些远非一人或相同背景的“同质资源”所能为，需要寻找“异质性资源”。当一个团队成员所缺少的东西能由另一个成员补充时，团队的功能就会因此放大，也更能体现一加一大于二的整合功能。

团队成员终会有性格差异，各有特点，性格、气质无所谓好也无所谓坏，各有所长各有所短，相互影响相互弥补，但求有贡献，不求一刀切，需要海纳百川，五湖四海。团队中有些人给人印象性格古怪，但是往往人无完人，他们在某一方面非常突出，能够竖起旗

① 张玉利. 创业管理[M]. 北京：机械工业出版社，2010：83-84.

帜，做出突出成果。组织应该包容和引导，避免一棍子打死。建立优势互补的创业团队是人力资源管理的关键。团队中“主内”与“主外”的不同人才、耐心的“总管”和具有战略眼光的“领袖”、技术与市场两方面的人才都不可偏废。创业团队的组织要注意个人的性格与看问题的角度，如果一个团队里能够有总能提出建设性的可行性建议的和一个能不断地发现问题的批判性的成员，对于创业过程将大有裨益。

“领导者”和“跟随者”需要角色搭配。由于角色分工不同，有些人扮演初始创业者的角色，有些人则是核心创业团队的加盟者角色。或者说，在这个团队中，有的人是“领导者”，有的人是“跟随者”。“跟随者”选择“领导者”会考虑到以下几个“吸引力”问题：这个项目有无吸引力？项目的灵魂人物有无吸引力？项目的团队有无吸引力？对于加盟者来说，首先考虑的是项目，只有项目有意义，有前景，才值得自己为此“玩命”，否则没有必要花那么大的精力；其次考虑到创始创业者，这个人是否有能力领导好这个项目？我是否能与他或她友好相处？一句话，跟着他或她做这件事情是否值得？最后是团队如何，是不是一个有活力、有思想的团队？这一帮我未来的同事能否做好项目？是否具备运作此项目的能力？当大部分都是肯定的回答时，加盟者就可以毫不犹豫地加入这一团队了。当然，以上问题考虑的顺序也因人而异，也许有的人第一位考虑的是创始人的问题，甚至是团队的问题。创业团队的构建就是包容及融合的过程。在感情之中要有理性的原则，在理性之后要有感情温暖。创业团队发展需要有节奏也需要控制节奏。

3. 统一指挥与分工协作原则

一个组织要有执行力，无论人员有多少差异，必须有统一指挥，统一指挥原则是指组织中一个下级部门的岗位只能接受一个上级的指挥，尽量避免政出多门、多头领导，保证统一的指挥和命令关系。否则，下级在工作过程中无所适从，当其出现工作失误时，还会导致共同负责的上级无法分清责任。同时，各部门、各层、各岗位要有明确的分工，要求各个管理岗位所控制的管理幅度要适当，但每个层级最适当的管理幅度并无一定的法则。每一个岗位工作任务要适当，即通过努力能够完成，避免过多或过少，过多会使之丧失信心，没有勇气完成任务，过少就会缺乏动力，浪费资源。分工之后还要很好协调，必须强调职能部门之间、分子公司之间的协调与配合，业务上存在互补性和上下游关系时，更需要保持高度的协调与配合，以实现公司的整体目标。

4. 权责利制衡原则

设计制衡机制，保证创业组织自我调节、自我约束。首先，要合理分配权力，人人都有与岗位相称的权力，为了减少高层和低层之间权力的摩擦，提高效率和员工参与意识，越来越多的组织倾向于将必要的权力集中在公司高层，其他权力尽量下放，以加强下属部门的灵活性、自主性和创造性。其次，每一岗位必须有明确的责任，授权不授责，即更高的权力级别对它下属的行动负责，具体岗位人员对其岗位负责。为了更好地进行指挥或完成任务，主管人员必须拥有一定的权力，同时必须承担相应的责任，并应当得到与其权、责对等的利益。在实际运作过程中，各级管理者需要进行授权时，应对下级适度授权。同时，必须建立一套监督系统，为保证严肃性和公正性，监督机构和执行机构应该分开。否则，监督可能无效，执行力也将大打折扣，监督者与执行者合谋的道德风险就会增加。

5. 精细化原则

任何一个组织都是一个执行主体，即使最高层也不例外，要执行必须有明确标准和规程，要有数量和质量的详细描述，任务必须确切，行为的时间、地点、对象、方式、方法都必须很好地界定，避免模糊和难以操作。组织不仅要求所有职能部门、事业部都应该有一个目标表述，还要求每个职位所需做到的事情都应该清楚地写在纸上，有清晰界定的部门职责和完善的岗位说明书。同时，对于公司组织管理的各种规章制度，应该尽可能书面化，以使各种工作有章可循。

具体操作方法如下。

其一，明确企业目标，达成共识。创业者应该将创业组织的目标清晰化、明确化。有了目标，才有方向，才有一个共同的远景，这种共识能够大大减少管理和运作上的摩擦。

其二，明确“谁听谁的”和“什么事情谁说了算”，并用书面的正式文件规定下来。组织架构设计中最根本的问题就是决策权限的分配。因此，明确每一个核心成员的职责对管理是否畅通非常关键，否则创业者的兄弟意气会让管理陷于混乱。

其三，遵循实事求是的原则。由于创业期规模较小，许多问题都可以直截了当地进行沟通，大家都应遵循开诚布公、实事求是的行为风格，把事情摆到桌面上来讲，不要打肚皮官司。

其四，在组织内部形成一个管理团队。定期交换意见，讨论诸如产品研发、竞争对手、内部效率、财务状况等与组织策略相关的问题。一般采取三级管理结构：决策层、管理层、一般员工。

其五，制定并尽量遵守既定的管理制度。必须强调人人遵守，不能有特权，更不能朝令夕改。当组织发展到一定的程度并初具实力时，就要意识到自身能力上的缺陷，尽可能聘请一些管理方面的专业人才来共图大业。

6. 稳定与灵活结合原则

稳定性是保证思维连续性的基础，是创业团队不断创新的基础，可以少走弯路，为在前期成果的基础上不断开发更多新成果提供更大的便利。因此，要求创业团队在进行组织变革时，应考虑一定的稳定性，给组织以休养生息的机会，避免频繁变革导致延长适应期，导致人心不稳和业绩下滑。灵活性原则要求团队的组织结构能针对内外条件及环境变化而做相应调整，以增加组织对环境的适应性。稳定与灵活相结合的原则就是在保持相对稳定性的前提下，考虑多种实际因素灵活处理。总体上说，团队建立是为了发挥每个人的长处、取长补短，而稳定团队，需要处理好合作中的矛盾和冲突，甚至安排团队退出的制度。

6.3.2 创业团队形成动因

创业团队形成有两种驱动力：由“领袖企业家”推动或“团队”推动。“领袖企业家”推动模式是指创业领袖想将自己的构思变为创业现实，渴望做一番事业，从而吸引、招募其他人构建创业团队，其他成员具有一定的被动性。“团队”推动模式是指一批有创业意向，并且具有共同的观念、相似的经历、彼此信任的人聚集一起成立创业团队，然后再寻找创业机会。无论创新理念来自于个人还是得益于已有的团队组织，创业团队的形成和新成员的加入，其内在机理无非有两种：资源寻求，即创业团队的新成员加入是为了增强创业团队目前或者未来资源的存量；个人间的吸引，即创业团队的新成员加入目的在于满足现有团队成员社交心理的目的。

“领袖企业家”推动创业团队的形成是企业家利用现有点子和创意，创建团队的主要目的是聚集资源，将创意变为现实，当然，在实施过程中将会产生更多的新点子，有待于建立激发积极性的举措，避免固化和丧失活力。“团队”推动型指望通过构建团队，起到集智的作用，推动更多创新理念的产生。爱好、亲近、享受彼此陪伴、相似以及性格互补、拥有能够带来创业成功的投资资金、经验以及专业技术同样也会吸引潜在团队成员加入团队。

创业团队的健康发展还必须依靠理念、目标和机制。

其一，要树立正确的团队理念。首先，要形成凝聚力。拥有正确团队理念的成员相信他们处在一个命运共同体中，共享收益，共担风险。团队工作，即作为一个团队而不是靠个别的“英雄”工作，每个人的工作相互依赖和支持，依靠事业成功来激励每个人。其次，诚实正直是有利于顾客、组织和价值创造的行为准则。它排斥纯粹的实用主义或利己主义，拒绝狭隘的个人利益和部门利益。再次，为长远着想。拥有正确团队理念的成员相信他们正在为组织的长远利益工作，正在成就一番事业，而不是把组织当作是一个快速致富的工具。没有人打算现在加入进来，而在困境出现之前或出现时退出而获利，他们追求的是最终的资本回报及带来的成就感，而不是当前的收入水平、地位和待遇。第四，承诺价值创造。拥有正确团队理念的成员承诺为了每个人而使“蛋糕”更大，包括为顾客增加价值，使供应商随着团队成功而获益，为团队的所有支持者和各种利益相关者谋利。

其二，确立明确的团队发展目标。目标在团队组建过程中具有特殊的价值。首先，目标是一种有效的激励因素。如果一个人看清了团队的未来发展目标，并认为随着团队目标的实现，自己可以从中分享到很多的利益，那么他就会把这个目标当成是自己的目标，并为实现这个目标而奋斗。从这个意义上讲，共同的未来目标是创业团队克服困难，取得胜利的动力。其次，目标是一种有效的协调因素。团队中各种角色的个性、能力有所不同，但是“步调一致才能得胜利”。孙子曰：“上下同欲者，胜。”只有真正目标一致、齐心协力的创业团队才会得到最终的胜利与成功。

其三，建立责、权、利统一的团队管理机制。创业团队内部需要妥善处理各种权力和利益关系。

首先，妥善处理创业团队内部的权力关系。在创业团队运行过程中，团队要确定谁适合于从事何种关键任务和谁对关键任务承担什么责任，以使能力和责任的重复最小化。

其次，妥善处理创业团队内部的利益关系。这与新创企业的报酬体系有关。一个新创企业的报酬体系不仅包括诸如股权、工资、奖金等金钱报酬，而且包括个人成长机会和提高相关技能等方面的因素。每个团队成员所看重的并不一致，这取决于其个人的价值观、奋斗目标和抱负。有些人追求的是长远的资本收益，而另一些人不想考虑那么远，只关心短期收入和职业安全。由于新创企业的报酬体系十分重要，而且在创业早期阶段财力有限，因此要认真研究和设计整个企业生命周期的报酬体系，以使之具有吸引力，并且使报酬水平不受贡献水平的变化和人员增加的限制，即能够保证按贡献付酬和不因人员增加而降低报酬水平。

再次，制定创业团队的管理规则。要处理好团队成员之间的权力和利益关系，创业团队必须制定相关的管理规则。团队创业管理规则的制定，要有前瞻性和可操作性，要遵循先粗后细、由近及远、逐步细化、逐次到位的原则。这样有利于维持管理规则的相对稳定，而规则的稳定有利于团队的稳定。

企业的管理规则大致可以分为 3 个方面。第一，治理层面的规则，主要解决剩余索取权和剩余控制权问题。治理层面的规则大致可以分为合伙关系与雇佣关系。在合伙关系下大家都是老板，大家说了算；而在雇佣关系下只有一个老板，一个人说了算。除了利益分配机制和争端解决机制，还必须建立进入机制和退出机制。没有出入口的游戏规则是不完整的，因此要约定以后创业者退出的条件和约束，以及股权的转让、增股等问题。第二，文化层面的管理规则，主要解决企业的价值认同问题。企业章程和用工合同解决的是经济契约问题，但作为管理规则它们还是很不完备的。经济契约不完备的地方要由文化契约来弥补。它包括很多内容，但也可以用“公理”和“天条”这两个词简要地概括。所谓“公理”，就是团队内部不证自明的东西，它构成团队成员共同的终极行为依据。所谓“天条”，就是团队内部任何人都碰不得的东西，它对所有团队成员都构成一种约束。第三，管理层面的规则，主要解决指挥管理权问题。管理层面的规则最基本的有3条：①平等原则，制度面前人人平等，不能有例外现象；②服从原则，下级服从上级，行动要听指挥；③等级原则，不能随意越级指挥，也不能随意越级请示。这3条原则是秩序的源泉，而秩序是效率的源泉。当然，仅有这3条原则是不够的，但它们是最基本的，是建立其他管理制度的基础。

6.3.3 组建创业团队的程序

创业者在有了创业点子后，可以采用以下方法组建创业团队：

1. 撰写出创业计划书

通过细化商业创意、确定创业项目、撰写出创业计划书，进一步使自己的思路清晰，也为后来的合作伙伴的寻找奠定基础。

2. 优劣势分析

认真分析自我，发掘自己的特长，确定自己的不足。创业者首先要对自己正在或即将从事的创业活动有足够清醒的认识，并使用SWOT(优劣势)法分析自己的优点、缺点、性格特征、能力特征，拥有的知识、人际关系以及资金等方面的情况。

3. 确定合作形式

通过第二步的分析，创业者可以根据自己的情况，选择有利于实现创业计划的合作方式，通常是寻找那些能与自己形成优势互补的创业合作者。

4. 寻求创业合作伙伴

创业者可以通过媒体广告、亲戚朋友介绍、各种招商洽谈会、互联网等形式寻找自己的创业合作伙伴。

5. 沟通交流，达成创业协议

通过第四步，找到有创业意愿的创业者后，双方还需要就创业计划、股权分配等具体合作事宜进行深层次、多方位的全面沟通。只有前期的充分沟通和交流，才不会导致正式创业后，迅速出现创业团队因沟通不够引起的解体。

6. 落实谈判，确定责权利

在双方充分交流达成一致意见后，创业团队还需对合伙条款进行谈判。

6.3.4 创业团队的发展过程

创业团队的发展可以分成以下几个阶段：

1. 初建阶段

该阶段的显著标志是一方面团队缺乏一起创业的经验，另一方面是对未来的高回报的憧憬。此时，团队最主要的任务是减少不确定性，确定创业团队必要的角色，寻找适合团队需要的关键成员，初步形成创业团队的内部框架。同时，发展能够帮助他们的外部社会网络。

2. 规范阶段

在这个阶段中，团队逐渐形成一个共享的清晰的商业愿景，并对将来的发展和当前的业务进行思考。需要澄清团队成员的任务与角色，界定其职责，同时深入了解团队成员的个体差异。因此，需要通过设定标准、交流想法、阐明愿景、明确各自的职责等工作方式，建立团队必要的规范。

3. 调整阶段

这个阶段团队一方面要把愿景分解成一系列可达成的目标，并且考虑实施方案；另一方面团队成员的个体差异可能对团队行为和团队工作产生一定影响，内部问题开始暴露。团队必须通过公开讨论、解决冲突、促进沟通、协调关系等方式，对团队进行整顿和完善。

4. 成熟阶段

这个阶段的特征是创业团队成员从对新创企业的创立者的忠诚转变为对当前事业及其未来发展方向的关心，即不是关心创业主导者个人的雄心和价值观而是关注团队的发展。需要通过建立团队精神、分享认知、共担风险、协作进取，形成团队文化。关注如何提高团队效率和效益，把全部精力用于应对各种挑战，收获回报。

本章小结

本章主要从团队及类型、创业团队及其作用、创业团队创建与发展3个方面介绍了创业团队的相关内容。

创业团队是由两个或两个以上具有一定利益关系、彼此间通过分享认知和合作行动以共同承担创建新企业责任的，处在新创企业高管位置的人共同组建形成的有效工作群体。

创业团队一般由创建者、核心员工、董事会、专业顾问所构成。

影响创建者成功创办新企业可能性的个人特质，包括受教育水平、前期创业经验、相关产业经验和构建关系网络的能力。关系网络化是指构建并维持与兴趣类似者或能给企业带来竞争优势者的关系。

正确认识创业团队的作用，对于积极组建创业团队和创业团队的有效运行具有重要作用。没有创业团队的新创企业不一定注定失败。但是，没有一个创业团队而建立一个高成长潜力的企业是极其困难的。创业团队至少具有以下三个优势：其一，创业团队的机会识别能力较高；其二，创业团队的机会开发能力较高；其三，创业团队的机会利用能力较高。

创业团队构建应遵循一定原则，如战略协调原则、特色原则、统一指挥与分工协作原则、权责利制衡原则、稳定与灵活结合原则等。创业团队的健康发展还必须依靠理念、目标和机制。创业团队的发展也要经历几个阶段：启动阶段、成长导向阶段、愿景阶段、制度化阶段。

关键术语

创业团队 Entrepreneurial Team
工作团队 Work Team
并行团队 Parallel Team
项目团队 Project Team
管理团队 Management Team
前期创业经验 Entrepreneurial Experience
相关产业经验 Relevant Industry Experience

知识链接

1. [美]杰弗里·蒂蒙斯. 战略与商业机会[M]. 周伟民，等译. 北京：华夏出版社，2002
2. "Economic News" The Small Business Advocate, 1997
3. The Economist, 1997,03
4. http://www.hr.com.cn
5. http://www.determinedtosucceed.org.uk

习　　题

1. 简答题

(1) 团队和群体的关系是什么？
(2) 什么是创业团队？创业团队有哪些基本要素构成？
(3) 创业团队与一般团队有什么区别？

2. 论述题

(1) 组建创业团队应该注意什么问题？
(2) 创业团队有哪几种类型？怎样组建高效率的创业团队？
(3) 结合实际情况，说明组建创业团队的程序和方法。

实际操作训练

访问一个创业团队。要求采访一个在过去3～5年中创建的新企业，可以是所希望从事的领域里的榜样。通过采访，可以了解一个创业团队如何组建，其组建的动因、过程、目的、影响因素等，获得的信息是非常有价值的实践技巧。

案例分析

缺乏共识和领导对创业团队的伤害

吉夫·斯图尔特(Jeff Stewart)与罗杰·埃伦伯格(Roger Ehrenberg)在2005年创办了Monitor110公司。创意是通过每天在互联网上搜集与记录最具有价值的信息，来帮助投资管理者和专业投资者更好地做出投资决策。因为大多数投资管理者和专业投资者都很忙，并常常无暇寻找那些稀奇信息。因此，他们往往雇人帮助自己从互联网上洪水泛滥般的信息中挑选有价值的信息，进而作为其投资和战略决策的参考。

Monitor110的创意很有前景，并吸引了不少投资者投资。但不幸的是，在2008年7月，公司就倒闭了。Monitor110公司的共同创业者之一，罗杰·埃伦伯格写了一篇很长的博文来反思公司失败的原因。他认为7个致命缺陷导致了公司失败：

(1) 缺乏明确的领导者；

(2) 技术组织与产品组织之间的界限模糊;

(3) 过于乐观;

(4) 资金太多(导致公司总是反复犯错);

(5) 客户接近度不够;

(6) 市场适应力不强;

(7) 公司内部与董事会缺乏战略共识。

在上述7个原因中，有3个都与创业团队有关。这就表明，创业团队对新企业成败有着决定性的作用。第一个失误，即缺乏明确的领导。吉夫·斯图尔特具有技术经验，而罗杰·埃伦伯格具有华尔街工作经历。因此，斯图尔特关注的是技术和产品开发，而埃伦伯格关注的是融资、人力资源和客户关系。乍一看，这样的安排似乎非常完美。但在面临一些复杂或模糊决策时，则缺乏了明确的决策者和领导者。因为Monitor110归根结底是一家技术性企业，技术似乎应该成为讨论的重点并追求技术完美性，这直接导致公司产品在客户那里得不到认同，甚至难以卖出去。斯图尔特和埃伦伯格都没有权力来改变这一状况，到董事会介入时，一切都已经晚了。

第2个失误，即在技术组织与产品组织之间的界限模糊。在公司内部，技术和产品管理由同一个决策者负责。公司由技术人员统筹管理，而不是安排一个产品经理来替客户考虑。这样的结构导致技术人员在产品中加入过多的技术元素，并没有真正站在客户角度考虑问题，倾听顾客反馈并将反馈融入到产品设计当中去。

第7个失误，即公司内部与董事会缺乏战略共识。与第2个失误相类似，公司内部有些人认为最好的技术解决方案应该是利用网络技术来处理数据，为了追求这个最佳解决方案，公司投入过多资源去追求技术领先。最终，尖端技术过于复杂，顾客得到的数据也并不尽如人意。

Monitor110公司的故事表明了新企业管理团队齐心协力的重要性，同时也表明了制定决策程序的重要价值，尤其是创建者存在分歧时，依据程序办事可能会更好。

资料来源：Barringer B R. 创业管理：成功创建新企业(第3版)[M]. 杨俊，译. 北京：机械工业出版社，2010：155-156.

思考与讨论：

1. 如果多人共同创业，采取什么措施能避免案例中出现的缺乏明确领导的情况？
2. 在本案例中，Monitor110将自身定位成技术公司，这种定位的问题在哪里？
3. 为了避免公司出现上述问题，Monitor110公司的董事会应有何作为？
4. 从本案例中，你能得到哪些启示？

第 7 章 商业模式

本章教学目标与要求

(1) 了解商业模式的重要性;
(2) 清晰商业模式的内涵;
(3) 理解商业模式创造价值的流程和逻辑;
(4) 学会辨析和设计商业模式;
(5) 认识商业模式创新的重要作用。

本章知识架构

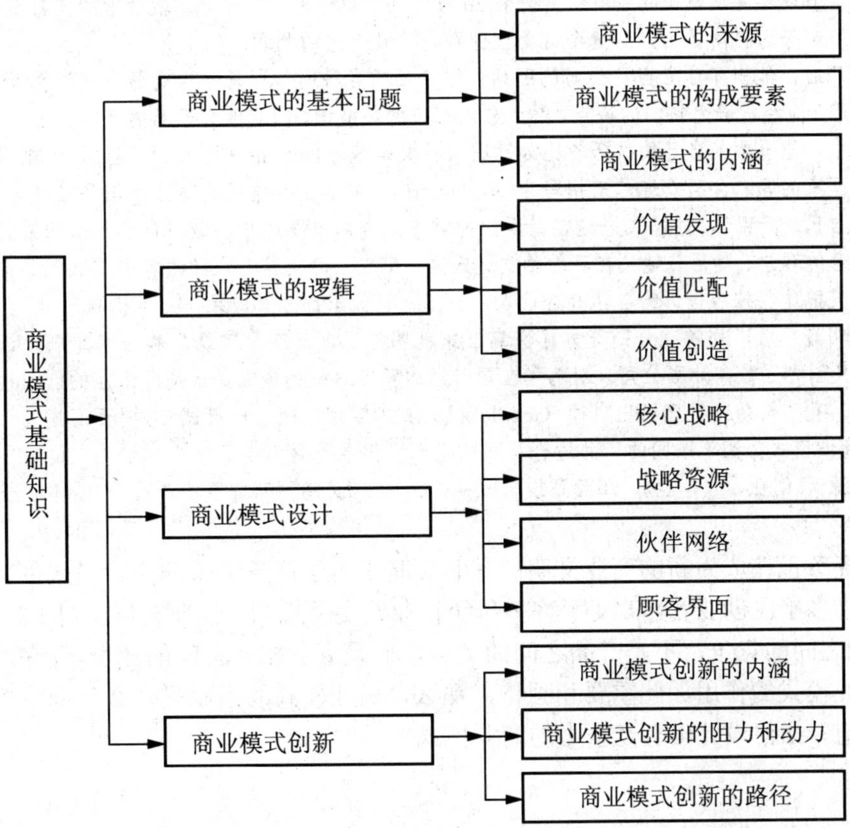

> 当今企业之间的竞争，不是产品之间的竞争，而是商业模式之间的竞争。
>
> ——彼得·德鲁克

导入案例

网络创业成就刘鹏飞

江西九江学院商学院 2007 届金融专业毕业生刘鹏飞，他来自江西宁都农村，大学时父亲病故，家境贫寒。毕业 5 年，从四处奔波打工，到有了自己的工厂——义乌市飞天灯具厂，靠着网络创业卖孔明灯，他赢得了第一桶金，创造了全中国、全世界销量和产量第一。目前，孔明灯这个产品远销德国、阿尔及利亚、埃及、奥地利、法国、以色列、乌克兰以及白俄罗斯等地。24 岁那年，他拥有属于自己的汽车；25 岁那年，他拥有属于自己的工厂；26 岁那年，他已经为社会创造了 400 多个就业岗位……2011 全球十佳网商在杭州第八届全球网商大会上正式揭晓，义乌飞天灯具厂刘鹏飞光荣当选，位列第二。2012 年，作为 30 岁以下 30 位中国富豪之一，他登上了福布斯富豪榜。

正是网络创业这一新的商业模式，以超常的速度成就了刘鹏飞的财富人生。

2007 年 7 月，刘鹏飞在义乌梅湖广场看人放孔明灯，在孔明灯上他发现了商机。他上网查询大量资料，在分析了行业内生产孔明灯的主要企业后，发现欧洲和东南亚等市场还未被完全开发，于是他辞职了。没有钱没有货，怎么办？他找到义乌一名做孔明灯的业主，提出由自己做销售，这位业主提供货源，大家利润分成。就这样，几乎身无分文的刘鹏飞，通过有效沟通和资源整合，解决了货源问题。

网络，让刘鹏飞的创业梦想插上了翅膀。他在阿里巴巴、贸易通上打广告、摆样品，并在淘宝网开起自己的小店。2007 年年底，一位温州业主投来 20 万元的订单令他兴奋不已，激动中的他甚至寄错了样品。幸好，他的不懈努力打动了对方，这个订单让他获得了几万元的利润。

自办工厂后，他当即建立自己公司的网站，除了利用各种网络贸易平台交易，他还精通 Google、百度等搜索引擎。他经常研究它们的特点，然后放入相应的关键词，因此他们产品的搜索排名一直比较靠前。在搜索引擎中，他也融入自己的技巧，比如孔明灯英文是 Sky lanterns，意为“天灯”，但很多客户尤其是一些非英语国家的客户，喜欢连起来拼写为 Skylanterns，其实这是错误的写法，但为了迎合客户，“让傻瓜也能找到自己的产品”，刘鹏飞把这些错误的搜索方式全部收罗起来，做成自己产品的关键词，吸引了不少歪打正着的客户。随后，他又在阿拉伯文、日文、韩文、德文等七八种语言中都放入了自己产品的错误关键词，又把这些技巧告诉给自己的合伙人、员工，让大家都分享成果。

做大孔明灯厂后，刘鹏飞分别开办了义乌三家孔明灯厂、三家十字绣厂和一家印刷设计公司。2010 年 6 月，他又创办了数字油画公司。刘鹏飞在短时期内获得这样的成功，正是源于他的创业精神和对商业模式的创新。孔明灯是阿里巴巴出口通+Google 模式，十字绣是阿里巴巴诚信通+百度模式，女装女鞋是淘宝店铺+商城模式，因为不同的产品适合不同的平台，但电子商务是基础。

案例来源：《创业，我也能》，江西高校出版社，2010；《义乌网商创富传奇》，人民邮电出版社，2011.

电子商务正在成为新的商业文明的基石。基于电子商务带来的商业模式创新，成就了刘鹏飞等许多平民创业者，改变了许多传统行业的交易规则。管理大师彼得·德鲁克说过：“当今企业之间的竞争，不是产品之间的竞争，而是商业模式之间的竞争。”在现代商业竞争中，商业模式的作用如此重要和独特，那么，商业模式的内涵是什么？商业模式如何创造独特价值？如何设计出有竞争力的商业模式？

7.1 商业模式的基本问题

商业模式是管理学研究特别是创业研究中的新领域。商业模式在企业竞争中的地位和作用越来越受到重视。商业模式的基本问题包括商业模式的来源、构成要素和基本内涵。

7.1.1 商业模式的来源

商业模式一词 1957 年首次出现在论文中，1998 年 Timmons 对商业模式的概念进行了系统定义。他认为，商业模式可以作为产品、服务和信息流的框架，其基本要素包括产品、服务、信息、商业参与者、价值以及收入来源等①。

商业模式是一个涉及经济收入、营运流程和企业战略等不同管理内容的复杂系统，尽管如此，它并非从天而降。商业模式源于创业者的商业创意和对商业机会的丰富和逻辑化。创业者面对没有被满足的市场需求时，创业精神驱动其研究和分析市场机会，并创造性地开始商业设计，通过市场调查和小规模销售，不断接近真实的消费者需求，形成更加清晰的商业概念(Business Concept)；随着商业概念的提炼，它变得复杂和完善，包括向市场提供什么产品或服务、向谁提供、如何通过价值链运用和渠道设计将产品和服务推向市场中的目标消费群体等，如图 7.1 所示。当创业者发现商业机会，形成商业创意，并不断通过整合资源满足不断变化的市场需求，在商业概念逻辑化、合理化、差异化的演进过程中，最终形成相对稳定、成熟的商业模式(Business Model)。

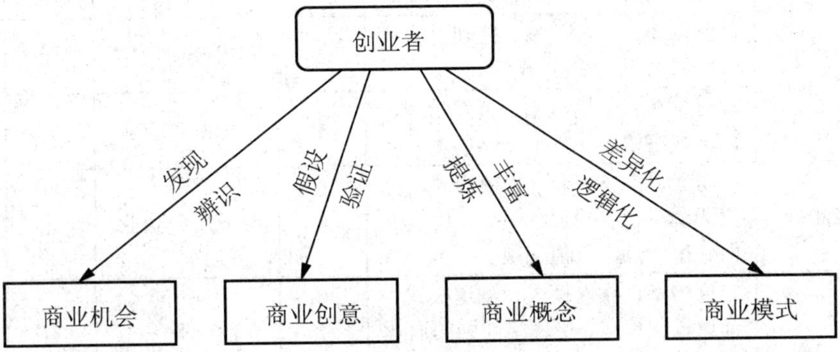

图 7.1 商业模式的形成过程

7.1.2 商业模式的构成要素

玛格丽塔(Magretta J)在《什么是管理》一书中指出，商业模式就是一个企业如何赚钱的故事。商业模式组成要素概览见表 7-1。从本质上看，商业模式叙述企业如何运作的事，好的商业模式可以回答：谁是顾客？顾客珍视什么？管理者如何通过商业活动赚钱？如何以合适的成本向顾客提供价值？②与所有经典故事一样，商业模式的有效设计和运行需要人

① Timmers P. Bisiness Model for Electronic Markets[J].Journal on Electronic Markets, 1998,8(2)：3-8.

② Magretta J. What Management Is[M]. New York: Free Press, 2002.

物、场景、动机、地点和情节。为了使商业模式的情节令人信服，人物必须被准确安排，人物的动机必须清晰，最重要的是情节必须充分展示新产品或服务是如何为顾客带来价值和利益的，同时又是如何为企业创造了利润的①。

Michael Morris 等(2003)通过对 30 多个商业模式定义的关键词进行内容分析，把商业模式从经济、营运、战略 3 个层面进行定义。经济类定义将商业模式视为企业的经济模式，指“如何赚钱”的利润产生逻辑，包括收益来源、定价方法、成本机构和利润；营运类定义关注企业内部流程及构造问题，相关变量包括产品和服务交付方式、管理流程、资源流、知识管理等；战略类定义涉及企业的市场定位、组织边界、竞争优势及其可持续性，相关变量包括价值创造、差异化、愿景和网络等。在这 3 种定义中，价值提供、经济模式、顾客界面或联系、伙伴关系网络或角色、内部基础设施或关联活动、目标市场等变量一再重复出现，作为战略要素的作用十分显著②。

表 7-1 商业模式组成要素概览

作者	组成要素	要素数量	电子商务或一般企业	实证支持	数据来源
Horowitz(1996)	价格、产品、分销、组织特征、技术	5	一般企业	无	
Viscio 和 Pasternak(1996)	全球化核心、治理、业务单位、服务、关系	5	一般企业	无	
Timmers(1998)	产品/服务/信息流结构、业务参与者及作用、参与者利益、收入来源、市场营销战略	5	电子商务企业	有	案例研究
Markides(1999)	产品创新、顾客关系、基础设施管理、财力	4	一般企业	无	
Donath(1999)	理解顾客、营销战术、公司治理、内部网络能力、外部网络能力	5	电子商务企业	无	
Gordijn 等(2001)	参与者、市场细分、价值提供、价值活动、利益相关者网络、价值界面、价值点、价值交换	8	电子商务企业	无	
Linder 和 Cantrell(2001)	定价模型、收入模式、渠道模式、商业过程模式、由网络加强的商业关系、组织类型、价值主张	7	一般企业	有	对 70 家企业 CEO 的访谈
Chesbrough 和 Rosen-baum(2000)	价值主张、目标市场、内部价值链结构、成本结构与利润模式、价值网络、竞争战略	6	一般企业	有	35 个案例
Gartner(2003)	市场供应、能力、核心技术投资、盈亏平衡	4	电子商务企业	无	客户公司咨询
Hamel(2001)	核心战略、战略资源、价值网络、顾客界面	4	一般企业	无	客户公司咨询

① Magretta J. What Management Is[M]. New York: Free Press, 2002.

② Morris M, et al .The Entrepreneur Model：Towards a Unified Perspective[J]. Journal of Business Research, 2003(6)：726-735.

续表

作者	组成要素	要素数量	电子商务或一般企业	实证支持	数据来源
Petrovic 等(2001)	价值模式、资源模式、生产模式、顾客关系模式、收入模式、资本模式、市场模式	7	电子商务企业	无	
Dubosson-Torbay 等(2001)	产品、顾客关系、合作伙伴网络与基础设施、财务界面	4	电子商务企业	有	案例研究
Afuah 和 Tucci(2001)	顾客价值、业务范围、价格、收入、相关活动、互补性、能力、可持续性	8	电子商务企业	无	
Weill 和 Vitale(2001)	战略目标、价值主张、收入来源、成功要素、渠道、核心能力、顾客细分、IT 基础设施	8	电子商务企业	有	企业调研
Applegate(2001)	观念、能力、价值	3	一般企业	无	
Amit 和 Zott(2001)	交易内容、交易结构、交易治理	3	电子商务企业	有	59 个企业案例
Alt 和 Zimmerman(2001)	使命、结构、流程、收入、合法性、技术	6	电子商务企业	无	文献综述
Rayport 和 Jaworski(2001)	价值集(cluster)、资源系统、财务模式、市场空间	4	电子商务企业	有	100个案例
Betz(2002)	资源、销售、利润、资本	4	一般企业	无	
Michael Morris，Minet Schindehutte 和 Jeffery Allen(2003)	供给品相关因素、市场因素、内部能力、竞争战略、经济因素、个人/投资者因素	6	一般企业	有	文献综述
施百俊(2002)	套牢、互补品、网络外部性、私人知识、占先	5	一般企业	有	统计数据
翁君奕(2004)	价值对象、价值内容、价值提供、价值回收	4	一般企业	有	36 个案例

资料来源：根据 Michael Morris(2003)等的资料整理而成.

7.1.3 商业模式的基本内涵

商业模式的构成要素包括经济类、营运类和战略类 3 个类别十几个要素，作为一个系统，单从某一个层面的一些要素出发分析其内涵，难以触及其本质，需从 3 个层面进行系统分析，如图 7.2 所示。商业模式的 3 个层次的内涵是相互关联的，并逐步由经济、营运层次向战略层次递进。创业初期，从企业自身出发关注产品、营销、利润和流程，逐步转向关注顾客关系、价值提供乃至市场细分、战略目标、价值主张等。商业模式一开始就强调收益模式，利润驱动导致组成要素扩展，而对收益来源的追溯使商业模式指向创业者创业的本质，即抓住市场机会为顾客创造更多价值，只有满足了消费者尚未满足的需求或解决了市场上有待解决的问题，才能创造真正的价值。

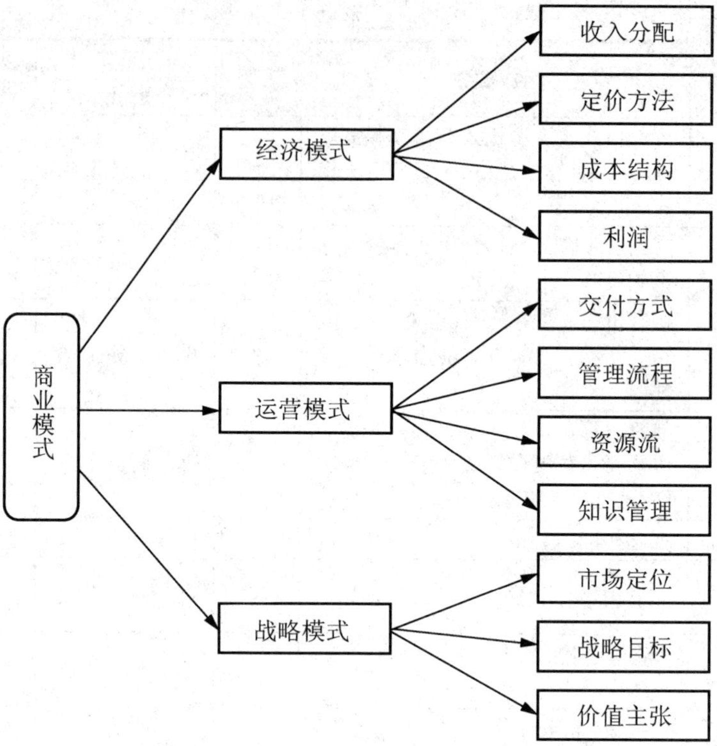

图 7.2　商业模式内涵的多层次分解

资料来源：Morris M, et al .The Entrepreneur Model: Towards a Unified Perspective [J] Journal of Business Research, 2003(6)：726-735.

商业模式是一种描述企业如何通过对经济逻辑、营运流程和战略方向等具有内部关联性的相关变量进行定位和整合的概念性工具，解释企业怎样通过对价值主张、价值网络、价值维护和价值实现 4 个方面的因素开展设计，在创造顾客价值的基础上，为股东及相关利益伙伴等创造价值，如图 7.3 所示。

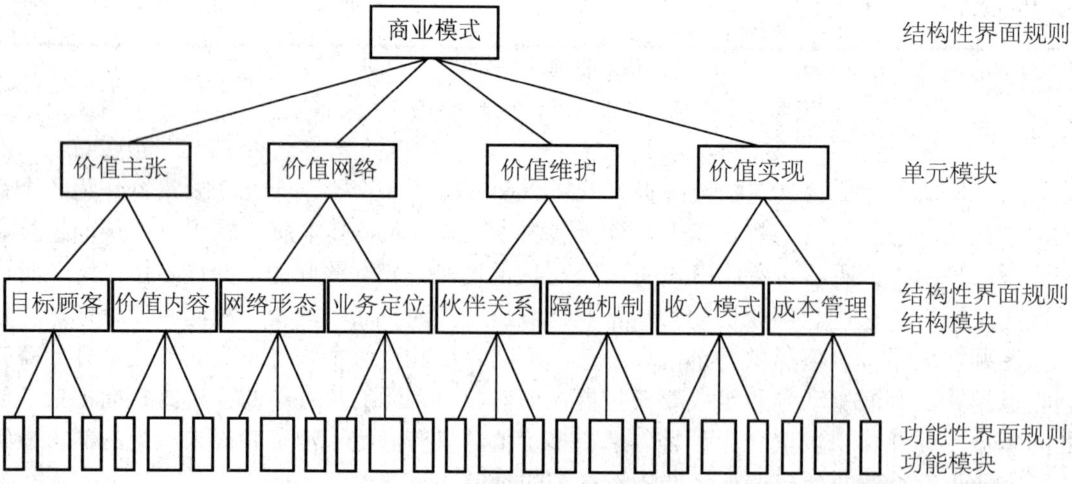

图 7.3　商业模式内涵的模块化

资料来源：原磊. 商业模式体系重构[J]. 中国工业经济，2007(6)：70-78.

阅读案例1

腾讯的商业模式评析

腾讯公司成立于1998年，处于互联网在中国逐步普及阶段。腾讯的市场定位是：致力于以实时通信技术为核心，不断地开发符合用户需求的新型服务，保持在市场中的领先地位。

1. 需求搜寻

腾讯的业务主要可以分成以下3部分。

(1) 基础业务：①基础即时通信业务，主要是传输文本信息、图像、视频及音频服务，这是腾讯最早的业务；②新闻业务，提供体育、娱乐等多类资讯；③娱乐资讯门户 www.qq.com 及娱乐业务，为用户提供QQ游戏服务，其中包括棋牌类游戏、休闲游戏、竞技游戏。

(2) 衍生业务：①衍生即时通信业务，主要是群内通信业务，包括多人之间同时通信，不论是文字的还是声讯的，都为顾客带来了全新的通信工具；②延时通信业务，相当于留言板的暂存功能，成为其即时通信的延展性功能，通过窗口提示直接跳出的，超过了电子邮件的功能，后期开发的功能还包括QQ邮箱与离线邮件；③QQ空间，这是将储存功能加以整合的功能。QQ提供了一种能够在不同时间、地点调用相同个人信息的技术，即个人空间技术。与博客功能类似，既可以完成个人信息的积累，也可以实现思想的阐释和情感的抒发。

(3) 外延业务：移动业务，如飞信。与其他通信工具和网络相连接，可以进一步方便客户，更为重要的是，移动通信中的汉字输入比计算机输入更不方便，利用QQ的方便输入与群的功能，可以满足移动通信无法实现的功能，还能将QQ功能进一步放大。

腾讯商业模式的需求搜集有以下重要特征。

第一，大范围业务的免费服务；

第二，不断衍生服务，以客户端开发为主的功能创新；

第三，不断吸收周边服务，以服务功能拓展来发现传统或其他业务渠道培育的需求。

2. 盈利设计

1) 收益的层次结构。

腾讯的收益结构由多层次构成，而且随着经营业务的变化而改变。

第一层次，会员定制服务。通过会员将那些有特殊需求的顾客甄别出来，再用特殊收费的方式向他们索取收益。腾讯收益中的QQ交友中心、大部分QQ秀、QQ家园、校友录、QQ电子贺卡、网络在线游戏等多种娱乐服务，以及QQ游戏中提供会员服务、号码服务和QQ秀聊天室等个性化的服务，都是以会员的方式收费用的。

第二层次，相关业务增值服务。这部分收益主要来自于无线和固网增值服业务。无线和固网业务为用户提供QQ与手机或其他终端互联互通的即时通信能力，如非常QQ男女、12586娱音在线、QQ蜜语一呼通、QQ加油站、手机和声讯申请QQ、铃声图片下载、自写短信、短信订阅及新闻等多项服务。另一项收益来自于企业服务，它是以腾讯通RTX来为核心企业用户提供的实时通信服务，如远程会议等。

第三层次，纯盈利渠道。

(1) 广告业务收益。广告业务是各大网站最普通的收入来源，腾讯QQ、腾讯网站的多种网络广告载体包括Flash动画、Rich Button、客户端广告Banner、系统广播、浮动广告，不同的QQ业务针对不同的广告客户。

(2) 品牌授权收益。通过对腾讯品牌的授权使用，使其他企业更好地拓展市场、开拓市场、开展销售和提高知名度，如广州东行行公司利用QQ卡通形象作为女牌的时尚服饰连锁店Q-GEN便是一个成功的案例，腾讯针对不同行业将自己的设计——市场获得认可的QQ的形象与相关的符号开发成衍生品，向不同的企业出售，使这些企业成为腾讯的重要战略伙伴。这两部分收益对应着全部需求搜集业务，也是腾讯最重要的收益来源。全部腾讯业务创造了两个重要资源：一是渠道资源；二是符号资源。

2) 腾讯收益盘点

以2007年为例，腾讯各项总收入为人民币38.209亿元，比2006年增长36.4%。

第一大收入来源于互联网增值业务收入，2007年互联网增值服务收入为人民币25.137亿元，比2006年增长了37.7%。

第二大收入来源是移动及电信增值服务，收入为人民币8.076亿元，比2006年同期增长15.4%。

第三大收入来源是广告业务收入，收入为人民币4.930亿元，比2006年增长了84.9%。

3) 成长能力培育与发展模式

腾讯以简单的技术模仿进入市场，创造基础业务用户，再获得投资者认可，培养融资能力，然后从客户端寻找新的需求，建立收益工具，然后再投入新业务开发，控制用户转移，最后发现新的盈利。

在腾讯成长能力中，竞争能力并不占据重要地位，而创新能力，特别是客户端新的需求与新使用方式的业务化，却是腾讯的主要资源投入方向，也是其成长能力核心。

腾讯在基础功能上依赖不断的功能创新获得了更多的客户，这是腾讯资源投入的最重要的方向。

在腾讯创业初期，即时通信的便捷、快速是获得顾客需求的重要手段。

腾讯在超过了用户数量的阈值以后，将资源投入一个重要的盈利设计，并尽可能地使这种盈利工具与需求搜集联系起来，主要对象是虚拟体验性产品的开发。

资料来源：张耀辉，左小德. 新商业模型评析[M]. 广州：暨南大学出版社，2009：39-51.

小思考

腾讯是如何逐步形成其独特商业模式的？

7.2 商业模式的逻辑

商业模式的核心逻辑就是创造价值，商业模式的这一逻辑性主要表现在层层递进的3个方面，如图7.4所示。

图7.4 商业模式的逻辑

7.2.1 价值发现

明确价值创造的来源，这是对机会识别的延伸。通过可行性分析创业者所认定的创新性产品和技术只是创建新企业的手段，企业最终的盈利与否取决于它是否拥有顾客。创业者在对创新产品和技术识别的基础上，进一步明确和细化顾客价值所在，确定价值命题，是商业模式核心逻辑的起点。

基于对财务软件的价值发现，1988年，王文京决定辞职创业，自己创建一个财务软件公司，以商品化的方式开发和经营财务软件，并且确定了一个经营思想：一定要研发自有知识产权而且一定要建立自有品牌。王文京在中关村海淀南路一个居委会那里租了一间9 m^2的小平房，借了5万块，买了一台计算机，注册了个体工商户“用友财务软件服务社”，花了大约两年的时间才开发出了让他们能够在市场上立足的产品，一个是王文京开发的90版用友账务软件，另一个是苏启强负责开发的UFO财务报表软件。在1997年左右，用友在财务软件这个领域已经经营了将近 10 年的时间，当时公司在经营战略上做出一个决定，从财务软件扩展到整个企业管理软件，即 ERP 软件。对用友来讲，这是一个比较重要的新的价值发现，也是公司的一次战略拓展。用友从财务软件往企业管理软件、往 ERP 软件提供商这样一个方向转型，进而发展成为综合型的软件供应商。

7.2.2 价值匹配

价值匹配就是寻找合作伙伴，整合社会资源，实现价值创造。创业者在发现新的商业机会之后，新企业不可能拥有满足顾客需要的所有资源和能力，即便新企业愿意亲自去打造和构建需要的所有功能，也常常面临着很大的成本和风险。因此，为了在机会窗口内取得先发优势，并最大限度地控制机会开发的风险，几乎所有的新企业都要与其他企业形成合作关系，整合价值网路资源，以使其商业模式有效运行。

江西赛维 LDK 太阳能高科技有限公司董事长兼 CEO 彭小峰白手起家，30 岁之前他已身家过亿。30 岁这一年，他发现了太阳能产业的巨大商机，凭借企业家特有的创新精神和资源整合能力，成为业界翘首。首先，他搭建起一个阵容豪华的高层技术和财务团队，将佟兴雪、朱良保、邵永刚等一批当时各自行业里的顶尖人物先后挖来；其次，他通过多渠道融资，一步一步成就创业梦想。2004 年，新余市从财政总收入 18 亿元左右中借了 2 亿元给彭小峰的赛维。2006 年 7 月，NBP 亚洲投资等基金对赛维进行首轮 1 500 万美元的投资；9 月，NBP 又作为主要投资人，联合十几家私募基金进行了第二轮投资，金额 4 800 万美元；12 月，NBP 再次作为主要投资商，联合鼎晖注资 2 250 万美元。正是通过有效的价值匹配，彭小峰迅速成为公司在美国纳斯达克公开上市的新能源富豪。

7.2.3 价值创造

制定竞争策略，享有创新价值，这是价值创造的目标，是新企业能够生存下来并获取竞争优势的关键，因此是有效商业模式的核心逻辑之一。许多创业企业是新技术或新产品的开拓者，但却不是创新利益的占有者。这种现象发生的根本原因在于这些企业忽视了对创新价值的获取。

价值获取的途径有两个：一是为新企业选择价值链中核心角色，二是对自己的商业模式细节最大可能地保密。对第一方面来说，价值链中每项活动的增值空间是不同的，哪一个企业占有了增值空间较大的活动，就占有了整个价值链价值创造的较大比例，这直接影响到创新价值的获取。在第二方面，有效商业模式的模仿在一定程度上将会侵蚀企业已有的利润，因此创业企业越能保护自己的创意不泄露，越能较长时间地占有创新效益。

出生于 1980 年的美国小伙罗布·卡林(Rob Kalin)，他在 2005 年创办 Etsy 并发起众多纽约手工艺者在上面开设第一批网店。公司成立后一个月，他向当时颇具名气的两位 Flickr 创始人巴特菲尔德夫妇发出邮件，请教网络技术问题。结果他们被 Etsy 的创意吸引了，遂投资逾 60 万美元。现在 Etsy 已经是全球最大的手工爱好者网站，几十万名设计师在这里聚集，手工制品销往世界 150 个国家和地区超过 1100 万名顾客手中。Etsy 给设计师以定价权并直接与全球客户对接(D2C)的电子商务模式风靡全球，并受到了风险投资者的青睐。Etsy 至今已经获得 5 轮风投资金，其中包括同时掌握 Facebook、沃尔玛、新闻集团、戴尔公司等股份的吉姆·布雷(Jim Breyer)，他掷下 2 700 万美元入股了 Etsy。Etsy 在 2011 年前

10 个月的在线成交额近 4 亿美元(约 26 亿元人民币)。在 2008 年全球金融危机期间，Etsy 的交易额飙升 3.6 倍。2009 年和 2010 年均以 200%的速度增长。Etsy 的员工已经超过 250 人。

总的来看，价值发现、价值匹配和价值获取是有效商业模式的 3 个逻辑性原则，在其开发过程中，每一项都不能忽略。新企业只有认真遵循了这些原则，才能真正开发出同时为顾客、企业以及合作伙伴都创造经济价值的商业模式。

阅读案例 2

新蓝海的开拓者——分众传媒的商业模型

分众传媒作为行业老大，充分利用规模经济竞争优势，享受着作为行业领导者所带来的巨额利润回报。分众传媒的商业模型如图 7.5 所示。

首先发现机会并明确市场定位。江南春从文学青年到广告公司创办者，丰富的广告行业经营经验使他能识别出每个广告业发展阶段的特点，进而抓住了高端楼宇广告的独特商机。分众传媒实施差异化集中化战略，把在写字楼上班的中产阶级设定为广告目标群体。

其次是发现巨大需求后依靠各种融资手段打压、收购竞争对手、获得市场绝对份额和垄断定价权，紧紧抓住广告业的特点进行有效整合。2003 年 5 月，分众传媒赢得了国际知名的战略投资基金的巨额投资，并借资本之力在全国展开“圈楼活动”。楼宇电视行业本质上是一个资源竞争型行业。分众传媒在风险投资的大力推动下，在全国各地高效地占据了这项稀缺资源。另外，分众传媒尤其注意对高档楼宇的占有。由于覆盖已经较为充分，分众传媒已经成为众多广告主的优先选择，给竞争者制造了难以逾越的市场壁垒。

再次是获得绝对优势后，分众传媒并不是固步不前，而是积极利用已有的优势有效地整合竞争资源，在保持商务楼宇广告市场份额的前提下向别的信息传播平台进发。

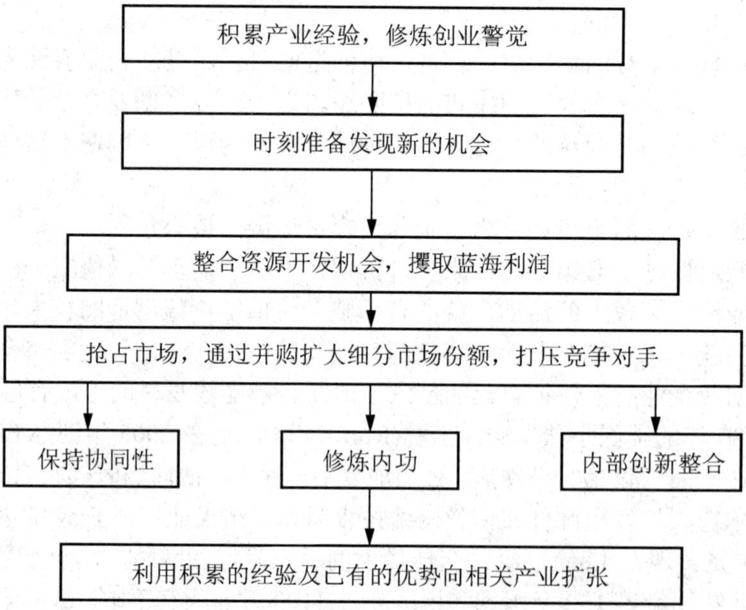

图 7.5 分众传媒的商业模式发展路径

资料来源：张耀辉，左小德. 新商业模型评析[M]. 广州：暨南大学出版社，2009.

小思考

如何描绘分众传媒的商业逻辑？有何特征？

7.3 商业模式设计

法、日两大汽车巨头(雷诺和日产)的“双料”CEO 戈恩·卡洛斯说：“这是一个盈利至上的时代，在这个时代里，谁能持续获得比同行更高的利润，谁就是真正的赢者，所以我们必须要有一个有效的商业模式。”设计一个成功的商业模式，对于任何一个企业都是一种挑战。在《如何设计一个成功的商业模式》中，哈佛商学院和西班牙 IESE 商学院的两位教授莱蒙·卡萨德苏斯—马萨内尔(Ramon Casadesus-Masanel)和杰安·理查德(Joan Richat)指出，一个商业模式的设计是否成功，有 3 个评估标准：第一，该商业模式是否与企业的愿景相契合；第二，该商业模式是否能够自我强化，形成一个有益的循环系统；第三，该模式是否坚实可靠，能够抵御模仿者、抢窃者、自满者和替代者的威胁。

著名商学教授与作家加里·哈默尔(Gary Hamel)认为，有效的商业模式必须包括 4 个关键要素：核心战略、战略资源、顾客界面和价值网络。只有充分掌握这些要素的重点以及彼此间的整合和搭配关系，才能设计出独特的商业模式。图 7.6 是新企业商业模式的设计框架，其内涵包括 4 个要素和 3 个界面，下面分别说明它们的组成和内涵。

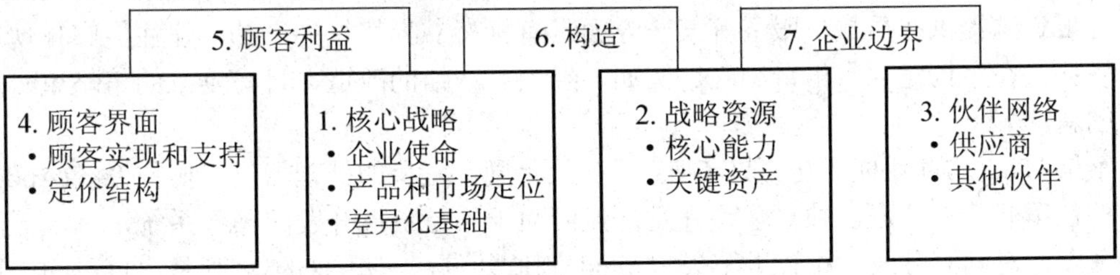

图 7.6 商业模式的设计框架

资料来源：Hamel G. Leading the Revolution. Boston: Harvard Business School Press, 2000.

7.3.1 核心战略

核心战略是商业模式设计需要考虑的第一个要素，它描述了企业如何确立使命、进行市场和产品定位、寻找差异化战略与竞争对手开展竞争。核心战略主要包括企业使命、产品和市场范围、差异化基础等基本要素。

(1) 企业使命。企业使命描述了企业存在的价值及其商业模式预期实现的目标。全球最大社交网站——Facebook(脸谱)的创始人扎克伯格在上市“公开信”中这样写到，“Facebook 的创建目的并非成为一家公司发财，是为了践行一种社会使命，让世界更加开放，联系更加紧密”。Facebook 的招股书中写到，“根据行业数据，全球目前有超过 20 亿网民，我们的目标是将这些人全部联系起来”。2010 年，美国《时代》周刊评选年仅 26 岁的马克·扎克伯格为该杂志 2010 年年度人物，并称之所以作此决定，是因为“他完成了一项此前人类从未尝试过的任务：将全球 5 亿多人口联系在一起，并建立起社交关系”。《时代》

周刊认为，如果将 Facebook 联系起来的 5 亿人聚集在一起，人口数量仅次于中国和印度，相当于世界第三人口大国①。

(2) 产品和市场定位。企业使命承载着企业家的价值追求和技术理想，依靠什么来实现企业使命？产品和市场的选择是关键。产品选择和市场定位决定了企业的盈利来源和方式。靠名片和其他的设计业务，Vista Print 做到年产值 9 亿美元，并在纳斯达克上市，市值为 40 亿美元。在被认为是夕阳产业的印刷业，到底凭什么做到如此出色?在 1995 年创建伊始，Vista Print 只是从事印刷产品的直销业务，但是传统印刷行业的竞争激烈让 Vista Print 不得不使出免费印制名片的招数。Vista Print 的聪明之处在于将免费的名片化身宣传单张，每张名片的背后都印着“免费名片，尽在 www.vistaprint.com”。免费的噱头吸引了不少用户，但是单靠免费当然不能实现盈利。在免费之外，Vista Print 开拓了增值业务：更多样的花色设计和高档纸张自由选择。用户往往为免费名片而来，却往往受不住诱惑购买付费订单，Vista Print 就这样初步获得盈利。凭借名片设计和印刷积累的忠实用户，Vista Print 把业务范围拓展，包括信笺、便笺、明信片等印刷品，同时将产品打入 10 人以下的微型企业，提供设计、文案服务。

(3) 差异化基础。新企业在产品或市场上的差异化战略是竞争制胜的重要法宝。战略学家迈克尔·波特认为，低成本、差异化、目标聚集是企业竞争的 3 个通用战略。对于新创企业，控制成本很重要，但规模小，消费市场正在开辟中，采用成本领先战略，依靠成本优势吸引顾客，缺乏基础，并非良策。相反，基于独特的市场机会，采用差异化战略，集中有限资源提供在质量、服务等某些方面具有标奇立异特征的产品，往往能够体现新创企业优势，在市场竞争中出奇制胜。例如，经过乔布斯的改造，目前苹果的策略重心是设计、创新。

苹果 iPad 的商业模式与三星 Galaxy 截然不同。三星的处理器以及操作系统(Android)采取外包策略，并非自己独自全程开发；然而由于不是自己开发的操作系统，三星无法与软件开发商对利润分成。相较于苹果将 iPad 制造外包，三星 Galaxy 则是由自己的工厂生产。此外，三星并没有像苹果一样设立零售专卖店。苹果与三星在平板计算机产业上竞争，尽管在产品层次上的孰优孰劣在短时间内会影响市场占有率，然而商业模式的最优设计将会注定谁是最终赢家。

7.3.2 战略资源

战略资源是新创企业获取竞争优势、实现创业使命的基础，它包括企业的核心能力和关键资产。

(1) 核心能力。1990 年，普拉哈拉德(Prahalad)和哈莫(Hamel)在《哈佛商业评论》中首先提出这样的一个概念——“核心能力”。核心能力是指公司的主要能力，即是使公司在竞争中处于优势地位的强项，是其他对手很难达到或者无法具备的一种能力。核心能力主要关注各种技术和对应组织之间的协调和配合，从而可以给企业带来长期竞争优势和超额利润。

阿里巴巴核心能力——对顾客需求的认知能力的基本特征。①独特性：阿里巴巴对中

① 中国创业网 www.cyechina.com / www.cg01.cn.

国供应商的需求具有与众不同的分析和判断，它认为在即将成为世界工厂的中国市场，供应商们最为稀缺的资源是销售信息与渠道，因此阿里巴巴始终坚守为中国供应商服务这一使命并依靠对中国市场独特的认知不断实现创新；②顾客价值：阿里巴巴的企业信用认证服务为中国供应商的交易提供了信用保证，减少了交易成本；③难于模仿：对市场环境及顾客需求的认识是在个体独特经验和知识基础上形成的，本身具有难于模仿性；④向新机会转移的可能性：阿里巴巴拥有的对顾客需求的独特分析和判断能力很可能支持他们开发出电子商务搜索标准。

(2) 关键资产。关键资产是企业拥有的稀缺的、最有价值的、不同于其他企业的有形或无形财富，包括工厂和设备、位置、品牌、专利、顾客数据信息、高素质员工和独特的合作关系。对腾讯而言，除了海量用户之外，腾讯应用控制台(App Console)的集成输出系统，海量支撑、运营监控体系、数据统计分析、客服平台、测试平台、安全平台、支付平台等构成了其关键资产。对于新创业的企业，专利技术、有价值的创意、优秀的团队都可能构成其关键资产。对于不同类型的企业，关键资产的种类是不同的。

企业的核心能力和关键资产是相互依存、相互支撑的，企业如何把自己的核心能力和关键资产综合起来以创造竞争优势是投资者评价企业时给予最多关注的因素。

7.3.3 伙伴网络

企业一般只能提供价值链中一个或几个环节的产品，不具有执行所有任务所需的资源，因此需要与其他合作伙伴一起通过分工协作完成整个供应链中的各项活动。对于新企业，从专业分工的角度，依托价值链中的核心企业，对产品价值链中某一环节的开发，可能更快成就创业梦想。企业的合作伙伴网络包括供应商和其他伙伴。供应商是向其他企业提供零部件或服务的企业。传统上，企业与供应商维持有限的关系，并把它们看成竞争对手。需要某种零部件的生产商往往与多个供应商联系，以寻求最优价格。然而，过去20年来，企业逐渐抛弃了这种与供应商的短期关系，转而与之结成合作伙伴以获得互利目标。这种转变来自于竞争压力，竞争压力推动企业经理仔细审视价值链的上下游，以便发现节约成本、提高质量和改善市场进入速度的机会。经理们开始越来越多地关注供应链管理，它是贯穿产品供应链的所有信息流、资金流和物质流的协调。企业管理供应链的效率越高，其商业模式的运作效率也越高。

ZARA 在传统的顶级服饰品牌和大众服饰中间独辟蹊径开创了快时尚(Fast Fashion)模式，有人称之为“时装行业中的戴尔电脑”，也有人评价其为“时装行业的斯沃琪手表”。在2005年，ZARA在全球100个最有价值品牌中位列77名，哈佛商学院把ZARA品牌评定为欧洲最具研究价值的品牌，沃顿商学院将 ZARA 品牌视为研究未来制造业的典范。ZARA的成功在于，通过重新构建价值链形成了独有的商业模式，也即“快时尚”。一般服装从设计到生产、运输、销售的周期为90～180天，而ZARA的这一过程仅需15天，从而实现了同一季度内的多次产品更新。ZARA实现了12～15天的反应型生产配送，而中国大多数企业从接单到产品上市需要90天；ZARA绝大多数的产品都在当季生产，季前生产比例只有 10%～15%，而中国服装企业的季前生产比例几乎是 100%；ZARA 每年推出12 000个新款，而中国服装企业只有2000款左右；ZARA的库存周转率大约为每年11次，而中国服装企业只有大约3次。

7.3.4 顾客界面

顾客界面是指企业如何适当地与顾客相互作用，以提供良好的顾客服务和支持。客户所能接触到的各种与品牌相关的元素统称为顾客界面，包括实体环境及其要素(零售商店、服务场所以及产品促销信息、销售和促销人员与顾客互动的形式)和第三方影响者要素(传统媒体广告、网站、口碑推荐)。新企业针对特定的目标市场，构建友好的顾客界面是影响商业模式效果的重要因素，主要涉及销售实现和支持、定价结构两方面。

凡客诚品官网(www.vancl.com)以商品展示为核心的界面设计配以醒目、简洁的导航，支持大图商品浏览、搜索、收藏、购物车、物流查询、促销推荐等诸多功能，能够满足顾客的请求快速响应。在这里，一般顾客所要了解的信息、所期待的服务和各种互动形式一应俱全。在以凡客体广告成功扩大知名度后，凡客诚品又将微博作为宣传和推广凡客品牌的有效渠道，有关新品上市、业务发展、品牌内涵的信息都会即时发布出来，后续的一系列明星视频广告也通过微博首发，在短时间内获得广泛关注，然后再向其他媒体拓展。2012年年初，凡客诚品又推出了“凡客达人”计划，这又是一种全新的界面延伸形式。凡客诚品为有志于成为分销商的用户推出一个社区化分成营销平台，买家只要通过“达人”的店铺或者空间购买凡客产品，“达人”就可以获得凡客10%的销售分成。这一大胆实践开放平台的重大战略举措，成功地将界面延伸到了每一个认同凡客诚品品牌的用户界面上。

(1) 顾客实现和支持。顾客实现和支持描述的是企业产品或服务“进入市场”的方式，或如何送达顾客的方法，它也指企业利用的渠道和它提供的顾客支持水平。所有这些都影响到企业商业模式的形式与特征。中国秀客网通过网络这个交流平台，全国的消费者可以把自己设计的作品(包括摄像、绘画或者涂鸦等)提交给网站，比如情侣照片，并同时提交定金，印染厂再把这些作品印染到消费者指定的商品上，比如印到情侣装上。其实该企业的商业模式只是将传统模式中企业内部价值链中的设计、制造、销售、回笼资金流程稍微调整了一下，将设计外包给消费者，形成了消费者设计、企业收定金、制造、100%定向售出并回笼的新商业模式。

(2) 价格结构。价格往往是顾客接受产品的首要因素之一，创业者对创新产品或服务的定价直接影响到顾客对产品的评价，因此，创业者必须使用合理的定价方法制定有效的价格。多数专家指出，新企业的价格结构必须符合顾客对产品或服务的价值认知，即顾客能够接受的价格是顾客愿意支付的价格，而不是产品成本基础上的一定比例的加成。例如，在高科技产业中，60%～80%的毛利润比较普遍，售价 300 美元的英特尔芯片，其成本可能只有 50～60 美元，这种实际价格与产品成本之间的分离反映了顾客对芯片的认知价值。如果英特尔根据产品成本进行定价，产品价格可能会很低，赚取的利润也会很少。而且，专家们认为，创业者一定要抵制以低价扩大市场份额的诱惑，因为这种方法产生的高销售量并没有创造高的营业利润。

7.3.5 顾客利益

顾客利益是连接核心战略与顾客界面的桥梁，代表着企业的战略实际上能够为顾客创造的利益。首先，企业的核心战略要充分显示企业为顾客服务的意图。例如，企业的产品和市场定位必须集中在未得到充分满足的顾客需求，企业使命必须是在特定市场提供卓越的顾客服务，同时还要注重提供与众不同的产品和服务，这样顾客才能转而购买你的产品。星巴克的企业使命是建成世界第一流的高品质咖啡店，在成长的同时毫不妥协地维持企业的原则，即 6 项决策标准：提供最好的工作环境，以尊重和尊严对待彼此；容纳多样性是做生意的重要元素；在咖啡的购买、烘烤和保险运输方面采用最高标准；在任何时候都让顾客满意；以积极的态度为社会和环境做出贡献；认识到收益对未来的成功很重要。其次，在构建顾客服务与支持系统以及进行产品定价的时候，也要考察这些是否与企业核心战略一致。海尔提倡的“星级服务”，在网点布局、服务流程、质量监控等各个方面创造了服务规范，规定详细到接待用语、反馈时间、服务人员的着装和工具手套等各个细节，这些努力为客户留下了专业、贴心的印象，让海尔一跃成为服务典范。因此，顾客利益是企业制定核心战略以及构建顾客服务体系时必须遵守的原则，它涉及企业生存的根本。

7.3.6 构造

构造是连接核心战略与战略资源的界面要素，主要指两者间的有效搭配关系。首先，战略资源是核心战略的基础，企业缺乏资源就难以制定和实施战略目标。企业产品和市场的选择必须紧紧围绕核心能力和关键资产。企业根据自身的核心能力和资源集中于价值链中较小的环节，较容易成为特定市场的专家，提供更高品质的产品和服务，为企业创造出更高的利润。很多成功的创业企业在这方面做出了榜样。阿里巴巴网站始终坚持为中国供应商提供电子销售服务的战略方向，这主要是因为其对顾客需求的高认知能力以及所掌握的中国供应商和国外 5 000 多家采购商的相关信息。2001 年，阿里巴巴获得两轮风险投资后，“想做大”的马云也曾尝试过其他的经营项目。但是到 2002 年底，马云将它们一一清退，甚至把当时占据公司收入 60%的系统集成业务也一起放弃，以保证公司继续沿着其核心能力和资源能够支撑的方向前进。其次，核心战略要充分挖掘企业战略资源的优势，一方面这是创造更多企业价值的需要，另一方面也是有效构建竞争障碍的途径。企业通过关键资源的杠杆作用对已有模式的不断创新，将会使跟进者的模仿变得更加困难。

7.3.7 企业边界

企业边界是指企业以其核心能力为基础，在与市场的相互作用过程中形成的经营范围和经营规模，其决定因素是经营效率。企业的经营范围，即企业的纵向边界，确定了企业和市场的界限，决定了哪些经营活动由企业自身来完成，哪些经营活动应该通过市场手段来完成；经营规模是指在经营范围确定的条件下，企业能以多大的规模进行生产经营，等同于企业的横向边界。企业边界是连接企业战略资源与伙伴网络的界面，其内涵在于企业要根据所掌控的核心能力和关键资源来确定自身在整个价值链中的角色，企业边界是企业组织结构的基本特征之一。

传统的企业边界观点是建立在成本收益原则基础上的，一项交易是成立企业自己生产还是从市场购买取决于产品的边际成本，产品的边际成本等于交易成本之处就成为企业的边界。而随着市场竞争的日益激烈，现代企业边界观点产生了，它把企业为什么存在以及企业应该有多大的基础问题归为企业竞争能力的问题，其中企业的核心能力与关键资源决定了企业应该做什么。企业只有围绕它的核心能力与关键资源开展业务才可能建立起竞争优势。尤其是新企业，创建之初往往面临较大的资源与能力的约束，集中于自己所长，是竞争成功的关键。

总之，在开发和设计新企业的商业模式时，要正确思考和解决新企业的核心战略、战略资源、伙伴网络、顾客界面等问题，并正确处理它们之间存在的顾客利益、构造以及企业边界等方面的关系。优秀的商业模式总是从整体角度审视自己，做到企业核心战略与战略资源高度一致，真正给顾客带来实惠和便利，在创造企业利润的同时，使合作伙伴也获得了足够多的好处。

阅读案例 3

百丽的商业模式设计

百丽鞋业于 1991 年 10 月创立于深圳，属中外合资企业，主要从事订单加工及鞋类产品制造。1997 年，在鞋类制造方面积累了丰富的经验后，百丽开始拓展全球零售网络，并开始打造自有品牌。2001 年，百丽女鞋成为中国同类产品中销量、销售额双料冠军。

为了进一步加强对零售终端的掌控力，2002 年，百丽与分销商共同组建百丽投资有限公司，以股权为纽带，将销售终端与百丽的发展牢牢地捆在了一起。

2004 年，百丽投资旗下的 1 681 家零售店，通过改签租约的方式，转移至离岸公司百丽国际旗下；百丽投资旗下的办公设备等无形资产也出售给了百丽国际。2005 年，重组之后的百丽国际获得了摩根士丹利旗下两家基金公司的注资，在充足的资本支撑下，开始迅猛扩张，成为中国最大的女鞋零售商和中国最大的运动服饰零售商，旗下有百丽、思加图、天美意、他她等自有品牌和真美诗及 Bata 两个授权品牌。2007 年 5 月，百丽在香港联交所挂牌上市。

(1) 纵向一体化。纵向一体化是百丽在中国鞋企中脱颖而出的重要发展模式——从产品的设计到开发、生产、营销、推广、分销、零售等产业链上的各个环节，全部由百丽自己承担。在倡导产业链分工协作的今天，这种模式似乎有点另类。实际上，它是百丽获得高额利润的保证，也是百丽十几年来蓬勃发展的深厚积淀。在这种模式支撑下，百丽赚足了产业链上每一个关键环节的利润，企业的综合毛利率远高于行业平均水平，比国内鞋业的其他优秀企业奥康、李宁等高出 10 个百分点左右。更重要的是，在瞬息万变的市场环境中，对零售网络的直接控制，使百丽在企业与消费者之间搭起了一个随处可见的高效运作平台，能够随时获得和掌控市场信息，把握市场趋势，在竞争中赢得主动。这种模式，还可以让百丽最大限度地控制供应链，使产品一开始就比在国外研发的产品提前 4 个月左右上市。

在对销售环节进行强势掌控的同时，百丽并没有忽视对制造环节的投入。2006 年，百丽投资 5 亿元兴建百丽工业园。这样做的目的是将制造环节牢牢地掌握在自己手中，可以使企业在供应链后端发力，辅助前端很好地迎合市场。

(2) 打造极速供应链。众所周知，在服装鞋帽行业，库存是企业的天敌。而对库存的严格控制，正是百丽提高利润率的秘密武器。快速创新，使百丽形成了自己独特的极速供应链。

(3) 小批量，多品种。目前在百丽，一款鞋从生产到上架只需 20 多天；任何一款产品的首批订单永远只做 50%，其余通过补单的形式完成——首批产品上架后，各地零售终端的销售情况会迅速反馈到企业，根据这些信息，来决定其余 50%产品的生产。另外，各产品的设计师也会在第一批货投入市场后迅速赶到一线，听取消费者的声音，并根据市场需求对产品设计进行改进。“小批量、多品种”的产品投放方式，成为百丽的一个重要特征。而构筑百丽强大的市场能力的，正是遍布全国各地的零售网点，它们是百丽研究消费模式的直接窗口，也是百丽打造极速供应链的重要保障。对市场需求多样化的高度迎合，使百丽轻装上阵，将令同业普遍头痛的库存问题轻松化解。

(4) 大城市多开店，小城市开大店。令同业震撼的，还有百丽的开店速度。当然，与这种速度相匹配的，还有百丽独特的开店理念。大城市开店成本高，且进入的品牌多，竞争激烈，一个品牌无法以压倒性的优势占领市场，百丽的策略是多开店，让品牌逐渐深入人心；小城市房租和人工都便宜，在较好的位置开大店，形成旗舰。

(5) 多品牌制胜。有了这么多的零售店，如何在极速扩张的同时，把每个零售点的业绩做足？百丽的策略是：不断引进新的知名品牌，通过并购、代理等方式占据更多的细分市场份额。百丽旗下的品牌个个在国内市场赫赫有名，今年年初，百丽又并购了妙丽、森达等4个知名品牌，并新增4个代理品牌。多品牌策略为百丽赢得了广泛的客户群和细分市场的稳定收益。

(6) 扁平化决策。为了迎合各地消费者的不同需求及审美情趣，百丽将全国分为10大销售区，并将采购及销售权彻底下放。这种扁平化的决策程序，使百丽得以快速适应市场变化，提升了销售和盈利能力。

(7) 用品牌铺垫出高起点。利用品牌、供应链和强势渠道，再加上精细化的管理，使百利摆脱了多数鞋企所遭遇的微利尴尬。“凡是女人路过的地方，都要有百丽！”百丽计划每年在全国新开1 000家新店，其中包括建立更多的零售商城。

资料来源：www.sino-manager.com

小思考

百丽商业模式设计的独到之处表现在哪些方面？

7.4 商业模式创新

商业模式创新作为一种新的创新形态，正在引起高度的重视。在2005年经济学人智库(Economist Intelligence Unit, EIU)发起的调查中，54%的首席执行官认为，到2010年，商业模式创新将成为比产品和服务创新更重要的创新。①新创企业设计的商业模式在成长的过程中需要根据新的竞争、资源条件不断调整；大企业的发展需要通过创新商业模式寻找新的发展动力；公益机构越来越重视导入企业家精神，将新的商业模式与社会公益事业的发展结合起来。商业模式创新不仅在企业实践中被广泛应用，近年来也已经成为管理学领域一个新的研究热点。

7.4.1 如何理解商业模式创新

商业模式创新是指企业价值创造提供基本逻辑的变化，即把新的商业模式引入社会的生产体系，并为客户和自身创造价值。通俗地说，商业模式创新就是指企业以新的有效方式赚钱。新引入的商业模式，既可能在构成要素方面不同于已有商业模式，也可能在要素间关系或者动力机制方面不同于已有商业模式。

Mitchell和Coles提出商业模式的5W2H模型，即商业模式由Who、What、When、Where、Why、How、How much共7个要素构成，包括谁是商业模式的利益相关者？提供什么产品和服务？怎样提供这些产品和服务？在哪里提供？企业为何存在？交易如何进行？顾客愿意在怎样的价格水平上支付购买？在7个要素中，某一方面变化使企业朝好的方向发展，这是商务模式的改进；4个以上要素改变引起的变化，称为商业模式的变革；全新的行业内未曾有过的商业模式变革才是商业模式创新②。

亚马逊公司对传统书店的商业模式进行了创新。亚马逊公司作为一个完全基于互联网的企业于1995年7月开始营业，销售图书。在其网站分类目录上，列出了超过250万种图

① [德]Kagermann，张维迎.2010商业模式——企业竞争优势的创新动力[M].北京：机械工业出版社，2008.
② 郭毅夫. 商业模式创新与企业竞争优势[J]. 重庆社会科学. 2010(6)：94-97.

书。网站是它的标志之一，它主要面向家庭购物者设计，简单而实用，网页加载很快，使用起来也很方便。网站提供了多种了解和接触一本书的途径：读者评论、分类浏览清单、多维搜索能力、参照以前搜索、电子邮件通知、推荐引擎等。明显不同于在传统有实体店面的书店现场购书的方式，消费者通过“点击一次”下单，就可以在其网站上下单购买，亚马逊在其仓库完成配货后运送给购书者。从一开始，亚马逊的商业模式就是建立在使用互联网的用户环境与条件上。亚马逊的价值提供直接和互联网媒介所产生的独特能力有关，如客户服务。亚马逊网站购物篮应用功能列出预计的运送时间。新书通知、实时运送及取消订单通知和客户互动都利用了网站和电子邮件的通信功能，与客户有更多接触，特别是面向大众市场以折扣价提供产品服务时。通过展示书时请求并发布读者评论，将读者偏好转化为差异化竞争的来源，不仅能增强写评论读者的忠诚度，而且所充当的社区功能也能吸引新的读者。150 万的新书及约 100 万的老书种类，约是一般传统书店的 100 倍，给读者提供大量可选择范围。它管理如此大规模的存货，采用的是虚拟模式，即主要和批发商保持密切合作关系，自己实际上只备有其中很小一部分，它的存货周转时间远低于传统零售书商。1998 年年底，其存货每年平均周转 26 次，远高于传统竞争者的 2.7 次。由于不需要高成本的实体书店店面，成本更低，即使给 3 本以上书的订单免去运费，其成本依然比传统零售商低 8%～10%。

商业模式创新实践领先的国家是美国，美国政府甚至对商业模式创新通过授予专利等给予积极的鼓励与保护。传统上，商业模式创新在各国是不能得到专利法保护的，而自 1998 年美国 State Street Bank & Trust Company 对 Signature Financial Group 一案判决后，商业模式被广泛认为在美国是可以申请专利的。

商业模式专利在美国被归入商业方法(Business Method)专利类(Class 705)，以软件工程为基础，与一定的技术有关是这类专利的一个重要特点。1999 年，美国国会在发明者保护法案中增加条款，以保护那些最初不相信其商业方法可以获取专利，而后来这些方法被其他公司申请了专利的公司。如今，虽然还有争议，不仅是美国公司，如 Amazon、Priceline、IBM 等，越来越多的外国公司，如日本、法国、德国、英国、加拿大、瑞典等国的公司，也已经在美国为他们的商业方法创新申请了专利。专利授权是公司收入的重要来源，成为每年超过 1 000 亿美元的业务。商业模式专利也已经成为公司保护自己利益的有力武器。如 2003 年的 5 月 27 日，美国弗吉尼亚州 Norfolk 地方法庭关于 eBay 及其所属公司侵犯 MercExchange 两项专利的判决中，eBay 等公司被判给 MercExchange 的赔偿金高达 3 500 万美元。

7.4.2 商业模式创新的阻力和动力

1. 商业模式创新的阻力

商业模式作为一种创新形态，在实施过程中，会遭遇来自组织内、外部的多重阻力。

(1) 认知阻力是阻碍商业模式创新的主要阻力。成功不仅带给企业荣耀和满足，还带来很多“副产品”。例如，成功掩盖了公司存在的很多问题，带来了管理者的自负，使公司上下沉醉于过去的胜利而放松了警惕。它们普遍不顾事实，排斥负面信息，并且越成功的企业，就越容易出现这种倾向。企业内已形成的商业模式会影响管理层在创新商业模式过程中的信息选择，源于管理层已形成的思维方式如不能及时适应环境的变化，必然会对商业模式的创新形成阻力，甚至导致企业失败。组织结构的不完善也会成为商业模式创新的阻力，一般认为，组织结构内部分散的权利中心或内部部门间管理者的频繁的调整不利于商业模式创新。

(2) 资源配置不足的阻力。突破性技术商业模式创新的主要阻力是缺乏相应的资源，商业模式创新常常与传统的企业资源配置相冲突，企业经理倾向于阻止商业模式创新实验，因为创新的实验威胁现有的价值观念和利益结构。当新的商业模式刚被概念化时，管理层面对不确定、快速变化的市场，这种不可预测的商业模式创新风险，可能成为来自外部的压力。

国美电器的首次在线亮相，正值中国企业的用户电子商务提供商的竞争态势迅速变化的时期，有行业观察人士认为，国美电器已经姗姗来迟。尽管电子商务在全国范围内蓬勃发展，不过，实体零售商在其中所占的份额却极其有限。截止到目前，只有几家重量级零售商在网上现身。互联网研究机构艾瑞市场咨询公司(iRearch)的数据显示，按销售收入计算，在中国最大的 30 家电子商务企业中，有 26 家是纯粹的互联网企业；与此形成鲜明对比的是，在美国最大的 30 家电子商务企业中，只有 5 家是纯粹的互联网企业。虽然中国零售商对互联网的观望态度正在改变，但是许多大型传统零售商对于网络模式仍然有诸多疑惑。中国连锁经营协会(CCFA)的数据显示，截止到 2011 年年底，在全国 100 家最大的(实体)连锁零售企业中，已有 34 家企业建立了网络管道。但是，其中的大部分企业只是将其网站作为市场营销的手段，很少有企业把电子商务作为一个重要的赚钱业务而与其热情相拥。

2. 商业模式创新的动力

商业模式面临创业多种创业阻力，只有当创新的动力冲破阻力时，商业模式的创新才可能启动。商业模式创新的动力有 3 种。

(1) 新技术市场化是重要的推动力。与持久新技术相比，突破性技术是一种比较激进的技术创新，新技术转化为适应市场的产品和服务，必须有新的合适的商业模式推动。

(2) 市场环境压力促进商业模式创新：新的创业者、竞争者和新的规则的出现，使企业的竞争力和盈利能力面临挑战，为了适应动态的、激烈变化的商业环境，持续不断的商业模式的创新成为企业获取竞争优势的重要能力。

(3) 市场机会拉动商业模式创新。面对较大的技术和社会变革，新的需求会催生新的商业机会，新的企业会在新的商业模式的助力下，快速获得竞争优势，一些反应敏捷的大企业，往往能抓住机会开展企业内创业，通过建构新的商业模式获得新生。

窝窝团选择推出专卖店模式，尝试转型。到目前为止，兰会所、都王烤鸭、香港致臻雍福会、黄鳝世家、正院大宅门、鲍鱼公主等数千家美食餐厅，以及众多婚纱摄影、旅游酒店、温泉洗浴等生活服务类商家集体进驻窝窝团，开设官方专卖店。第三方监测数据显示：历经 3 个多月的耕耘，窝窝团专卖店销售额已突破亿元大关。

登录打开窝窝团首页发现，目前已经与窝窝团达成合作的专卖店商家都统一带有专卖店的独特印章。消费者点击进入专卖店，不但有对商家的详细介绍，其团购产品也可一目了然，这便是窝窝团专卖店模式的直观体现。窝窝团推出专卖店模式，与原团购网站相比，在互动体验、商品分享、商品种类、消费引导等方面优势更为突出，专卖店销售形式给商户提供了一个丰富的销售平台，同时也满足了消费者开心团购、快乐消费的网购体验过程。

与以往的团购模式不同，在专卖店模式下，商家的团购产品可以进行多样性组合，展示的时间可能是长期的也可能是永久性的。对于商家来说，专卖店模式还有另外一个好处就是店内商品可以随时更换，使消费者有了更多的选择权。

7.4.3 商业模式创新的路径

商业模式创新是一项系统工程，其创新路径因创业者的视角不同而不同。随着实践和研究的深入，商业模式的创新大致可分为组成要素创新、系统创新、价值链创新、战略创新 4 种。

(1) 组成要素创新。在商业模式价值体系中，企业可以通过改变价值主张、目标客户、分销渠道、伙伴承诺、收入流和成本结构等激发商业模式创新。这种路径的不足在于可能只是部分创新，无法达到商业模式整体创新。

怡亚通是第一家在国内上市的供应链企业，主要为思科等世界 500 强采购零部件。虽然进出口加物流的效率型供应链市场需求仍然很大，但由于进入门槛不高，模式易被复制，所以具有相当规模的市场需求不断吸引着越来越多的企业来分蛋糕。竞争加剧导致的结果是，企业陷入了无休止的价格战，企业利润和增长的前途也越发黯淡。周国辉敏锐地意识到，广度供应链已经是红海，怡亚通必须不断进行创新，构筑竞争门槛，寻求供应链的蓝海。

怡亚通选择在传统物流模式上加上金融创新。在从事传统物流服务中，怡亚通发现了客户对资金的需求。怡亚通公司的规模大、信誉好，从银行贷款相对容易，如果客户需要资金，怡亚通可以先做垫资，收取相应的服务费，虽然费用不高，但资金周转的次数较多，也带来了不少的利润。不过，怡亚通不是定位为一个金融中介，而是将创新的配套资金服务融入到供应链全程运作和管理，以“资金流”服务来为客户解决资金周转问题，进一步打通供应链的整个环节，把怡亚通与客户更好地捆绑在一起。

(2) 商业模式系统创新。商业模式是一个有相互联系的若干活动组成的系统，商业模式活动系统的设计者需要考虑设计组成因素和设计主题。商业模式系统创新弥补了部分创新可能的片面性。

号称“拥有全国最大连锁渠道”的民营连锁书店“光合作用”，由于成本增加、交易额下降，在经历被供应商堵门讨要货款、门店暂时关张等风波后，开始了重组后的系统创新。根据重组计划，光合作用将实现“两条腿走路”的模式。具体而言，光合作用的线下书店，将从传统的定位即“你的第二书房”，升级为“悦读者的城市客厅”。对于这种转变，孙池称，“这代表着光合作用将不再是私人书房型的私密空间，而是更推崇交流的客厅式共享空间”。在提供的产品层面，光合作用将以“杂志+咖啡”为主，抛弃小百货销售；同时，光合作用还将实现网上销售，并推出数字阅读，而光合作用的身份将成为电子出版商，并出版电子作品。对于向线上部分的拓展，创始人孙池表示，“无论是线上还是线下销售，实体书都无法回避电子书对市场的冲击。跳出现有的竞争范畴，从实体书行业与电子书行业间的竞争看，电商与传统书店站在同一起跑线上。现在国内电子书市场尚未形成稳定格局，光合作用有机会成为数字阅读时代的风格化阅读内容提供者”。

(3) 价值链视角的商业模式创新。新的商业模式就是隐藏在所有商业活动下价值链上的变量。价值链一般可分为生产和销售有关的活动两个部分，前者包括设计、采购、制造等环节，或者包括寻找顾客、建立渠道、交易和售后服务等环节，一个新商业模式或者起始于产品的创新，或者肇始于一项流程创新。在 1999 年推出黑莓之前，RIM 公司规模不算太大，更不被多数人所知，但推出黑莓之后，它仅用不到 10 年时间，就进入世界 500 强行列。如果把黑莓仅仅当作一部手机，将很难解释它为何如此成功，它更应该被看做一种管理工具，除了依靠产品和技术的成功，还有赖于它基于销售环节的独特的商业模式。黑莓目前主攻企业级市场(个人市场尚未启动)，用户对效率提升、社交等需求最为敏感，黑莓的商业模式更具生命力，它与运营商建立了一种互利的、良性的合作模式。黑莓的合作模式基本上是：由黑莓提供手机设备、软件、移动解决方案，但不直接运作市场，运营商利用自己的品牌和庞大的网络进行市场开拓，并按月收取服务费用，RIM 和运营商将按合同约定的比例分配这笔服务费用。黑莓目前已经进入 170 个国家，与超过 500 家运营商进行合作。黑莓已累计销售超过 5 000 万部，在全球有 3 200 万忠实的高端用户，在一些大型企业，可能有几千或者上万人使用黑莓及其服务。在金融危机期间，多数手机厂商销量下滑，但黑莓的用户数量不降反增，过去一年每季度新增约 400 万用户。在中国，黑莓与中国移动合作，黑莓的中国客户都是平安保险、中国国际金融公司、中国国际信托投资公司、中远、宝钢、安信证券这类大型企业。

(4) 竞争战略视角的商业模式创新。多数企业应用的竞争战略主要有：建立在低成本基础上的低价格、更吸引人的服务、更多选择的信息、密切的客户关系。最成功的公司就是那些能够持续、有效的战略和强有力的商业模式创新结合在一起发展的公司。

阅读案例 4

Grameen Bank 的商业模式创新

尤纳斯于 1976 年在孟加拉国为了帮助穷人摆脱贫困而创建 Grameen Bank。它的目标客户是乡村最贫困的人，特别是贫困妇女，她们所获得的贷款超过 95%。贫困妇女之所以成为主要目标客户群体，是因为她们没有其他资本来源选择，如传统银行贷款(直到 2004 年还是这样，在商业银行中，妇女贷款客户不足 1%)，或工资收入等，她们更可能遭遇借贷困难。贷款的额度最初是 35 美元，平均为 200 美元，根据借款者的需求及信用水平而定。对于这样的小额贷款，由于较高的管理成本，传统的商业银行是不开展此项业务的。

与传统商业银行的另一个重要区别是 Grameen Bank 不需要抵押或担保。Grameen Bank 的每个分支机构约覆盖 15～22 村庄，由一个分支机构经理及若干中心经理运营。他们一道紧密了解本地经营状况，以发现并开发潜在客户。妇女们要加入 Grameen Bank 系统，需要形成一个由 5 ~ 10 人组成的借款小组，小组成员由她们自己自愿选择构成。每个小组根据财务强弱因素对成员进行排序，并由此决定取得贷款的顺序，最迫切需要的成员先获得。在一个小组中，每次只能有一个人获得贷款，只有在上一个人清偿完以后，下一个人才能获得。每个小组选出一个主席，她只有在其他成员满足贷款条件，比如按周按时还款，最后才能获得她的贷款。每个小组成员都明白，由于缺乏其他资金渠道，从 Grameen Bank 获得贷款对改善她们的处境是重要的。如果赖账，会影响她在村子中的声誉，因为她会使其他成员失去获得贷款的机会。小组中同伴的支持及压力，提供给每个借款者充分的动力去履行贷款条件。小组构成了风险控制的第一道防线，第二道防线是中心经理。他们会定期拜访借款者，以了解贷款偿还情况，也会积极全程参与小组活动，选择借款人、批准小组成立并监督创收项目。作为风险管理的补充机制，小组成立还必须经过分支机构经理的批准。

虽然它一直盈利，但 Grameen Bank 是一个不以盈利为主要目的的机构，因此，它的利息保持在相对较低的水平。如资产回报率，1998年在不足0.1%至0.5%间波动，远低于如花旗银行同年1.84%的水平。从社会角度看，Grameen Bank更是很成功的。它所提供的贷款，已经使超过45%的借款者，数百万家庭跨越了贫困线，消除的不仅仅是贫困，也使妇女在家庭中有了更高的社会地位。

Grameen Bank颠覆了传统商业银行贷款需要担保或抵押的情况，使大量乡村有潜力的穷人得到摆脱贫困所需的贷款，成为应对贫困问题的有力工具。它的影响也超出自身之外，它的模式不仅被非营利组织广泛模仿，一些以盈利为主要目的的公司也开展了微型信贷金融业务，形成微型信贷(Microcredit)产业。尤纳斯及其所创办的Grameen Bank也因此在2006年10月被一同授予诺贝尔和平奖。

小思考

Grameen Bank的商业模式创新的启示有哪些？对中国商业银行开展小微企业的贷款业务有哪些启示？

本章小结

本章从商业模式的来源、构成要素和内涵探讨了商业模式的基本问题，通过理论演绎和案例分析初步解开了商业模式的神秘面纱；从价值发现、价值匹配和价值创造3个核心环节分析了商业模式的逻辑，而确定价值命题是商业模式核心逻辑的起点；有效的商业模式必须包括4个关键要素：核心战略、战略资源、顾客界面和价值网络。只有充分掌握这些要素的重点以及彼此间的整合和搭配关系，才能设计出独特的商业模式。商业模式作为一种创新形态，在实施过程中，会遭遇来自组织内、外部的多重阻力，只有当创新的动力冲破阻力时，商业模式的创新才可能启动，商业模式创新的动力有3种：新技术市场化推动力、市场环境压力、市场机会拉动力。商业模式创新是一项系统工程，其创新路径因创业者的视角不同而不同。随着实践和研究的深入，一般认为商业模式的创新路径大致可分为组成要素创新、系统创新、价值链创新、战略创新4种。

关键术语

商业模式 Business Models
价值发现 Value Found
价值创造 Value Creation
顾客界面 Customer Interface
战略资源 Strategic Resource
商业模式创新 Business Model Innovation
顾客价值 Customer Value
价值匹配 Value Matching
商业模式设计 Business Model Design
核心战略 Core Strategy
伙伴网络 Network of Partners

知识链接

1. 钱志新. 新商业模式[M]. 南京：南京大学出版社，2008
2. 郭毅夫. 商业模式创新与企业竞争优势[J]. 重庆社会科学，2010(6)
3.《经理人》杂志官方网站 www.sino-manage.com
4.《创业邦》杂志 www.cyzone.cn
5. Magretta[J]. What Management Is[M]. New York: Free Press, 2002
6. Why business models matter [J]. Harvard bisuness, 2002(5): 3-8
7. Morris.schindehutle & allen The entrepreneurs business model:toward aunified perspective [J]. Jounal of Business Research, 2003, 58(1)

习　　题

1. 简答题

(1) 商业模式是如何产生的？试举例说明。
(2) 商业模式的内涵包括哪些方面？如何简单地定义商业模式？
(3) 商业模式的基本逻辑是什么？为什么说价值创造是商业模式逻辑的起点？

2. 论述题

(1) 论述为什么“当今企业之间的竞争，不是产品之间的竞争，而是商业模式之间的竞争”？
(2) 论述商业模式设计的基本框架和原则。
(3) 试述商业模式创新的重要性和基本路径。

实际操作训练

选择一个你熟悉的成长型的企业，根据商业模式设计的框架，分析其商业模式，并研究其创新的方向。

案例分析

宏碁商业模式变革：从求生到制胜

在 2000 年前后，戴尔的直销模式如日中天，利润率达到了 8%，在华尔街也令人称羡。相反，这一年宏碁年报亏损，其他国际品牌厂商都跟随戴尔转向直销模式，或者经销和直销模式兼用。王振堂(2004 年施振荣退休后接任宏碁董事长)认为，世界上没有一种商业模式可以吃下整个市场。即便戴尔占领了 70%的市场，剩下的 30%仍然很大，而当年宏碁仅占全球市场的 2.8%，排名全球第七。

在直销模式盛行之际，大型的电脑经销商有被抛弃的感觉，生存受到了极大的威胁。这个时候，宏碁向渠道商伸出手来，提出了联合渠道商、分享价值链的“新经销模式”。

宏碁认为，既然戴尔可以把利润率做到 8%，宏碁则可以把这 8%与合作伙伴共享。就生产效率而言，宏碁的效率并不比戴尔差。宏碁给渠道商的让利达到 2%～3%，“大家分一点，你分一点我分一点，大家合起来跟它有的拼”，王振堂说。

直销模式有三大特点：①直销能使企业享受渠道的利润；②定制化的服务能满足客户不同需求；③直销模式可减低库存的需求，使企业资金占用率大幅降低。宏碁必须超越直销模式的特点才能赢得市场。

在新经销模式中，宏碁不参加物流。所有的产品按照宏碁的指令直接送到经销商和客户，不但避免了仓储和物流成本，也加快了市场反应速度。宏碁借助互联网技术，让经销商和供货商分享统一的数据平台，宏碁每天能清楚地看到各地经销商的销售量和速度。为了建立与渠道商的信任关系，宏碁只采取经销模式，不独立建设销售渠道。

市场很快发生了变化，到 2003 年年底，宏碁摆脱亏损开始盈利。

1. 简单敏捷的决策机制

组织变革。基于 IT 市场的瞬息万变，宏碁不断简化宏碁的决策体制。宏碁建立了 9 人决策小组，包括董事长王振堂、CEO 兰奇、翁建仁，以及 6 个大区域公司和事业部的负责人，这个小组对宏碁的重大事件做出决策。

在这个架构中又被分为前端和后端，前端是由 CEO 兰奇负责的包括大区域公司的销售部门，后端是有翁建仁负责的产品支持部门。

这个决策架构也非常像传统的军事体系，董事长王振堂是三军司令，9 人小组像参谋长联席会议，而兰奇和翁建仁则分别是战斗部门和后勤系统，很多决策就在这个“作战室”(war room)决定。

宏碁的决策本身是一种集体决策，它的文化更强调简洁快速决策，尽快纠正错误，而不是去过分地追究个人责任。

(1) 藩王入帐。为了理清企业内部各部门的责任，宏碁对内部核算制度进行了改革，取消了内部转移价格，将台湾总部作为一个纯粹的成本中心，而各个区域公司则作为利润中心。总部变为成本中心之后，如果各地区认为其成本太高，总部就要想办法降低成本。全球运营总共只赚一次钱，就是各地销售单位赚的钱。创造利润的责任就完全落在各地区销售单位的身上，宏碁提供足够的诱因和激励措施鼓励他们为公司赚钱。

为了强化全球范围的运营能力，宏碁改造了区域公司的架构。此前，宏碁在每一个国家的分公司就像是一家独立的公司，拥有自己的库存和营销。调整之后，分公司就转型为单纯的销售据点，经营和决策全部都集中到总部来管理，使得供应链的效率大幅提升。

施振荣将其称为把“藩王”变成了帐内的将军，整个部队的作战能力大大提升了。集中管理，全球范围内调配资源是超国界组织运营能力的核心，宏碁对于原先分散的权力体系进行的组织改造，正是为了解决全球资源整合的问题。

依靠资源集中，宏碁派出 15 个人的团队，拿下了俄罗斯笔记本电脑市场的 36%，而紧追其后的华硕则有 100 多人重军部署俄罗斯。

(2) 速度制胜。宏碁公司高级副总裁、IT 产品全球运筹中心总裁翁建仁总结说：“宏碁之所以能赢得市场，最核心的竞争力就是速度和效率”。比起惠普和戴尔，宏碁的速度快一倍以上，而运营管理支出占总支出的 6.3%，而惠普是 11%，戴尔略大于 10%。翁建仁把宏碁的速度分解为 3 个重要部分：首先是能决策速度，其次是设计速度，最后是出货的供应链速度。

根据产品复杂程度的不同，宏碁大约 6~8 个月时间就能设计出新一代产品，而戴尔推出新产品则需要 9～12 个月。每当英特尔-T 有新的处理器发布，宏碁总是能先于戴尔和惠普发布新的机型。

(3) 专注于品牌。宏碁组织变革的背景是施振荣在 20 世纪 90 年代提出的微笑曲线。由于生产的利润单薄，作为一个全球品牌运营商，宏碁将生产和后勤服务大规模地外包，将企业的核心放在品牌营销上。宏碁的工作是选择不同技术供应商，包括设计、制造的外包，以及购买不同的技术成果将其产品化。这种购买不但使宏碁能得到最新技术，还能在全球范围内展开选择，比独立的研发更有效率。当然，这种模式需要宏碁不断扩大市场占有率。当市场占有率提高时，不但可以获得供应商的低价格，也可以要求技术供应商提供半年到一年的技术独享权，拉大与竞争对手的差距。

2. 文化变革：分享、信任、沟通

在创业时期，宏碁树立了“人性本善”的企业文化，给员工更多的发展空间，去发展自己想发展的业务。对员工的评价也是比较重视价值观和过程等，鼓励大家去“拼天下”。

全球化给宏碁的企业文化带来挑战，来自不同国家和文化背景的高管团队、员工，每个人都会有自己的价值观，而企业不可能在价值观上无休止地争论下去。尽管远程管理可以了解过程，但企业领导者也不可能对全球 100 多个市场的运营过程做出判断。

因此，在王振堂和兰奇先后担任 CEO，全球市场大幅扩展的时候，宏碁企业文化发生了大幅的变革。

1) 分享

宏碁一直被视为台湾 IT 产业的培训基地，台湾有众多世界级的产业领袖出身于宏碁。但 9 人决策小组意识到现象背后存在着问题：“这说明我们的人才在流失，如果我们能留住这些人，或许会在更多的领域做到世界第一。”宏碁以前一直强调奉献精神，整体的薪资水平不高。在实现全球运营之后，宏碁改变了薪酬策略，强调员工薪酬水平要具备市场竞争力。

在2001年宏碁开始扭亏实现盈利的时候，宏碁并没有急着将利润体现在上市公司的财务报表上，而是提高员工的薪水，使其比较接近市场水平。

宏碁之所以能吸引诸多外籍人士参与管理，是因为宏碁视他们为合作伙伴，提倡分享一个有成就感的事业的合作理念。因此，外籍人士在宏碁不会遇到“玻璃天花板”，业绩卓著的外籍员工得到了提升，这种能当家做主、有上升通道的文化，使外籍高管在宏碁比在欧美其他公司更有主人翁意识和成就感。

2) 信任

宏碁是在国际化路程中流过血，吃过大亏的。20世纪80年代后期，宏碁提出了“龙腾国际”的计划，在美国掀起了一系列并购，并邀请曾担任IBM副总裁的刘英武博士担任总裁和美国公司董事长。结果，宏碁在美国的收购失败，导致巨额亏损。

如今宏碁的国际化团队更多的是从内部提拔的，大多数高管在宏碁内部已经服务十多年，通过层层选拔，他们不但能用业绩说话，更在长期合作中建立信任。宏碁现任CEO兰奇1981年进入德州仪器，1997年随着德州仪器的电脑部门TravelMate被宏碁收购，兰奇成为宏碁意大利的总经理。由于业绩突出，兰奇2000年升任宏碁欧洲总裁，在宏碁最困难的时期，欧洲市场的销售和利润占整个公司的50%以上。2005年，兰奇升任宏碁电脑总经理，2008年被任命为宏碁CEO。

宏碁的9人决策小组中，有6人属于海外军团，分别来自意大利、法国、瑞士、德国、奥地利和马来西亚。而联想等大陆企业在收购外资企业之前，并没有充分的国际经营人才储备，只能从外企挖人。

在全球PC领域内，能在各个管理领域取得均衡发展的优秀高管可谓凤毛麟角，因此宏碁更强调寻找有上进心、聪明的员工从内部培养，“上进心是无法培养的”，宏碁的人事主管游英基说。

3) 以数字作为沟通基础

宏碁发现，一个国际化的团队沟通需要一系列的规则，宏碁强调的是以数字为基础的沟通。因为国际企业只能用英语沟通，但对同一句话不同地方的人理解会有所不同，所以尽量用数字而不是语句来沟通。作为CEO的兰奇对数字更为敏感，甚至对每个数据背后的运算公式了如指掌。

作为沟通基础，宏碁内部的财务报告、销售报告、物流报告，格式中各个关键字都做了很仔细的定义和规范，从而避免了沟通的歧义。

4) 简单和结果导向

宏碁每隔几个月就会对流程进行反思，核心问题是“有没有更简单的办法？”对组织和流程的不断简化，使宏碁形成了快速反应速度和超出同行的高效率。宏碁对新的企业文化进行了深入的反思，他们认为数字化、简单化、结果导向是企业全球整合运营所不可避免的，否则企业就失去了统一的评判标准。而宏碁所强调的信任和分享机制，则使其在文化上更能赢得优秀的人才。

3. 全球整合观

国际化的9人决策小组使宏碁得以破除台湾中心主义的框框，在全球范围内整合资源和市场。王振堂用一句话概括宏碁的全球观念：“用全世界最好的人才，用全世界最好的科技零组件，然后做全世界做不完的生意。”

当前，跨国企业非常注重在全球范围内实现资源的最佳配置，并逐渐向“以全球为市场，以全球为厂家，以各国为车间”的全球整合企业转变。宏碁也是全球整合企业的弄潮儿。

1) 全球视野的战略次序

宏碁用全球的视野，以战略选择的优先次序去分析企业发展战略问题。宏碁曾经是台湾地区笔记本电脑市场销量第一，现在则在华硕之后。而宏碁的解释是，经过细致的计算，在台湾地区和华硕争夺市场第一需要5亿台币的市场费用，而这样一笔费用在全球其他地方可以开拓几倍的市场，因此宏碁愿意在台湾做老二。

在许多问题上，兰奇着眼于从全球市场的角度来思考问题，这种视野和思维方式，是宏碁成为全球整合企业的思想基础。而决策团队6个国别的组合，各自不同的文化背景，更加强了这种国际视野。

2) 本地市场

虽然全球生产的是标准化产品，但宏碁强调：“每一个市场都是本地市场，市场是一个个打下来的。”

因此，宏碁在具体运营上强调全球视野，本地运营。一旦到具体的市场，就要对当地市场的研究，而不仅仅是拿东西去卖。2007 年 8 月，宏碁宣布以 7.1 亿美元并购了美国第三大电脑生产商捷威(Gateway)，随后又收购了在欧洲部分地区颇受欢迎的品牌 Packard Bell。两项收购使得宏碁品牌的产品线更加完整。在 HP 并购康柏后，市场一向对电脑品牌并购不看好，但宏碁相信以这些品牌加上宏碁的效率一定能赢。

eMachine 是一个低端的台式机品牌。在台式机市场中，组装机仍然占有 40%的市场份额，eMachine 能覆盖这一市场。Gateway 是中等价位的台式机和笔记本电脑品牌，而 Packard Bell 以时尚为特色，宏碁则以性能超群为特色，Acer 的子品牌法拉利则属于整个产品体系中的高端产品。在区域分工上，Gateway 专注于美国市场，Packard Bell 在欧洲颇有市场，Acer 则覆盖全球。在收购后的两年中，Acer 品牌在发货量上一直保持稳定，而其他品牌则大幅增长，为宏碁年复合成长率 15%奠定了基础。

资料来源：中欧商业评论 2010-8-13.

思考与讨论

1. 面对直销模式带来的竞争压力，宏碁的决策层做出了怎样的决策？
2. 组织变革在宏碁的商业模式创新中起到了怎样的作用？
3. 如何评估文化变革对商业模式创新的作用？

第 8 章　创业计划

本章教学目标与要求

(1) 理解创业计划的含义;
(2) 了解创业计划的作用和特点;
(3) 掌握创业计划书的结构和内容;
(4) 识别创业计划书的类型;
(5) 明确制定创业计划书的步骤;
(6) 掌握创业计划书的写作方法;
(7) 理解风险投资者的运作偏好;
(8) 掌握创业计划口头陈述的技巧。

本章知识架构

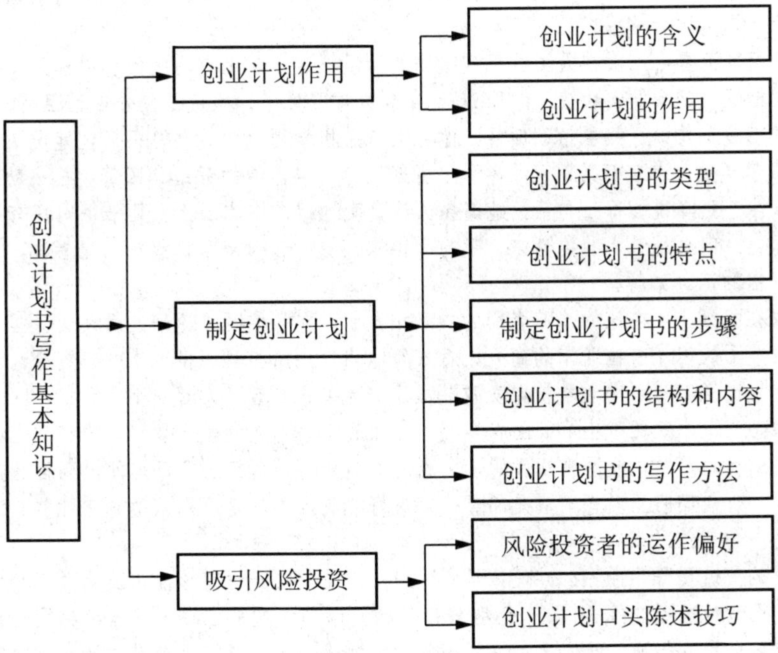

商业计划并非一份合同或预算，它是一个故事，一个有关机会发展路径以及企业打算如何创造并收获价值的故事。

——Steve Jurvetson

导入案例

一个学生明星吹破的创业计划泡泡

南京某大学的休学学生，南京“唐电”电器销售公司“董事局主席”兼“总裁”，创办的企业“唐电”电器销售公司在南京某大学城开业后仅仅11天，7月6日，22岁的张峰(化名)被南京市的一个派出所的民警拘捕。8月5日，检察院正式批捕，其罪名涉及诈骗和非法集资。在仅仅半年的时间里，张峰经历了什么？他的创业之梦刚刚开头，却为什么以一场梦魇般的方式结束？

2005年12月，时为南京某大学大二学生的张峰召开新闻发布会，面对云集的南京媒体，二十出头的张峰宣布自主创办电器销售企业，并向外界公布了他宏伟而大胆的商业计划：年销售额4 000万；3年超过南京本地电器销售龙头“苏宁”；5年成功上市，年销售额达到8亿元。他说，他要做“苏宁”的掘墓人。发布会会场选在南京某著名酒店，布置豪华；张峰和他的管理团队乘坐高级轿车而来。张峰表现得像一名商界巨子，从轿车中钻出，缓步步入会场，向聚集的学生们挥手致意。面对记者们抛出的问题，他面带微笑，沉稳而冷静地回答或者拒绝。

张峰向记者们解释了他创办企业的资金构成：自己做生意积攒30万，同学的父亲借款70万；从老乡处筹集100万；江苏某地产商风险投资100万，简称3个100万。张峰继续抛出重磅炸弹，号称要在26岁以前成为中国首富，“以前我定的期限是28岁，现在觉得用不着到那么晚，改成26岁了”。唯一的不和谐发生在有记者询问经营卖场的可行性依据时。张峰解释，“卖一部手机赚200，大学城每天有300部的需求。大学城12万学生每人每年换一部2 000元的手机一年就是2.4亿的市场，这还不算电脑等消费在内。”张峰给出了无比简单却又极其自信的分析，发布会出现了近10分钟的冷场。“我们都不知道该对这个分析问什么问题。”记者说。

当《南京日报》记者再一次在大学城见到张峰的时候，这个学生中的明星和以前又不一样了。他总是打着领带，戴无框眼镜，头发向后梳。他于2006年起办理了休学，搬进了校外自己租用的一套办公室内，整日被下属兼追随者们围绕。接电话的时候，他习惯把手机拿得远远的，慢条斯理地说话。而唐电的员工们一见到他就毕恭毕敬，递东西必用双手。和记者谈话的时候，他的旁边总跟着“总裁助理”，南京某大学的一名大三学生。张峰说的每一句话，她都会认认真真地记录在本子上。几乎每周都有关于张峰的豪言壮语新消息见报，“他总是让人打电话来，说有个独家消息。”《南京日报》一记者说，“大多时候，就是把他上一次说出的话详细解释一下。”

张峰的形象在报纸上、在他的追随者们的口耳相传中、在学校网络论坛的反复讨论里，越来越丰满起来：他偶然在火车上认识了一位北京的商人，对方为他的计划所打动，投下100万资金；他的创业往事也被搬上报纸，有报道说，他刚进大学就靠卖胶鞋赚了一大笔，其后又卖过辞典、手机，回老家做过招生代理。一个天生的商业奇才跃然纸上，很快成为大学城内最炙手可热的学生偶像，他经常应邀为同学们开办讲座，传授自己成功的经验。他最喜欢讲的，是他近乎神奇的融资经历。每当他讲到自己在火车上成功地拉到100万投资，听众们眼里就顿时满是希望。“最好的商人，就是用别人的钱来赚钱！”这是张峰最喜欢用来做总结的一句话。

张峰和校方的交流显然很顺利：办理休学一路绿灯；在校内开讲座总能得到有关部门的方便；而校内媒体，也不失时机地对张峰进行了报道。而张峰每天的必修功课就是在办公室仔细翻阅当天南京所有的报纸，仔细搜寻有关自己的报道。他似乎对公共形象天生敏感，总会根据当前具体情况，决定出该跟哪家媒体接触，又该放出什么消息。

“一颗珍珠放在沙子里，不会有人知道。只有拣出来不断地擦拭，别人才会知道珍珠的光芒。”唐电的工作人员，几乎都能背出张峰的这一名言。

资料来源：根据原文改编，http://www.nowjl.com.

创业过程可以把一个想法变成一个商机，就像把一条毛毛虫变成一只美丽的蝴蝶。创业不是热情的冲动，而是理性的行为，需要通过创业计划仔细地描述商机的特点、团队、资源需求、风险和潜在的回报等。为了能够成功地吸引到风险投资和合作伙伴，创业者除了要选择好的创业项目，还要写好创业计划书，对创业活动进行通盘的筹划和考虑。

8.1 创业计划的作用和特点

为什么要制定创业计划？可以从两个方面来理解这个问题。首先，制定商业计划是明确一个新企业的蓝图、战略、资源和人的需求的最好方式之一。没有商业计划，就很难从正式或非正式投资者那里筹集到资金①。其次，团队必须向别人，同时也向自己证实该商机值得追寻，并提出实现这一商机的手段。

8.1.1 创业计划的含义和作用

创业计划(Business Plan)也叫商业计划，是创业者提出某一项具有市场前景的产品或服务项目，用书面的方式阐述自己的创业构思、创业过程的安排和部署，寻求投资、规范创业行为的可行性报告。创业计划实际上是对创业过程的安排和部署，包括创业目标、任务，达到目标所需要的策略、规划、程序，以及对市场、资源、财务、利润等方面的科学分析和预测。它是一个有关机会发展路径以及企业打算如何创造并收获价值的故事。总的来讲，创业计划有两个作用。

一是系统展示自己的创业构想，从各个方面保证创业活动顺利进行。首先，许多创业设想在最初构思阶段是比较空泛的，经过一个具体的创业计划制作过程，把整个计划全面、具体地展示出来，成为一个系统的、可行的方案，可以作为评估创业项目和创业实施过程中的一个参考工具。其次，创业计划在一定时间内为创业行动提供原则和行动指导，根据所制定的创业计划，确定在创业过程中先做什么、后做什么，保证创业过程顺利进行。第三，它是一份内部文件，能帮助创业者明确目标和商业模式，像一个指明方向的罗盘，也像一张主战场的地图，充当指引管理团队和员工行为的重要路线图。

二是吸引风险投资和可能的合伙人。首先，风险投资者在投资之前要向创业者索要创业计划，判断这个项目是否与自己的投资兴趣相吻合，然后决定是否与创业者进行下一步沟通或投资。其次，创业计划又是创业者的自我推销文件，向潜在投资者、供应商、合作伙伴和应聘者展示新企业的机制，展示拟创企业的方向、价值、产品等；也展示了创业者的能力、信心、经营策略、创业思想等，有助于吸引志同道合的合伙人、股东和急需人才。

制定创业计划书，表明新企业管理层非常严谨，相对于没有计划的创业者而言，其风险管理更好，更应该得到银行资金。从一定意义上说，创业计划书是创业者创业起步的通行证和一种吸引风险投资的有用工具，如图 8.1 所示。

① [美]杰弗里•蒂蒙斯. 资源需求与商业计划[M]. 周伟民，等译. 北京：华夏出版社，2002：70.

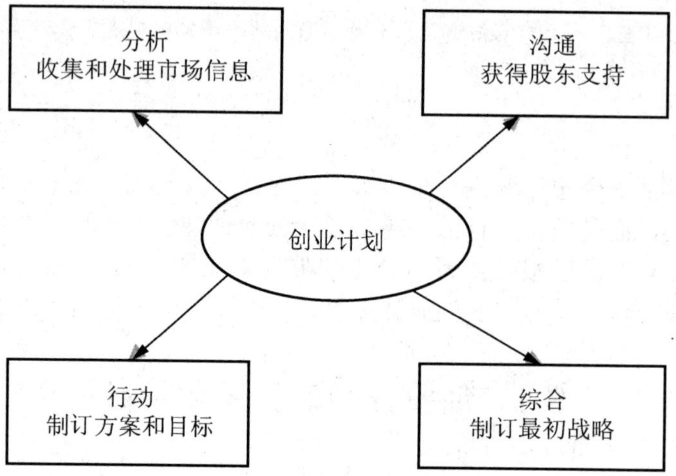

图 8.1　创业计划：分析、沟通、行动、综合的工具

资料来源：张玉利. 创业管理[M]. 北京：机械工业出版社，2007：102.

8.1.2　创业计划书的特点

一份优秀的创业计划书的总体要求是：要对市场做出最清晰的分析；对产品需求做出最准确的预测；对投资的收益做出最可信的阐释；对新企业的管理做出最周密的筹划。

具体要求：项目本身技术含量高，或者管理模式比较独特；在创业团队的结构上，一定要有技术骨干，包括项目开发技术和管理技术；计划书的版本要实际、可行，在融资、财务、管理等方面都要进行分析，不可回避。

创业计划的 4 个基本目标是：分析和确定创业机会和内容；说明创业者计划利用这一机会发展新的产品或服务所要采取的方法；确定实现创业目标所需要的资源，以及得到这些资源的具体方法；分析和确定企业能否成功的关键因素。总之，一份成功的《创业计划书》应具有以下特点。

(1) 格式严谨。结构安排适当、完整，前后一致，风格统一。创业计划书必须有一个完整的格式，分项详细描述必要的内容和条款，要体现出所创企业的专业素质，使本计划更具说服力和可靠性。

(2) 长度适中，重点突出。创业计划书应能对创业构思和赢利模式进行简洁、系统的描述，不要过于渲染或夸大其市场意义。学生创业计划书不在于写得多，而在于写得精，一定要在内容上突出创业项目的创新点和重点。不妨可以写成“电梯文本”(Elevator Pitch)式的范式，即能使投资者在电梯的上上下下的几分钟内就能大致了解该项目的重点和特色，能在几分钟内打动投资人说明已成功了一半。

(3) 表达清晰明确。通过创业计划表达出创意的背景、团队近期或中长期目标；描述清楚细分市场，如行业有多大的吸引力、竞争状况如何等。创业计划书应是一个清晰的财富路径图，明确写出创业者在未来 3～5 年要达到的目标。

(4) 数据、信息的表达应有理有据。创业计划书的写作应采用客观的、中性的语言，尽量避免使用过于夸张的、广告性的语言和带有主观倾向性的分析和评论。有关数据、产品等最好用图表或图片的形式直观地呈现出来，数据一定要详细、真实、有出处，并可供佐证。当然，前后数据不能有偏差，更不能出现自相矛盾的说法，任何结论都要能够经得起推敲，可信而非空想。

(5) 突出管理团队核心成员的经验和能力。对投资者来说，最看重的是计划书中对创业团队的描述，特别是4C，即资质(Character)、现金流(Cash Flow)、担保品(Collateral)以及权益贡献(Equity Contribution)。一份内容完整、思路清晰、具体可行的计划书应该是集体成果的结晶，应能体现团队合作精神。团队的经验、资源、能力状况决定了企业能走多远。

(6) 令人信服的财务计划。这是提供产品或服务的营销方法、营销能力的有力证据，合理、详细地说明制造产品或提供服务的过程和相关成本，预测产品所能达到的发展水平，显示投资者在未来3～7年内怎样从企业获得回报。

注意：创业计划必须严格保密，严防落入竞争者手中。

8.2 创业计划书的结构和内容

创业者必须论证其商业创意的可行性。老练的投资者、潜在的合作伙伴、前来应聘的关键员工都会用事实评价企业的前景，因此，在商业计划书中，企业所能展现的最引人注目的事实就是对商业创意的可行性的分析结论，以及对有竞争力的独特商业模式的描述。过度乐观的商业计划或错误的财务分析会为商业计划的可信度带来疑问。如果计划不完善或漏洞百出，很容易让投资者猜测新企业本身也不完善或漏洞百出。因此，在商业计划送交投资者或其他审阅人之前，务必要注意商业计划的结构和内容。

8.2.1 制订创业计划的步骤

(1) 确定创业计划的撰写人。首先要确定谁来制订创业计划，如果聘请外部专业人士来撰写创业计划，管理团队就可以把时间和精力集中用于开发商机、创建企业的事宜上来。但是，如果外部人士对该创业项目没有充分了解，或者缺乏责任心，就难以准确地阐述新企业对人员、财务、市场、预期盈利等方面的要求。

(2) 进行市场调研，细化商业创意。创业团队或者创业计划制订者要对拟创企业所处的行业、环境、政策、技术、成本、市场规模、合作伙伴、竞争对手等情况进行调研，收集重要信息，细化商业创意，并根据提出的创意对创业活动进行总体规划，明确创业项目、目标客户、商业模式等具体内容，为撰写创业计划准备充分的信息和数据。

(3) 拟订创业计划：在市场调研的基础上对创业项目的可行性进行分析。拟订创业计划的基本结构；说明创业团队的执行能力、财务计划等；制订明确的创业项目实施方案，为创业实施从思想上和理论上做好必要的准备。

(4) 创业计划的修改和补充：创业计划完成之后，最好采用模拟辩论或答辩的方式，就计划中的关键问题做出清晰的说明，以便从计划中发现问题，及时进行改进和调整。

8.2.2 创业计划书的基本类型

创业计划书的两种类型：简式和详式。

(1) 简式的创业计划书(Summary Business Plan)：一般有10～15页，简明描述企业的重要信息和部分辅助材料。适合处于发展早期还不准备写详尽商业计划的企业，计划制订者可能正在寻找资金和准备创办新企业，不愿花太多时间撰写详尽的商业计划。

(2) 详式的创业计划书(Full Business Plan)：一般要写 30～40 页，详细地描述创业者的创业构思和创业计划的关键部分，并附有 10 多页的辅助性材料。一般在寻求风险投资时需要递交规范、详细的创业计划书。

事实上，商业计划的读者们都很忙，不会花太多时间阅读长篇累牍的创业计划，因此，详尽的商业计划越精炼、准确越好。诸如创业者简历、技术分析、法规审批、参考资料表等更加广泛的信息最好放在附录中。

8.2.3 创业计划书的结构和内容

1. 封面设计和目录

设计商业计划的内页封面，应将有关信息在此标明，如图 8.2 所示。为了使外观具有吸引力，需要加上一个外封面，纸质要坚硬耐磨，最好使用彩色纸张但颜色不要过于耀眼，也可以使用透明胶片作封面。

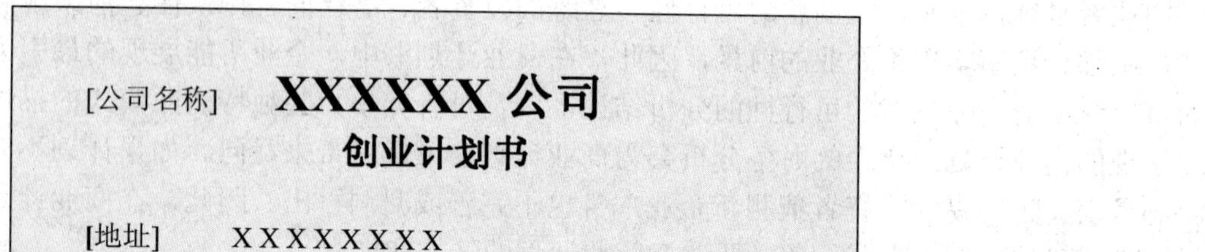

图 8.2 创业计划书封面

注意写上保密须知：本商业计划书属商业机密，所有权属于本公司。其所涉及的内容和资料只限于已签署投资意向的投资者使用。收到本计划书后，收件人应即刻确认，并遵守以下规定：①若收件人不希望涉足本计划书所述项目，请按上述地址尽快将本计划书完整退回；②在没有取得本公司的书面同意前，收件人不得将本计划书全部或部分地予以复制、传递给他人、影印、泄露或散布给他人；③应该像对待贵公司的机密资料一样对待本计划书所提供的所有机密资料。

目录页：列出计划书的各个主要内容和准确页码。

目　录

2. 创业计划书的基本内容

撰写一份完整、规范的创业计划书，通常应包括以下内容。

Business Plan(English Version)

1. Executive Summary
2. The Industry, The Company and Its Products or Services
3. Market Research and Analysis
4. The Economics of The Business
5. Marketing Plan
6. Design and Development Plan
7. Manufacturing and Operation Plan
8. Management Team
9. Overall Schedule
10. Critical Risks, Problems, and Assumptions
11. The Financial Plan
12. Proposed Company Offering
13. Appendixes

资料来源：[美]Donald F. Kuratko, Richard M. Hodgetts, 创业学[M]. 张宗益，译. 北京：清华大学出版社，2004 年.

1) 实施概要
(1) 商机与目标顾客：顾客定位/产品或服务给顾客带来的利益；
(2) 企业概况：产品或服务、企业的独特之处；
(3) 市场预测：销售渠道，怎样将产品引入市场、销售预测；
(4) 管理团队：团队能力和经验；
(5) 竞争优势：创新产品、服务和战略的竞争优势，商业模式描述；
(6) 盈利和收获潜力：关键财务预测、公司财务收益及前景；
(7) 投资者退出战略：目标投资者、期望的回报等。
2) 企业概况
(1) 机会：有待解决的问题或未满足的需求；
(2) 企业概述：企业如何满足这些需求/企业使命、目标和战略；
(3) 竞争优势：商业模式描述/企业如何塑造持续竞争优势；
(4) 现状与需求：企业现状描述/企业发展的需求描述。
3) 产品(服务)设计、开发计划
(1) 产品满足什么需求，与竞争对手产品比较的独特性；
(2) 产品设计、开发的时间、资金；
(3) 产品生产计划、成本和售价；
(4) 专利或专有技术。
4) 市场分析
(1) 产业描述：产业趋势、规模；
(2) 产业吸引力：成长期、成熟期或衰退期，盈利潜力；
(3) 目标市场规模预测趋势、成长率、份额、销量；
(4) 目标市场的购买特征：经济、地理、职业、心理特征；

(5) 竞争者及其优势，竞争对手的产品、价格和市场策略；
(6) 预计市场的进入障碍，企业怎样克服障碍。
5) 管理团队
(1) 组织机构、管理目标；
(2) 主要管理成员、才能、特点、贡献；
(3) 团队成员的角色、职责；
(4) 所有权、股权与报酬；
(5) 专业顾问与提供的服务。
6) 营销计划
(1) 营销战略，产品将采用的销售方式；
(2) 产品或服务定价；
(3) 促销策略；
(4) 销售渠道，怎样将产品引入市场；
(5) 销售预测。
7) 生产与运营
(1) 产品怎样制造，需要的设施和设备，外包情况；
(2) 合格劳动力的可得性；
(3) 业务伙伴类型；
(4) 质量控制；
(5) 顾客支持。
8) 财务计划
(1) 未来3～5年的资本需求(资金来源和使用)；
(2) 财务预测、盈亏平衡分析；
(3) 收益表、资产负债表、现金流预测；
(4) 详细说明关于单位产品价格，各项支出及销售预测的各种假设；
(5) 退出战略(投资者退出方式：上市、回购股票、协议转让等)。
9) 风险假设
(1) 新企业弱点评价；
(2) 可能的风险：管理、营销、财务等风险；
(3) 知识产权侵害；
(4) 应急计划。
10) 附录
(1) 所有关键人员的简历；
(2) 产品样本，顾客或供应商评价；
(3) 重要的表图、照片、技术分析、法规审批、参考资料表等。

8.3 创业计划书的写作方法

创业计划的一个重要职能是影响投资者，创业团队必须证实这个商机值得追寻，并且提出实现这一商机的方法和手段。为此，团队必须从市场调研和分析开始，收集重要信息，做出艰难的决策，制定一份完整而令人信服的创业计划。

8.3.1 创业计划书主要内容的写作方法

1. 实施概要

实施概要是整个创业计划的快照和高度精炼，涵盖整个计划各部分的要点，可以向忙碌的投资者提供他必须了解的新企业独特性质的所有信息。投资者可能会先索要实施概要副本，如果这部分具有足够的说服力、吸引力，他才会要求阅读详尽的创业计划副本。实施概要一般不要超过两页，以便阅读者在最短的时间内评审计划并做出判断。

实施概要部分最重要，虽然在形式上先于计划书的其他部分，但往往是在其他部分定稿之后才能撰写，以便形成准确的概述。该部分对想要筹集到资金的创业者十分重要，因为投资者可能靠这个摘要很快决定创业计划所描述的这个企业是否值得投资。因此，必须使这部分十分具有吸引力和说服力。实施概要部分要回答的关键问题有以下几个方面。

(1) 描述企业理念和企业概况：必须说明公司何时形成；它将做什么；其产品或服务有何独特之处；将要在市场上处于领先优势的专有技术和企业独具的能力等。确保描述的理念向人们传达一个信息：产品或服务将从根本上改变人们现在做某事的方式。比如，英特尔公司的理念是改变人们生活和工作的方式。

(2) 商机和战略：概述存在着什么商机，为什么对此商机有兴趣以及计划开发此商机的进入战略，概括关键事实、条件、竞争者的弱点、行业趋势、商机的证据和逻辑推理，合理说明企业在进入市场后的发展和扩张计划。

(3) 目标市场和预测：简要解释行业和市场、主要顾客群、产品或服务定位，包括市场结构、细分市场的大小和成长率、估计的销售数量和销售额、预计的市场份额、定价策略。

(4) 竞争优势：指明创新产品、服务和战略的竞争优势，竞争者的缺点和薄弱环节。

(5) 盈利和收获潜力：达到盈亏平衡点和现金流为正的大致时间框架；关键财务预测；预期投资回报等用可信的数据说明。

(6) 管理团队：创业带头人和管理团队、关键人员的相关知识、经验、专长和技能、以前获得的成就、承担的责任等。

(7) 投资者退出战略：简要指明准备给提供资金者多少公司股份；目标投资者、贷款人或合伙人将如何得到期望的回报。

2. 企业概况

(1) 机会：有待解决的问题或未满足的需求。对企业的介绍是从创业者识别机会(问题和需求)入手，接着描述创业计划如何解决这个问题和满足需求。

(2) 企业概述：企业名称、地址、创建时间；企业使命、目标和战略；描述公司理念(如关注环保创造健康)，公司将要做的业务、产品或服务。

(3) 竞争优势：商业模式概述；企业如何塑造持续竞争优势。

(4) 现状与发展：企业现状描述，企业打算怎样发展、走向何方，发展战略等。

3. 产品(服务)设计与开发

(1) 产品特征：产品满足什么需求，与竞争对手产品比较的独特性。详细描述每种产品和服务、产品用途、独特特征，这些产品特征将如何增加或创造重大价值；突出此产品与市场上的产品有何不同。

(2) 产品设计、开发的时间、资金：说明产品的开发现状，需要多少时间和资金能够完成开发、测试和引进，产品的性能、特点和产品图片，产品生产计划、成本和售价。

(3) 专利或专有技术：描述产品或服务获得的专利、商业机密或其他所有权特征。

4. 市场分析

这部分信息必须支持一个论断：企业在面临竞争时能够在一个成长性的行业中攫取极大的市场份额。市场分析应回答的主要问题：顾客是谁？说明产品或服务的顾客将是谁，潜在顾客必须按相对同类群(细分市场)来分类。顾客是否愿意接受产品或服务？他们为什么对产品感兴趣？不同社会阶层的不同价值观与消费特点等。

(1) 产业描述：介绍所在行业的现状、前景(正在增长)、规模、经济趋势、产业吸引力、成长期、盈利潜力等。

(2) 竞争者及其优势分析：竞争对手的产品、价格和市场策略。分析预计市场的进入障碍，企业克服障碍的策略，见表 8-1。

表 8-1 评估市场上的竞争者

竞争者名字	直接竞争的产品/服务	替代品	估计年销售额(元)	估计市场份额(%)	销售队伍说明
1					
2					
3					
4					

(3) 目标市场的购买特征:经济、地理、职业、心理特征等。社会阶层是建立在财富、技能、权力基础上的，对个人行为、态度取向、价值观具有不同影响。市场分析应关注以下问题。上流社会：以高收入为标志，追求高质量的产品、名牌、品位等消费特点，如艺术品投资、欧洲旅行、保姆、高尔夫球、子女上贵族学校等；中产阶级：购买流行的东西、关心时尚、重视家庭布置、品牌服装等，仿效上流社会的人，也不属于劳工阶层；劳工阶层：依赖亲戚以获得经济上和精神上的支持，更加追求从劳动中解放出来以及更多的闲暇时间；地位较低的人口：有些人在有钱时容易受到即时享乐思想影响；有些人坚定地拒绝诱惑。

(4) 目标市场规模预测趋势：成长率、份额、销量。预测市场的大小和趋势，可以按细分市场、地区，以数量、金额和潜在盈利率来说明今后 3～5 年将提供的产品或服务的总市场的发展规模、将占的市场份额；3 年内的潜在总市场的年增长率；说明影响市场增长率的主要因素，如行业趋势、政府政策、经济形势、人口变化等。

(5) 市场份额和销售额预测：根据对产品或服务的优势、市场规模、发展趋势、顾客、竞争对手及其产品销售趋势的评估，估计今后 3～5 年中每年将获得的市场份额、销售数量、销售额，如图 8.3 所示。

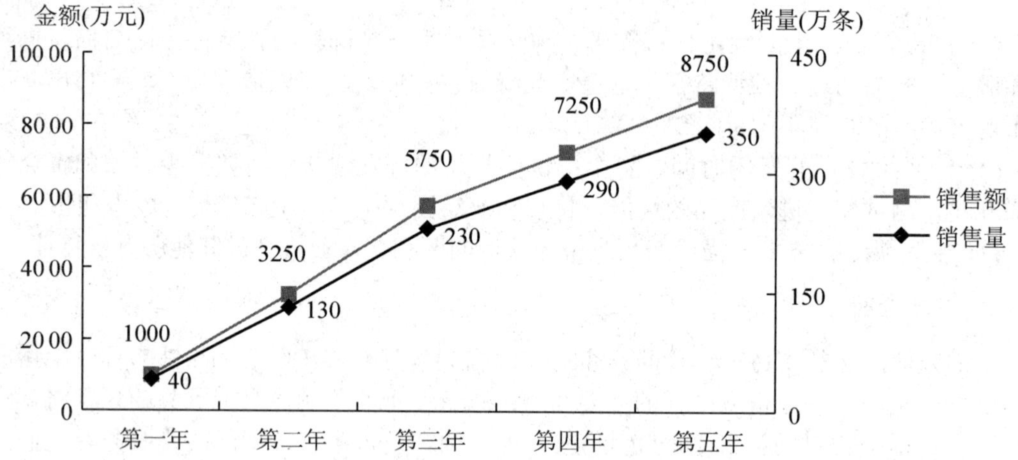

图 8.3 预计销量与金额

(6) 毛利和营业利润：描述在计划进入的细分市场上销售的每种产品或服务的毛利(销售价格—成本)、营业利润的大小。

毛利分析举例：如果每只餐具成本约 0.1 元(不计水电费和个人工资)，销售价按 0.25 元计，则每只餐具的毛利润为 0.15 元。

年产量 3 万只×300 天＝900 万只

年毛利润 0.15 元×900 万只＝135 万元

要说明将花多长时间来达到盈亏平衡的销售量水平。如果总投资经费为 200 万元，不到 2 年即可收回成本，达到盈亏平衡点。

5. 管理团队

(1) 管理团队：列出关键管理角色、人员、职责、敬业精神；团队成员在技术、管理、商业技能及经验方面的合理性和互补性，以及如何形成一支高效的管理团队。

(2) 组织结构：如果公司规模足够大，必须附有组织图。

(3) 主要管理人员、背景：每个关键人员的专业知识、技能、成就、相关培训。

(4) 所有权与报酬：将支付的月薪、计划安排的股票所有权，关键成员的股权投资的数额；打算进行的各种凭业绩分配的股票期权、奖金计划等。

(5) 专业顾问与服务：指出所选的法律、会计、广告、银行的顾问的名字以及他们将提供的支持和服务。

6. 营销计划

(1) 营销战略：通盘考虑价值链和细分市场上的分销渠道，描述公司的营销理念和战略，指出产品或服务将被怎样引入地区、全国和国际市场，叙述今后的销售延伸计划。

(2) 产品或服务定价：讨论产品或服务的定价策略，把定价原则与竞争对手的定价原则相比较，讨论制造成本和最终销售之间的毛利润，指出该利润是否足以弥补分销和销售、培训、服务、开发、设备成本的分摊和价格竞争等花费的成本，仍有利可图。

(3) 促销策略：说明销售和分销产品的方法，如建立销售队伍、销售组织、直接邮寄等；如何选择合适的销售人员及负责的区域，每个月可完成的销售量；采用什么方法吸引顾客的注意力；如果要采用直接邮寄、报刊或其他媒体营销，指出采用的工具和成本。

(4) 消费品传统的分销渠道模式如图 8.4 所示。分销渠道是销售商向使用者最终消费者营销其产品的机构的组合。直接营销的渠道日益流行，包括直接邮寄、远程营销、产品目录推销、有线推销、网上推销和在办公场所演示的直接推销等。其他情况下，可在分销渠道中采用一个或多个中介，如消费品通常采用的渠道是制造商通过批发商和零售商进行销售。

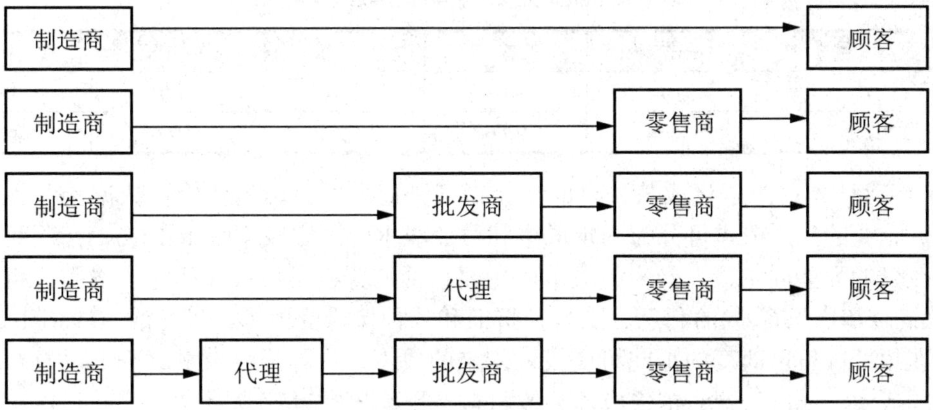

图 8.4　消费品传统的分销渠道模式

小的制造商还可能采用代理机构，因为他们没有充足的资本维持自己的销售队伍。代理机构常常在珠宝行业中作为中介。当制造商不希望保留自己的销售队伍时，也采用代理机构。

7. 生产和运营

(1) 工厂地理位置和条件：地理位置的优势和劣势；劳动力的可供应性、技能、工资；对顾客和供应商的接近度；运输、公共设施的便利程度；厂房、机器和设备。设备、场地是租用还是购买，指出租或买的成本和时间，工厂和设备将需要的融资数额，今后 3 年将需要什么设备，何时扩展工厂场地和设备以适应未来的预期销售能力。

(2) 原材料供应：列出一份生产、产品设计和开发计划，写明各个运营成本的数量信息，包括可用原材料、劳动力、购买的组件、工厂经常性开支等。

(3) 质量控制：写明质量控制、生产控制、库存控制的方法，公司将采用的质量控制和检测的过程。

(4) 法规问题：针对与生产和服务相关的国家和地区法规要求，写明开始营业所必需的各种许可证、健康许可、环境审批等。

8. 财务计划

财务计划要精心做好经营规划与资本预算，描述未来 3～5 年的资本需求、资金来源和使用：做好财务预测，包括盈亏平衡分析、损益预估表、资产负债预估表、现金流预测；详细说明关于单位产品价格，各项支出及销售预测的各种假设；退出战略包括上市、回购股票、协议转让等方式。

(1) 销售预算：估计每月销售额的期望量值，见表 8-2 和表 8-3。

表 8-2　某企业 2010 年销售收入预测表

项　目	1～3	4	5	6	7	8	9	10	11	12	合计
销售量(台)	0	15	30	45	20	20	20	45	50	50	295
销售额(万元)	0	6.9	13.8	20.7	9.2	9.2	9.2	20.7	23	23	135.7

表 8-3　某企业 2011 年销售收入预测表

项　目	一季度	二季度	三季度	四季度	合计
销售量(台)	190	210	240	260	900
销售额(万元)	87.4	96.6	110.4	119.6	414

(2) 经营成本：为了达成某种目的或获得某种商品所付出的代价。依据企业经营的期限长短，企业的生产成本可分为固定成本和可变成本。固定成本(Fixed Cost)指厂商在短期内无法改变的那些固定投入带来的成本，主要包括购置机器设备和厂房的费用、租金、资金(自有资金和借入资金)的利息、工薪、折旧和各种保险费用等。可变成本(Variable Cost)指厂商在短期内可以改变的那些可变投入带来的成本，依赖于销售量、季节以及新的业务机会等的成本，如广告费、销售成本、原材料费用、日常运营费用等。

(3) 财务报表包括：损益预估表、资产负债预估表、预计现金流量表。财务报表通常都以这种顺序准备，因为财务信息的流动遵循这个逻辑次序。制定创业计划时几乎离不开财务报表，如果企业需要获得银行或投资者的资金支持，也应该随时准备财务报表。如果没有这些报表，银行和投资者一般不会考虑为企业投资或贷款。

(4) 损益预估表(Pro Forma Income Statement)，也称收益表，是反映企业在某个特定时段经营效果的财务报表，可以反映收入和支出情况，还可以反映企业是正在盈利还是正在亏损，通常按月度(表 8-4)、季度或年度(表 8-5)准备。多数收益表是按照多年度格式准备，可以从中看出发展趋势。一般来说，投资者要求看到企业经营前 3 年的盈利规划。

表 8-4　某企业收益预估表(单位：万元)

	1 月	2 月	3 月	4 月	5 月	6 月	7 月	8 月	9 月	10 月	11 月	12 月	总额
销售量	2	2	3	3	7	9	9	9	10	12	14	14	93
销售额	1 300	1 300	1 950	1 950	4 550	5 850	5 850	5 850	6 500	7 800	9 100	9 100	60 450
减：金属	570	570	855	855	1 995	2 565	2 565	2 565	2 850	3 420	3 990	3 990	26 505
模具	40	40	60	60	140	180	180	180	200	240	280	280	1 860
管理费	962	962	962	962	962	962	962	962	962	962	962	962	11 544
利息	47	47	47	47	47	47	47	47	47	41	41	41	546
工资									200	200	200	200	800
折旧	67	67	67	67	67	67	67	67	67	67	67	67	804
利润	-386	-386	-41	-41	1 339	2 029	2 029	2 029	2 174	2 870	3 560	3 560	18 391

表 8-5 某企业收益预估表(单位：万元)

项　目	第一年	第二年	第三年	第四年	第五年
主营业务收入	135.7	414	552	920	1 150
减：变动成本	84.935	259.2	345.6	576	720
减：固定成本	67	67	67	67	67
利润总额	-16.235	87.8	139.4	277	363
减：所得税		10.73	20.91	41.55	54.45
净利润	-16.235	60.835	118.49	235.45	308.55

(5) 资产负债预估表(Pro Forma Balance Sheet)：反映某个特定时间点上企业的资产、负债和所有者权益的概况见表 8-6。为了使数据合理，资产负债预估表的编制要与损益表和现金流量表一致，资产按照流动性或变现时间长短顺序排列，负债按照偿还顺序排列。

表 8-6 某企业资产负债预估表(单位：万元)

资　产	第一年	第二年	第三年	第四年	第五年
货币资金	65.44	127.15	268.82	450.412	568.222
应收账款	11.5	59.8	69	115	143.75
存货	50.765	66.166	43.68	21.888	10.403
固定资产净值	12.8	9.6	6.4	3.2	0
无形资产	56	42	28	14	0
资产合计	196.515	304.716	415.9	604.5	722.375
负债及所有者权益	第一年	第二年	第三年	第四年	第五年
应付账款	12.75	33.15	76.5	127.5	159.375
应付股利	0	0	23.698	47.09	61.71
应交税费		10.73	20.91	41.55	54.45
负债合计	12.75	43.88	121.108	216.14	275.535
实收资本	200	200	200	200	200
盈余公积		6.0835	11.849	23.545	30.855
未分配利润	-16.235	54.752	82.943	164.815	215.985
所有者权益合计	183.765	260.836	294.792	388.36	446.84
负债及所有者权益合计	196.515	304.716	415.9	604.5	722.375

(6) 现金流量预估表(Pro Forma Cash Flows)：预测未来特定时段企业现金状况的变化，并详述变化为何出现的财务报表，见表 8-7。例如，现金在该月内如何取得、如何花费等。现金流量预估表不是对企业盈利能力的预测，而是对短时间内企业的收入能否大于支出的一种设想。制定现金流量预估表的目的是说服银行或可能借给资金的人，证明有能力偿还资金，也可以对自己的创业更加明确。

表 8-7 某企业现金流量预估表(单位：万元)

	2004 年 12 月 31 日	2003 年 12 月 31 日
运营活动现金流		
净收益	131 000	83 000
加(现金取得)		
折旧	13 500	5 900
应收账款减少	14 700	2 300
应计费用增加	1 900	3 900
减(现金使用)		
应付账款减少	(16 700)	(3 500)
调整总额	9 200	8 600
运营活动创造现金净额	140 200	91 600
投资活动现金流		
投资活动创造现金净额	250 500	112 500
筹资活动现金流		
筹资活动创造现金净额		19 000
年末现金和现金等价物	63 800	54 600

(7) 盈亏平衡分析：明确需要多少单位产品的售出，或者要多大销售规模才能达到盈亏平衡。盈亏平衡点就是令企业既不盈利也不亏损的销售额度。

用 SP 来表示销售价格，用 VC 表示单位可变成本，则盈亏平衡点(图 8.5)为：

$$Q=\frac{TFC}{SP-VC}$$

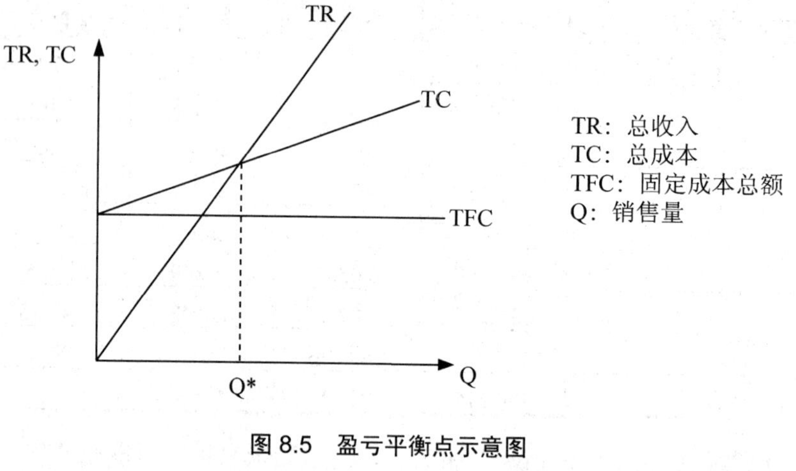

图 8.5 盈亏平衡点示意图

例：一家公司，其固定成本总额 TFC 为 250 000 元，单位可变成本为 5.0 元，销售价格为 10.0 元，则该公司的盈亏平衡点为多少？

解：$Q=\frac{250\,000}{10-5}=50\,000$

9. 风险与假设

必须描述管理、人员、技术、融资等方面的风险及其反面影响的后果，讨论销售预测、顾客订单的有关假设。如果潜在投资者发现计划中没有提到某些负面影响，将会对计划的可信度产生质疑，而且多数投资者会先看团队部分，接着就看风险假设部分。主动指出风险有助于向投资者表明，已经考虑过风险，并能够处理风险，增加了企业的可信度。

可能的风险：竞争者引起的潜在降价风险；潜在的行业不利影响；超出估计的设计和生产成本；没有达到的预期销售；获得原材料时遇到的困难等。还要制订应急计划，指出哪些问题和风险对创业成功最关键，描述怎样能使这些不利影响降到最低的计划。

10. 附录

所有关键人员的简历、产品样本、顾客或供应商评价等，可以附在计划书的后面。

8.3.2 识别风险投资家的运作偏好

为了吸引投资，使新企业得到快速成长，创业者应当明白投资者愿意投资哪类企业。

(1) 愿意介入的企业发展阶段：种子、开发、收入、盈利等阶段。

(2) 偏好投资某个新兴产业。

(3) 设定某项投资最小和最大的规模。

(4) 关注企业的某些关键特质：具有专业知识和管理能力的管理团队、已被市场接受的产品、财务远景等。

创业者还要识别不被投资人看好的创业企业类型。

(1) 创业企业技术过于先进。由于人们对新的尖端科技能否商业化的专业评估能力难以把握，如果贸然在重大尖端新技术领域投入资金，风险是非常大的，而技术移转费用相对于新产品的研发费用便宜得多。台湾的一些风险投资人认为，贸然投入一项尚未证实能够商业化的产品的研发风险太大。

(2) 典型的传统企业。一般认为，产品生命周期已进入成熟期或衰退期、劳动力高度密集、纯生产加工类型、技术层次低、进入障碍低的企业，由于利润薄、面临市场淘汰的压力较大，因此投资风险较高。另外，传统企业的制度僵化，企业文化落后，循规蹈矩，缺乏弹性与效率。类似箱包、制鞋、制衣、制帽等行业一般不会受到投资家关注。

(3) 创业企业过度多元化。无论个人或公司的资源都是有限的，什么产品都生产的企业，可能什么都做不好。卓越公司的成功因素之一是专与精，即由小而大，由核心技术逐渐往上下游及周边产业发展，人才、经验累积渐进发展的结果。“专”、“精”是创业企业得到成长和发展的基础。有的高科技公司，产品技术含量非常高，不断地募股增资，什么赚钱做什么。短期内滥上产品线，炒股票，搞房地产，搞多元化经营，业绩不进反退。

(4) 股权过于集中或过于分散的公司。股权过于分散时，董事会成员会因为股权小，对公司漠不关心。一旦公司经营不顺，需要资金或管理整顿时，股东们会因为所占股权不多，风险损失不大而袖手旁观。股权过于集中，则会造成大股东一股独大的局面，导致“一言堂”的格局，导致经营绩效不良。股权适度，企业才能得到有效管理。

(5) 道德风险过大的企业。“诚信”是合作的基础，虽然签订有投资协议书，但如果当事人缺乏诚信，则合约形同废纸。所以对一些账目不清、报表不实、故意蒙骗的创业者，不论其项目多好，前景多么诱人也难以得到合作。人是最主要的考察因素，人的风险是最大的风险，所以，投资者更是注重人的商誉和信用。因此，诚信是创业者打开成功之门的钥匙。

8.3.3 创业计划的口头陈述

要想成功吸引到风险投资，除了写好一份创业计划书，还要掌握向投资者陈述创业计划的技巧。创业者一般需要准备 10～15 张简洁鲜明的幻灯片，如果幻灯片过多，就不得不走马观花地陈述，从而忽略了重要内容，内容陈述要以预定的时间为限。如果投资者只给创业者一个小时的时间，口头陈述就不应超过 30 分钟，其余 30 分钟为问答时间。

创业者应为会面做好准备，做到守时，自备视听设备等。陈述应避免花费太多时间纠缠于技术术语，重点阐述企业自身的情况。精心准备重要的材料，如专利及申请时间、产品等。陈述的关键点及技巧如下①。

(1) 公司：用一张幻灯片迅速说明企业概况和目标市场。

(2) 机会：待解决的问题或未满足的需求是陈述的核心内容，应用 2～3 张幻灯片说明。

(3) 解决方式：企业将如何解决问题或满足需求，需要 1～2 张幻灯片进行解释。

(4) 团队优势：可以用 1～2 张幻灯片简要介绍团队主要管理者的资格和优点。

(5) 知识产权：用 1 张幻灯片介绍企业已有的获得批准的知识产权。

(6) 产业、目标市场和竞争者：可以用 2～3 张幻灯片简要介绍即将进入的产业、目标市场及直接、间接的竞争者，详细介绍本企业将如何与目标市场中的企业竞争。

(7) 财务：简要阐述财务问题，重点阐述企业何时能盈利，需要多少资本，何时现金流能够持平，可用 2～3 张幻灯片。

(8) 需求、回购和退出战略：用一张幻灯片说明需要的资金数目和设想的退出战略。

本章小结

本章主要介绍了创业计划的重要作用与设计、写作技巧。创业计划是指创业者提出某一项具有市场前景的产品或服务项目，用书面的方式阐述自己的创业构思、创业过程的安排和部署，寻求投资、规范创业行为的可行性报告。创业计划有两个作用：一是系统展示创业构想，保证创业活动顺利进行；二是吸引可能的投资和合伙人。一份优秀的创业计划书的总体要求是：要对市场做出最清晰的分析；对产品需求做出最准确的预测；对投资的收益做出最可信的阐释；对新企业的管理做出最周密的筹划。一份成功的创业计划书应具有以下特点：格式严谨、长度适中、表达清晰明确、数据有理有据、突出团队优势等。创业计划书一般有简式和详式两种类型，一般应该包括执行概要、公司概况、产品开发、市场分析、财务计划、管理团队以及风险假设等内容，并进行分项描述。制定创业计划书，首先要确定合适的撰写人，然后进行市场调研、设计与写作，最后还要对计划书不恰当、不完整的内容进行修改和补充。撰写创业计划书是很复杂的工作，需要掌握创业计划书的写作方法，对市场规模、机会、商业模式、盈利预测等方面进行周密的筹划和预测。创业者还要理解风险投资者的运作偏好，并掌握创业计划口头陈述的技巧，以便能够及时吸引到合适的投资和合作者，保证创业活动顺利进行。

① [美]布鲁斯·R·巴林格. 创业管理：成功创建新企业[M]. 张玉利，等译. 北京：机械工业出版社，2006：212.

关键术语

创业计划(Business Plan)
风险资本(Venture Capital)
权益贡献(Equity Contribution)
财务计划(Financial Plan)
管理团队(Management Team)
资产负债表(Pro Forma Balance Sheet)
流动资产(Current Assets)
核心能力(Core Competency)
损益预估表(Pro Forma Income Statement)
电梯文本(Elevator Pitch)
现金流(Cash Flow)
盈亏平衡点(Break-Even)
执行概要(Executive Summary)
风险假设(Risk Assumptions)
固定资产(Fixed Assets)
现金流量预估表(Pro Forma Cash Flows)
可行性分析(Feasibility Analysis)

知识链接

1. [美]杰弗里·蒂蒙斯，资源需求与商业计划[M]. 周伟民，等译. 北京：华夏出版社，2002

2. [美]布鲁斯·R·巴林格，R·杜安. 创业管理[M]. 张玉利，王伟毅，杨俊. 译. 北京：机械工业出版社，2006

3. www.startupjournal.com

4. www.businessweek.com

5. www.forture.com

6. New Business Venture and the Entrepreneur, Homewood, IL: Richard D.Irwin,1985.

7. Harvard Business Review

8. Journal of Business Venture

习　　题

1. 简答题

(1) 什么是创业计划？它有什么作用？
(2) 创业计划书的特点有哪些？
(3) 写好创业计划书的实施摘要部分应注意哪些问题？

2. 论述题

(1) 简述创业计划书的内容和结构。
(2) 试述创业计划书的写作步骤。
(3) 为了吸引投资和合作伙伴，简述创业计划应掌握哪些技巧。

实际操作训练

根据创业规划书的设计和写作要求，组建一个创业团队(5～7 人)，撰写一份规范的简式《创业计划书》。

要求：(1) 格式要规范，至少写出创业计划书内容格式的 7～9 个主要部分。
(2) 可参考相关资料，结合本团队创业项目写作。
(3) 如果有商业秘密，应该注明保密性的内容。

案例分析

“霞光”儿童托管辅导公司创业计划书

一、项目介绍

(1) 项目名称：“霞光”儿童托管辅导公司。

(2) 经营范围：儿童托管、课后辅导、营养配餐服务的提供。

(3) 项目投资：20万人民币。

(4) 场地选择：中州路靠近解放路段。

(5) 项目概述：创办“霞光”儿童托管服务公司，将父母亲无法照顾的儿童组织起来，管吃、管睡、管学习辅导，解决家长与儿童双方面困难，而且利用系统的管理教育，培养儿童的自我约束、独立管理能力，造福后代。

二、市场分析

目前，郑州市的儿童托管已成为市民日常生活中一个老大难的问题，身边熟人常谈及孩子读书后，因上班远而不能及时带小孩，也有谈到小孩读书后，因吃不好午饭变瘦了。谈论更多的是，父母文化程度低辅导孩子做作业成问题，产生代沟问题等，由此产生一种想法，如果能把这些小孩组织起来，保证孩子们吃得香、睡得好，同时辅导他们做作业，是一个很好的商机。

1. 市场需求分析

据悉，目前郑州市各小学都不同程度地出现托管难的问题，据不完全统计，各小学平均有800名学生，新生入学需要托管服务约50%，需要辅导各科作业约45%，需要美术、音乐、英语等辅导约30%，需要单科作业辅导约20%。

从上述数据分析出以下几点。

(1) 当今人们对教育的重视程度较以前大有提高；

(2) 当今的孩子竞争性强、压力大；

(3) 父母投入社会工作多，难以照顾好孩子；

(4) 教育社会化的程度需不断提高。

2. 市场竞争与前景

社会进步必然存在竞争，在创业阶段必须重视行业竞争。据有关报道，目前，郑州在开发家教、托管服务市场的时间不算很长，普遍存在着质量不高的问题，如师资不合格、服务质量差等。只要扬长避短，制定自己的竞争优势，突出优点，创新发展，才能不断满足社会的需求。发展潜力是十分巨大的，从创业项目来讲，只要重视竞争对手，采取“全方位发展，服务多元化，以优质服务取胜”的经营方针，一定能成功。

三、成本预算

1. 薪资预算

职　　称	人　　数	职级工资(元)	工资总额(元)
总经理	1	2 000	2 000
主任	2	1 500	3 000
职员	12	1 000	12 000
合计	15		17 000

说明：专科课程辅导老师不作为工资预算，故不计人经营成本。组织一个班另外聘辅导教师，只计提成(见辅营业目标的说明)。

2. 投资预算

投资项目	预算资金(元)
办理牌证	2 000
简单装修	40 000
添置办公设备、儿童用品	20 000
公关业务员	5 000
宣传、资料	2 000
合　计	69 000

说明：(1) 对原经营场所只是修补性质的简单装修。

(2) 要充分利用原经营场所的基本设施：电器、办公设备、床等，用旧添新。

3. 经营成本预算

费用项目预算	支出预算(元)
工资	17 000
折旧以 2 万元设备计提 4 年使用(平均年限法)	420
公关、促销	10 000
广告、宣传	1 000
水、电	4 000
管理费	1 000
学生午、晚餐费	7 920
税金	2 000
杂费	500
合计	43 840

说明：(1) 学生伙食费用：按每月 160 名学生计算，其中有 80 名学生是午、晚餐的，估计 240 餐次，每餐伙食收费 1.50 元，则每天伙食费用共 360 元，按月 30 天计，每月有 22 天工作日，计算得每月伙食费用是 7 920 元。

(2) 学生伙食标准：针对少年儿童饮食需求，按不同节令制定出符合标准的菜谱。

(3) 失业人员创业在税收政策方面有一定优惠。

四、盈亏分析

1. 经营目标

(1) 实现招生目标：全年 1 920 人次，即每月 160 名学生。

说明：

① 1 920 人次，实际是每月 160 名学生的重复，即：160×12 个月＝1 920 人次。

② 160 名学生是以 4 个小学计算，平均每个小学录取 40 名学生，则：4×40＝160 名。

③ 每个小学平均 900 名学生，按录取 40 名计算，则只是每个学校的 4.4%的学生。

(2) 主营业额目标：全年营业额：768 000 元(托管服务)。

说明：

① 月营业收入：160 名×平均单价 400 元＝64 000 元。

全年收入：64 000 元×12 个月＝768 000 元。

② 平均单价是以(午托、午晚托)算术平均法计算所得：400 元。

(3) 辅导营业目标：全年营业额为 10 200 元(家教、辅导)。

说明：

① 全年招生 34 名，每科收费 300 元。

34 名×300 元=10 200 元

② 每周二晚辅导课，每班 11～12 名学生。

③ 每班每月营业收入 3 300 元，辅导老师按每晚 50～100 元提成，平均为 75 元。

3 300－(75×8 晚辅导课)=2 700 元

④ 第二年营业额增加 10%，第三年营业额 20%。

2. 投资收益预算

(1) 主营业利润=年营业额－总成本税金
  =768 000－(43 840×12)－(2 000×12)=217 920 元

(2) 辅营业利润=年总营业额－提成总额－其他费用
  =10 200－1 800－400=8 000 元

(3) 总利润=主营业利润＋辅营业利润=217 920＋8 000=225 920 元

五、盈亏预测

(1) 如果全年招收 1 315 个次学生，即每月为 109 个学生就为保本经营。

(2)如果全年超过 1 315 个次学生，即每月超过计划 109 个学生就有盈利。

(3)如果全年不到 1 315 个次学生，即每月不到 109 个学生就出现亏损。

(4)如果按计划完成全年招收 1 920 人次学生，即每月招收 160 个学生则实现利润 21.4 万元(每月招收 160 个学生：实际是每个月报 60 名学生的重复)。

六、风险预测

风险预测包括以下 6 个方面。

(1) 选择经营场地的地理位置是否合理;

(2) 场所与学校的地理位置是否合理;

(3) 对竞争对手的了解不足;

(4) 实际投资超出预算;

(5) 管理制度不完善;

(6) 师资质量问题。

控制办法如下。

(1) 选择经营场所必须进行实地考察，多选几个点，多提几个方案，请专家评价选最佳方案。在有条件下可在经营场所周边的居民进行一次民意调查，为决策提供有利的依据。

(2) 学校与场所间要充分考虑所需的接送时间、交通工具等，避免迟到现象。

(3) 加深对竞争对手的了解：避实就虚，做到他有我有、他无我有，并且定价合理。

(4) 对每次投资要进行经济核算，在预算时要宽松或上下互补。

(5) 教师要进行严格考核，质量要严格把关。

七、人员机构管理

1. 组织结构与职能范围

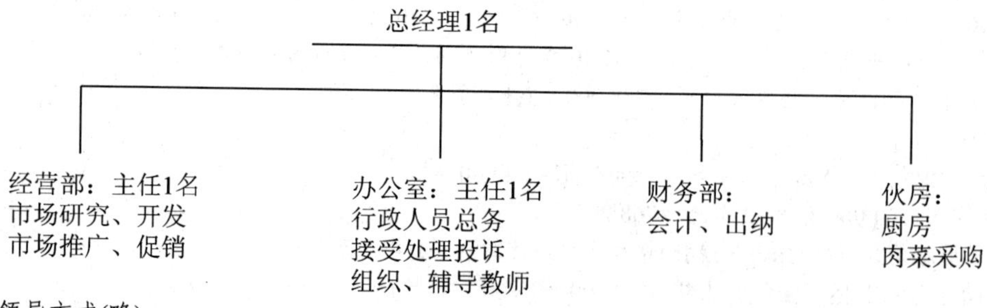

2. 领导方式(略)

3. 制定工作岗位职责

由上至下每个工作岗位制定出责任、权利、行为规范。

4. 管理模式

(1) 总经理→部门经理→职员的直接指挥方式。

(2) 实行分级管理。由上至下：部门经理对总经理负责，职员服从部门经理工作分配；由下至上：职员有问题向部门经理提出，部门经理向总经理反映。

(3) 引入竞争机制、激励机制：重视个人绩效表现，部门经理、主任、员工不固定，能者上。

(4) 管理方式人性化：重视调节员工的情绪，发挥积极性，以提高工作效率。

(5) 用人标准：

① 专业人员：本科毕业、持有国家认可的资格证书；

② 总经理：合作双方选举产生；

③ 员工标准：大中专毕业，道德品质优良、责任心强、努力工作。

5. 建立管理制度

管理制度包括员工守则、岗位职责、待遇、考勤奖罚、晋升、财务、安全防火等方面。

八、营销策略

1. 服务说明与定价

(1) 午托：接送小孩、午餐、辅导作业、午睡，250元/月。

(2) 午晚托：接送小孩、午餐、辅导作业、午睡、晚餐、淋浴、辅导作业，晚上9点家长接回家，550元/月。

(3) 代请各科家教老师：20元/每次。

(4) 单科课程辅导：语文、数学、自然、历史、地理、英语、美术音乐等，300元/月。

(5) 课外知识辅导：道德教育、情绪控制教育、理财教育等，300元/月。

(6) 特殊服务：孩子遇病不能回校上课或白天在校发生事情，提供及时协助，30元/次。

说明：

① 托管服务(午托、午晚托)以4～5个月为一个学期计算，家教、辅导课按每月为一期计算。

② 托管服务招收四个班，每个班45名学生，寒暑假照常服务。

③ 辅导班，每12名学生一个班。

2. 经营策划

1) 场所定位

(1) 选择交通方便的场所。

(2) 场所周边学校不少于4个。

(3) 选择的场所在老城区。

(4) 场所的面积不少于500 m^2。

2) 设定经营场所

(1) 营销策略加强联系、不断了解、推陈出新、满足需求。

(2) 营销手段有以下几个方面。

① 熟人推荐：利用熟人介绍。

② 公关促销：利用学校关系，由学校推广促销。

③ 宣传推广：到各学校设点进行宣传推广工作，特别是中午、下午放学时的宣传。

④ 单位宣传：到学校门口和深入学校周边的居民区派发单张。

⑤ 电话热线：接受家长的咨询、推广、投诉。

⑥ 人员推销：直接推销。

⑦ 街道设点：深入各街道居委设招生站，进行宣传推广。

3. 经营计划

(1) 把新生入学的促销工作作为全年的重心来抓。

(2) 销售指标落实到个人，经济效益挂钩。

(3) 做好各学校、街道居委的宣传、公关工作。

(4) 宣传单张必须及时派送到准消费者手中。

(5) 为完成主营业目标：公关促销计划完成 25 万元，宣传推广计划完成 20 万元，单张推广计划完成 10 万元，人员推销计划完成 5 万元，街道居委计划完成 1.0 万元，其他完成 1.8 万元。

(6) 辅营业额的完成：做好家长细致的思想工作，完成全年招生 34 名学生并不难。

(7) 第二三年必须抓紧市场开发工作，不断推出新的服务，满足社会需求，提高营业额。

思考与讨论：

1. 你认为这个创业项目能够满足客户需求吗？请给出尽可能多的理由。
2. 请评价财务计划、盈利预测是否合理。
3. 简要评价管理团队的结构。
4. 分析评估这份创业计划书的内容和结构，指出其优点和缺点各有哪些。
5. 如果你来写这份创业计划书，你会怎样设计它的结构和内容。

第 9 章　创业资源整合

本章教学目标与要求

(1) 了解创业资源分类及其整合方法；
(2) 掌握创业融资含义，了解融资相关理论；
(3) 把握创业融资需求的阶段性特点、主要渠道和方法；
(4) 了解创业融资过程；
(5) 了解融资的创造性来源；
(6) 学习怎样预防创业融资“陷阱”；
(7) 认清融资与创业团队及投资之间的关系。

本章知识架构

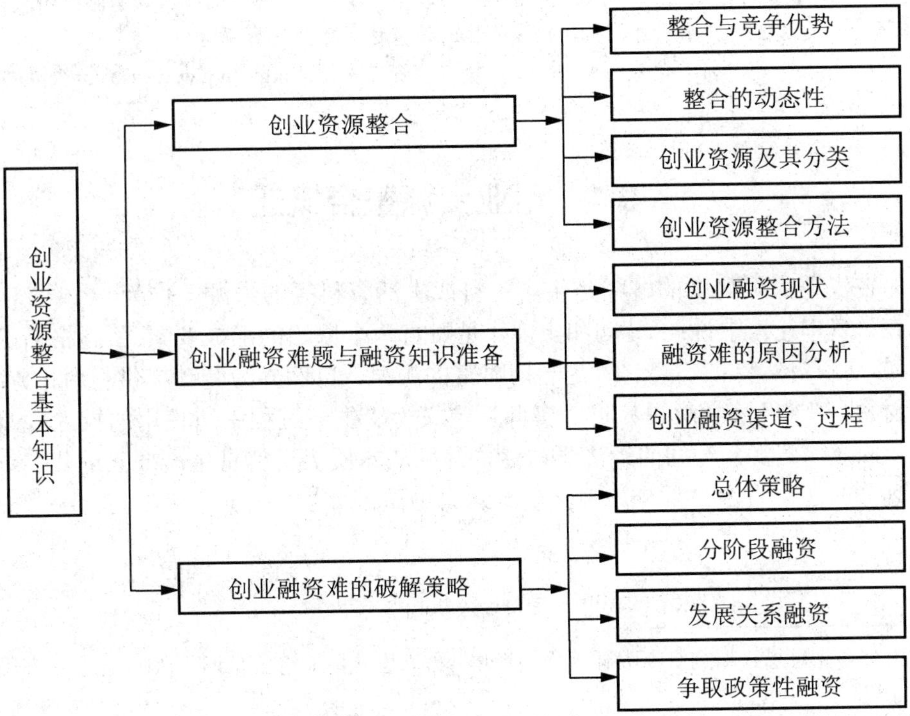

如果社会提供给某人一份工作而此人毫无兴趣，只是为了养家糊口才被迫从事，那么，这个人只是一个劳动者。如果某人对社会提供给他的工作很感兴趣，那么，这个人就是一个工作者。

——普利斯特莱

导入案例

蒙牛创业的资源整合

蒙牛创业之初，一无工厂、二无奶牛、三无市场，牛根生带领他的团队，从一个“三无”企业快速发展成为年销售额达21亿元的知名企业，表现出了他们强大的资源整合能力。

(1)“先建市场、后建工厂”战略。牛根生先用300多万元进行广告宣传，几乎一夜之间人们都知道了“蒙牛”；又与中国营养学会联合开发系列新产品；与国内乳品厂合作，投入品牌、技术、配方，采用托管、租赁、委托生产等形式，将所有产品打出“蒙牛”品牌。仅3个月，蒙牛盘活了7.8亿元资产；通过与8家乳品企业合作，发挥蒙牛的品牌、管理、技术、配方的作用，当年实现销售额3465万元。

(2) 利用当地资源与政府联合建奶站。牛根生充分利用当地资源，没花一分钱，与当地政府协商后由当地人出资建奶站，蒙牛品牌的影响力使政府和当地人放心，与蒙牛签订常年供应合同，形成了双赢。600多台车辆、500多个奶站、近10万平方米的员工宿舍，合计5亿多元的资产均由社会投资。

(3) 与竞争对手伊利联合共建市场。蒙牛与伊利是同一行业的两个著名品牌，蒙牛产品的宣传利用伊利的知名度，一开始就与伊利联系在一起，一直宣扬与伊利是兄弟，共建“中国乳都”的形象概念，无形中宣传了蒙牛品牌，与对手一起培育强大的市场。尽管蒙牛和伊利都在时刻关注对方的增长曲线，但相互促进使得两个企业能够实现共赢发展。

(4) 利用境外投资寻求发展。2002年，蒙牛获得了英联、摩根士丹利、鼎晖三大国际财团联合注资2.15亿元，参股比例超过32%。拿老外的钱，蒙牛的目的是搭建国际化发展平台。

资料来源：http://www.cyease.com.cn/a/79530.shtml

9.1 创业资源整合概述

资源在汉语大词典中的解释是生产资料或生活资料等的来源。作为一个经济学词语，马克思在《资本论》中说：“劳动和土地，是财富两个原始的形成要素。”恩格斯的定义是：“其实，劳动和自然界在一起它才是一切财富的源泉，自然界为劳动提供材料，劳动把材料转变为财富[①]。”《经济学解说》将“资源”定义为“生产过程中所使用的投入”，这一定义很好地反映了“资源”一词的经济学内涵，资源从本质上讲就是生产要素的代名词。“按照常见的划分方法，资源被划分为自然资源、人力资源和加工资源[②]。”

① 中共中央马克思恩格斯列宁斯大林著作编译局. 马克思恩格斯选集第四卷[M]. 北京：人民出版社，1995：373.

② [英]蒙德尔. 经济学解说[M]. 北京：经济科学出版社，2000.

9.1.1 资源整合能力与竞争优势

Pfeffer 和 Salancik(1978)认为，企业是受制于或依赖于控制其资源命脉的组织[①]。资源在未被企业整合利用前都是零碎的，如果要发挥其使用价值，企业就得提升资源整合能力，对有价值的资源进行识别和绑聚，实施再建构，科学有效地利用起来，才能产生效益，带来利润。基于能力观理论的研究认为，资源整合能力是企业竞争优势的必然要求。

通常情况下，企业的竞争优势来源于企业能力，而资源整合能力是企业能力的重要组成部分[②]。所以企业的资源整合能力被认为是企业获得和保持竞争优势的一个重要方面，是战略管理理论的永恒主题。战略理论中的核心能力理论和动态能力理论都强调资源整合的战略地位，动态能力理论的创始人 Teece(1994，1997)提出，"唯有可以实时反应、快速与弹性地从事产品创新及管理，具有能有效协调与配置内部及外部能力的公司，才是最后的赢家"。动态能力方法可用来确认成为竞争优势来源的公司独特能力的构面，并解释能力及资源的组合如何被发展、部署及保护，并利用这个方法来开发已存在的内部与外部的公司独特能力来满足变动的环境。

企业竞争力的提升是一个资源和能力的转换过程。在现实中人们经常可以看到，一个拥有很多资源的企业绩效平平，而一个资源较少的企业反而在市场竞争中获得优胜地位。这就意味着资源和能力并不一定是匹配的。作为企业的经营管理者就是要使得自身所拥有的资源至少可以获得相匹配的能力。在资源和能力的转换过程中，可以最充分地体现出创业者或者创业团队的管理水平，也给经营管理者以思考，如何整合资源使得其产出最大化。

资源和能力关系的关键是组织能取得资源和能力组内的合作和协作。这要求组织激励和社会化其成员，以发展出平滑运作的常规。组织的风格、价值观、传统、领导鼓励成员的合作和承诺，这些可以被看作是企业的无形资源，是公司组织常规的一般要素。能力的复杂程度不同，有些能力可以从一项单一资源中衍生出来其他能力要求涉及许多不同资源的协作和高度复杂的互动。在这个互动变化过程中，能力通过持续匹配而得到不断累积与发展，而资源也会因为得到有效的配置取得了经济租金。

9.1.2 资源整合能力的动态性

由上述可知，企业成长往往表现为资源的蓄积、扩张过程，而且是其结构调整和特性革新的过程。企业成长模式的选择则是通过比较企业经营能力和经营资源之间的配比关系进行的。

企业的资源基础观认为企业通过将竞争优势建立在难以被竞争对手模仿、复制和替代的资源基础上来保持竞争优势的持续性，它强调内部资源与能力的整合，为此企业需要不断地积累战略制订所需的各种资源，并需要企业不断地学习、超越和创新。只有资源与能力达到一定水平后，企业通过一系列组合和整合形成自己独特的、不易被模仿、替代和占有的战略资源，从而获得有利的竞争地位[③]。

---

① Teece D J，Pisano G，Shuen A．Dynamic Capabilities and Strategic Manage Ment．Strategic Management Journal，1997，18(7)：509-533.

② 王建中. 创业环境、资源整合能力与创业绩效关系结构模型构建[J]. 商场现代化，2011(35)：40-41.

③ 罗永泰，吴树桐. 企业资源整合过程中动态能力形成的关键路径分析[J]. 北京工商大学学报，2009(3)：23-30.

Feeser(1993)认为企业资源整合能力是基于信息和知识的、企业特有的、并且通过组织资源之间复杂的相互作用而随时间发展的有形和无形的流程。资源在企业内部或外部都可以成功获取，而企业的某种能力则仅仅存在于组织和它的业务流程之中，是属于具体企业特有的，难以从一个组织转移到另一个组织，除非组织本身的所有权发生转移，因此，能力只能在组织内部培育。

但是唐春晖(2006)认为，资源从来就不是完全无法模仿的、永久的或不可转移的，不然就不会有技术创新的扩散，也就没有后进企业了，即使领先的高技术企业如英特尔、摩托罗拉也从不认为它们所拥有的资源是不能模仿的和不可转移的，这些企业利用最初拥有这些资源在开发市场的早期阶段获得超额利润，随后通过技术特许和技术转移进行资源扩散获取进一步的利润①。

创业者建立新企业通常面临资源限制，在缺乏资源的情况下“白手起家”。成功的创业者会创造性地整合和利用资源。因此，资源整合能力成为创业成功的重要因素之一。王建中提出资源整合能力就是在创业过程中，创业者或创业团队对资源识别、汲取、匹配和利用的能力。初创企业应通过组织学习来提高其资源管理水平，加强经验和技能的累积，最终在管理实践中将资源发挥到应有的效用②。

所以，企业资源整合能力存在着典型的动态性的特征，即企业资源整合能力并非是一成不变的，而是可以经由组织学习和创新去改造和提升的。这个动态性主要表现在以下 3 个方面：一是资源本身是静态的，是组织不可掌控的，关键是看组织如何去进行排列组合，以实现其最佳的构功能，这个是能力的提升过程；二是资源只有这么多，但是企业组织想方设法争取到了可供企业利用和发展的更多资源，为企业的成长提供了更好的机会；三是资源本身是可以利用的，但长期未被组织发现，经过进一步挖掘之后，可以为企业所用。由此可以知道，现有和潜在资源的综合开发和利用才是提升整合能力的关键，它在企业的生存和发展的各个阶段都非常重要。对于一个初创企业来讲，其首要问题是生存问题。那么对于创业企业而言，它的资源如何整合呢？

9.1.3 创业资源分类及各自的地位

创业资源(Entrepreneurial Resources)指创业过程中所需要的各种资料来源，包括物质的、非物质的各种资源。巴基将组织的资源分为“物质资源”(指原材料和设备)、“财政资源”、“思想资源”(指组织所采用的思想，以及组织在交流这些思想时所使用的语言)等。而资源基础理论在组织的运行中所看到的则是物力、财力和无形资源，杰伊·巴尼将其统称为“物质资本资源”。物质资源大致体现出稀缺性、针对性、时效性、有用性、边际效用递减规律、成本的耗费等几个方面的特征。人们能够获取到的资源数量首先受到时间和空间范围的限制，因此，“量入为出”几乎成了所有组织甚至是所有人从事某项活动的一个基本原则。

① 唐春晖. 资源基础演化视角下的后进企业技术追赶战略[J]. 当代财经，2006(11)：75-79.
② 王建中. 创业环境、资源整合能力与创业绩效关系结构模型构建[J]. 商场现代化，2011(35)：40-41.

1. 创业资源分类

由于创业启动资源(资源起点)不同，有些资源具有独特性质(价值性、稀缺性、不可模仿性和不可替代性)、难以模仿(独特创意、专利产品、商标、社会网络、稀缺资源等)，可以形成成功创业的重要战略资源。

蔡莉(2007)对新创企业的资源开发过程进行系统分析，认为新创企业的资源开发过程可以分为 3 个部分，即资源识别、资源获取和资源利用①。其中，资源识别指企业对初始资源和关键资源进行识别，并依据企业目标确定企业的资源需求；资源获取指企业通过外部获取、内部培养等方式获得所需的资源；资源利用指企业将资源捆绑为资源束，形成企业能力，实现资源向能力的转化，并匹配能力以形成特定的结构并实施利用，从而实现企业的价值创造。Brush，Greene 和 Hart 对如何构建创业型企业的资源基础进行了深入分析，将创业型企业的资源整合过程归纳为集中资源、吸引资源、整合资源、转化资源 4 部分②。易朝辉认为资源整合能力是在整个创业过程中，新创企业识别、获取、配置构建组合资源以及运用资源的一种动态能力，可以从资源识别能力、资源获取能力、资源配置能力、资源运用能力 4 个方面来测量③。本质上，这 3 种观点是一致的，整合的第一步是识别资源，而要想对资源进行识别的话，必须首先对其进行分类。

资源类型多种多样，根据资源的性质，可将创业资源划分为 6 种。

(1) 人力资源：创业者、创业团队及他们的知识、技能、经验、智慧等体力和脑力的总和。其中，创业者是最重要的人力资源。

(2) 物质资源：创业活动中所必需的有形资源，包括工厂、机器设备、原材料以及园林等自然资源。

(3) 社会资源：由人际关系、社会交往形成的关系网络，是一种特殊的人力资源，可以使创业者有机会接触团队以外的外部资源，实现他人难以实现的愿望和目标。

(4) 技术资源：包括生产流程、质量控制、核心技术、专利等，可与物质资源结合，通过法律手段加以保护，形成组织的无形资产。

(5) 组织资源：包括组织结构、工作规范、决策系统等，是组织内部规范行为、优化环境的管理系统。

(6) 财务资源：由资金、股票、资产等构成，创业初期，启动资金主要来自创业者个人、亲戚、朋友等私人资本。

2. 各创业资源之间的关系

从本质上说，创业是一个创业者识别创业机会并整合资源的过程。Timmons(1994)把创业者和团队、机会与资源作为推动创业过程的 3 个要素。在它们之中，他强调创业者的重要性胜过其他两项。创业者的动机很重要，不仅仅因为它是一个新企业形成的起点，而且因为它决定了创业发展过程的许多方面。

① 蔡莉，葛宝山，朱秀梅，费宇鹏，柳青. 基于资源视角的创业研究框架构建[J]. 中国工业经济，2007(11): 96-103.

② Brush C G, Greene P G, Hart M. From Initial Idea to Unique Advantage; the Entrepreneurial Challenge of Constructing a Resource Base[J]. Academy of Management Executive, 2001(15): 64-78.

③ 易朝辉. 资源整合能力、创业导向与创业绩效的关系研究[J]. 科学学研究，2010，28(5)：757-762.

(1) 没有财务资源很难招聘到优秀雇员，而这又反过来增加了融资的难度。缺少优秀雇员往往是成功实施某项战略的首要障碍。在启动阶段，许多企业无法吸引到一流的员工，创业者往往自己要承担多数关键任务，并尽己所能来招聘雇员来帮忙。企业往往是在利润可观之后才能吸引到优秀的员工。所以，对于最初的创业者而言，合适的员工很难招得到，招到之后又怕跳槽，这样的风险是在人力资源获得阶段创业者时刻面临的挑战。

(2) 没有财务资源恐怕也很难得到所需的物质资源，因为所有这些都不会是白白得到的。

(3) 社会资源包括许多方面，亲朋好友、同学同乡同事都是创业者的社会资源，从他们那里可以得到创业信息，可以得到资金和技术的帮助，甚至在创业失败时精神上的鼓励会减轻痛苦。换言之，社会资源对创业者的帮助是全方位的，利用社会资源的能力对创业者的成败会产生重要的影响。

(4) 技术资源大多是创业者或者创业团队自有的，可以说创业者的立身之本。作为知识资源，它的异质性使得创业者的创业成为可能。所以创业者要尽可能好地去保护好技术资源。用它可以融通资金，也可能有投资者愿意将他所拥有的物质资源拿来共同创业。

(5) 组织资源涉及的是管理问题，它为创业企业的有序运转提供了支持，是创业企业实现价值的保证。

由于创业环境的不确定性，创业机会与创业企业的复杂性，创业者、创业团队与创业投资者的能力与实力的有限性，在创业过程中产生了很大的风险①。

在创业的不同阶段都存在着创业风险。谢科范和赵湜认为创业风险来源于资源缺口和经验缺口。从机会角度看，经验影响着企业发现机会的能力，资源则影响着企业利用机会的能力；从风险的角度看，资源决定着企业的风险抵御能力，而经验影响着企业的风险规避能力，即资源数量及其配置影响到资源的运用和企业对于风险的防范。

现实中的企业多寻求规模的扩张，因为资产规模与创业企业的融资存在一定的关系：抵押资产越多的创业企业越倾向于通过银行信贷融资，而抵押资产少的企业倾向于风险投资融资②。越是简单的模式，对规模和资本的要求越高，对某些企业而言，在某种意义上，规模和资本几乎是企业防守的唯一护城河，其结果是获得尽可能多的资金和人力资源储备。但是，这对于创业者来说，这样做未必是合适的。许多创业者为可能发生的最好情况而储备雇员。白手起家者们雇用尽可能少的员工(Understaff)，因为他们知道任何糟糕的情况都可能发生。人手不足，按照在硅谷的说法，属于一个“良性问题”(a High Quality Problem)。可以想象，当一个创业者因为销售激增而打电话要求更多的资金时，任何一个风险投资家都会对此惊喜若狂。而惊喜之所以称为惊喜，正是因为它们很少发生。

所以创业者最好能够忘记最优秀的人才，通过提供掌握更多的技术和扩充阅历的机会来吸引人，而不是通过薪水和其他选择。创业者所面临的挑战是找到人才，并发挥他们的才能，同时要时刻保持理性，并对人才有真正的尊重。

9.1.4 创业资源整合方法

由于资源的“稀缺性”，很多创业者在创业之初缺少资金、设备等资源，采用“零起步”、

① 陈震红，董俊武. 创业风险的来源和分类[J]. 财会月刊，2003(24)：56-57.

② 陈艺云. 知识差距、信息甄别与创业企业的融资选择[J]. 科技进步与对策，2011，28(4)：137-140.

“白手起家”等方法开始创业。也有的把资源的严重缺乏看作是一个巨大优势，迫使自己采用最经济的方法，用最少的资源赢得最大的利益，在资源高度约束的情况下，运用平凡的资源创造不平凡财富。

理论上讲，资源识别是指创业者根据自身资源，深入分析并确定企业创业所需的各种资源的过程，它关系到企业资源整合的成败和资源整合能力的形成。同时，只有不断识别了有价值、稀缺、不可替代和不可模仿的资源，才能进一步提高创业绩效。创业者分析的关键在于资源的选择机制和能力构建机制①。Barney J B 指出，对于一个企业来说，获取能够产生经济租的资源的有效途径是唯一的，它必须通过应用优越的资源获取能力在资源市场胜出。那就是，系统开发出比资源市场上其他参与者拥有更准确的预期资源在未来的价值的能力。拥有优越的资源获取能力的企业，运用他们的技能去识别哪些资源是成功所必需的，哪些不是，以便他们能够获得前者而回避后者。同时企业还要通过在开发配置资源上比竞争对手做得更好来创造经济租，即通过能力构建机制，关心过程和相关的行为能力进行资源配置来获取竞争优势中的作用②。资源获取是指在确认并识别资源的基础上，创业者利用其他资源或途径获取创业资源并使之为创业服务的过程。资源配置是指创业者对获取的创业资源进行调整，使之互相匹配、相互补充并获得核心竞争力的过程，它是企业资源整合过程的中心环节。

资源运用就是创业者利用所获取并经过配置的资源，在市场上形成一定的能力，通过发挥资源与能力的作用为客户提供产品或服务并为客户创造价值的过程③。Brush 等认为，资源运用是企业资源整合的最终目标，只有充分运用了企业获取和配置的资源，企业的各种能力才能形成，企业的发展才能够成为现实。由此可见，资源运用得当，便会提升创业资源的利用效率，进而提高创业绩效。

具体而言，创业资源整合方法主要包括：拼凑法、步步为营法、杠杆作用法④。

(1) 拼凑法(Bricolage)指创业者在资源高度约束的情况下，利用身边已有的零碎资源制造新产品和创造价值的方法。拼凑法包含以下几层含义。

① 拼凑利用的资源可能不是最好的，但可以通过一些技巧将平凡资源创造性地组合在一起。比如，东拼西凑、修修补补。

② 通过对零碎、旧的资源改进或加入一些新元素可以改变资源结构，实现资源有效组合。很多案例表明，拼凑是创业者利用资源的独特行为，利用手头存在的不完整、零碎的资源，如工具、旧货等，可以创造出独特的价值。创业者可能通过突破惯性思维、手边资源再利用、将就等策略，采用全面拼凑或者选择性拼凑的方式，解决资源高度约束的问题。

(2) 步步为营法(Bootstrapping)指在缺乏资源的情况下，创业者分多个阶段投入资源，并在每个阶段投入最少资源的方法。美国学者杰弗里·康沃尔(Jeffrey Cornwall)指出：在有限资源的约束下，采用步步为营法整合资源，不仅是最经济的方法，而且也是一种获取满

---

① Barney J B. Firm resource and sustained competitive advantage[J] . Journal of Management，1991，17(1): 99-120.

② 林萍，李刚. 持续的竞争优势：整合资源观和制度观[J]. 商业研究，2007(8): 16-19.

③ Hill C W, Jones L, Gareth R. Strategic Management: An Integrated Approach[M]. Fifth Edition. Boston: Houghton Mifflin, 2001.

④ 王晓文，张玉利，李凯. 创业资源整合的战略选择和实现手段[J]. 经济管理，2009，31(1)：61-66.

意收益的方法。由于创业者难以获得银行、投资家的资金，为了使风险最小化、审慎控制和管理、增加收入等，采用步步为营法有以下作用。

① 在有限资源的约束下，寻找实现创业理想目标的途径；

② 最大限度地降低对外部资源的需要；

③ 最大限度地发挥创业者投入在企业内部资金的作用；

④ 实现现金流的最佳使用等。

采用步步为营法的策略表现在保持有目标的节俭原则、减少对外部资源的依赖、设法降低资源的使用量等，以降低成本和经营风险。

(3) 杠杆作用法(Leveraging)指发挥资源的杠杆效应，以尽可能少的付出获取尽可能多的收获。

美国银行投资家罗伯特·库恩(Robert Kuhn)认为：企业家要具有在沙子里找到钻石的功夫，能发现一般资源怎样被用于特殊作用。发挥资源的杠杆效应体现在以下 5 个方面。

① 比别人更加延长地使用资源；

② 更充分地利用别人没有意识到的资源；

③ 利用他人的资源完成自己创业的目的；

④ 将一种资源补充到另一种资源，产生更高的复合价值(组合)；

⑤ 利用一种资源获得其他资源(交换)。

资源杠杆可以是资金、资产、时间、品牌、关系、能力等。对初创业者来说，最适合的杠杆是善于利用一切可以利用资源的能力。杠杆发挥作用的具体形式：借用、租赁、共享、契约等。比较容易产生杠杆作用的资源是社会资本。它为社会网络中的创业者的交易活动提供便利的资源和机会。

所以，对于创业者而言，首先要清楚自身所拥有的知识技能、自身所拥有的关键创业资源和创业社会网络的价值；其次要考虑如何做才能够从供应商、客户、竞争对手获取创业所需的各种资源以及如何利用社会网络获取创业所需资源，如何在企业内部通过学习来开发形成新的资源；第三就是要对资源进行配置，包括剥离创业无用的资源、实现资源的转移和结合、实现内部资源的共享性配置等；最后是创业者及其团队利用个人资源和已整合的资源获取外部资源。

9.2 创业融资难题与融资知识准备

前已述及，企业在其发展过程中受到资源的限制，所以需要想方设法对资源进行整合。在企业所需的诸多资源中，资金问题被称为“老大难”问题。创业融资指创业者根据其创业计划和创业活动对资金的需要，通过各种融资渠道和方式，经济有效地筹集资金的过程，是创建新企业的重要步骤之一。

融资的第一作用是按照特定的投资目的集合资源，创造一个有机的生命体。这个作用正如马克思所言，“表现为发动整个过程的第一推动力”，它的来源是投资者事先准备好了的，是真正意义上的投资。融资是启动新企业的第一推动力。创业之初的融资关系到企业的生死存亡，初次融资成败至关重要；一个企业在成长过程中出于各种需要和目的(购置设备、开发新技术和新产品、调整资本结构、扩大经营规模、并购其他企业等)，将会产生对资金的不同需求。多数企业的创立和不同发展阶段将会面临融资、再融资等多次融资过程。

创业融资有 3 个原因。

(1) 现金流问题。销售产品产生现金之前，必须购买原材料；培训员工、付薪；支付通信、广告费。如果企业在有盈利前花掉了所有资本通常会失败。为防止用完资金，创业者必须解决现金流短缺问题。

(2) 资本投资不足。购买房地产、构建设施、购置设备的成本，常常超出创业者自己能够提供资金的能力。在企业成长的某个周期、专门化等，购买资产会变得更加重要。

(3) 产品开发周期长。在销售产生收益之前，产品需要较长的研制、开发时间，前期投入成本往往超过创业者自己能够提供资金的能力。如开发一个电子游戏需两年时间和 400 万美元资金，需要相当多的前期投资。

9.2.1 创业融资的现状

根据北京大学国家发展研究院和阿里巴巴集团联合对珠三角地区小企业的调查，创业融资难主要表现在以下几个方面。

1. 小企业融资渠道单一

对年销售额 1000 万以下的小企业来说，向亲戚朋友借款仍是首要融资渠道，其次是银行及信用社贷款，其他融资渠道占比很小。珠三角地区 53.03%的小企业从未借过款，无外部融资；33.78%的小企业的融资渠道为家人朋友，通过其他融资渠道融资成功的只占很小一部分；仅 46.97%的小企业有借贷历史。

珠三角地区的银行及信用社主要提供给企业的仍然是抵押类贷款，如图 9.1 所示，占到所有通过该渠道借款客户的 65.47%；当地的典当行及小额贷款公司主要以担保和信用贷款为主，占到所有通过该渠道借款客户的 75.61%，是解决中小企业融资的一种有效方式。

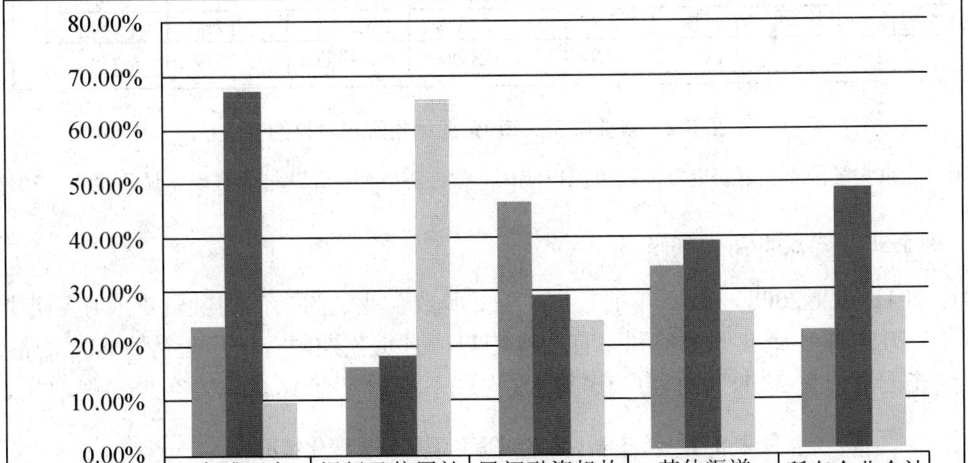

	亲戚朋友	银行及信用社	民间融资机构	其他渠道	所有企业合计
纯信用	23.54%	16.30%	46.34%	34.48%	22.62%
担保互保	66.81%	18.23%	29.27%	39.66%	48.73%
抵质押	9.65%	65.47%	24.39%	25.86%	28.65%

图 9.1 担保方式-融资渠道对比图

资料来源：北京大学国家发展研究院，阿里巴巴集团. 珠三角小企业经营与融资现状调研报告[R]. 2011：10.

2. 企业规模大小与取得银行贷款难度成反向关系

小企业贷款额低，财务不规范，出于风险及收益的考虑，银行倾向于给大企业及小企业中的大企业发放贷款。随着年销售规模的扩大，小企业在银行及信用社的融资比重逐步升高，从亲戚朋友处融资的比重逐步下降；有一定规模的小企业，积累相对较多，能够提供符合银行及信用社的担保，更容易获得银行贷款；微型企业在银行及信用社的贷款比例最低，如图 9.2 所示。

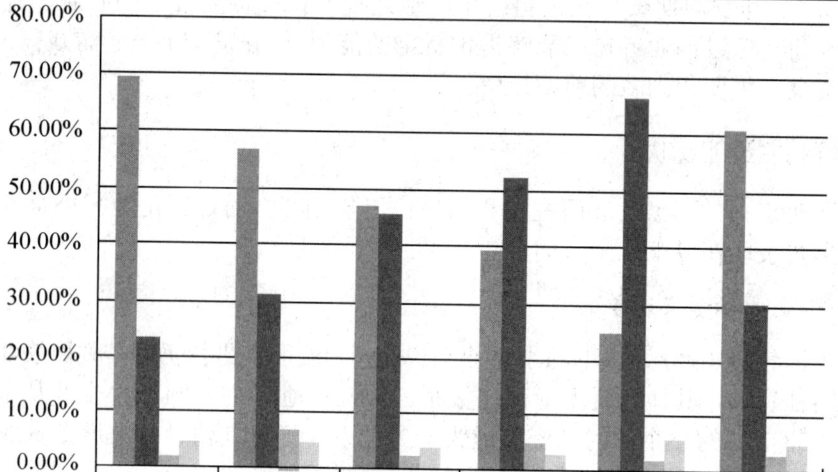

	500万及以下	500万-1000万(含)	1000万-2000万(含)	2000万-3000万(含)	3000万以上	所有企业合计
亲戚朋友	69.28%	56.65%	46.88%	39.13%	25.00%	61.20%
银行及信用社	23.13%	31.18%	45.83%	52.17%	66.30%	30.23%
民间融资机构	2.45%	7.22%	3.13%	5.22%	2.17%	3.33%
其他渠道	5.14%	4.94%	4.17%	3.48%	5.25%	5.25%

图 9.2 首要融资渠道-企业销售规模对比图

资料来源：北京大学国家发展研究院，阿里巴巴集团. 珠三角小企业经营与融资现状调研报告，2011.10.

3. 小企业融资成本高，期限短

对比 2011 年及 2008—2010 年的数据来看，多数企业认为当前的融资难度在逐步增加，见表 9-1。2011 年小企业的融资利率有上升趋势，且贷款期限有缩短趋势，客户的最高获贷额度也在下滑，有 28.18%的客户获贷额度出现下滑，仅有 16.05%的客户出现增长。

表 9-1 珠三角小企业融资利率和期限变化情况①

年利率	2010年至今	2008-2010	对比增长	期限情况	2010年至今	2008-2010	对比增长
6%及以下	18.41%	20.38%	↓ -1.97%	1个月-3个月（含）	12.35%	10.56%	↑ 1.79%
6%-12%（含）	42.47%	45.52%	↓ -3.06%	3个月-6个月（含）	15.77%	15.39%	↑ 0.37%
12%-18%（含）	22.70%	18.86%	↑ 3.84%	6个月-12个月（含）	31.64%	31.39%	↑ 0.25%
18%以上	16.42%	15.24%	↑ 1.18%	1年-2年（含）	27.56%	29.38%	↓ -1.81%
				2年以上	12.68%	13.28%	↓ -0.60%

① 北京大学国家发展研究院，阿里巴巴集团. 珠三角小企业经营与融资现状调研报告[R]. 2011：10.

从理论上讲，这是不公平的，小企业本身就处于弱势地位，融资难度的最大，反而增加了它的融资成本，更进一步加剧了其经营的困境或者减缓了它成长的速度。但现实就是这样的残酷，那么究竟是什么原因导致了这一现象的发生呢？

9.2.2 创业融资难的现实原因和理论解释

1. 创业融资难的现实原因

(1) 创业企业缺少甚至没有资产，无法进行抵押。

(2) 创业企业没有可参考的经营情况。可口可乐公司即使在一夜之间倒闭，也能让公司在一夜之间再建立起来。

(3) 创业企业的融资规模相对较小。从贷款规模比较，对中小企业贷款的管理成本平均为大型企业的 5 倍左右。

资本约束的主要原因是创业者自身禀赋较差，这是市场选择的结果。因为创业者作为一个整体，总体上不管是人力资本、社会资本抑或是财务资本都很弱，属于弱势群体，缺少可以用来作为抵押品的资产(财富限制)，而且他们不忍将生计攸关的资产作为担受风险的抵押品(风险限制)，这是导致金融约束的两个原因。当然金融机构的金融创新不足和政策支持力度不够也是很重要的原因[①]。

知识链接

借钱庙：1986 年版《颍阳乡志 · 传说 · 借钱庙》云：庙建于何时，无从确考。庙院几百亩，道士十几人。每年所收粮食、财帛，尽归中王(中岳庙神)。借钱庙四周百姓，如遇饥荒，便拿箔表乡纸，赴此庙向“中王”借钱。借时，在纸上写出姓名、地址、借钱数字以及还钱时间，烧上香，磕个头，到庙外等一会。回来，借条不见了，所借钱数，则会埋在香炉之内，借钱者取走便是。至于还钱，只可多，不能少。不足者，“中王”则要给予惩罚。乡民为感恩扶危济困，遂将中岳庙改为“借钱庙”。

这个借钱庙，实在是功德无量，既造福乡民，又有借有还，营造了一个诚信的环境；更重要的是，借贷双方不用见面，无需开口，免去了好多的尴尬和口舌，对借钱者而言，是心理上的一大解放，同时，也稍收利息，既卸下了因为借钱而“人情大过天”的重担，又能保证这个制度健康有效地运行。

2. 创业融资难的理论解释

1) 信息不对称：一个理论解说

信息经济学就是有关非对称信息下交易关系和契约安排的理论，信息不对称就是指交易的一方参与者拥有另一方参与者不拥有的信息。信息不对称情况下，会出现逆向选择和道德风险问题，从而影响了交易的顺利进行。从不对称信息的角度来研究企业融资结构问题，包括优序融资理论、代理成本理论、控制权理论、信号理论等，这些理论试图通过信息不对称理论中的“信号”、“动机”、“激励”等概念，从企业“内部因素”来展开对企业融资问题的分析，将早期和现代企业融资理论中的权衡问题转化为结构或制度设计问题[②]。

概括地说，融资约束又根源于市场的不完美，即信息不对称导致了更高的融资成本和融资约束。具体表现在创业者往往担心自己的商业秘密被泄露，不愿意过多告诉投资者相

① 郝继伟. 返乡农民工创业风险考察[J]. 武汉理工大学学报(社会科学版)，2011，24(1)：52-57.

② 杨娅婕. 不对称信息下的企业融资结构理论综述[J]. 时代金融，2010(3)：29-30.

关信息，投资者在有限的信息情况下难以判断创业者的创意和商业模式到底是什么，难以做出投资选择。一方面，公司信息不对称水平越高，公司面临的融资成本越高，可供投资的资金越少，从而可能导致投资降低；另一方面，信息不对称程度较高，代表融资约束程度较高，当公司所面临的融资约束程度更高时，公司投资对现金流的依赖性也可能更加严重①。

与大型企业相比，中小企业大多数信息不透明。大企业特别是上市公司拥有许多公开的信息，而且信息的真实程度也要高于中小企业，金融机构能够以较低的成本获得较多的上市公司的信息；对于非上市公司，银行通过许多渠道，例如供货商、消费者、企业职工以及企业相关报道了解企业的信息。中小企业的信息基本上内部化，通过一般的渠道很难获得这种小企业的信息，中小企业提供完备公正信息的成本比较高，中小企业在寻求贷款和外源性资本时很难向金融机构提供能够证明其信用水平的信息；另一方面，金融机构如果要克服信息不对称，就必须加强调查、审查和监督，付出相当的信息成本，但是，由于中小企业对资本和债务的需求规模小，使金融机构平均成本和边际成本比较高。因此，金融机构为了避免事前的逆向选择和事后的道德风险，往往不愿意向中小企业提供融资。创业借款的特点是“少、急、频”，银行常常因中小企业信用信息不对称、贷款的交易和监控成本高且风险大而不愿放款。2008 年我国主要商业银行对创业贷款的平均不良率为 32.11%，比商业银行贷款的平均不良率高出 15.7 个百分点，贷款质量较差也影响了银行贷款的积极性。

与国外相比，中国中小企业的信息不对称问题比发达国家的情况严重得多。中国大多数中小企业往往提供没有经过审计的不合格的财务报表，财务状况缺乏透明度，银行业无从判断企业的经营状况和财务风险，有的即使提供经过审计的财务报表，通常银行也怀疑小的会计师事务所的可靠性。可以说在某种程度上，中国中小企业在融资方面存在一定的市场失灵。

2) 信贷配给理论

信贷配给是信贷市场中存在的一种典型现象，是指贷款人基于风险与利润的考查，不是完全依靠利率机制而往往附加各种贷款条件，通过配给的方式来实现信贷交易的完成。张维迎指出在信息不对称的条件下，银行作为理性的个体，宁愿选择在相对低的利率水平上拒绝一部分贷款人的申请即实行信贷配给，而不愿意选择在高利率水平上满足所有借款人的申请。Stiglitz 和 Weiss 认为信息不对称所造成的逆向选择和道德风险使银行被迫采用信贷配给，而不是提高利率来使供需平衡，并证明信贷配给可以作为一种长期均衡现象而存在。

首先是创业活动本身面临非常大的不确定性，使得投资者难以判断机会的真正价值和创业者把握机会的实际能力。创业企业由于缺少既有企业所具备的应付环境不确定性的经验，其不确定性比既有企业要高得多。其次，即使投资者愿意投资，双方也常常因对企业发展前景和赢利能力判断的不一致，导致对企业价值评估的巨大差异，因投资协议难以达成一致而投资者放弃投资。

① 屈文洲，谢雅璐，叶玉妹. 信息不对称、融资约束与投资—现金流敏感性—基于市场微观结构理论的实证研究[J]. 经济研究，2011(6)：105-117.

一个真正的创业者首先要具备克服困难的信心；创业者也应该感谢融资的困难，因为它使很多有创业想法的人在一开始就退出了创业的赛场，那些不畏惧困难的创业者已经获得了首次回合较量的胜利。

从理论上和具体实践中创业融资都是这么难，作为创业者又不得不面对它，那么，如何化解融资难题呢？

9.2.3 创业融资渠道、过程和常见陷阱

开始创建新企业的种子资金主要来源于创业者自己：个人积蓄、抵押、信用卡等。朋友和家庭的赞助被称为爱心资本(Love Money)，包括纯粹赠送、投资等，经常以不计报酬、减免租金等形式出现。一个潜在风险是如果创业失败，朋友、家庭之间会造成关系紧张。

另一种来源是自力更生，利用创造性、智慧获取资金。许多创业者迫不得已只能自力更生。苹果公司最初的种子资金是乔布斯卖掉了自己的汽车和计算机，筹集到 1350 美元。也可以采用最小化个人开销、与其他企业共享办公空间、租赁等方式减少费用。

世界银行所属国际金融公司(IFC)对北京、成都、顺德、温州 4 个地区的私营企业的调查表明：我国的私营中小企业在初始创业阶段几乎完全依靠自筹资金，90%以上的初始资金都是由主要的业主、创业团队成员及家庭提供的，而银行、其他金融机构贷款所占的比重很小。

要想解决融资难问题，首先需要了解可能的融资渠道和方法，其次要了解融资过程；再者要对于一些常见的陷阱有所了解。只有这样，才能够从可以选择的渠道中找出最适合创业者自身的融资方案。

1.融资渠道和融资方式

按照财务管理教科书上的说法，融资渠道是指客观存在的筹措资金的来源方向与通道。目前的来源主要有 7 个：国家财政资金、银行信贷资金、其他金融机构资金、其他企业单位资金、民间资金、企业自留资金、外商和港澳台资金。与渠道相对应，有 7 种方式：吸收直接投资、发行股票、企业内部积累、银行借款、发行债券、融资租赁、商业信用。实际上，概括起来，融资有两个来源，包括债务融资和权益融资，如图 9.3 所示。

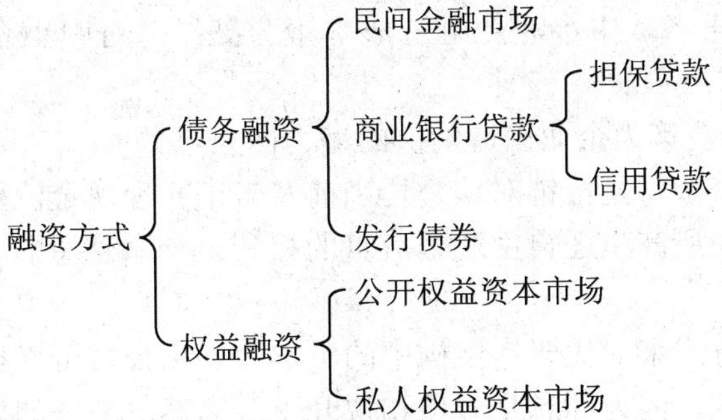

图 9.3　创业融资的可能来源[①]

① 郝继伟. 中小企业融资——政府介入的方式选择[J]. 四川经济管理学院学报，2006(1)：23-25.

1) 债务融资

债务融资是指企业向银行、其他金融机构、其他企业单位等吸收的资本，企业债务融资方式，主要包括银行借款、发行债券、融资租赁、商业信用等。

(1) 债务融资的具体方式：利用涉及利息偿付的金融工具来筹集资金的方式，即贷款，其偿付只是间接地与企业的销售收入与利润相联系，包括担保贷款和信用贷款，而典型的债务融资需要某种资产(车、房、工厂、机器或地产)等作抵押。银行贷款的理想候选企业，是具有强大现金流、低负债率、已审计的财务报表、优秀管理层、健康的资产负债表的企业。这些标准说明了新创企业为何难以获取银行贷款，初创企业不具备这些特征。商业银行贷款新的业务类型：个人生产经营贷款、个人创业贷款、个人助业贷款、个人小型设备贷款、个人周转性流动资金贷款、下岗失业人员小额担保贷款和个人临时贷款等。

首先来看商业银行贷款中的担保贷款，于商业银行而言，利润最大化是其经营活动的主导思想。而中小企业由于规模狭小，使得其财务经营状况和未来发展前景不易判断。中小企业通常情况下很难找到合适资产进行抵押贷款活动，即使能够找到房地产、机器设备等进行抵押，在经济落后地区也会因为产权交易市场不发达而使抵押品难于变现。再者，银行为企业提供每笔贷款的交易成本实际相差无几。由于与大型企业相比，中小企业每笔贷款数额相对较小，这意味着为中小企业提供相同规模的资金银行需要付出更高的成本，而且由于贷款笔数繁多，也加重了日后追债任务的负担。出于以上原因，不管是大银行还是小银行都不愿为中小企业提供贷款①。

其次再来看一下信用贷款，由于中小企业得到的商业银行贷款本来就很少，所以其在银行的信用记录也少。同时，在全国范围内普遍存在的中小企业逃废银行债务现象，使得银行在未来的经营活动中更加提防甚至回避中小企业，其结果是商业银行给中小企业发放信用贷款的可能性微乎其微。发放债券对于中小企业而言更无异于天方夜谭，因为法律对此要求的条件更加严苛。如果是高新技术的中小企业，可能会寄望于在私人权益资本市场上得到一些资金，可能会得到风险投资的支持。但这对于中小企业整体而言，其所得到的资金支持可以说是杯水车薪，不能够解决融资难问题。

中小企业如何解决这些问题？在民营经济发达，中小企业众多的浙江、福建地区一些民间金融组织的出现给它们缓解了资金紧张的压力。但是民间金融未得到央行的批准，从法律上讲是非法的；再者，中小企业融资成本十分高昂，对中小企业竞争力的提升非常不利。

(2) 通过债务融资决策为企业创造价值的潜力巨大。

为一家公司融通资金，是推销对该公司当前及未来合理现金流要求权的过程，即融资决策中包括出售该公司所产生之自由现金流量的权利。一家公司的融资方式可以影响它在3个方面的价值②。

第一，通过借贷方式来取代资本结构中的股本，一家公司可以提高其可分配或留存给股东及债权人的收入额，因为利息是一项扣税开支。当然，债务的增长是有限制的，因为借贷的增加会提高该公司陷入经济困难或破产的可能性。

① 郝继伟. 中小企业融资——政府介入的方式选择[J]. 四川经济管理学院学报，2006(1)：23-25.

② 对您的公司来说，多少债务是的合适的？[J]. 哈佛商务评论，1982(6-7)：106-114.

第二，在某些时机，融资决策导致价值在该公司各种业主之间的转移。

第三，融资方法可能会影响到对各类参与者的奖励，特别是管理层。

2) 权益融资

权益融资无须资产抵押，赋予投资者在企业中某种形式的股东地位，分享企业的利润，按事先约定拥有对资产的分配权。

创业者向股东筹集资金，获得的资金是创业后所形成的企业资本，代表着对企业的所有权。所形成的所有权资金分布特点、股本额大小、股东分散程度决定了一个企业控制权、监督权、利润分配权的结构，反映一种产权关系。这意味着创业者要放弃部分所有权利益和某些企业控制权。优点是投资者成为企业的部分所有者，会提供经验和援助帮助企业。

与债务融资不同，从权益融资获得的资金不必偿还，投资者通过股利支付、出售股票获取他的投资回报，见表 9-2。

表 9-2　债务性资金和股权性资金的比较

比较项目	债权性资金	股权性资金
本金	到期从企业收回	不能从企业抽回，可以向第三方转让
报酬	事先约定固定金额的利息	根据企业经营情况而变化
风险承担	不承担	承担
对企业的控制权	无	按比例享有

权益融资有 3 种常见形式：天使投资、风险资本、首次公开上市。

(1) 天使投资(Business Angel)：指自由投资者对有创业项目的小型初创企业进行的前期投资，是一种非组织化的创业投资形式。天使投资起源于纽约百老汇的演出，原指富有的个人出资，以帮助一些具有社会意义的文艺演出，后来被应用到经济领域。20 世纪 80 年代，新罕布什尔大学的风险投资中心首先用“天使”来形容这类投资者。

天使投资人有两类：企业高管；高校科研机构专业人员。他们有很高的收入、丰富的管理经验，由于职业和地位自己不能亲自创业，希望帮助有创业能力的人完成创业梦想，冒着可以承担的风险，在自己熟悉或感兴趣的行业进行投资，获取回报。

天使投资有 3 个特征：直接向新创企业进行权益投资；不仅提供现金，还提供专业知识和社会资源的支持；程序简单，短时期内资金就可到位。

美国天使投资者每年向大约 3 万家企业投资 200 亿～300 亿美元(风险投资每年投资约 220 亿)。天使投资者预期会有相当高的年度回报率，通常接近 35%～40%，通常也在董事会中占据一个席位，并提供各种管理支持。例如 1977 年，马库拉向苹果公司投资 9.1 万美元，并为另外 25 万美元贷款进行个人担保，苹果公司 1980 年上市时，他在公司的股票价值超过 1.5 亿美元。

我国天使投资还不够发达，但是已经受到社会的关注。2007 年 3 月，由新浪网、清华大学创业研究中心、中国企业家杂志社等联合策划了首届“中国最活跃的天使投资人”评选活动，评出了 10 位最活跃的天使投资人。温州地区活跃着类似的天使投资人的“资本网络”，一个人只要有诚信，项目值得投资，就能够找到资金。天使投资人一般通过熟人网络、介绍人进行筛选。

阅读案例 1

一个神奇的创业故事——80 后创业月入百万

一个 1987 年出生的创业者，公司成立半年多，6 个员工，仅凭一款手机联网游戏，月入已过百万，今年要做到月入过千万元。这是一个神奇的创业故事。

2012 年 3 月 31 日早上，搅动了整个上海滩和华东地区的中国第一创业大赛 2012 年黑马大赛春季赛进入决赛阶段，黑压压坐了 6 百多人的会场，成为现场嘉宾口中比“赢在中国”、“非你莫属”更好看的创业秀场，最后的大赢家是一个穿米黄色大衣、满场跑拉票的 1987 年出生的小伙子。他叫尹庆，上海触龙信息科技有限公司 CEO。他的公司拿到了这届大赛的冠军。“很多投资人找过来。”尹庆完全没想到，他自己都没准备好。

他只是一个 6 人小微公司(算他自己)的 CEO，他和他的团队还住在上海某个三室一厅的居民楼里，但他当之无愧。

他们开发的《幻想精灵》手机联网游戏仅在 91 市场平台(IOS)上线一个月就有 100 万的收入，用环球天下教育集团总裁张永琪的话说，这是一匹真正的黑马。

这两天，最高兴的估计是尹庆的父母和他的哥哥。因为，这黑马大赛冠军奖杯有一半的功劳应该归他们。

1. 哥哥的天使投资

如果没有尹庆哥哥的 15 万元天使投资，触龙能否成立都要打个问号。

2009 年，尹庆从华东理工大学数学系毕业后曾在一家小的网游公司工作，做服务器端的开发，2010 年 5 月他跳槽到一家美国上市的游戏公司完美时空，还是做服务器开发。此时，他已在业余时间做一些单机游戏的设计和制作。在这里，他认识了后来成为他创业伙伴的曹翀(在完美时空做策划)等人。从 2011 年四五月份开始，尹庆就在暗暗筹备创业，并遴选团队。

尹庆这个时候冒出创业的想法不奇怪。曾连续被苹果在 APP Store 首页推荐 6 周，曾在 33 个国家的 APPStore 中下载排名第一的手机游戏《捕鱼达人》正是在 2011 年 4 月上线的，上线后三个月收入达 500 万元。

榜样的力量是无穷的，而尹庆自信能比他们做得更牛。

“移动终端的联网游戏有很多问题，也有很多空白。”尹庆总结，比如很多手机游戏都是让用户免费下载，靠推送广告赚钱，为什么不能直接像传统游戏一样靠卖虚拟道具赚钱呢?他还觉得很多手机游戏偏“浅”。

他和曹翀，以及另外一个在完美时空做美术的同事一起，决定参考日本的单机游戏《口袋妖怪》做创新，开发一个策略版的宠物养成游戏，“这种游戏的用户年轻(16～30 岁)，且使用不同语言的用户比较容易接受”。此种产品思路跟陈昊芝做捕鱼达人时一样，捕鱼达人也曾借鉴了一款以捕鱼为主题的街机游戏。

2011 年 6 月，尹庆决定辞职创业。比他大 8 岁的哥哥给了他 15 万元“天使投资”，占一定的股份。尹庆的哥哥毕业于上海理工大学，从小是尹庆的榜样，此时已做到了上海一家日本软件企业的副总。尹庆说，其实他哥哥早有创业的想法，所以支持自己尝试。

手攥 15 万元，尹庆在上海租了一个 5 700 元/月的三室一厅的房子，既是办公室，又是睡觉的地方。注册公司、购买苹果电脑、服务器等，一轮下来，几乎没剩下什么钱。2011 年 9 月，公司正式开张，主要成员有尹庆、曹翀和尹庆一个学弟(曾在上市公司九城做前端)、一个朋友(曾在上市公司淘米网络做服务器开发)，还有尹庆在完美时空的同事(负责美术)。“我们都不拿工资。”尹庆说。而他在江苏连云港老家的已退休的父母过来给他们做饭吃，饭钱经常都是他父母倒贴。

每天中午起来吃他父母做好的饭，然后开始忙到第二天凌晨 3 点左右，没有节假日和周末，这是尹庆和他的团队创业到现在的常态。“很辛苦。”尽管自己还比较年轻，但尹庆还是叫了声苦。

2. 奇迹将继续

2011 年 12 月，《幻想精灵》测试版上线，来自朋友的反馈是：设计不错，内容有一定深度，玩法有创新。过完龙年春节，第一个 ios 版本《幻想精灵》正式在 91 市场上线，选的日子是 2012 年 2 月 15 日。“我们本来想选更有纪念价值的 2 月 14 日的，结果因为游戏出了点问题，只好调到 15 日。”尹庆和其他年轻人一样有点浪漫情怀。

上线首周，《幻想精灵》仅靠自然增长即成为 91 市场全平台单日收入最高的游戏。随后，收入不断增长，最高单日收入已超 3 万元。“第一次看到有收入我们很激动。”等单日收入超过 3 万元，尹庆带着很久没“发工资”的兄弟姐妹们去附近的一家川菜馆吃了顿好的。

到 2 月底，触龙公司的账户上已有用户 19 万元的充值。2012 年 3 月，这款游戏给这 6 人团队(含尹庆的哥哥)带来了超过 100 万元的收入，单日最高收入达 7 万元，用户付费率 5.2%，平均每个用户给触龙贡献 90 元左右的收入。

有了收入，尹庆开始给团队发点工资，3 000～5 000 元/月，解决基本的生活问题。不过他自己并没有领工资。“我们团队除了一个人有女朋友，其他人都是光棍，没什么花销。”尹庆说。最感到欣慰的是尹庆的父母，“因为我辞职了那么久(2011 年 6 月到 2012 年 2 月)，都没有收入，他们还是有点担心。”尹庆的父母开始像所有的家长一样提醒他不要骄傲自满。事实上他们低估了尹庆的理想，“2012 年凭《幻想精灵》这款游戏单月收入要超过 1 000 万元。”

“我们每个月的带宽和服务器成本 1 个小时就赚回来了。”尹庆亮出自己的杀手锏：这款游戏的带宽和服务器成本很低，甚至还能帮用户节省流量。“这是有门槛的。”但他承认，很多人用心也能做到。

资料来源：http: //www.studentboss.com/html/news/2012-04-06/104707_1.htm

小思考

尹庆等人月赚近百万元的原因是什么？采用了什么融资方式？

(2) 风险资本(Venture Capital)：指风险投资公司投资于新创企业或具有快速成长潜力的小企业的资本。风险投资公司力争获得 30%～40%以上的年投资回报率，并在整个投资期内总和回报率达到最初投资的 5 倍～20 倍。由于风险投资行业的盈利特性，以及为成功的企业提供过融资，如 Google、雅虎网站等，该行业引起了极大关注。美国有大约 650 家风险投资公司，每年约向 3000～4000 家企业提供投资。由于这种投资的风险，有些投资不会成功(成功投资约 25%～35%，投资失败约 15%～25%)，因此投资成功的企业必须足以弥补失败造成的损失。

获得风险投资的优点主要表现在：利用投资家在商界的联系，可向企业提供超出投资的许多帮助。通过为初创企业融资，风险投资公司不但带来管理技巧和市场知识，还发出影响外界(潜在的顾客、合作伙伴或员工)的维持信心和品质信号，这些都能够推动初创公司的成长[①]。但是获得风险投资必须通过尽职调查(Due Diligence)，即对初创企业价值的调查，并核实商业计划书中关键的声明和数据。然而 Davis 的研究表明[②]，90%的创业企业并不是通过风险投资融资的，小企业的资金有 95%以上来自于风险投资以外的渠道。

① [瑞士]Haemmig M. 风险投资国际化[M]. 复旦大学中国风险投资研究中心，译. 上海：复旦大学出版社，2005：148.

② DAVIS，Venture Capital in Canada: a Maturing Industry, with Distinctive Features and New Challenges [C]. The Growth of Venture Capital: A Cross-cultural Comparison. Greenwich, CT: Quo rum Books, 2003.

知识链接

哥伦布试图向西而不是向东航行从欧洲到达印度。由于缺乏足够的资源，哥伦布在 1484 年向葡萄牙的约翰二世请求支持的计划，但是遭到拒绝。第二年，他来到西班牙，请求伊斯贝拉女王和费迪南国王的帮助。尽管西班牙统治者最初拒绝了哥伦布，女王在与其智囊团商议之后，接受了后者的建议，还是支持了哥伦布的冒险行动。这样，1492 年就成了风险投资产业的开始。

资料来源：[瑞士]Haemmig M. 风险投资国际化[M]. 复旦大学中国风险投资研究中心，译. 上海：复旦大学出版社，2005: 35.

(3) 首次公开上市(Initial Public Offering，IPO)：指企业股票面向公众的初次销售。企业股票上市后要在某个主要股票交易所挂牌交易。首次公开上市是企业的重要里程碑，只有在证明自己可行、具有光明未来时，才能公开上市。

企业决定上市有几个原因：它是筹集权益资本以资助当前或未来经营的途径；提升企业形象，易于吸引高质量的顾客、员工和联盟伙伴；能为股东提供将投资变现的机制；创造另一种可被用来促进企业成长的流通形式。

选择何种类型的融资方式关键看：获得资金的可能性；企业的资产；当时的利率水平。通常，创业者会将债务融资与权益融资结合起来，满足自己的资金需求，见表 9-3。

表 9-3　新创企业特征与适当融资类型的匹配

新创企业特征	适当的融资类型
具有高风险、不确定回报的企业： 弱小的现金流、高负债率、 低中等成长、未经证明的管理层	个人资金、朋友和家庭、 自力更生的其他形式
具有低风险、较易预测回报的企业： 强大现金流、低负债率、优秀管理层 已审计的财务报表、健康资产负债表	债务融资
提供高回报的企业： 独特的商业创意、高成长、 利基市场、得到证明的管理层	权益融资

2. 创业融资过程

1) 融资前的准备

(1) 建立个人信用。信用对个人或企业都是一种珍贵的资源(无形资产)。创业者具有创业精神，在行为方式上会显示出异质性人力资本特征。但是，信任是一种市场规则，谁不讲信用，就会在社群内通过口碑传播。如果信任度太低，融资难度就会加大。所以创业者需要平时注意道德修养，树立信用意识。在美国，每个公民都有一个信用号码，在找工作或融资时，可以查询个人信用记录。据山东大学统计，大学生助学贷款还贷率只有 50%左右，2005 年全国已有 100 多所高校被银行列入暂停发放助学贷款“黑名单”。

(2) 积累人脉资源。斯坦福大学调查显示，一个人赚的钱，12.5%来自知识，87.5%来自于关系。中国社会是个关系本位的社会，关系网以自己为中心，以血缘、亲缘和地缘为纽带，就像一块石头丢在水面上所产生的一圈圈的波纹一样，不断扩展。创业者的关系网络形成了创业的社会资本。

2) 测算资本需求量

估算启动资金的目的是既要保证满足企业运营需要，又不致产生资金闲置，造成浪费。具体步骤有：第一，测算营业收入、营业成本、利润；第二，编制预计财务报表，包括预计利润表、资产负债表、现金流量表；第三，结合企业发展规划预测融资需求量。

资金投入的原则：在投入的数量、种类和时间上，以能够实现运转为限度，坚持“两个凡是”原则：凡是对运转所必需的投入是合理的；凡是对运转没有直接关系的投入是不合理的。因此必须坚持：急用的先购买，不是急用的可暂缓；能租用的尽量租用，不能租用的才考虑购买；可以少用的不要多买；专用的设备、设施、工具自己拥有为宜。

3) 编写创业计划书

编写创业计划书有两大作用，一是创业计划通过勾画未来的经营路线和设计相应的战略来引导企业的经营活动；二是创业计划用于吸引借款人和投资者。形式和内容包括：企业的使命、企业与行业的特征、企业的目标、经营战略、产品或服务的说明、市场营销战略、对顾客兴趣的说明、目标市场、市场需求量、广告和促销、市场规模和趋势、地点、定价、分销、竞争者分析、创业者与管理者简历、组织结构、财务资料、资金需要、投资者的退出方式等。

4) 确定融资来源

融资来源：能够为创业者提供创业资本支持的个人或组织，除了创业者个人资金和人脉关系外，还包括政府、银行、担保机构、行业协会、拍卖行等。

创业者在正确地测算了融资需求量之后，就要确定资金的来源。此时要对自己的人脉关系进行排查，以确定可以从哪里获得资金支持。

5) 融资谈判

无论创业计划书写得有多好，在与资金提供者谈判时表现糟糕的创业者很难完成交易。因此要做好充分准备：事先想想对方可能提到的问题；要表现出信心；陈述时抓住重点，条理清楚；记住资金提供者关心的是让他们投资有什么好处。

3. 创业者在寻求投资时的常见“陷阱”

(1) 高估价值、低估风险：创业者往往高估创意和技术的作用和商业价值，低估创业过程中的风险，常常使创业者难以获得投资。

(2) 急于大笔融资：有些创业者希望一次性获得大笔创业融资，现实的结果却是四处碰壁。

(3) 融资时“乱投医”：缺乏经验的创业者会不加选择地去找一些外部投资者，既不知道投资者的投资理念、投资领域，也不知道其是否真的愿意投资，更不知道投资者除了投资资金外，是否能给企业带来其他价值。

(4) 只接洽一个外部投资者：由于缺乏信息和渠道，始终只找一个投资者，结果是一旦这个投资者不愿投资，创业者就会不知所措。

(5) 融资谈判时过于“精打细算”，在股权融资时过于拘泥于局部小利益，错失了融资时机。

(6) 融资时创业团队的股权被过早过度稀释，给企业发展后劲带来严重问题。

百度创始人李彦宏曾经说过：“不要轻易将主动权交给投资人，在创业的过程中没有人会乐善好施。”事实上，百度也是这样做的。百度第一次融资时，徐勇与风投谈好的条件是100万美元，25%的股份，后来由于看好百度，风投将原始融资额从100万美元提高到120万美元，但比例仍为25%。在第二次的融资中，国际知名投资机构德丰杰联合IDG向成立9个月的百度投资了1 000万美元，其中德丰杰约占了总投资额的75%，成为百度的单一最大股东，但其仍然只拥有百度30%的股权。

9.3 创业融资难题的破解策略

融资难题不仅存在于创业的初期，它存在于企业成长的全过程，在增长过程中的不同阶段都需要再融资，而现实中因缺乏资金而失败的新生企业数量众多。对此，创业者自身所能做的有3点。第一，迅速开始经营，将创意变成具体技术或产品(至少雏形)，形成团队，然后寻求创业投资。仅靠好的创意很难让人信服，吸引风险投资非常困难，组建优秀的创业团队，能够增加企业成功的可能性。不介意以小型市场为目标，从模仿别人的想法开始，因为通常这种方法运作得很好。模仿节省了市场调查的费用，而且在最初阶段进入到小型市场不太可能遇到现有大公司的竞争。第二，寻找快速实现收支平衡的赚钱项目。在大公司可能被看成是不具吸引力的赢利机会，对创业者却是极有价值的。赚钱的企业，无论顺利与否，都会在厂商、客户和雇员眼中树立信用，同时树立创业者的自信心。第三，要控制发展的速度，因为受到控制的发展，不仅帮助创业者谨慎地投资，还可以帮助他们发展管理才能，减少压力，消除问题。学会怎样在企业中协调工作，对于第一次当创业者的人来说至关重要。制定发展战略，只有这样，才能走得更远，避免单纯关注现金使得企业的发展只能维持在一个较低的水平。

9.3.1 总体策略：分享利益，分担风险

要使任何创业活动实现，创业者首先需要的就是启动资金。有些创业公司是自给自足的，比如微软，但绝大部分做不到。明智的做法是寻找适当的投资人，因为依靠自有资金创业，基本上只能做一个咨询类的公司，而这类型的业务很难转换成一个实业型的事业。所以要选择合适的创业投资机构：好的创业投资家能给企业带来声誉和信心，企业有可能站在巨人肩上，更快地走向成功；其次，好的创业投资家不仅投资资金，也提供增值服务和社会关系资源。如YAHOO刚创业时，仅有杨致远和戴维两人，创业投资家给他们投入资本后，迅速帮助组建了20人的经营团队，YAHOO从单一的检索网站变成了经营电子信箱、新闻、游戏、电子商务、拍卖等内容的门户网站。融资不用着急，因为这世界上有很多很多的风投公司，如果创业者足够自信，这完全是个卖方市场。现在，市场上有无穷多的空闲资金在寻找优秀的投资机会。

创业融资涉及3个基本问题：第一，需要多少资金；第二，从哪里得到这些资金；第三，如何找到资金及其融资时的制度安排。最关键的是第3条，而投资人是不会愿意承担比创业者更大的风险的。从资本角度考虑，创业就像一场考试。创业致富的方法并不是占有全部的股份，而是尽可能地最大化公司成功的机会。所以较好的做法是树立风险意识，用一些股份来换取更高的成功几率。

在美国和以色列，个人成就和财富驱动着创业者，同时他们也很容易就同意将主要的

控制权转让给投资者，目的是为了使公司快速成长，从退出中获益。这将带来个人的财富，以及在他们看来更多的独立自主。美国人和以色列人有一种从头再来的倾向，这就产生了所谓的“连续创业”①。

融资的成功，就意味着创业者得到了投资，之后要做的是建立一家公司。大致上开办一家公司并不困难，但问题在于创业者很难决定哪些人会成为合作伙伴以及创业者与合作伙伴各占多少股份。两个同等水平的人平分并不困难，但是当创业者有好几个工作在不同领域和层次的合伙人的时候，合理分配股份将是无比痛苦的。不过无论如何，只要决定好了，这件事情就不能改变。对于这件事，一个实践中的经验就是，当每个人都觉得他们得到的股份相对于他们的付出而言算是吃了一点小亏的时候，这种股权分配方式是最好的。

9.3.2 分阶段融资

创业投资合同谈判中最敏感的问题是双方对企业的价值评估和投资后的股权结构。应当采取分阶段引入投资的方式见表 9-4，前期引入投资额度少，可以避免过早地失去控股权；随着创业进展，开发出新产品、开始有销售额、实现盈利，下一阶段融资的合约谈判会比较容易，创业者将会有能力、有信用引入更多的创业投资。

表 9-4 创业阶段特征与融资类型

创业阶段	特　征	资金来源
种子期	一个好概念，有待付诸实践	创始人的积蓄、家庭成员和朋友的投资
发展期	产品原型已经准备好进入商业化	风险资本基金、政府研发资助
生产期	产品开始销售且成长势头良好	银行将为企业融资
成长期	随着销售的成长，公司扩张产量和产品线	公开上市 IPO

通过分阶段融资，投资者可以获得创业团队、技术、项目、市场发展趋势等信息，有利于选择继续投资或放弃投资；创业者可以避免因一次性融资额过大而过早、过分被稀释股权(相应地丧失控制权)。因此分阶段融资是投资者和创业者之间的双边理性选择。

9.3.3 发展关系融资

关系融资，是指经济人与其他相关利益主体建立合作关系，通过合作关系降低双方信息不对称程度，利益共享，风险共担，进而从对方那里融集资金的融资方式。

美国经济学家 Berger 等人将发达国家银行对企业的贷款归纳为交易型贷款(Transactions-based Lending)与关系型贷款(Relationship Lending)两大类别。交易型贷款所依据信息称为“硬信息”(Hard Information)，比如财务报表、抵押品的质量和数量、信用得分等，这些信息具有一些共同特征，比如易于编码、量化和传递；信息是客观的，不具有人格化特征，可以很方便地在不同人员之间传递；信息在贷款决策时很快就可以生产出来等。

---

① [瑞士]Haemmig M. 风险投资国际化[M]. 复旦大学中国风险投资研究中心，译. 上海：复旦大学出版社，2005：105.

关系型贷款决策所依据的信息称为“软信息”，它是通过长期和多种渠道的广泛接触所积累的关于借款企业及其业主的相关信息，比如财务和经营状况、企业行为、信誉和业主个人品行等信息。这些信息具有强烈的人格化特征，具有模糊性，难以量化，难以用书面报表的形式进行统计归纳和传递。银行可以通过业务关系渠道(比如为企业办理的存贷款、结算和咨询业务等)和非业务关系渠道(比如企业的利益相关者：股东、债权人、员工、供应商和顾客等)了解到这些信息，但是只有当事人长期的亲历和积累才能获得。

从运作机理来看，获得和使用“软信息”是关系型借贷的内核。创业企业缺乏“硬信息”是不可改变的事实，如何获得和使用“软信息”就成为其融资活动能否进行的关键。创业企业难以从正规金融机构获得资金支持，关键是正规金融机构忽略了软信息的获得和运用。地缘、业缘是获得借款人“软信息”的主要途径，而且这种地缘和业缘关系还在一定程度上起到抵押品的作用，与 Berger 所描绘的“软信息”在中小企业贷款中的作用相比，地缘、业缘关系在我国创业融资中有更强的作用①。

其中创业集群模式融资是关系融资的主要表现形式，单个孤立的中小企业由于自身内在的缺陷性，决定了其先天不具备解决信息不对称的前提条件。区域内创业集群模式则有其独特的减少资金供需市场信息不对称的功能。

一方面，区域内创业集聚形成的企业集群，其本身就具有消除融资刚性约束的作用。如同区域相类似的产业环境，相互依存的产业生态增加了信息的透明度，促使企业维持其在此特定区域下的信用。并且，产业集群模式融资使企业信贷产生规模经济，降低交易成本，使融资获得了规模效应和乘数效应，进而减少信用风险。另一方面，一定区域空间集聚的创业群，即使不处于同一产业内，但其天然形成集聚使得它们相互间交易对象相对稳定，有助于减少制度环境的不确定性或复杂性，使企业间的信用相互融合，如在产品、材料上有业务上往来的企业，它们之间的信用互相熟悉，有利于降低信息不对称的程度，从而形成合作型信用，破解单个企业形成的融资刚性约束②。

这就要求创业企业在设立时要考虑地理位置，如果在大量同行业聚集的地区或者所谓的产业集群，那么很可能会带来融资的便利。

9.3.4 争取政策性融资：国家创新基金

科技型中小企业技术创新基金是经国务院批准设立，用于支持科技型中小企业技术创新的政府专项基金，通过拨款资助、贷款贴息和资本金投入等方式扶持和引导科技型中小企业的技术创新活动。

根据中小企业和项目的不同特点，创新基金支持方式主要有以下 3 种。

(1) 贷款贴息：对已具有一定水平，规模和效益的创新项目，原则上采取贴息方式支持其使用银行贷款，以扩大生产规模。一般按贷款额年利息的 50%～100%给予补贴，贴息总额一般不超过 100 万元，个别重大项目可不超过 200 万元。

(2) 无偿资助：主要用于中小企业技术创新中产品的研究，开发及中试阶段的必要补助，科研人员携带科技成果创办企业进行成果转化的补助，资助额一般不超过 100 万元。

① 潘军昌，高名姿，陈东平. 关系型借贷：破解“三农”融资难题的技术选择[J]. 农业经济问题，2008(3)：18-21.

② 罗梦琳，胡皎，王建宏. 创业融资刚性约束及化解对策[J]. 商业时代，2011(16)：57-58.

(3) 资本金投入：对少数起点高，具有较广创新内涵，较高创新水平并有后续创新潜力，预计投产后有较大市场，有望形成新兴产业的项目，采取成本投入方式。

高新技术企业可申请获得这类直接融资，这个是很多企业容易忽略的一个资金来源。

阅读案例 2

雅戈尔公司的融资和投资

人们常常把服装企业归属于夕阳产业，然而李如成依然把服装产业做得红红火火。雅戈尔衬衫近十年保持全国市场占有率第一。

正当李如成把服装做得风生水起时，1998 年，雅戈尔公司又成功上市，开始涉足资本市场，为“雅戈尔”打开了一片更为广阔的天空。

有人说，李如成的运气太好了，股市的大牛市和房地产的大牛市他都抓住了。这边衬衫还在一件件地卖，那边股权投资的资产价值已是十倍、几十倍的往上翻。如果把现在的雅戈尔比作一架飞机，那么它的机身是服装主业，股权投资和房地产则好比两个机翼。

尽管尝到了金融投资的甜头，让“雅戈尔”一夜之间诞生了十几个亿万富翁、几百个千万富翁和上千个百万富翁。但李如成依然保持着清醒的头脑：自己的运气不会一直好下去，股市有牛市，也必然会出现熊市，现在“雅戈尔”股票的缩水也证明这点。

李如成说，现在是一个千载难逢的时代，是企业厚积薄发的阶段，企业家要有勇气抓住这个机会，但里面也存在着很大风险，房地产市场、资本市场爆炸性的发展，会把企业家引入误区。

李如成并不排斥投资，他现在每年都往美国和日本跑，寻找收购兼并的机会。但他依然坚持服装才是他的主业。他说，发展那些“辅业”的根本目的还是为了做大做强服装行业，这样企业才有广阔的发展前景。企业成功的关键不是跑得快，而是少走弯路、少犯错误。

资料来源：http://zd.studentboss.com/html/news/2012-02-16/101892_1.htm.

小思考

通过这个案例，试说明投资和融资之间的关系。

总之，创业者多数都是对现状不满足，并且能够为改变现状而积极采取行动的人。对创业者来说，政府对创业的鼓励和支持，企业中高层和底层差距悬殊的工资待遇和地位构成了创业者创业的外界推力。导致企业扩张的内部诱因主要来源于企业存在着剩余生产性服务、资源和特别的知识，由于这些资源的不可分性、资源功效的多重性及资源的不断创新性导致企业永远存在剩余资源，不可能存在完全出清的均衡状态，因此企业存在永远成长的动力。

财务资源是粘合剂，资金的及时到位才能够将其他资源整合到一块儿。创业融资的取得仅仅表明创业资源中财务资源的取得，而创业者仅有财务资源是远远不够的，还需要与其他资源种类相结合，才可能形成一种核心能力，取得更好的创业绩效。组合资源比单一资源能在更大程度上符合基于资源观点的 4 个标准(稀有、有价值、不可模仿和不可替代)，组合资源将更不容易被替代①。

一家公司的融资方式可能对会因为从正面或负面改变管理者的动机，从而对公司的价值产生影响。但是，对于创业者更重要的是，要记住财务决策的程度可以使公司增值，不

① 李良成. 基于资源观点的实证研究综述[J]. 现代管理科学，2005(1)：35-38.

过一个企业单纯通过融资策划创造价值的能力，与通过投资决策来创造价值的潜力相比，它就显得苍白无力，即创造价值的机遇更多地隐藏于资产负债表的左侧而不是它的右侧。

当创业者从风投那里弄到几百万美元之后，可能会感到自己已经挺有钱了。但要搞清楚这只是一种幻觉，那些有丰厚利润的公司才是有钱的公司。资本并不代表利润，那只是投资人希望你用来获取利润的道具。所以除了银行里公司账户那几百万，基本上还是一个穷公司。创业者必须认识到，只有时刻把用户放在第一位，企业才可能长期的存在下去。换言之，只有顾客才能够为企业创造价值。所以首先要为用户设计好产品，然后才去考虑如何利用它赚钱。就算广告商付钱给企业而用户是免费的，创业者也必须把用户放在广告商之前。如果不把用户放在首位，那竞争对手将会有机可乘。另外，采取用户导向，积极去了解用户心理，才能创造出他们喜欢的产品。公司越大，这件事就越困难，所以说“要控制成长的速度”，花钱花得越慢，就有越多的时间去研究客户。

资源对于创业是如此的重要，它对创业的限制和制约非常明显。然而还有比它更重要的是企业家精神。“企业家精神是在不考虑资源目前是否可得的情况下辨识机会并且利用它，目的是在私人和公共领域内创造财富。”具有企业家精神的创业者可以进行创造性资源配置和控制，具体包括：获得资本；对适当资源及其数量的洞察；创造性的获得和利用：较少的资源发挥更多的功效；低成本优势；低资本优势；合伙；延伸的企业管理：聚集地的价值；确保环境和周边的稳定性①。有了企业家精神，就会直面惨淡的真相，积极创新，甚至无中生有将有限的资源发挥到极致。这才是创业的最高境界，也是一个国家和民族的希望所在。

本章小结

本章主要介绍了3个方面的内容：创业资源整合、创业融资难题以及创业融资的策略。创业资源整合包括资源识别、资源获取、资源配置和资源运用4个阶段，创业资源整合的具体方法包括：拼凑法、步步为营法、杠杠作用法。

本章重点介绍了创业融资，融资难是世界性难题，对于创业企业来说更是如此，其原因主要是信息不对称所导致的风险所决定的，即众多资源中的财务资源如何获得的问题。创业融资的渠道包括权益融资和债务融资。作为创业企业来说，必须直面这样的困难，继续进行下去，创业难题的解决在现实中有一些经典的案例为创业者提供了借鉴，包括分阶段融资、关系融资、集群融资等。

创业融资涉及3个基本问题：需要多少资金；从哪里得到这些资金；如何找到资金及其融资时的制度安排。融资制度安排的妥当与否是能否得到资金的关键，尤其是对于权益资本融资而言，必须做出必要的利益让步才可能达成协议。通常情况下，如果各方都觉得吃了一点小亏的时候，说明股权的分配是非常合理的。

最后，创业者需要明确的是，融资做得再好，它对于企业的价值创造的作用是很小的，真正创造价值的还是投资项目的选择；再者，创业资源整合之中融资只是其中的一个方面，创业团队的建设才是最重要的，它决定了创业企业的方方面面。

创业资源不可或缺，但真正的具备企业家精神的创业者则往往是在不考虑资源当前能否获得的情况下去识别机会并抓住机会去实施创业的，这对于缺乏创业资源而拥有聪明大脑的创业者而言很重要，因为它为创业成功提供了理论和证据支持。

① [瑞士]Haemmig M. 风险投资国际化[M]. 复旦大学中国风险投资研究中心，译. 上海：复旦大学出版社，2005：174.

关键术语

创业资源 Entrepreneurial Resources
创业融资 Entrepreneurship Financing
权益融资 Equity Finance
首次公开上市(IPO)Initial Public Offering
资源整合能力 Resource Integration Competence
关系融资 Relationship Financing
债务融资 Debt Finance
风险资本 Venture Capital
天使投资 Business Angel

知识链接

1. http://www.cyease.com.cn/
2. Harvard Business Review 092011
3. http://www.studentboss.com/
4. [美]特里萨·M·阿马布勒. 突破惯性思维[M]. 李维安，译. 北京：中国人民大学出版社，2001: 10
5. [美]斯托尔克. 企业成长战略[M]. 赵锡军，译. 北京：中国人民大学出版社，1999: 11

习　　题

1. 简答题

(1) 为什么融资成为创业的一大难题？
(2) 创业融资需求有什么特点？
(3) 创业融资的渠道主要有哪些？
(4) 为什么初创企业的资金大部分来自于个人资金？
(5) 天使投资与风险投资有什么不同？

2. 论述题

(1) 要想顺利地获得创业资金，创业者在平时要注意什么？
(2) 创业计划书有什么作用？
(3) 论述创业资源整合的几个阶段。

实际操作训练

访问 3 个企业主(大中小各一个)。要求他们所经营的企业是在过去 3～5 年中创建的新企业，任何一个行业都行。通过采访，可以了解一个创业者创办企业之初资源短缺问题是怎样得到解决的，尤其是资金和人才是怎么得到的，他们在企业经营过程中融资问题有着怎么样的改变。这些信息对于未来的创业者在面对具体的困境时有较大的借鉴价值。

案例分析

北京数码视讯科技有限公司的 3 次创业融资故事

郑海涛 1992 年清华大学计算机控制专业硕士毕业后，在中兴通讯公司工作了 7 年，从搞研发到做市场，从普通员工到中层管理人员。但是具有强烈事业心的他并不满足于平稳安逸的工作。在经过一番市场调查后，2000 年他带着自筹的 100 万元资金，在中关村创办以生产数字电视设备为主的北京数码视讯科技有限公司。

100 万元的资金很快用光。郑海涛只得捧着周密的商业计划书，四处寻找投资商，一连找了 20 家，都吃了闭门羹——投资商的理由是：互联网泡沫刚刚破灭，选择投资要谨慎；况且数码视讯产品还没有研发出来，投资种子期风险太大。2001 年 4 月，公司研制的新产品终于问世，第一笔风险投资也因此有了着落。清华创业园、上海运时投资和一些个人投资者共投 260 万人民币。

2001 年 7 月，国家广电总局为 4 家公司颁发了入网证，允许它们生产数字电视设备的编码、解码器。在当时参加测试的所有公司中，数码视讯的测试结果是最好的。也正是因为这个原因，随后的投资者蜂拥而至。7 月份清华科技园、中国信托投资公司、宁夏金蚨创业投资公司又对数码视讯投资了 450 万元人民币。

在公司取得快速发展之后，郑海涛已经开始筹划第 3 次融资，按计划这次融资的金额将达 2000 万人民币。他认为，一个企业要想得到快速发展，产品和资金同样重要，必须两条腿走路，而产品与资本是相互促进、相互影响的。郑海涛下一步的计划是通过第 3 次大的融资，对公司进行股份制改造，使公司走向更加规范的管理与运作。此后，公司还计划在国内或国外上市，通过上市进一步优化股权结构，为公司进军国际市场做好必要的准备。

资料来源：http://www.sumavision.com/Content2.aspx?curID=798.

思考与讨论：

1. 该公司获得资金的渠道有哪些？
2. 试分析郑海涛为什么 3 次融资都能成功？
3. 你从上述故事中学到了什么？

第 10 章 创建新企业

本章教学目标与要求

(1) 理解新企业的市场进入模式概念；
(2) 理解新企业的市场进入模式的特点；
(3) 比较各种模式的优缺点；
(4) 了解创业者可以选择的几种企业法律形式及其特点；
(5) 了解新创企业选址的各种影响因素；
(6) 熟悉选址的评估过程及步骤。

本章知识架构

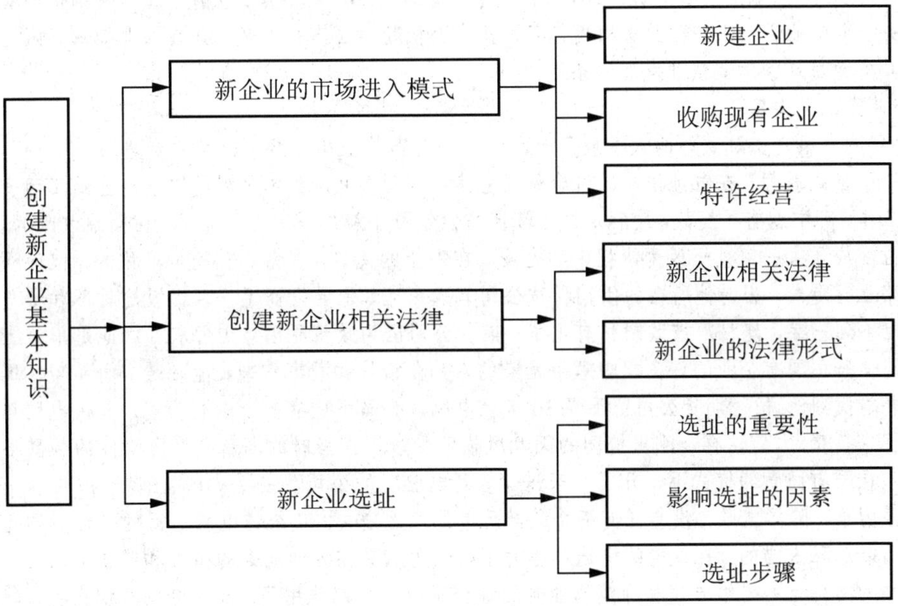

创业精神既不是科学，也不是艺术，而是一种实践。当然，它有其知识基础。

——彼得·德鲁克

导入案例

红土地上茁壮成长的“老树”

闵龙凤 1995 年毕业于江西师范大学政法学院。现为江西老树实业有限公司、江西风雅置业有限公司董事长，主营咖啡西餐、大型仓储物流、房地产三大业务。

1. 英雄城里的“牧羊人”

黎巴嫩语言学家法司特·奈洛尼在 1671 年写的《不知睡眠的修道院》中记载：在埃塞俄比亚高原，有个名叫卡尔代的牧羊人，到新草原去放牧突然发现羊群蹦蹦跳跳、兴奋异常，于是跑到阿比西尼亚修道院求救。经修道院院长及修士发现山羊是吃了矮树丛上的红色果实，才显得特别兴奋，于是将它采摘回去，煮成汤汁饮用，果然一夜无法入眠。于是院长把这种汤分派给做晚礼拜打瞌睡的僧侣饮用，这种提神药由此流传开来，这就是咖啡的前身。

咖啡产业的发展与一个城市的开放水平和消费能力有直接的关系。2003 的南昌，咖啡店寥寥无几，进咖啡店的人也稀稀落落。最早进入南昌咖啡市场的主要是来自台湾的风雅老树咖啡和江苏苏州的迪欧咖啡。如果将埃塞俄比亚牧羊人视为最早的咖啡发现者，那么老树咖啡和迪欧咖啡南昌第一家的创始人就是造福南昌的“牧羊人”。闵龙凤 2003 年在南昌这块红土地上种下的第一棵“老树”，这是位通过咖啡提供服务、传播文化、创造价值、造福南昌的新时代的“牧羊人”。

风雅老树咖啡 1975 年成立于宝岛台湾。2003 年，闵龙凤将风雅老树咖啡引进南昌。从此，老树不断发出“新芽”，在红土地上茁壮成长，2010 年其门店增加到 20 家。风雅老树是江西省咖啡西餐行业知名品牌，解决社会就业近千人，营业总额近亿元，营业面积超过 2 万平方米，并在商业模式、人力资源供给等方面已具备通过连锁加盟快速发展的条件。

2. 小荷露出尖尖角

1995 年闵龙凤走出那熟悉的大学校门时，像许多师范毕业生一样，期待着走进另一个校门，从实习教师变成一个正式教师，在红烛粉灰的讲台施展才华，实现自我。他本来如愿以偿，分到江西省商业学校从事教学工作，可中途有了变故，最后走进了江西省供销社下属的一家二级企业。在面临改制的转型时期，从事业单位变成了去一家处于风雨飘摇中的企业，在人生的关口，失落、苦闷是难免的，但他还是认真地在另一条路上行走着。当时他所在的供销科技公司有点家底，主要投资了一家铝板建材厂和参与了投资期货公司。但不到一年，建材厂被改制私有化了，期货公司因为政策原因被迫停牌了。他是单位上唯一的大学生，也是唯一和国有企业的许多积弊陋习无染的人。在领导和同事看来，他既是一种希望，也是一个另类。公司老总找到他说：“期货公司留下了 30 多台电脑，公司下成立一个电脑公司，开展电脑培训，你是大学生，你来负责。”就这样，刚出校园的闵龙凤临危受命，在当时的高新开发区附件的荣昌小区租了几间办公室，在国有民营的模式下，开了一家叫“智慧电脑”的公司，主要从事电脑培训。

开始很困难，除了电脑，没有任何资金，自己也是身无分文，连维持电脑运行的一台空调还是惴惴不安地找公司老总私人借的。在这样的机遇和压力下，闵龙凤潜在的创业家的精神和能量被激活了，他作为一个学哲学的文科生的思维方法和师范毕业生的综合素质开始起作用了。他对电脑只识皮毛，就回母校请来了计算机学院的老师和同学，因为那里集中了江西最好的计算机专业人才；没有业务，找到了那时刚刚起步的民营学校，他们有学生，有培训的需求，但没有钱买这么多电脑，没有这样好的专业师资。这样的资源整合，使智慧电脑公司很快有了起色，闵龙凤也在创业的道路上品尝到了第一杯甘露、第一份喜悦。1997 年，公司因为业务拓展，迁到了北京西路，增加了电脑设计、装修设计等新业务，发展态势良好。

由于收入增加，原单位那些下岗或不愿来此工作的人，开始找关系纷纷进入电脑公司，他们不懂电脑，也不太服从管理，国有企业的不良习气使这个新的公司难以承受，接下来发生了这样那样的一些不愉快。1998年，闵龙凤辞去公职，自己单干了。

3. 在路上的创业家

《赢在中国》的主题歌表达了许多创业者的心声，也是闵龙凤创业历程的写照。“那一天，我不得已上路，为不安分的心，为自尊的生存，为自我的证明，路上的辛酸已融进我的眼睛，心灵的困境已化作我的坚定。”闵龙凤就是一个在路上执著的追求着企业梦想的人。如果说一个企业就是一棵树，那在成功种植“老树”之前，闵龙凤已经种下了好几棵小树了，已经在路上学会了选苗、浇水、培土、养护等创业技能了；如果说一类企业只是一个树丛，那么闵龙凤在路上的目标将是一片企业森林。

1998 年辞职后，闵龙凤在南京东路省工艺美术馆前开了一个叫阳光电脑的打字复印店。店虽小，但业务很忙，由于有一定的管理经验和客户关系，业务快速增长，小店很快就不能满足客户的需求。闵龙凤在寻思着扩大地盘，他想，要有个印务公司就好了。但当时印刷行业门槛很高，他采取曲线救国的方式，租用了江西文艺印刷厂的牌子，实现了办印务公司的梦想。企业在他的经营下不断发展，积累了发展事业的资金和管理经验。2005 年，他在民营科技园注册了龙之彩印务有限公司，开始在新的平台上拓展印务事业。后来他又回到北京西路，开设了阳光快印店。印刷是闵龙凤起家的行业，闵龙凤对这行既精通，又充满感情。他说，他以后还想回到这一行，做强这一行。

闵龙凤现为江西老树实业有限公司、江西风雅置业有限公司董事长，主营咖啡西餐、大型仓储物流、房地产三大业务。他的业务涉及很广，但确实在每个行业都做出了一点影响。他是一个善于抓住商业机会的人，凭着一种商业嗅觉，他在电脑培训、装修设计、印刷、咖啡餐饮等都获得了成功。他认为做一行要专一行，一定要专业，否则不能经营好。他有很强的品牌意识，他认为运作品牌的效益远远要比单店的效益要高，所以在 2003 年开第一家老树咖啡店时，他就与台商签订了共同推广品牌和共享品牌升值的协议，使他在获得企业经营效益的同时，还分享了部分品牌效益，这就是他的独到之处。

2007 年开始，他在新建购置 3 处土地，开始试水房地产，并进军物流业。他是一个在创业路上踏实干事的人，他有很多好的思路，也不断支持身边的人创业，实践着他的创业构想。他是一个在路上的创业家，创业就是他的一种思考和生活方式。“在路上，用我心灵的呼声，在路上，只为伴着我的人，在路上，是我生命的远行，在路上，只为温暖我的人，温暖我的人”，这首他喜欢的歌正好表述了他的状态。

资料来源：《江西大学生创业故事》. 江西高校出版社，2011.

闵龙凤的创业经历实质上是在不断探索商业模式的过程，从最早成立打字复印店到后来成立印务有限公司，很快完成了第一桶金的积累，随后选择加盟国内知名的餐饮企业老树咖啡使自己的事业得到了极大的发展。闵龙凤现在在餐饮、仓储物流和房地产三大领域都取得骄人的业绩，这充分体现了闵龙凤的创业才能。同时，闵龙凤的创业历程对其他创业者在创业过程中如何开始开创自己的事业也提供了很好的参考和借鉴作用。创业之初，选择创办投入相对较小的打印店积累了原始资本，然后通过对机会的把握成立了自己的印务公司，随后的创业过程中，闵龙凤同样在不断探索新的市场进入模式，后来加盟老树咖啡，通过合理的选址和企业布局设计，使老树咖啡成为南昌人耳熟能详的品牌，也使自身实力得到进一步加强。

闵龙凤的创业历程表明在创业初选好项目进入市场是成功创业的第一步。对于创业者而言，该选择什么样的市场以及如何进入市场，进入市场会涉及哪些问题呢？本章就从市场进入模式、新企业成立涉及的法律问题和企业选址方面入手告诉大家怎么样成立属于自己的新企业！

10.1 新企业市场进入模式

当创业者发觉创业机会并做出评估选择后，就进入了企业的创办阶段。要创办企业首先要考虑的就是市场的进入模式。所谓市场进入模式是指公司在选定目标市场之后，进入目标市场时所使用的方式。现有的市场进入模式大致有 3 种，分别是建新企业、收购现有企业和特许经营。每种方式又各有利弊，具体选择哪种方式开始创业，取决于创业者具有的资源与创业条件。

10.1.1 新建企业

对于创业者来说，创建一家全新的企业是创业者进入市场最常见的的方式。创建一家新企业是从零开始，对于创业者来说创建一家新企业，如果能发现市场中存在尚未满足的需求，通过整合资源能提供产品或服务来满足该需求是创办一家新企业最好的方式；当然也可以通过对市场现有产品或服务存在的需求缺陷进行改进，提供新的产品或服务进入市场来满足尚未完全满足的需求来创建新的企业。

创建一家全新的企业对于创业者来说往往前期要面临极大的困难，新创建企业需要筹集大量的资本，这就需要创业者具有较好的风险承担能力，因为新成立的企业进入市场不仅要面对市场的不确定性，还要面临自身因为资源与能力的缺陷带来的风险。企业成立后需要寻找新的客户建立并建立新的客户关系。企业进入市场后可能还会面临行业中原有企业的竞争压力，市场中原有企业可能会对新进入企业设置进入障碍，甚至会对企业进行有针对性的打压策略。

创建一家新企业对于创业者来说具有较大的个人自由，创业者可以根据自身的经验和知识选择自己喜欢和热爱的领域。某些时候创业者也有可能以较低的成本开创企业，在企业经营过程也可以选择新的企业经营方式。对于创业者来说新成立的企业在市场中如果遇到一些风险，创业者也可以凭借自身的知识和经营较好地调整企业行为和方向，能将风险控制在较低的水平。

10.1.2 收购现有企业

当创业者发现机会并准备进入某一市场时，却从没有企业经营经验或是创业者有资金但是没有市场渠道，那么通过收购一家现成的企业，利用现成企业的技术、市场，能够很快地建立客户关系、开发业务，快速实现创业者的创业梦想。收购现成的企业可以节省创业者在企业创建初期所花费的时间、人力和金钱。创业者在收购现成企业时可以充分利用现有企业的资源减少新建企业必须面对的不确定性。

通过收购现有企业创业要注意的问题是选择合适的收购对象，了解出售企业的动机，评估收购企业的市场价值。当创业者找到一家所感兴趣的企业时，要弄明白企业出手的原因，要仔细研究其业务和调查其市场，探究各项业务的走向，认真研究企业将面临的竞争、市场环境、消费者特征等。

对于一家要出售的企业，购买者必须考虑相应的问题，如下所示：

(1) 企业所有者为什么要卖它？

(2) 为什么要购买这家企业？

(3) 企业的市场前景如何？会面临怎样的竞争？

(4) 是否有能力经营这家企业？

(5) 企业的经营方式是否适合当前的环境？

(6) 企业的财务状况、组织构架、盈利能力如何？

1. 收购的主要类型

(1) 按照支付方式分类，收购可分为资产收购和股份收购。资产收购是指买方购买出售企业部分或全部资产。股份收购则是指买方直接或间接购买另一家公司的部分或全部股份，从而成为被收购公司的股东，相应地承担公司的债务。

(2) 按收购双方行业关联性分类，主要可以分为横向收购、纵向收购和混合收购。横向收购是同属于一个行业或产业，生产或销售同类产品或服务的企业之间发生的收购行为。实质上，横向收购是两个或两个以上生产或销售相同、相似产品或服务的公司间的收购，目的在于消除竞争对手，扩大市场份额，增加收购公司的实力或形成规模经济效应。纵向收购是指生产过程或经营环节紧密相关的公司间的收购，纵向收购是处于生产同一产品、不同生产阶段的公司间的收购。混合收购是指生产和经营彼此没有关联的产品或服务的公司之间的收购行为。

(3) 按持股对象是否确定分类，主要包括要约收购和协议收购。要约收购是指收购人为了取得上市公司的控股权，向所有股票持有人发出购买该上市公司股份的收购要约，收购该上市公司的股份。收购要约要写明收购价格、数量及要约期间等收购条件。协议收购是指由收购人与上市公司特定的股票持有人就收购该公司股票的条件、价格、期限等有关事项达成协议，完成收购。

(4) 按收购者预定收购目标公司股份数量分类，可分为部分收购和全面收购。部分收购，是指投资者向全体股东发出收购要约，收购公司一定比例的股份而获取公司控制权的行为。全面收购是指计划收购目标公司的全部股份。

2. 收购的程序

对于创业者来说如何收购一家现成的企业？首先要考虑创业者自身的能力，在对自身能力评估的基础上选择合适的目标公司，通过对目标公司信息情报的收集分析收购的可行性，接着向目标公司发出收购意向，在获得目标公司同意的情况下签订收购意向书，接着聘请专门的评估审计机构工作人员对目标公司进行审查，确定是否收购。最后如果确定收购就需要和目标公司谈判，签署收购协议，重组目标公司。

3. 购买现成企业的利弊

对于创业者来说一方面，购买现成企业相对于自己新建一家企业，购买现成的企业风险相对较低，在购买企业的时候也可以选择创业者熟悉的领域进入，同时购买的企业已经产生现金流，已经在市场中建立了稳定的供应商和客户，和银行等金融机构有了较好的关系，有了较好的融资平台和渠道，企业已经有现成的产品或服务、现成的客户、现成的经营方式、现成的员工队伍和企业名称甚至可能有不错的经营地点；另一方面，购买现成的企业可能要面对企业主有可能隐瞒了出售的真实原因：企业产品或服务有也可能处于衰退的市场或者企业发展潜力可能有限，在购买现成企业的同时可能还要承担企业原有的债务，企业产品有可能陈旧或过期等问题。

阅读案例

联想收购IBM个人电脑部门

2004 年 12 月 8 日，联想集团有限公司召开新闻发布会，宣布收购 IBM 公司 PC 业务部门。此次联想收购 IBM 公司的 PC 业务部门的实际交易价格为 17.5 亿美元。联想将通过公司内部现金和向银行贷款来筹集现金。本次收购完成后，联想将成为全球第三大 PC 厂商，年收入规模约 120 亿，进入世界 500 强企业。新联想总部设在美国纽约，员工总数达 19 500 人，(约 9 500 来自 IBM，约 10 000 来自联想集团)。新公司的股权结构为中方股东联想控股将拥有联想集团 45%左右的股份，IBM 公司将拥有 18.5%左右的股份，如图 10.1 所示。联想与 IBM 2003 年合并出货量总额约为 1 190 万台，2003 年合并年收入超过 120 亿美元。

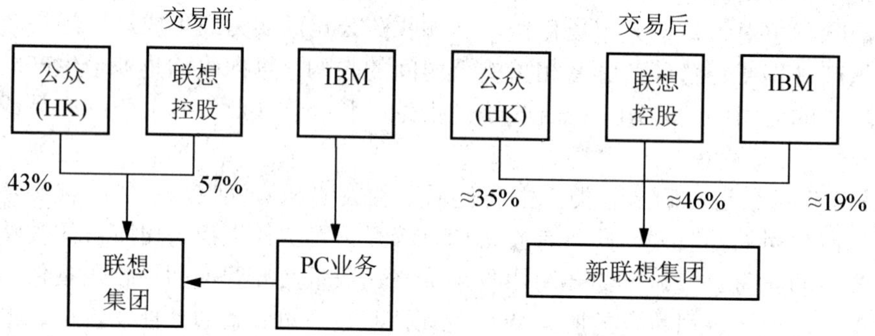

图 10.1 联想收购前后公司股权结构

联想与 IBM 公布了合作的消息后，双方在各方面工作都快速稳步地开展起来。2005 年 2 月 4 日，联想公布了由联想和 IBM PC 业务现任高级管理人员组成的管理团队。2 月 23 日对外宣布了联想中国 2005 年的策略。2 月 28 日在 IBM 一年一度的合作伙伴大会上，IBM 隆重推出并介绍了联想，这是对两家公司长期战略合作伙伴关系承诺的表现。联想的产品在本次合作伙伴大会上的亮相也吸引了来自全球 IT 产品销售商的眼球，并得到高度赞赏和评价。3 月 2 日，新联想改革与转型委员会近 30 名成员在拉斯维加斯召开了为期两天的第一次会议，在了解彼此的业务、人员和文化的同时，为新公司战略和文化建设开始筹划。3 月 9 日，美国外国投资委员会(CFIUS)提前完成对联想收购 IBM 公司 PC 业务的审查，为交易的继续进行铺平了道路。

通过此次并购，联想将获得许多独特优势。收购之后，IBM 的品牌及面向企业客户的全球销售、服务和客户融资能力都将为新公司提供支持。

(1) 联想将拥有“Think”品牌，同时根据合约将在 5 年内有权使用 IBM 品牌；

(2) 更多元化的客户基础，全球最大的商业和技术服务提供商 IGS 将成为联想首选保修和维修服务提供商，全球最大的 IT 融资公司 IGF 将成为联想首选的客户租赁、渠道融资和资产处理服务提供商；

(3) 联想将成为 IBM 首选的 PC 供应商，并且可以利用 IBM 的商业伙伴、分销商和在线网络等其他渠道实现全球市场覆盖；

(4) 联想可以获得世界级的领先科技，提高核心竞争力，将拥有 Think 系列技术，并且拥有美国罗利、日本大和以及中国 3 个研发中心；

(5) 联想将拥有更丰富的产品组合，并且结合双方在台式机及笔记本的优势，为全球个人客户及企业客户提供更多种类的产品；

(6) 双方管理层共同组建全球一流管理新团队，实现更高效的运作。

联想公布收购 IBM 的 PC 业务之后，投资者对此次收购的反应却截然不同。

从收购后的股市反应情况看，市场对联想此举的前景并不乐观。首先，新联想的主要竞争对手戴尔公司董事长迈克尔·戴尔得知联想与 IBM 的合作之后表示“在 IT 这个领域里成功的并购已经是多少年以前的事情了”。可见戴尔公司对自己应对此次并购带来的威胁充满信心。一些分析人士也指出，如果联想最终成功收购 IBM 的 PC 部门，IBM 原先的 PC 客户可能短期内不会认同联想这个品牌。对于大多数的西方公司领导人来说，他们对联想的品牌还不熟悉，这种局面将给联想在欧美市场保留 IBM 原有 PC 客户及发展新客户带来不利影响。联想收购 IBM 的 PC 部门后要保持 IBM 现有的零售渠道十分困难。恩德勒表示，目前索尼、惠普以及 Gateway 等公司都在为争夺零售渠道而激烈竞争，尽管这些厂商在业界早已是声名赫赫。他说：“收购 IBM 的 PC 部门的确可以增强公司自身的实力，但是可以预见的是，不论哪家厂商收购成功，它都将失去 IBM PC 部门的大部分业务。要想从收购中获益，该公司需要重建零售渠道。”对于新联想最致命的是戴尔与惠普很有可能会利用客户对新联想未来的不确定性的担心，将 IBM 的原有客户划归到各自名下。2005 年 2 月，IBM 原来的大客户通用电气就宣布不再从 IBM 订购台式电脑，转而从戴尔公司订购。新联想刚诞生不久就遭遇了一个活生生的沉重打击。

并购完成之后，新联想将进入平稳的过渡期和整合期，各方面运营将有序进行。新联想承诺公司产品和服务的品质不变、服务团队不变、已签署和在执行的合约不变。中国市场仍是新联想的大本营，中国业务将保持稳定和持续的增长。

联想还面临着许多困难的后续工作。正如新联想的董事长杨元庆所说：“我现在关注最多的就是整合能不能顺利进行，关注 IBM 那边的客户能不能保留，关注那边的员工能不能保留，我们整合的既定目标是否能够实现，文化是不是能够很好地磨合，这大概是我现在最关心的问题。”

企业并购发生之后，各方面最好尽可能保持稳定。联想就采取了渐进的而不是突变的整合方式。品牌方面，联想将使用 IBM 的品牌 5 年，这可以继续保持 IBM 的全球品牌、高价值品牌、高形象品牌的定位。销售模式方面，联想也将继续使用 IBM 的销售模式，两个公司将继续保持各自的销售网络，依然是联想的队伍卖联想的产品，IBM 的队伍卖 IBM 的产品，等一段时间之后再整合销售渠道。这些稳中求变的措施会使客户感觉产品的质量和服务都没有太大的变化，有利于留住客户。

资料来源：百度文库.

小思考

1. 查阅有关资料，叙述并分析联想收购 IBM 个人电脑给联想带来了什么？
2. IBM 放弃个人电脑制造业务的原因是什么？
3. 联想收购 IBM 个人电脑部门的动因是什么？并购整合过程中，联想面临哪些重要问题？

10.1.3 特许经营

1. 特许经营的定义

特许经营是目前在全世界流行的一种新型组织经营模式。所谓特许经营是特许人和受许人之间的合同关系，特许人以合同约定的形式，提供或有义务在诸如技术秘密和训练雇员方面维持其对专营权业务活动的利益；而受许人获准使用由特许人所有的或者控制的共同的商标、商号、企业形象、工作程序等，但由被特许人自己拥有或自行投资相当部分的企业。相对创建新企业和收购现成企业而言，取得某种商品或某个市场进行经营的特许经营权是创业者进入市场风险最小的一种方式。

2. 特许经营的特征

特许经营是以特许经营权的转让为核心的一种经营方式，其本质特征可以从以下三个方面来理解。

(1) 特许经营是利用自己的专有技术与他人的资本相结合的来扩张经营规模的一种商业发展模式。因此，特许经营是技术和品牌价值的扩张而不是资本的扩张。

(2) 特许经营是以经营管理权控制所有权的一种组织方式，被特许者投资特许加盟店而对店铺拥有所有权，但该店铺的最终管理权仍由特许者掌握。

(3) 成功的特许经营应该是双赢模式，只有让被特许者获得比单体经营更多的利益，特许经营关系才能有效维持。

3. 特许经营费用

(1) 加盟费(也称首期特许费)，是特许者将特许经营权授予被特许者时所收取的一次性费用，它包括被特许者获使用特许者开发出来的商标、专有技术等所支付的费用，体现了被特许者加入特许系统所得到的各种好处的价值。

(2) 特许权使用费(权利金)：被特许者在使用特许经营权过程中按一定的标准或比例向特许者定期支付的费用。

(3) 保证金：为确保被特许者履行特许经营合同，特许者可要求被特许者交付一定的保证金，合同期满后，被特许者没有违约行为，保证金应退还被特许者。

(4) 其他费用：特许者根据特许经营合同为被特许者提供相关服务向被特许者收取的费用，如店铺设计及施工费、培训费、广告宣传费、设备租赁费、财务业务费、意外保险费等。

4. 特许经营的优缺点

对于创业者来说选择特许经营方式创办企业的优点有：开办风险较低，开办成本透明，创业者可以很好地筹划自己的创业活动，同时选择特许经营的方式创业一般情况下企业的产品或服务已有较好的市场，企业的营销方案也在长期的实践经营过程得以证明，特许人有较为健全的培训机制对创业者和员工进行培训。同时选择特许经营方式创业也存在一些不足，具体表现在：创业者对企业的决策力受到限制，选择特许经营方式经营企业一般创业者不能擅自改变特许企业的经营模式；特许费用会导致创业者的利润减少，因为选择特许经营往往需要交纳加盟费、特许使用费、保证金等费用无形中就使创业者的利润受到影响；特许经营的创业者对特许人的依赖性较强，一旦特许人失去市场，创业者也就失去了市场。

阅读案例

麦当劳——特许经营成功之路

麦当劳公司称得上是世界上第一大快餐特许经营企业。目前麦当劳公司在世界上 100 多个国家设有 70 000 多家分店，麦当劳公司平均每 15 小时开设一家新餐厅，公司海外的销售额多年来保持每年以两位数递增。这个奇迹靠的是特许经营。

1. 麦当劳的特许经营制度

(1) 分店的建立。每开一家分店，总部都自行派员选择地址，组织安排店铺建筑，设备安装和内外装潢。

(2) 特许费。受许人一旦与公司签订合同，必须先付首期特许费 2.25 万美元，其中一半现金支付，另一半以后上交，此后，每年交一笔特许权使用费(年金)和房产租金。前者为年销售额的3%，后者为 8.5%。

(3) 合同契约。特许合同的期限为20年，公司对受许人负有以下责任:在公司的汉堡包大学培训员工，负责对分店的管理咨询，广告宣传，公共关系和财务咨询，提供人员培训所需的各种资料、教具和设备，向特许分店供货时提供优惠。

(4) 货物分销。麦当劳不是直接向特许店提供餐具，食品原料，而是与专业供应商签订合同，再由它们向各个分店直接送货。

2. 麦当劳特许经营的生财之道

特许连锁商的生财之道主要有两个:一个是以高价卖出地区特许权，另一个是卖器材、原料给加盟人。麦当劳却独辟生财之道，从房地产中赚钱。由于麦当劳的服务费和权利金都比较低，结果麦当劳总部收取的服务费不够服务用，麦当劳扭亏为盈靠的是经营房地产。麦当劳公司以 20 年的合约向土地所有者租得土地及店面后，再把店面租给连锁加盟店，赚取其中的差额。

从20世纪六十年代起，麦当劳就买了3 架飞机，并雇佣了大批专业化房地产的人才，让他们飞遍全美各地，寻找适合的埠点开店，这种专业化的运作帮助麦当劳找到最合适的开店店址，从而提高分店的营业额，这样即使这些新店的租金高一些，加盟店的店主也乐意支付。

3. 总部与分店如何双赢

麦当劳在处理总部与分店关系上非常成功。

首先，麦当劳公司收了的首期特许费(年金)都比较低，大大减轻了分店的负担。其次，麦当劳总部不通过向受许人出售设备及产品牟取暴利。在采购方面，总部始终坚持让利的原则，即把采购中得到的优惠直接给各特许分店。这是其增进团结，鼓舞士气，加强总部与分店合作的一个重要方式。

许多其他的特许组织都有通过强卖产品的方式获得主要利润，这就造成了总部与分店之间的利益冲突 。麦当劳的创造人克罗克拒绝贩卖器材及产品给加盟者来赚取利润。他认为如果强卖产品给予加盟者，双方之间的矛盾日后必然暴露出来，总部供应给加盟店产品及器材若成气候，高额利润的磁性就会吸引总部工作偏离正常的轨道，而忽视加盟店的营运情况以及顾客的需求情况，高价出售区域连锁权，向加盟者推销产品、器材以赚取利润，就会造成连锁的一个先天缺陷:总部在加盟店尚未开张之前就已囊中鼓鼓了，结果加盟者成功与否，与连锁总部无关。

4. 员工培训是总部的重要职责

麦当劳总部对分店的重要责任之一，就是总部对所有员工提供全面的培训。一方面帮助员工了解麦当劳的总体精神，同时还以严格系统的员工培训来支持优良服务。除了学习全球通用的“ 麦当劳培训手册”，观看电视录像带，听取评估报告外，管理人员还要参加管理开发培训，课程内容包括营运、管理技巧和设备使用。麦当劳于 1964 年建立了汉堡包大学，在那里专为餐厅经理和第一副经理开设营运课程，以提高管理知识能力和技巧。汉堡包大学由麦当劳具有丰富营运经验的专家任教。

麦当劳把餐厅服务组的工作分为 20 多个工作站，例如煎肉、烘包、调整、管品、大堂等，每个工作站都有一套“岗位工作检查表”，它详细说明在工作站时，应事先准备和检查的项目、操作步骤、岗位第二职责、岗位注意事项等。员工进入麦当劳后将逐步学习各个工作站，表现突出的员工将会晋升为训练员，由训练员训练新员工，训练员表现好的就会晋升到管理组。在麦当劳，所有的经理都必须通过这样的训练，从员工做起，准确掌握所有基本岗位操作，并通过岗位工作检查表。

5. 建立广告联合基金

麦当劳总部还要负责整个公司的总体营销策划，建立联合广告基金是麦当劳重要的营销策略。由于大部分加盟店只有一家或少数几家店，不可能有大笔广告基金，这样几乎所有的加盟者都加入了这类广告基金。现在麦当劳在全美拥有 165 个以上的广告基金，各自雇佣 65 个独立广告费是最为充裕的。1996 年麦当劳总部提议，各店提交 1% 的营业额作为全国广告酬金，用于广告宣传。总公司掌握营销控制权，总公司决定麦当劳的形象，制作大部分的电视广告并开发公司的营销策略。实际上麦当劳总部就是一个营销机器。但集中计划和统筹办理并不意味着全盘的中央控制，加盟店在营销方面对总公司的营业监督最为有效。全国广告基金会共有 60 位理事，31 位是连锁店推派的代表，29 位是麦当劳公司地区广告经理，在投票时，连锁分店代表各投一票，而经理们则投半票，这样加盟店拥有的权力更大一些。这个广告基金会每 3 个月开一次会决定广告基金的使用方案。

6. 特许经营的生命线是高度标准化

麦当劳的特许连锁主要表现在其快餐经营活动中的标准化、专业化、单纯化、统一化 4 个方面。在商品和服务领域，麦当劳对每个加盟连锁店实行标准化管理，麦当劳连锁店决不向任何加盟店下放自由经营商店的权利，即严格禁止在经营品种、操作程序上搞什么灵活性。至于促销计划、信息收集、员工培训、管理规范等经营环节，麦当劳也毫不含糊地实行高度统一。这样，公司总部始终保持对分布于各地的连锁店进行严格的和有效的控制，使大家都牢牢地拴在一辆战车上，一起冲锋陷阵，维护麦当劳良好的商业形象。麦当劳之所以能够席卷全球，最重要的并不是其产品独特，就汉堡而言，几乎任何一个餐厅都能加工得出来，但麦当劳的可怕在于它的标准化，全球两万多家店能够以一个统一的标准经营，这种能力是任何企业在短时间内难以超越的。

7. 本地化内核的国际化战略

麦当劳没有将富余资源投入到多元化战略中，而是通过开拓尚处于新兴产业阶段的海外市场，利用地区间的产业成熟度的差异，开始实施其独特的全球化战略：一方面致力于保持产品本身的“纯美式”特点，以保持在异国市场上的差异性和对产品核心价值观的弘扬；另一方面在具体的经营手段上充分采取本地化战略，避免以跨国企业的身份出现，最大限度地融入了当地文化背景中，避免了来自不同国别间的文化冲突，也避免了当地竞争对手的恶意报复。

资料来源：百度文库.

小思考

1. 麦当劳的特许经营有哪些特点？
2. 中式快餐在全球发展问题上能否借鉴麦当劳的连锁经营模式？为什么？
3. 分析“美国式”的麦当劳如何与中国的本土化相结合？
4. 在全球化战略中，强调标准化的同时该不该创新？

10.2 创建新企业相关法律

10.2.1 与新企业相关的法律问题

企业创立后创业者首先必须做出的一个决策是企业准备采用什么样的法律形式，但这种初始的决策并不是一成不变的。随着时间的推移，企业的发展和运作方式变化，都可能要求对企业法律形式做出调整。创业涉及的法律问题相当复杂，对创业者而言，最重要的是认识到这些问题，以免由于早期的法律知识的缺乏而给新企业带来沉重的打击，甚至夭折。一个新创企业面临的法律问题大致有知识产权、合同、税收、产品质量法等方面。

1. 知识产权

知识产权是指人们对于自己的智力活动创造的成果和经营管理活动中的标记、信誉依法享有的权利。知识产权是一种无形财产权，受到国家法律的保护，具有价值和使用价值。专利、商标、版权和商业秘密都是知识产权。

1) 专利

专利是受法律规范保护的发明创造，它是指一项发明创造向国家审批机关提出专利申请，经依法审查合格后向专利申请人授予的在规定的时间内对该项发明创造享有的专有权。专利权是一种专有权，这种权利具有独占的排他性。非专利权人要想使用他人的专利技术，必须依法征得专利权人的同意或许可。我国专利法将专利分为三种，即发明专利、实用新型专利和外观设计专利。

2) 商标

商标是用来区别一个经营者的品牌或服务和其他经营者的商品或服务的标记。我国商标法规定，经商标局核准注册的商标，包括商品商标、服务商标和集体商标、证明商标，商标注册人享有商标专用权，受法律保护。

商标通过确保商标注册人享有用以标明商品或服务，或者许可他人使用以获取报酬的专用权，而使商标注册人受到保护。商标通过对商标注册人加以奖励，使其获得承认和经济效益，而对全世界的积极和进取精神起到促进作用。商标保护还可阻止诸如假冒者之类的不正当竞争者用相似的区别性标记来推销低劣或不同产品或服务的行为。

3) 版权

版权，又称著作权，是法律上规定的某一单位或个人对某项著作享有印刷出版和销售的权利。版权的取得有两种方式：自动取得和登记取得。在中国，按照著作权法规定，作品完成就自动有版权。 所谓完成，是相对而言的，只要创作的对象已经满足法定的作品构成条件，既可作为作品受到著作权法保护，包括以下列形式创作的文学、艺术和自然科学、社会科学、工程技术等作品。

(1) 文字作品；

(2) 口述作品；

(3) 音乐、戏剧、曲艺、舞蹈作品；

(4) 美术、摄影作品；

(5) 电影、电视、录像作品；

(6) 工程设计、产品设计图纸及其说明；

(7) 地图、示意图等图形作品；

(8) 计算机软件；

(9) 法律、行政法规规定的其他作品。

2. 合同

合同是当事人或当事双方之间设立、变更、终止民事关系的协议。依法成立的合同，受法律保护。对于创业者而言在开始创办新企业的时候，就涉及大量的合同，特别是企业开始生产经营涉及与供应商、客户等签订合同，这就要求创业者要了解我国的合同相关法律法规。

3. 税收

税收是国家为满足社会公共需要，凭借公共权力，按照法律所规定的标准和程序，参与国民收入分配，强制地、无偿地取得财政收入的一种特定分配方式。税收与其他分配方式相比，具有强制性、无偿性和固定性的特征。创业者应当了解我国基本的税收知识，明白自己和企业的纳税义务是非常必要的。税收种类主要有以下五种。

(1) 流转税。流转税是以商品生产流转额和非生产流转额为课税对象征收的一类税。流转税是我国税制结构中的主体税类，目前包括增值税、消费税、营业税和关税等税种。

(2) 所得税。所得税亦称收益税，是指以各种所得额为课税对象的一类税。所得税也是我国税制结构中的主体税类，目前包括企业所得税、个人所得税等税种。

(3) 财产税。财产税是指以纳税人所拥有或支配的财产为课税对象的一类税。包括遗产税、房产税、契税、车辆购置税和车船使用税等。

(4) 行为税。行为税是指以纳税人的某些特定行为为课税对象的一类税。我国现行税制中的城市维护建设税、固定资产投资方向调节税、印花税、屠宰税和筵席税都属于行为税。

(5) 资源税。资源税是指对在我国境内从事资源开发的单位和个人征收的一类税。我国现行税制中资源税、土地增值税、耕地占用税和城镇土地使用税都属于资源税。

10.2.2 新企业的法律形式

目前中国可以登记的企业有：个人独资企业、合伙企业、公司企业、股份合作制企业等。不同的法律形式有各自的相对优缺点。创业者在选择企业形式的时候，应当结合经营的项目和企业的战略选择合适的企业法律形式。

1. 个人独资企业

个人独资企业，简称独资企业，是指由一个自然人投资，全部资产为投资人所有的营利性经济组织。独资企业是一种很古老的企业形式，至今仍广泛运用于商业经营中，其典型特征是个人出资、个人经营、个人自负盈亏和自担风险。

1) 成立个人独资企业应具备的条件

根据我国个人独资企业企业法规定，成立个人独资企业应具备五个条件：

(1) 投资人为一个自然人。法律、行政法规禁止从事盈利性活动的人，不得作为投资人申请设立个人独资企业。

(2) 有合法的企业名称。

(3) 有投资人申报的出资。

(4) 有固定的生产经营场所和必要的生产经营条件。

(5) 有必要的从业人员。

2) 个人独资企业的优缺点

个人独资企业的优点表现在：企业设立、转让和解散等行为手续非常简单，仅需向登记机关登记即可；企业主独资经营，制约因素较少，经营方式灵活，能迅速应对市场变化；利润归企业主所有，不需要与其他人进行分享；在技术和经营方面易于保密，利于保护其在市场中的竞争地位；若企业因个人努力而使企业获得成功，则可以满足个人的成就感。个人独资企业也有一些不足主要表现在：当个人独资企业财产不足以清偿债务时，企业主将依法承担无限责任，必须以其个人的其他财产予以清偿，因此经营风险较大；一般来说，个人独资企业受信用限制不易从外部获得资金，如果企业主资本有限或者经营能力不强，则企业的经营规模难以扩大；一旦企业主发生意外事故或者犯罪、转业、破产，则个人独资企业也随之不复存在。

2. 合伙企业

合伙企业，是指自然人、法人和其他组织依照《中华人民共和国合伙企业法》在中国境内设立的，由两个或两个以上的合伙人订立合伙协议，为经营共同事业，共同出资、合伙经营、共享收益、共担分险的营利性组织，包括普通合伙企业和有限合伙企业。

1) 合伙企业成立的条件

根据法律规定，设立合伙企业必须具备五个条件：

(1) 有两个以上的合伙人，且都是依法承担无限责任；

(2) 有书面的合伙协议；

(3) 有各合伙人实际缴付的出资；

(4) 有合伙企业的名称；

(5) 有经营场所和从事合伙经营的必要条件。

法律、法规禁止从事营利性活动的人，不得成为合伙企业的合伙人。合伙人可以用货币、实物、土地使用权、知识产权或者其他财产出资。对货币以外的出资需要评估作价，可以由全体合伙人协商确定，也可以由全体合伙人委托专业的评估机构进行评估。

合伙协议是合伙企业成立的依据，也是合伙人权利和义务的依据，必须以书面形式确定，同时需要全体合伙人签名、盖章方能生效。合伙人依照协议享有权利，并承担责任。协议需要补充和修改需经全体合伙人同意。

2) 合伙企业的优缺点

对于成立合伙企业而言，由于出资人较多，扩大了资本来源和企业信用能力，同时由于每一个合伙人具有不同的专长和经验，就能够发挥团队作用，增强了企业的经营管理能力，使得资本实力和管理能力的提高，增强了企业扩大经营规模的可能性。但是合伙企业自身也存在一些不足，如在合伙企业存续期，如果某一个合伙人有意向合伙人以外的人转让其在合伙企业中的全部或部分财产时，必须经过其他合伙人的一致同意。当合伙企业以其财产清偿合伙企业债务时，其不足部分，由各合伙人用其在合伙企业出资以外的个人财产承担无限连带清偿责任。尽管合伙企业的资本来源以及信用能力比个人独资企业有所增加，但其融资能力仍然有限，不易充分满足企业进一步扩大生产规模的资本需要。

3. 公司制企业

公司是指一般以营利为目的，从事商业经营活动或某些目的而成立的组织。根据现行中国公司法，其主要形式为有限责任公司和股份有限公司。两类公司均为法人，投资者可受到有限责任保护。有限责任公司最显著的特征是，股东以其出资额为限对公司承担责任，公司以其全部资产对公司的债务承担全部责任。股份有限公司区别于有限责任公司的最为重要的特征是：其全部资本分为等额股份，股东以其所持有的股份对公司承担责任，公司以其全部资本对公司的债务承担责任。

1) 有限责任公司成立的条件

有限责任公司又叫有限公司，是由法律规定的一定人数的股东组成，股东以其出资额为限对公司债务负有有限责任的公司。 有限责任公司设立的程序比较简单，只要有公司法规定的法定人数，订立公司章程，缴足出资，办理登记手续，经政府主管机关核准，公司便告成立，并取得法人资格。一般说来，有限责任公司的设立，应具备下列条件。

(1) 股东符合法定资格和所限人数。根据我国公司法的规定，国家作为唯一的出资人(股东)可以设立国有独资公司；公司个人，包括农村村民、辞职退职人员、国家法律法规和政策允许的离休退休人员及其他成员，私营企业主和个体工商户都可以成为有限责任公司的股东。国家对有限责任公司的股东有明确的规定，有限责任公司必须由 2 个以上 50 个以下的股东共同出资设立。

(2) 股东共同出资并达到法定资本的最低限额。有限责任公司股东的出资方式可以是货币，也可以是实物、工业产权、土地使用权。以实物出资必须对实物折价，并有国有资产管理部门核算、确认，办理转移财产的法定手续；以工业产权作价出资，但其作价出资的金额不得超过有限责任公司注册资本的 20%；以土地使用权出资入股，其出资作价必须由县级以上人民政府土地管理部门组织评估，并报县级以上人民政府审核批准，并办理相应的土地使用证。有限责任公司注册资本的最低限额，因公司其经营活动的不同而不同。我国公司法规定，生产性经营公司注册资本的最低限额为 50 万元人民币；商业、物资批发性公司注册资本的最低限额为 50 万元人民币；商业零售性公司注册资本的最低限额为 30 万元人民币；科技开发、咨询、服务性公司注册资本的最低限额为 10 万元人民币。

(3) 股东共同制定公司章程。有限责任公司章程应得到全体股东的同意，股东每人各执一份。订立公司章程是设立公司的要件，也是有限责任公司设立的必不可少的程序。有限责任公司章程是股东全体同意的关于公司的组织、经营的基本规定，是确定公司权利的文件。

(4) 以有限责任形式确定公司名称、组成公司机构。我国公司法规定，设立有限责任公司，必须在公司名称中标明“有限责任公司”字样，股东以其出资额为限承担有限责任。公司法还规定，公司由股东组成股东会，为公司权力机构，董事会执行股东会决议，并设立监事会。

(5) 依法登记。公司章程制定完成，股东缴足出资后，公司应在法定的期限内，由全体股东指定的代表或者共同委托的代理人向公司登记机关申请设立登记，提交公司登记申请书。

2) 股份公司成立的条件

设立股份有限责任公司，应具备下列 6 项条件。

(1) 发起人符合法定人数。发起人是依法筹办股份有限公司事务的人。股份有限公司不可能凭空自己出现，它的设立需要有一定的人来具体操作。公司法规定，设立股份有限公司，应当有 2 人以上 200 人以下为发起人，其中须有半数以上的发起人在中国境内有住所。

(2) 发起人认购和募集的股本达到法定资本最低限额。法定资本最低限额，是指法律规定的股份有限公司注册资本的最低数额。股份有限公司注册资本的最低限额为人民币 500 万元。法律、行政法规对股份有限公司注册资本的最低限额有较高规定的，从其规定。

(3) 股份发行、筹办事项符合法律规定。发起人为了设立股份有限公司而发行股份时，以及在进行其他的筹办事项时，都必须符合法律规定的条件和程序，不得有所违反。

(4) 发起人制订公司章程，采用募集方式设立的经创立大会通过。公司章程对公司、股东、董事、监事及高级管理人员具有约束力。由于筹办创立股份有限公司事务的人是发起人，公司章程因此也由发起人制订。对于以募集设立方式设立的，由于除发起人以外，还有其他认股人参与，所以，发起人制订的公司章程，还应当经有其他认股人参加的创立大会，以出席会议的认股人所持表决权的半数以上通过，方为有效。

(5) 有公司名称，建立符合股份有限公司要求的组织机构。公司名称代表了一个特定的公司，没有公司名称，该公司就无法参与经营活动，无法受到法律保护。

(6) 有公司住所，公司住所是指公司主要办事机构所在地。公司要进行生产经营活动，就必然与他人产生各种关系。为了便于他人与公司联系，也为了保证有关机构对公司的监管，保障投资人和债权人的合法权益，要求设立公司应当有公司住所。

3) 公司制企业的优缺点

选择公司制企业创业的优点表现为：公司的股东只对公司承担有限责任，与个人的其他财产无关，因而股东还可以自由转让股票而转移风险；公司可以通过公开发行股票，提高了公司的社会声望，因而融资能力很强；公司具有独立存续时间，除非因经营不善导致破产或停业，不会因个别股东或高层管理人员的意外或离职而消失；个人独资企业和合伙企业相比，公司的所有权与经营管理权分离，可以聘任专职的经理人员管理公司，因而管理水平高，能够适应竞争激烈的市场环境。同时，公司制企业也有一些不足，主要表现为：公司设立的程序比较复杂，创办费用高；按照相关法律要求，股份有限公司需要定期披露经营信息，公开财务数据，容易造成商业机密的外泄；由于公司是从社会吸纳资金，为了保护利益相关者，政府对公司的限制较多，法律法规的要求也较为严格。

不同企业形式的比较见表 10-1，各种企业形式的优缺点对比见表 10-2。

表 10-1　不同企业形式比较

项目	有限责任公司	合伙企业	个人独资企业
法律依据	公司法(自 2006 年 1 月 1 日起施行)	合伙企业法(自 1997 年 8 月 1 日起施行)	个人独资企业(自 2000 年 1 月 1 日起施行)
法律基础	公司章程	合伙协议	无章程或协议
责任形式	有限责任	无限连带责任	无限责任
投资者	无特别要求，法人、自然人皆可	完全民事行为能力的自然人，法律、行政、法规法规禁止从事营利性活动的人除外	完全民事行为能力的自然人，法律、行政法规禁止从事营利性活动的人除外
注册资本	最低 3 万	协议约定	投资者申报
出资	法定：货币、实物、工业产权、非专利技术、土地使用权	约定：货币、实物、土地使用权、知识产权或者其他财产权利、劳务	投资者申报
出资评估	必须委托评估机构	可协商确定或评估	投资者决定
项目	有限责任公司	合伙企业	个人独资企业
章程或协议生效条件	公司成立	合伙人签章	(无)
财产权性质	法人财产权	合伙人共同所有	投资者个人所有
财产管理使用	公司机关	全体合伙人	投资者
出资转让	股东过半数同意	一致同意	可继承

续表

项目	有限责任公司	合伙企业	个人独资企业
经营主体	股东不一定参与经营	合伙人共同经营	投资者及其委托人
事务决定权	股东会	全体合伙人或遵从约定	投资者个人
事务执行	公司机关、一般股东无权代表	合伙人权利同等	投资者或其委托人
利亏分担	投资比例	约定，未约定则均分	投资者个人
解散程序	注销并公告	注销	注销
解散后义务	无	5 年内承担责任	5 年内承担责任

表 10-2　各种企业形式的优缺点

企业形式	优点	缺点
个人投资企业	企业设立、转让和解散等行为手续非常简单，仅需向登记机关登记即可； 企业主独资经营，制约因素较少，经营方式灵活，能迅速应对市场变化； 利润归企业主所有，不需要与其他人进行分享； 在技术和经营方面易于保密，利于保护其在市场中的竞争地位； 若企业因个人努力而使企业获得成功，则可以满足个人的成就感	当个人独资企业财产不足以清偿债务时，企业主将依法承担无限责任，必须以其个人的其他财产予以清偿，因此经营风险较大； 一般来说，个人独资企业受信用限制不易从外部获得资金，如果企业主资本有限或者经营能力不强，则企业的经营规模难以扩大； 一旦企业主发生意外事故或者犯罪、转业、破产，则个人独资企业也随之不复存在
合伙企业	由于出资人较多，扩大了资本来源和企业信用能力； 由于合伙人具有不同的专长和经验，能够发挥团队作用，增强了企业的管理能力； 资本实力和管理能力的提高，增强了企业扩大经营规模的可能性	在合伙企业存续期，如果某一个合伙人有意向合伙人以外的人转让其在合伙企业中的全部或部分财产时，必须经过其他合伙人的一致同意； 当合伙企业以其财产清偿合伙企业债务时，其不足部分，由各合伙人用其在合伙企业出资以外的个人财产承担无限连带清偿责任； 尽管合伙企业的资本来源以及信用能力比个人独资企业有所增加，但其融资能力仍然有限，不易充分满足企业进一步扩大生产规模的资本需要
公司制企业	公司的股东只对公司承担有限责任，与个人的其他财产无关，因而股东还可以自由转让股票而转移风险； 通过公开发行股票，提高了公司的社会声望，因而融资能力很强； 公司具有独立存续时间，除非因经营不善导致破产或停业，不会因个别股东或高层管理人员的意外或离职而消失； 个人独资企业和合伙企业相比，公司的所有权与经营管理权分离，可以聘任专职的经理人员管理公司，因而管理水平高，能够适应竞争激烈的市场环境	公司设立的程序比较复杂，创办费用高； 按照相关法律要求，股份有限公司需要定期披露经营信息，公开财务数据，容易造成商业机密的外泄； 由于公司是从社会吸纳资金，为了保护利益相关者，政府对公司的限制较多，法律法规的要求也较为严格

10.3 企业经营地点选择

企业选址是关系创业企业成败的重要因素，也是创业初期涉及的主要问题。多数情况下，创业者都是就近寻找空闲的地方作为企业地点。一个好的地理位置虽然只可以使一个普通企业生存下来，但一个糟糕的地理位置却可以使一个优秀的企业失败。创业者选择新企业注册于经营地点包括两方面：一是选择地区，包括不同的国家地区、一个国家的不同地理区域；二是选择具体地址，包括商业中心、住宅区、路段等。前者主要考虑国家、地区的经济、政治、文化、技术等总体发展状况；后者重点考察市场、资源、交通、环境等。

10.3.1 创业选址的重要性

对于一个新创企业来讲，选址究竟有多重要？对此问题的回答可能有很多种，但从世界各地创业成功和失败的研究统计结果来看，选址的重要性是不言而喻的。据香港工业总会和香港总商会的统计，在众多开业不到两年就关门的企业中，由于选址不当所导致的企业失败数量占据了总量的50%以上。面对复杂的市场状况，如何科学合理地进行选址就变得非常重要。

新创企业竞争力的内容越来越复杂和多层次性，一个具有持续竞争力的企业必然受到该地区商业环境质量的强烈影响。可以想象，倘若没有高质量的交通运输基础设施，新创企业就无法高效地运用先进的物流技术；假如没有高素质的员工，新创企业就无法在质量和服务方面进行有效竞争；假如机构烦琐的官僚习气使得办事效率极差，或者当地的司法系统不能公平迅速地解决争端，新创企业就难以有效和正常地运作。另外，社会治安、企业税率优惠、社区文化等商务环境因素也都深刻地影响着创业。

10.3.2 影响创业选址的因素

新企业选址是一个较复杂的决策过程，涉及的因素比较多，考虑的角度不同，选址的决策结果就不一样。归纳起来，影响选址的因素主要有5个方面，即政治因素、经济因素、技术因素、社会因素和自然因素。其中经济因素和技术因素是对选址决策起基础作用的因素。

1. 经济因素

选择接近原料供应或能源动力供应充足地区的新企业具有相对成本优势。原料是企业的基本生产资料，占产品成本的比重比较大，选择靠近一个原料丰富且价格低廉的地区，可显著降低产品成本。这对于一些基础工业和半成品加工业尤为重要，但服务业可通过销售量的增加来抵消原料供应成本的提高(销售曲线的弹性大于成本曲线的弹性)，因此对于服务业原料供应并不是一个重点考虑的因素。

另外，一些需要较大的原材料与动力供应的企业，如发电厂、钢铁厂，必须考虑选择具有充足的原材料与动力供应的地区，以防止原材料、能源供应突然中断而造成的不必要的待工损失。但服务业受此方面的约束相对较少。2003年开始，中国长三角和珠三角地区持续出现电荒，使得无数企业经营受损，一些企业不得不考虑将企业转移至能源供给比较充裕的西部地区。

选择接近产品消费市场的地区具有客户优势。产品消费市场容量的大小决定了企业经营的规模。选择一个接近产品需求量大的地区，对提高销售量有着巨大的贡献率。接近产品消费市场还可以降低产品运输成本，加快对市场信息的反应速度，快速而灵敏地捕捉市场信息，据此进行产品开发与生产。

服务业由于对市场变化比较敏感，因此应优先考虑接近销售市场；对于制造业应因行业而异，不同行业应有不同的侧重。例如，基础工业以靠近原料为主，而消费品工业以靠近市场为主。

选择劳动力充足、费用低且劳动生产率高的地区具有人力优势。劳动力成本是企业经营成本中最重要的一部分，特别是劳动密集型企业，选择劳动力丰富且价格低廉的地区，有利于降低生产经营成本。这也是许多发达国家的企业到发展中国家投资建厂的主要原因之一。

选择有利于员工生活的地区。企业成功的前提之一是拥有稳定的员工队伍，而由于选址不当造成员工的生活受到影响，是导致员工流动频率较高、难以吸引优秀人才的主要原因之一，因此，企业在选址时应该考虑尽可能接近员工生活比较方便的地区。特别是要注意企业周围的生活环境，如医院、商业场所、交通、治安等；反之，企业为了保证员工的生活质量，就不得不增加生活设施的建设投资，这无疑增加了自身的经济负担。例如，由于外来人口较多、结构复杂等原因，相当一段时期，广东珠三角地区的治安状况较差，许多台资企业不得不在工厂内建宿舍区，以安排管理人员居住，有些企业甚至在厂区内自建配套的服务设施，这无疑增加了企业的运营成本，导致一个时期该地区出现了企业向治安状况良好的长三角地区转移的趋势。

2. 技术因素

新技术的应用对高新技术企业创业成功的支持和促进作用是巨大的，但技术本身的进步却更加难以预测，从某种意义上说，技术市场的变化是最为剧烈和最具不确定性的因素。因此，为了能够了解和把握技术变化的趋势，许多企业在创业选址时，常常考虑将企业建在技术研发中心附近，或建在新技术信息传递比较迅速、频繁的地区。例如，美国加州的硅谷在20世纪50年代以后，逐渐成为美国电子工业的基地，不仅是高科技创业企业的“摇篮”，而且，以电子工业为基础所形成的“高科技风险企业团簇”被认为是“20世纪产业集群的典范”，其成功的经验和运行范式广为世界各国所模仿。

具有较强社会资本的产业团簇内的企业，要比没有这种资本的孤立的竞争者更加了解市场。因为这些企业与其他关联实体间是不断发展的、建立在信任基础上的，并且是面对面的客户关系，能够帮助企业尽早了解技术进步、市场上的零部件及其他资源的供求状况，融洽的关系能够使新创企业通过不断的学习和创新，及时改善产品服务和营销观念，以进一步增强企业的存活力，当然，以技术为依托的社会资本积累过程往往是一个渐进过程。

3. 其他重要因素

(1) 政治因素。政府对市场的规制也是值得创业者重视的一个方面，创业者评价现在已经存在的以及将来有可能出现的，影响到产品或服务、分销渠道、价格以及促销策略等的法律和法规问题，将企业建在政府支持该产业的地区。当投资者到国外去设厂时，更应该考虑不同国家的政治环境，如国家政策是否稳定、有无歧视政策等。

(2) 社会、文化因素。由于人们生活态度的不同，人们对安全、健康、营养及对环境的关心程度的不同，也都会影响创业者所生产产品的市场需求，特别当创业者准备生产的产品与健康或环境质量等有密切关系的时候，更是如此，此时应优先考虑将企业建在其企业文化与所生产产品得到较大认同的地区。

(3) 自然因素。选址也需要考虑地质状况、水资源的可利用性、气候的变化等自然因素。不良地质结构的地区，会对企业安全生产产生影响。水资源缺乏的地区对于用水量大的企业来说，会对正常生产产生不利影响。

上述各种因素对不同的行业企业来说，有不同的考虑侧重点，比如制造业的选址和服务业的选址的侧重点就不同。制造业侧重考虑生产成本因素，如原料与劳动力；而服务业侧重于考虑市场因素，如顾客消费水平、产品与目标市场的匹配关系、市场竞争状况等。

总之，无论影响企业选址的因素有多少，无论不同企业给予不同因素的权重有怎样的变化，一般企业的厂址都要在都市、郊区、乡间、工业区四者中进行选择，这四者中除郊区是都市与乡间的折中状况无需比较外，其余优缺点分别比较见表10-3。

表10-3　企业所在地之优缺点差异比较

比较	都市	乡间	工业区
优点	(1) 接近市场，产销联系紧密 (2) 劳动力来源充足 (3) 交通运输系统健全 (4) 各类用品购置容易 (5) 公共设施良好，员工的教育、娱乐、住宿、交通、医疗等设施可由市区供应 (6) 消防保安服务到位 (7) 与银行保持良好关系 (8) 卫星工厂及提供劳务机构容易寻找 (9) 高级人才及顾问易聘任	(1) 地价低廉，土地容易取得 (2) 劳动力成本较低 (3) 厂房易于扩充 (4) 建筑成本较低 (5) 污染噪声管制较少 (6) 人员流动率低 (7) 交通不致拥挤	(1) 公共设施完备 (2) 开发完整，建筑成本低 (3) 工业区内厂商易于合作 (4) 员工的教育、娱乐、住宿、交通、医疗等设施可由社区供应 (5) 卫星工厂及提供劳务机构容易寻找
缺点	(1) 劳动力成本高 (2) 人员流动率高 (3) 场地不容易获得 (4) 厂房扩充受很大的限制 (5) 建筑成本高 (6) 交通拥挤，噪声污染管制严格	(1) 交通不便 (2) 员工的教育、娱乐、住宿、交通、医疗等设施需由企业自行供应 (3) 保安消防需由企业自行负责 (4) 高级人才顾问不易聘任 (5) 零星物品不易就近购买 (6) 卫星工厂及提供劳务机构不易就近寻觅	(1) 人员流动率高 (2) 雇员工资高 (3) 厂房不易扩充 (4) 交通拥挤 (5) 与消费者距离较远，不易建立知名度
适合产业	(1) 各种服务业 (2) 加工销售业	(1) 大型企业 (2) 制造或初级加工业 (3) 噪声污染不易控制的工业、占地较多的工厂	视工业区专业规则状况而定

由表可见，将企业的地址简单描述为都市、郊区、乡间、工业区四大类型，其实是对

影响选址的经济、技术、政治、文化因素的初级分类。因此，创业者可以先根据这四大类型地区的固有优势和劣势作出初步比较，再考虑那些对其企业类型有重要影响的细分因素之后进行决策。

10.3.3 选址的步骤

一个科学而行之有效的选址过程，一般遵循市场信息的收集和研究、多个地点的评价、最终厂址的确定等步骤。

1. 市场信息的收集与研究

在企业创业的早期阶段，不只是选址阶段，信息对创业者来说都是非常重要的。有研究表明，市场信息的使用会影响企业的绩效，而市场信息与选址决策衔尾相随的关系更是显而易见。因此根据已经列出的影响选址的 5 项因素，创业者自己或借助专业的中介机构收集市场信息是出色地完成选址决策的第一步。

(1) 创业者应考虑从二手资料中收集信息。对创业者而言，最明显的信息来源就是已有数据或第二手资料。这些信息可以来自于商贸杂志、图书馆、政府机构、大学或专门的咨询机构。在图书馆可以查到已经发表的，关于行业、竞争者、顾客偏好、产品创新等信息，甚至也可以获得有关竞争者在市场上所采取的战略方面的信息；因特网也可以提供有关竞争者和行业的深层信息，甚至可以通过直接接触潜在消费者而获得必要的客户信息。总之，创业者在考虑花费更多的成本获取第一手资料和商务信息资料之前，应尽其所能在精力允许的前提下，穷尽所有的免费的二手资料。

(2) 创业者还应亲自收集新的信息，获取第一手资料。获得第一手资料的过程其实就是一个数据收集过程，但不能仅满足于第一手资料的获取，可使用多种方法，包括：观察、上网、访谈、聚点小组、试验及问卷等。观察是最简单的一种方法，创业者可以通过对潜在顾客的观察，记录下他们购买行为的一些特点。上网是一种从该领域的专家那里获得第一手资料的非正规的方法，也是了解市场的一种有价值而且低成本的方法。访谈或调查是收集市场信息最常用的方法。这种方法比观察的花费要多，但却能够获得更有意义的信息。访谈可以通过面谈、电话或信件等不同途径。问卷作为收集信息的一种手段，创业者在使用时，应该针对研究目标来设计特别的问题。问题应是清楚而具体的，而且要容易回答，不应对回答者造成误导。聚点小组是一种收集深层信息的非正规化的方法。一个集中小组由 10～12 名潜在顾客组成，他们被邀请来参加有关创业者研究目标的讨论。聚点小组的讨论以一种非正规的、公开的模式进行，这样可以保证创业者获得某些信息。实验包括对研究过程中的特别变量的控制。这个过程需要设计一个实验室，使得实验者能够控制及调查所定义变量的影响。对于大多数新的风险投资企业来说，这种方法并不很适合。

(3) 对收集到的各方面的信息进行汇总、整理。一般地，单纯对问题答案的总结，可以给出一些初步的印象，接着对这些数据进行交叉制表分析可以获得更加有意义的结果。

2. 多个选点的评价

通过对市场上各种信息的收集、汇总、整理以及初步的定性分析后，创业者应该已经得出若干个新企业厂址的候选地，这时便可以借助科学的定量的方法进行评价。量本利分析法和运输模型法是目前最常用的有关企业选址的评价方法。

量本利分析法是从经济角度进行选址的评价。实际上影响选址的因素是多方面的，同时各种因素也不一定完全能用经济利益来衡量，因此采用多因素的综合评价方法是选址评价中一个常用的方法。多因素评价就是先给不同的因素以不同的权重，再依次给不同选择下的各个因素打分，最后求出每个方案的加权平均值，哪个方案的加权平均值最高，哪个就是最佳方案。

在服务业选址中，市场因素是主要的选址决策变量。对顾客的吸引力，是服务业区位优势的体现。

3. 确定最终地点

创业者依据已经汇总整理的市场信息，根据其所要进入的行业的特点及自己企业的特征，借助以上的一种或几种方法进行评估，最终完成选址决策，从而迈出成功创业的第一步。

本章小结

本章主要介绍了3个方面的内容：新企业的市场进入模式、创建新企业涉及的相关法律以及新企业选址的步骤。

1. 当一个创业者看好一个市场或商品领域并确定要进入该市场后，创业者主要可以选择3种市场进入模式：建立一个全新的企业、收购现有企业和特许经营。

2. 一家新创企业可以选择的法律组织形式有多种，在我国主要有：单一业主制企业、合伙制企业和法人公司制企业。

3. 创业者在创建和经营企业的过程中，必须了解和遵守有关法律法规，以确保自身和他人的利益没有受到非法侵害。与创业有关的法律主要包括专利法、商标法、著作权法、反不正当竞争法、合同法、产品质量法、劳动法等。

4. 创建新企业时应注意的伦理问题，具体包括创业者与原雇主之间的伦理问题、创业团队成员之间的伦理问题、创业者和其他利益相关者之间的伦理问题等。

5. 新企业选址是一个较复杂的决策过程，需要综合考虑政治因素、经济因素、技术因素、社会因素和自然因素。其中经济因素和技术因素对选址决策起基础作用。

关键术语

市场进入模式 Market Entry Mode
创建企业 Create Enterprise
收购 Purchase
特许经营 Franchise
个人独资企业 Individual Proprietorship Enterprises
合伙企业 Partnership Enterprise
公司制企业 Corporate Enterprises
知识产权 Intellectual Property Rights
合同 Contract

知识链接

1. 张玉利. 创业管理[M]. 北京：机械工业出版社，2010
2. 夏清华. 创业管理[M]. 武汉：武汉大学出版社，2008
3. 百森创业教育网 http://www.cyeedu.com/

习　题

1. 企业不同的法律组织形式各自有哪些特点？分别适合什么类型的新创企业？
2. 创建新企业需要了解哪些法律法规？它们对新企业有哪些影响？
3. 在购买现有企业时，需要注意什么问题？
4. 影响新企业选址的因素有哪些？
5. 以肯德基为例，试分析特许经营为什么会让肯德基在中国发展得如此迅速？

案例分析

邦图化学品公司在印度设厂

近年来，厂商在国外设厂的兴趣越来越浓。原因很多：第一，一些不发达国家的土地、劳动力和原材料的成本低廉；第二，为了开拓国际市场，就近生产可以节约运输和其他费用，如关税等；第三，通过与当地企业合作建厂，可以避免一些贸易限制。

作为世界上最大的化工企业之一，邦图公司也把跨国经营作为发展的重要战略之一。对于邦图公司来说，不够发达但拥有7亿人口的印度是个不容忽视的市场。但对邦图公司希望在印度销售的产品，印度政府规定必须与当地企业合资才能够生产，生产的地点也必须获得政府的许可。为了进入印度市场，邦图公司决定在印度设立合资企业。公司选择了一家印度企业作为合作伙伴，并对未来厂址提出如下要求。

(1) 接近市场；
(2) 接近港口；
(3) 便于原材料运输；
(4) 地方政府稳定；
(5) 合作伙伴与当地政府有良好的合作关系；
(6) 容易通过许可审查；
(7) 便于与其他企业联系；
(8) 劳动力便宜；
(9) 地价低；
(10) 能源供应充足；
(11) 便于处理污染；
(12) 投资政策和环境良好；
(13) 接近基础设施；
(14) 接近首都新德里，因为邦图公司和其伙伴的总部都在那里。

根据以上条件，先排除一些明显不具备条件的地点，如政局动荡地区。经过几番的筛选，最后选择了位于喜马拉雅山脚下的 Uttar Pradesh 州作为候选地区。这个地方离最近的海港有 1 700 公里，沿途有许多地方的道路都很危险。邦图公司的合作伙伴历时两年才获得了在这个州生产的许可，其过程真可谓漫长而艰辛。而另外 3 家公司也获得了在印度生产同类产品的许可。所以时不待我，邦图公司必须尽快做出决策。

为此，邦图公司成立了一支由各方面专家组成的选址小组，深入印度，对候选地点进行考察和评价，其核心任务就是考察该地是否存在严重不符合投资建厂条件的因素。邦图公司的选址小组包括各方面的专家。房地产专家确保在计算土地成本时将所有占地包括进去，并且负责场地获得方式的选择。另外，他们还要调查建造公司派驻人员的住所和其他辅助设施的可能性，如仓库、办公场所等。土木工程师负责考察土质稳定性、工厂建筑的方式、公共设施、风向、环境因素等。后勤人员研究和评价将原材料运入和产品运出的可行性。制造和生产方面的代表对劳动人口、劳动纪律、劳动力的素质，以及该地是否适合生产进行整体上的评价。选址小组的一些人员到该地区的其他工厂调查劳动力的素质、当地政府的态度和政策、电力供应情况；还对公共服务设施以及当地的学校进行了调查，因为这对公司派驻到当地的员工和他们的家庭成员十分重要。

在做选址决策时，选址小组重点考虑了与以下几方面问题有关的内容。

(1) 合资企业生产所用的原材料是一种具有潜在毒性的异氢酸盐(NDI);

(2) 这种异氢酸盐必须在内陆运输 1 700 公里;

(3) 公司派驻人员的设施可能十分简陋和欠缺;

(4) 当地劳动力的素质状况;

(5) 必须重视当地的环境条件。

以下是选址小组对候选厂址各方面条件的调查结果。

1. 原材料

合资工厂的主要原料之一是 NDI。NDI 是一种异氢酸盐。在印度的 BHOPAL，曾经发生过由异氢酸盐引起的毒气渗漏事故，造成 2 500 余人死亡，10 万多人终生残废。因此无论是印度政府还是当地居民都对异氢酸盐极度恐惧和反感。这可能会给原料的进口和运输带来一些问题。实际上，在 BHOPAL 的悲剧发生后，印度当局立即下令禁止所有的异氢酸盐在印度国内运输。以进口 NDI 为原料的印度泡沫制造商经过一个多月的努力才使当局相信他们使用的 NDI 与造成事故的异氢酸盐完全不同，至此才得以恢复 NDI 的进口。

邦图公司使用 NDI 与造成 BHOPAL 悲剧的那种异氢酸盐也不相同，邦图使用的是一种熔点很高的固体异氢酸盐。邦图的 NDI 主要来自于美国的道氏公司，如果需要也可以考虑从其他公司购买，比如目前为印度国内的泡沫制造商提供 NDI 的德国贝氏公司。只是为了确保 NDI 在整个运输过程中保持固态，邦图公司必须在从供应商到新厂的全程中使用 40 英尺长的冷冻容器装载 NDI。选址小组在调查中发现有几家运输公司与印度有着良好的接触或在印度有分支机构。这些公司可以作为承担邦图公司 NDI 运输的候选者。

新厂使用的另一种原材料则完全不会造成环境污染。这种原料可以在邦图公司的尼亚加拉瀑布分厂装入容器后再运往印度。

2. 运输

另一个令人担忧的因素是将原料从生产地运到合资厂需要很长的提前期，不仅因为路上运输需要时间，沿途港口的停靠检查也要花去很长时间。在印度境内的运输情况还要受到雨季的影响。专家估计，如果运输原料的货车只在白天行驶的话，从港口到选定的厂址大约需要 6 天的时间。

装载 NDI 的货车将会经过 Bombay。在这个地区，道路的宽度从 6 米急剧减到 3 米，沿途还有许多急转弯。这使装载有 40 英尺长容器的卡车在转弯时将十分困难。尽管邦图公司并没有改善路况的计划和预算，但专家们注意到印度政府正在将通往该地的某些路段加宽。

3. 其他因素

公司还考虑在厂区附近兴建一个住宅区。可这个地方实在太偏远，当地没有任何适宜居住的条件，如果要建住宅区，公司必须提供一切。在离厂区大约 1 小时路程处有一个环境很好的居住区，那里曾是英国殖民者消暑避夏的地方，从厂址处有一条路况不错但十分繁忙的公路通向那里。另外在离厂区大约 2 小时路程的 Pontseib 城内也有一个居民区，但那里的治安情况不太好，盗匪十分猖獗，所有住在那儿的西方人都雇有保安人员。菜蔬的购买也令西方人十分头疼。虽然有专门的商店，但商店处于闹市区，卫生状况也相当糟糕。

该地区有一个相当不错的男子学校，设有初中部。但该地区没有任何医疗设施，因此公司需要建立自己的医疗服务机构。

厂址所在地与一所重要的锡克族寺庙毗邻，有许多锡克族人居住在这一地区。锡克族是印度素质最高的人口之一，因此劳动力资源将是充足的，并且有一定的培训基础。附近的水泥厂有机械方面的专业人员。这一地区还有很多轻工企业。

工厂的安全生产可能存在一定的障碍。因为这个地区的居民都有很高的宗教热情，他们不会放弃他们的穆斯林头巾，而现在的安全帽是无法戴在头巾之上的。劳动保护措施中的硬头鞋和听力保护等装备，也与当地人的风俗习惯不符，只能强迫员工执行这些安全措施。

环境方面，工厂需要处理一些废液。虽然有一条河流过厂区，但这条河是当地居民饮水之源，废液不能直接向河中倾倒。但固体废物的处理则相对不成问题。

附近的水泥厂会造成一定程度的粉尘污染。但专家们认为在正常的风向条件下，水泥厂的粉尘不会造成影响。另外还要在厂内打井，这牵涉到地下水源的分布。但专家们认为，只要取得当地的支持，打井也不会是多大的问题。

最后要考虑的是印度的雨季。选址小组分别在雨季和旱季考察了该地，发现在7～8月的一个月内，降雨量可达25～35英寸。

4. 场地的收购

所选的场地属于当地政府已经指定为工业用地的范围，因此购买不成问题。可以通过两种方式获得用地：一种是通过政府征用，这通常需要较长的时间，而且可能会造成土地原有者的反感；第二种方式是直接与土地所有者商谈。邦图公司选定的230亩土地属于27个不同的所有者。但土地收购只需要与村长及其助手们谈判就可以了，他们能够代表所有村民的决定。整个谈判大概需要1～6个月的时间。

资料来源：百度文库.

思考与讨论：

1. 根据案例中现有的内容，你是否同意可以选择该地建厂？
2. 你认为邦图公司在选址时，所考虑的因素是否周全？你认为还须再考虑哪些因素？

第11章 公司创业

本章教学目标与要求

(1) 了解公司创业的背景及意义;
(2) 理解公司创业的内涵及主要形式;
(3) 比较公司创业与个体创业的异同;
(4) 描述公司创业的过程;
(5) 掌握影响公司创业的因素及障碍;
(6) 了解公司创业战略的建立过程及运作模式;
(7) 理解创业精神对公司创业的作用。

本章知识架构

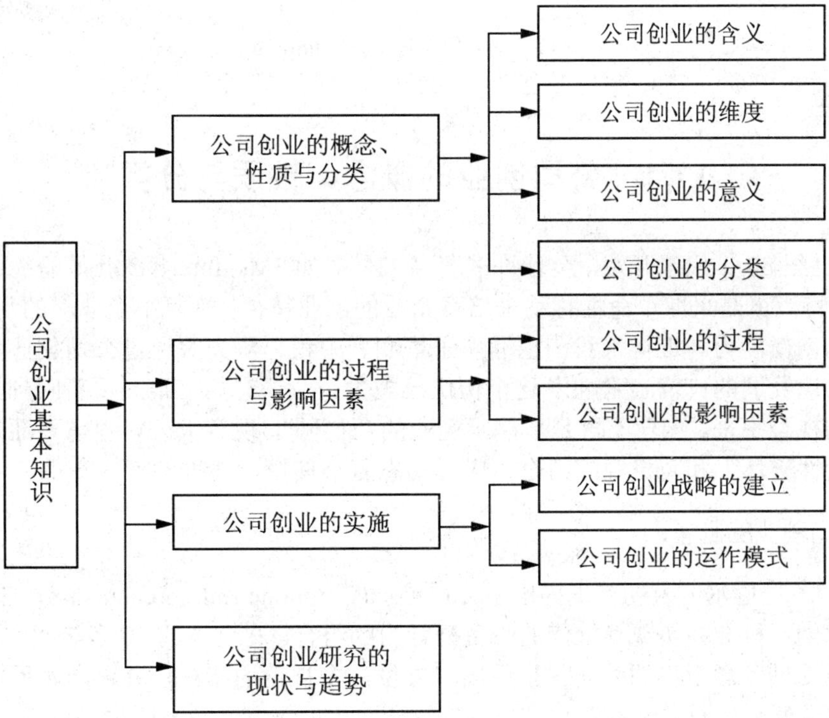

我曾被无数次问道，家族生意成功并且延续经营 175 年的秘密是什么？答案有三点：创新之源、忍耐之力与和谐之美。

——迈克尔·荣格

导入案例

公司创业成就百年 IBM

世界上有一些著名企业是常青树，历经百年而不衰，美国 IBM 公司就是这样的企业。如今，IBM 已度过整整一百年，实现了基业常青。这家以生产打字机起家的企业，在公司成长史和人类文明进程中创造出无数辉煌：世界上第一个商品条形码、第一个计算机软盘、信用卡上的第一个磁条等。

实际上，IBM 一百年来并非按部就班、沿袭老路，期间也经历过挑战和曲折，能够成为百年老店完全在于依靠转型和创新。

过去 100 年中，IBM 主要经历了 3 次大转型。第一次是从一般设备生产转向电子计算机生产，适应了电子化时代。第二次是从大型计算机转向微型计算机生产，适应了计算机普及时代。第三次则刚刚结束不久，开始从设备提供商转向服务提供商，以适应知识经济和个性化的时代。今天 IBM 的口号是，从服务机器到服务人群(From Machine to People)。每一次转型成功的背后，都有强大的创新作为支撑。

2004 年，当个人计算机业务不再是公司的主要利润来源时，尤其是当 IBM 的领导者和技术专家看出，设备的价值与服务的价值相比越来越微不足道，毅然决然地把个人电脑业务全部卖给中国的联想公司，专门致力于为客户开发软件和提供解决方案。今天的 IBM 已经变得有点像咨询公司了，当然是高科技的咨询公司，能耗很少，价值创造却不少。

IBM 的百年历程表明，世界上像可口可乐那样几十年只做一种产品的优秀公司很少很少，因为世界在变。卓越的公司比别人高明的地方，就在于能够随着变化的环境而不断调整自己，通过一系列创新成功实现企业转型。

资料来源：http://www.rdeasy.cn/showart.asp art_id=6175.

11.1 公司创业的概念、性质与分类

自 20 世纪 80 年代末开始，全球许多著名大公司如 3M、Intel、Dell 等纷纷开始公司创业，其共同特点就是采取革命性行动来培育企业的创业精神，恢复小企业般的活力和柔性，增强企业的创新能力。近年来我国也涌现了华润、中粮、华为等通过公司创业和公司冒险实现企业高速发展的典范。“创业”这个仿佛已被大企业遗忘的字眼又重新回到企业家和研究学者们的视野中来。创业不再是新建小企业的“专利”，现有大公司也需要通过公司创业进行“创造性破坏”和新资源的组合，应对动态复杂环境，并推动管理变革。

11.1.1 公司创业的概念

1983 年，丹尼尔·米勒首先提出了公司创业(Corporate Entrepreneurship，CE)的概念，即公司开发创业机会并实现其价值的一系列行为的组合。在过去的 20 多年间，对公司创业的研究日益受到管理学界的关注，呈现出多方位、多视角的特征，并逐渐发展成为企业战略管理和创业研究的重要分支。

公司创业指已有组织通过创新、更新及风险投资等活动追逐创新发展机会，实现企业获利能力和竞争地位提升或组织更新的过程。与个体独立创业相比，主要具有以下特点：

(1) 公司创业是发生在企业层面的创业活动，其研究对象是已建立的公司，尤其是处于成熟期的大中型公司。

(2) 公司创业的行为可发生在企业的各个层面。公司创业不仅包括由高层管理团队倡导的创业行为，也包括发生在研发、工程、市场和生产等各类基层部门的自发创业行为。美国学者吉福德·平肖在其著作《创新者与企业革命》中将那些在现行公司体制内，富有想象力、胆识，敢冒个人风险来促成新事物出现的管理者称为"内企业家 (Intrapreneur)"。

(3) 公司创业不仅包含一系列的创新活动，如新产品、新市场和新技术的开发，还包括新管理方式的发展、新事业单位的创建以及新战略和新竞争态势的形成等，这些创新行为通过组织而非个人力量转化为企业绩效。

(4) 公司创业具有明显的内部资源优势，包括资金、技术、人才和各种基础设施等。只要内创业活动获得了企业管理层的支持，内创业的成功可能性会大大提高。因此，与个体创业主要以寻求外部资源不同，公司创业更侧重企业内部资源的配置与利用，以及与外部资源"新的组合"。

(5) 由于现有企业已经建立起较为复杂的行政和控制系统，公司创业活动容易受到企业内的各种规则、程序、制度及政策的影响，削弱创业者对创业活动的影响力和控制力，并对组织决策形成较强依赖。

(6) 公司创业的目的主要是为了增强组织的创新能力及柔性适应能力，实现提高公司竞争力、盈利能力或实现公司转型等目标，以保证公司持续的生命力和活力。公司创业的结果不仅能为公司带来新的价值，还可能导致整个产业的变革和发展。

总体而言，公司创业是由企业的一系列创新、创造和更新活动组成的一个价值实现的过程，是公司管理人员与所有员工在各个层次上相互作用的结果。

11.1.2 公司创业的维度

丹尼尔·米勒认为，公司创业的维度有创新性、风险承担性和先动性 3 个方面，得到了后续学者的广泛认可和沿用。20 世纪 90 年代以后，随着对公司创业多维度研究的深入，公司创业的内涵进一步丰富。目前，被学术界普遍认同的公司创业的维度主要包括 5 个方面①，如图 11.1 所示。

1. 创新性(Innovativeness)

创新性是公司创业的核心维度，反映组织从事和支持新理念、新试验以及形成新产品、新服务和新技术创造过程的倾向。创新性表现在新构想的产生、研发活动的活跃以及新产品推出等方面。企业通过系统化、有目的的创新，赋予资源以新能力，改变资源产出价值，创造新的消费需求或与众不同的产品，为企业创造利润。大多数研究将创新分为产品市场创新与技术创新两类。产品市场创新主要强调产品设计、市场研究、广告与促销，其目的通常是通过有价值的产品、市场或服务创新使企业在产业内独树一帜，形成差异化优势。

① Lumpkin G T, Dess G G. Clarifying the Entrepreneurship Orientation Construct and Linking It to Performance[J]. Academy if Management Review. 1996 (21):135.

技术性创新主要包括产品或流程的发展、产品研发等，强调与行业相关的专业知识和技术的创新。这类创新可以提升企业效率、形成低成本优势，从而达到增强企业获利能力的目的。基本上，各种类型的公司创业都是基于创新，不断的创新是企业持续利润的来源。

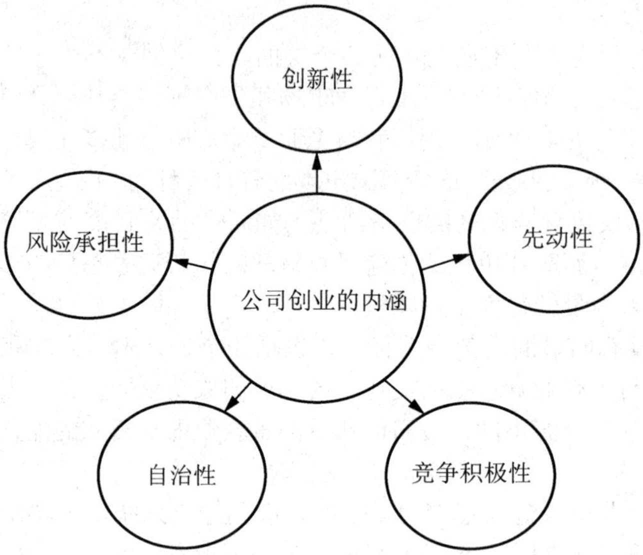

图 11.1　公司创业的维度

2. 风险承担性(Risk Taking)

风险承担性是企业管理者在结果不确定的情况下投入资源，开展商业活动的意愿。公司创业依据创新类型不同，往往面临着来自市场、资金、机会等方面不同程度的风险，这就要求企业家具有勇气和胆识，在面对不确定时采取风险承担的态度制定行动策略和投资决策。企业越具有风险承担性，便越愿意将大量资金投放于高风险高回报的事业上，同时还有利于提高企业战略决策的速度，提升企业的绩效。没有一定程度的风险承担特质，企业会较少甚至抵制创新并采取缺乏开拓性的行为，对变动的市场环境反应迟缓，较少地捕捉顾客和市场机会，从而带来绩效的降低。

3. 先动性(Proactiveness)

先动性指公司预期到未来需求等变化所可能带来的机会，而率先采取行动的倾向，它隐含了向前看的观点，并伴随一系列的创新活动。例如，领先同行推出新产品或新服务、引进或研发新的技术、在具有高成长性的新领域开创新事业等。具有先动性的企业善于预测变化，抓住机会，并展现出领导者而非跟随者的前瞻性和意志。研究表明，先动性高的公司可能获得先发优势，从而具有较高的成长绩效。

4. 竞争积极性(Competitive Aggressiveness)

竞争积极性是指公司直接向竞争对手挑战，以达到进入市场或提升竞争地位等目标的一种行为态势，体现了超越行业内竞争对手的倾向。米勒认为，创业型企业与非创业型企业的一个显著区别即创业型企业敢于采取面对面的形式直接响应竞争对手并主动发起挑战，而非创业型企业则倾向于消极被动地应对。此外，竞争积极性还可以看成采用非传统竞争手段强化市场地位的倾向，如采用非传统的战术挑战市场领导者、分析及锁定目标对手的弱点以及发展高附加值的产品等。

竞争积极性与先动性这两个维度有着紧密联系，但二者的区别也很明显。先动性着重对市场机会的预测，择机而动，甚至主动塑造环境，影响趋势，掌握主动权，以增强竞争优势，而竞争积极性是对威胁的反应，着重于对市场既有竞争者的应对，表现为坚决果断、有力地参与竞争。

5. 自治性(Autonomy)

自治性是个体或团队对某种创意或愿景从构思到实现过程中的独立行为，体现了追踪机会和自我导向的能力与意愿，代表了组织内创业者不考虑掌控资源而追求机会的特点，即使受到各种环境因素限制，也能独立地、不受拘束地行动并做出决策。衡量某企业自治性程度的高低，通常可以通过评判组织是否允许个人或团队自由地执行他们的创意和对公司有益的想法来实现。

创新性、风险承受、积极主动、竞争进取、自治性这5个要素体现了公司创业的性质，创新作为公司创业的核心要素，体现了所有创业型公司的共性。如果没有创新，即使其他维度存在，也不能称之为创业。但这五大要素是否会同时在创业型公司中呈现目前并无定论。

11.1.3 公司创业的意义

当前，越来越多的企业和学者意识到了公司创业的意义和必要性，并通过实践和研究探索公司创业的规律及保持企业活力与竞争力的有效途径。公司创业的意义和必要性主要体现在以下几个方面。

1. 公司创业是企业应对竞争、适应环境的有力武器

新经济时代的到来给企业的生存环境带来巨大变化，在以往市场环境中形成的静态均衡不断被打破，知识、技术以及创新能力成为企业取得竞争优势的要素。要维持和提高公司的竞争优势，就必须在公司战略管理中引入创业精神，以应对日益加剧的国际竞争与复杂的国内、国际环境。管理学大师德鲁克指出创业精神充分体现了一个公司的创新与风险行为，有助于公司获取新的竞争能力，并提高公司的业绩水平；有助于公司开拓新的国内、国际业务；有助于公司提高利润水平，促进公司经营规模的增长。Morris 和 Kuratko(2002)也认为，应对今天高度竞争商业环境的方法是适应性、柔韧性、速度、攻击、变革创新，这些都可以用一个词来概括——创业。

2. 公司创业有利于企业规避“大企业病”，实现基业长青

随着企业规模的扩大，企业内部分工越来越细，管理层次越来越多，企业初创时的灵活性逐渐减弱。当企业发展到一定规模后，由于机构臃肿和组织官僚化，很容易出现信息不畅、决策复杂、墨守成规、人事斗争增加等现象，患上所谓的“大企业病”，使得企业的创新精神和进取精神逐渐削弱，企业的管理者和员工变得保守，害怕失败，踌躇不前，难以适应变化的竞争环境，最终走向衰退和死亡。那么如何才能使企业重新恢复活力并实现持续发展呢？实践证明，公司创业是达到这一目的的有效途径。充满活力与创新思维的公

司创业往往可以对组织结构臃肿、拘泥于传统工作方式的企业带来强烈的观念冲击，并通过管理创新和组织革新彻底转变公司的经营理念和模式以适应新的环境需要，实现企业的持续发展。世界上众多的成功企业，由小到大、由弱变强，发展成为具有长久生命力的公司集团，无不是以不断创新实现的。例如诺基亚公司，经过140年由一个木浆工厂变成手机巨头，在两个毫不相关的产业之间，诺基亚历经了从橡胶、电力、造纸到电信等一系列的创新和探索。

3. 公司创业有利于防止优秀员工流失

进入21世纪后，自主创业成为一个全球性热点，越来越多的人将自主创业作为人生选择之一。在我国，随着近几年创业环境的改善及诸多创业利好政策的出台，创业热潮涌动，创业群体规模迅速增长，创业者的社会地位不断上升。这些变化对敢闯敢干、善于创新的员工来说极具吸引力。当员工在公司内部有意进行创业却遭遇障碍和困难时，一些创业意愿强烈的优秀员工很可能借此机会离开公司，进行自主创业。优秀人才的流失不仅会造成公司创新能力、竞争力及企业吸引力的下降，还有可能使公司面临新的竞争对手，遭遇挖墙脚等诸多不利情形。

根据赫兹伯格著名的“激励—保健”双因素理论，要留住优秀人才不仅要向他们提供工资、福利、良好的工作条件等有利于员工安心工作的保健因素，还应注重提供包括成就感、认可、发展机会、自我价值实现等更具有激励作用的因素。因此，企业可通过公司创业提供更多内部创业机会给员工，构建有利于公司创业的氛围和制度等来满足员工的创业愿望，实现其个人价值并给予充分认可，从而实现对优秀员工的有效激励，达到留住人才的目的。

阅读案例1

纽约时报：谷歌官僚主义严重 面临人才流失挑战

Google发现，现在它在硅谷已经被看作是行动迟缓的巨人。在Google内部，部分最优秀的工程师对越来越严重的官僚主义日趋不满，希望自己创业或在一家更小的公司工作。最近离职的Google员工包括基层工程师、产品经理和大腕，例如，跳槽到Facebook前帮助开发了Google Maps和Wave的拉斯·拉斯穆森(Lars Rasmussen)，AdMob创始人、Google移动广告副总裁奥玛·哈默伊(Omar Hamoui)。至少142名Facebook员工曾在Google任职。

组织僵化是所有公司发展到一定规模后都会遇到的问题。但是在硅谷，官僚主义和发展缓慢被认为是更严重的问题。以互联网的速度增长和不断创新是硅谷公司的特征。

硅谷创新的一种主要形式是工程师离职创办自己的公司。过去5年，Google员工由5 000人增加到2.3万人，营收由32亿美元增长至237亿美元，它面临的风险是错过最优秀的人才和新创意。业内分析师丹尼尔·平克(Daniel H. Pink)说，“从大公司到官僚主义只有一步之遥。这在硅谷是一个严峻的问题。”在硅谷，一家公司数年内就可能被竞争对手完全超越。

Google的成熟令Google CEO埃里克·施密特很不安。他说，“过去在Google，3个人就可以开发出世界级的产品，现在这种情况已经一去不复返了。目前，推出产品的难度大大增加了，这是我们面临的最大的战略问题。”

Google正在积极采取措施，留住人才，尤其是有意创业的人才。据悉，对于数名表示有意离职创业的工程师，Google向他们提供了在公司内部创业的机会。他们独立工作，可以招聘其他工程师，使用Google的资源，例如代码库和服务器。两名知情人士披露，Google正在考虑在公司内部成立一个创业公司孵化器。其他大公司也采取了类似的措施，并取得了不同程度的成功。

Google创始人拉里·佩吉(Larry Page)和塞吉·布林(Sergey Brin)从一开始起就试图阻止员工跳槽，这也是Google给予员工20%“自由活动”时间的一个原因。Google将从事一个项目的工程师数量限制为10人。但数名Google产品经理称，事实上项目的工程师数量经常超过20人，甚至40人。目前员工业余时间开发的产品不大可能获得成功。Gmail等成功的产品都是员工在20%的“自由活动”时间里开发的。但Google的工程师表示，上司要求他们不要开发更多新产品，专注于改进现有产品。

Google的部分问题在于，其最优秀的工程师通常都有强烈的创业欲。随着对公司决策过程日趋不满，部分工程师现在希望离职。部分员工离职的目的是经济利益。创业公司风险大，但薪酬更具吸引力：拥有上市交易的股份。

Google将采取进一步措施，提高员工的满意度。Google本月为全体员工加薪10%，施密特说，原因就在于“人才争夺战”。Google称，在曾有意跳槽的员工中，80%选择继续留在公司。在跳槽的员工中，跳槽到Facebook的最受关注。职业社交网站LinkedIn上的信息显示，在Facebook的1 700名员工中，142人曾在Google任职。施密特否认了Facebook挖走Google最优秀员工的说法，“我们每周招聘的员工数量多于跳槽到 Facebook的员工数量”。

尽管面临“成长的烦恼”，但Google仍然极具创新能力。例如，Google上个月公布了能自动行驶的机器人汽车。与许多其他大公司相似，Google通过收购而非自主开发获得新技术。

资料来源：http://www.cnbeta.com/articles/128276.htm.

小思考

1. Google优秀人才流失的主要原因是什么？
2. Google采取了哪些应对措施？

4. 从宏观角度看，公司创业是产业升级与经济增长的关键驱动力

如上所述，公司创业有利于企业自身应对环境变化，提高市场竞争力，延长企业寿命，但从宏观角度看，大力提倡以创新为核心的公司创业也是各个国家提升产业竞争力，促进经济增长与转型的重要途径。德普克(1985)认为，创业型企业是支撑美国经济的主要力量，是美国就业政策成功的核心。他分析了1965—1984年间美国的就业结构，发现就业机会几乎全都是由创业型企业创造的。特别是大约近10年，美国经济的推动力越来越多地来自创业型企业。他将此现象描绘成从管理经济到创业经济的转型。目前我国正处于经济转型升级的关键阶段，依靠低成本竞争优势的老路基本走到尽头，投入约束与原始创新能力薄弱等问题严重制约着我国产业尤其是制造业和新型产业的发展，必须要依靠技术创新、管理创新和体制创新来驱动。因此，完善创新体制、培育创业型企业是提升我国经济活力，增强产业的国际竞争力的重要途径。

11.1.4 公司创业的分类

公司创业作为一个新兴的研究领域与理论分支，目前还没有形成非常成熟的概念框架和研究范式，很多学者为了研究需要从多个角度将公司创业进行分类以便于更深入地描述和分析公司创业活动。如按照公司创业活动正式与否；创业活动发生的层面；公司创业的结果；创业活动发生在国内还是国外等。常用的分类方式有以下几种。

1. 引致型公司创业与自发型公司创业

根据推动公司创业的行为主体不同，公司创业可被分为引致型与自发型两种。

引致型公司创业是一种自上而下的由组织倡导的正式的公司创业，通常是基于公司管

理层已经认识到公司创业对其自身发展的重要性，并逐步建立起一套适合自身组织的内部创业机制，从而在组织引导下开展创业活动。该形式是目前公司创业的主导形式，也是最有效的形式。

自发型公司创业是一种自下而上的由基层员工发起的非正式的公司创业。自发型公司创业的结果有 3 种可能：一是由于组织内的各种阻力和障碍使得创业活动半途而废；二是公司员工携创业项目离开原公司，进行自主创业；三是转化为组织引导下的正式创业活动。具有创业精神的员工内部创业失败或离开都会对公司带来许多损失，如公司创业精神受挫、创新能力及凝聚力下降、优秀人才流失、公司竞争力减弱等。

2. 内部公司创业与外部公司创业

根据创业活动与及其结果发生的层面不同可将公司创业分为内部公司创业(Internal CE，ICE)与外部公司创业(External CE，ECE)。

内部公司创业一般指发生在已建公司内部的创业活动，简称内创业，包括开发新产品、新服务；应用新技术、新管理技能；开发新战略、新市场和新的竞争方式等活动，其目的是为了提高组织的盈利能力和竞争实力。

外部公司创业指致力于开发不同于母公司目前业务的创业活动，以采用独立事业单位的结构来组合并配置新的资源，即在现有组织外部开展创新活动。企业进行外部公司创业的形式主要有战略联盟、并购、分包、建立子公司等。

3. 持续再造、组织再生、战略更新和领域重定

Covin 和 Miller(1999)在以往公司创业的相关研究基础上提出，公司创业存在持续再造、组织再生、战略更新和领域重定等 4 种形式。后来有学者将其作为按照创业结果来划分公司创业类型的一种方式①。

持续再造(Sustained Regeneration)是公司创业最常见的形式，指持续引进新产品、新服务或进入新市场，利用公司有价值的创新生产能力，投资于潜在的、未被发现的市场机会，主要目的是与竞争对手形成差异化的竞争优势。成功的创业型公司均具有创业型的文化、柔性的组织结构、快速的决策能力等共同特征，也常常是主张变革、勇于挑战竞争对手市场份额的学习型组织。在导入新产品、新服务及进入新市场的同时，公司也会利用产品生命周期管理技术，剔除原有的产品和服务，努力提高整体竞争能力。如 3M、宝洁和我国的海尔集团等都是典型的持续再造的创业型公司。

组织再生(Organizational Rejuvenation)指通过改变公司自身的内部过程、结构和能力，寻求维护和提升其竞争地位的创新活动,其目的是形成基于成本的竞争优势。组织再生常常需通过公司价值链的重组和业务流程的再造改变公司内部资源的分配模式，形成新的管理系统，其重点不在于改变公司的现有战略，而更侧重通过提高现有战略的执行力和执行效果来保持和提高公司的竞争优势。

战略更新(Strategic Renewal)是指公司通过彻底改变竞争方式，重新界定其与市场和行业内竞争对手的关系。与组织再生相比，战略更新的焦点在于协调组织与环境之间的战略，

① Covin J G, Miller M P. Corporate Entrepreneurship and the Pursuit of Competitive Advantage[J]. Entrepreneurship Theory and Practice, 1999: 47-63.

强调试图彻底脱离原有的战略思维和路径，重新制订与过去大不相同的经营战略，以实现组织转型。战略更新常常发生在遭遇经营困境的企业，但也存在企业为了追求更好发展前景而进行主动的战略变革。在公司创业中，战略更新必须包含新业务战略的实施、平衡公司资源和充分挖掘产品市场机会，其目的是主要为了提高企业资源利用率以及更好地利用已有的产品和市场机会。

领域重定(Domain Redefinition)是指公司积极创建一个其他竞争对手尚未察觉或开拓的新产品市场领域，从而将竞争带入新的领域的创新活动，该形式强调公司创业的先动性。企业通过对市场机会的快速反应以第一进入的身份开拓新市场，可打下行业早期的烙印，创建行业标准，制定行业竞争规则，为企业的持续竞争优势奠定基础。领域重定存在两种战略：一是回避和转移战略，该战略受公司预期驱动，目的是为了在某些产品市场领域避免竞争性对抗，或将竞争转移到新的领域，使现有或潜在的竞争对手遭遇后进的劣势；二是市场领先战略，即抓住市场机会，开拓潜在新市场，通过产品市场领域创新获得竞争优势。

这4种公司创业形式与组织导入新产品进入新市场的能力、组织自身的能力、组织的战略制订能力、组织创建和开拓新产品市场领域的能力存在紧密的联系，这些形式可同时并存于创业型公司之中，并产生不同的影响和结果。其关键特征比较见表11-1。

表11-1　公司创业形式及其关键特征比较

CE形式	CE焦点	竞争优势基础	行为频率	失败的负面影响
持续开发	产品、技术或市场	差异性	高频率	低
组织再生	组织自身	低成本领先	中等频率	低至中
战略更新	业务战略	不同表现	低频率	中至高
领域重定	建立探索新的产品-市场领域	对机会的快速反应	罕见	不同情境不同

资料来源：唐素萍. 公司创业转性变革过程模型及其效能验证，2007.

阅读案例2

赛纳科技进军打印机领域

从2007年开始，赛纳科技以50%以上的增长速度，迅速占领了全球激光打印机通用耗材10%的市场份额，成为该行业的全球隐形冠军。全球兼容硒鼓市场整体销售额近70亿元的规模，除赛纳，市场份额达到5%以上的公司不过两家。不过耗材并不是一个安乐窝。在缺乏打印机核心技术的中国，这个行业的发展始终受制于人。公司创始人汪东颖心里十分清楚，只做耗材生意，在整个打印产业中永远都只能属于从属地位，“赚点钱是可以，但要做大，必须走进打印行业的最前端，生产自己的打印机”。

挺进打印机产业对于赛纳科技来说，可展望的结果则可能是：中国打印显像产业链从研发、生产、销售到系统解决方案整体向上游推进一大步，从而分享来自该产业全价值链的利润。而奔图的诞生则可与赛纳科技形成了上下游产业链的互惠关系。

而当时的市场占据主流地位的喷墨打印机技术已经相对比较成熟，大品牌厂商对于市场的渗透度也已经很高，想在这个时候进入打印机制造领域显然不可能。打印显像产业，仅以目前几个世界巨头的年销售额而言超过650亿，而整个市场则可能高达1000亿以上。这是一个专利壁垒林立的行业，十几万项专利随时都可能成为后来者的拦路虎。其次，激光打印机技术难度大，从集成电路设计到精细化工的化学合成技术，存在大量技术难题。这些瓶颈曾让汪东颖彻夜难眠。“我反反复复想了几百遍，专门成立了打印机项目组，不断研究、论证可行性，出台了好几套方案。那段时间，其他的会议我可以不参加，但打印机的会议我一定参加。”他要求在打印机项目上以最保守的方式做事，即使技术研发上出现连续失败也要坚持到底，用最足够的资金去推动项目。

最初，汪东颖从专利入手。50多名“专利研究员”逐条检索分析相关专利超过18万条，并以200多项自有专利、2万多项专利授权，构建起行业内最大的专利技术平台，突破了专利壁垒。为加快研发速度，除了珠海本部，赛纳还在日本、美国、上海、北京设立研发中心同步突进。“每个核心部件的研发投入都超过千万元。”汪东颖说。置身于像惠普、三星、佳能等巨头中间，奔图人是否害怕过？汪东颖说：“你问我怕不怕，怎么能不怕呢。我们公司在这么多年中讨论了无数次，为了这个问题我跟其他高管吵过很多次架。这很难决定，因为这个行业被高度的垄断和高度的专业保护，很多IT界知名的企业都失败了，包括台湾一些最大的企业都失败了。”

为什么敢于做打印机呢？汪认为首先是这个团队的个性，在公司以往的发展过程中，这个团队总是敢于挑战行业中别人不敢做的事。比如，当时有一个芯片别人不敢做，很多大厂都放弃了，赛纳斗胆去做，而且做成了。“当时挑战那个芯片的难度和今天做打印机是一样的。”汪东颖说。这在外界看来，是一件近乎疯狂的事情。“做事和做人都不能让别人牵着鼻子走，再难也要做。”汪东颖说，这是他做一切事情的出发点，用了5年时间，赛纳终于造出了国内首款自主知识产权的激光打印机。2010年12月，“奔图”打印机上市时，作为投资方之一，联想控股董事局主席柳传志曾兴奋地表示，中国告别了激光打印机完全依赖进口的时代，跨国公司对打印机技术领域近30年的垄断被打破。据悉，作为战略合作伙伴，联想投资曾在2007年入股赛纳，成为赛纳的战略合作伙伴。

与此同时，在耗材领域汪东颖也加强了效率，他提出“自己的耗材不仅要在价格和质量上比原装好，交货还要比他们快。别的公司要三个月才能交货，我们3～4周就要交货。”赛纳从一开始的策略就是要尽可能生产兼容产品，而不是单独针对某款产品。然而打印机的品牌种类又很多，这就意味着一个打印机厂商如果有100款产品，全球就有将近1000款不同的激光打印机，赛纳就得生产1000款耗材。另外，耗材的部件也很多，一个硒鼓就要用60～80个部件。赛纳还得面对大大小小几千家供应商，一个部件出了问题，整个生产流程就都会受影响，随之而来的压力可想而知。

在这样的情况下，赛纳将“矩阵式管理”运用到自己的企业运营中来。首先在世界各地建立了专业的销售团队，除了负责销售外，他们还要负责搜集一手市场信息。将技术人员、市场、生产人员都安排在研发团队中，从设计阶段就把产品会涉及的因素综合在内集成开发，设计出来的产品就可以直接开模生产，缩短了生产周期。组织的协同和互助，也让奔图打印机的推出周期大大缩短。从2006年正式提出进军打印机领域的方案，到2010年推出第一款奔图打印机，赛纳只用了4年的时间，并且目前奔图推出新产品的速度比行业内所有企业平均快了6个月左右。另外，塞纳还提出未来3年内完成多功能激光打印机、高速打印机、彩色激光打印机的完整产品系列布局。

2011年10月14日，奔图在珠海宣布启动全球市场，并在中国市场率先推出第一批拥有自主核心技术的多功能一体机M系列。这距2010年底中国第一台自主核心技术激光打印机——奔图诞生只用了一年的时间。

虽然在技术上获得了历史性突破，但是置于惠普、三星、佳能等公司中间，要打造一个新品牌的难度可想而知。面对企业和消费者客户上，奔图还有很长的一段路要走，但是奔图已经获得了初步的“成功”。

资料来源：http://tech.qq.com/a/20111213/000416_1.htm.

小思考

塞纳科技进军打印机领域对公司产生了哪些方面的影响？

11.2 公司创业的过程与影响因素

很多学者认为，公司创业是一个复杂的动态的组织过程，牵扯到新旧业务的平衡、创新与继承的融合、高中低各个管理层的广泛参与与互动。在公司创业过程中也必然会受到来自企业内、外各方面因素的影响。探讨公司创业的过程及影响因素对于企业制定和实施公司创业战略，提高创业成功率有着十分重要的理论意义和现实价值。

11.2.1 公司创业的过程

从企业层面创业行为在时间顺序上的演变逻辑角度，公司创业的过程可分为激发创业构想、形成创业决策、项目可行性分析、实施创业活动、产生组织绩效 5 个阶段，具体如图 11.2 所示。

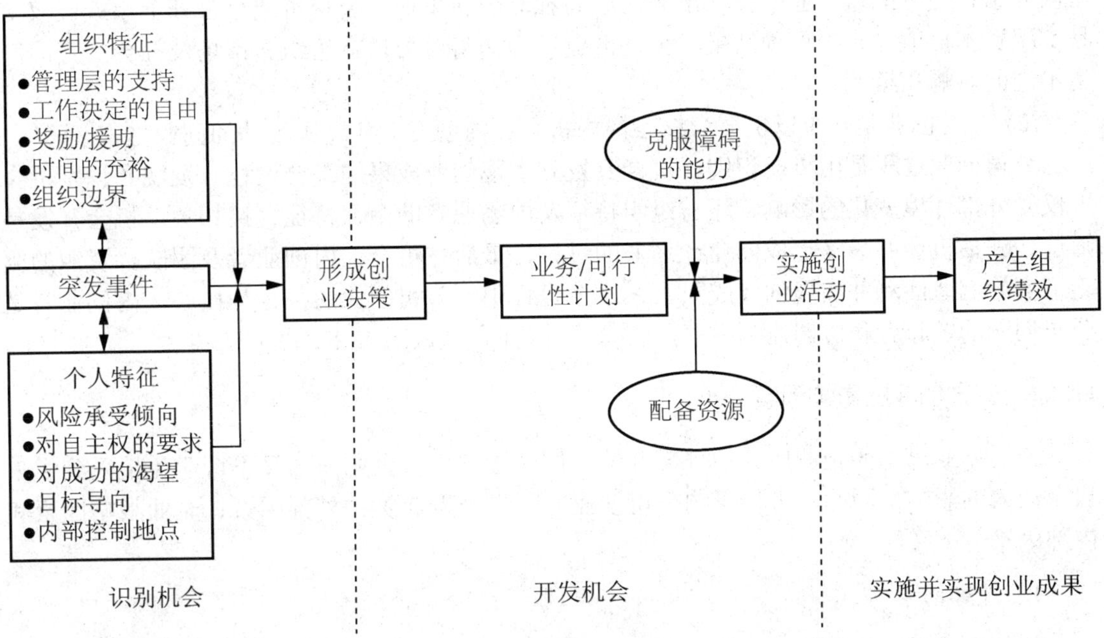

图 11.2 公司创业的过程模型

根据公司创业的过程模型，可以看出公司创业的过程具有以下特征。

(1) 公司创业是一个多种因素互相作用的过程，而不是一些孤立事件的作用结果。这些因素包括组织特征、个人特征和突发事件等。

鼓励公司创业的组织特征包括：公司管理层鼓励组织成员创新；成员有判断和决策如何有效工作的能力和自由；设立奖励系统强化员工从事创新行为的动机；通过设计较为弹性的工作时间让员工有足够的时间来从事创新活动并允许员工与他人合作；设立一系列管理机制以支持新想法的最终落实。个人特征对创业行为的影响非常重要。为了使特定的组织创业特征与特定的个体创业特征相匹配，学者们专门挑选了一组个体特征，包括风险承受倾向、渴望自主、对成就的需求、目标导向和内部控制的地点。突发事件的发生往往是缘于环境因素的敌意、动态性和异质性。具体地说，突发事件可能是新流程的开发、公司管理层的变动、兼并或收购、竞争对手的异动、新技术的出现、消费者需求的变化以及社会经济的变革等。当有利于公司创业的个人及组织条件存在时，突发事件就为公司创业提供了源动力。

组织特征、个人特征和突发事件 3 个因素互动作用促使组织做出公司创业的决策后，还需对项目进行可行性分析并制定商业计划，以明确公司创业活动的更多细节，如涉足领域、可能遭遇的风险、需配备的资源、项目实施的具体方式以及对企业的影响等。公司创业的执行是 3 个因素相互作用的结果，但其实施和结果的成败依赖于两个关键因素：一是组织是否能够提供所系的资源；二是内创业者是否能够克服可能妨碍新项目的组织障碍和个人障碍。

最终，如果创业项目没有成功，可能会遭到分解，其资源由公司重新吸收。如果创业项目取得成功，那么公司可能会追加投资，并确定其在公司内的地位。在某些情况下，公司创业项目还可能从企业中分立出去，成为独立的新事业，公司可通过公开上市或股权交易实现资本增值。无论哪种结果，公司创业行为必将对公司在组织、市场及社会等方面产生不同的影响和绩效。

(2) 公司创业是一个以机会为核心，由机会、内创业者和资源驱动的创业过程。

公司创业过程是由机会识别、机会开发到实现创业成果的综合过程。发现和识别机会不仅受外部环境变化的影响，还与组织特征及内创业者的个人特征直接相关。机会开发是筛选、评估机会并最终形成创业计划书的过程，最后在机会、内创业者及团队、资源的驱动下实施创业活动并实现创业成果。在这个过程中，公司创业的机会是核心，内创业者是公司创业的发起者和协调控制中枢，资源是公司创业的必要支持。

11.2.2 公司创业的影响因素

公司创业离不开企业所处的外部环境，同时因发生在企业内部又不可避免地受到了来自企业内的影响。因此，可将影响公司创业的因素分为 3 类：外部因素、企业战略因素和内部因素①。

1. 外部因素

外部因素通常指组织所处的外部环境，分为一般环境和任务环境两种。一般环境指组织所处的社会文化、政治、经济及技术大环境。任务环境又称行业环境，指包括顾客、供应商、竞争者等对管理者的决策和行动及组织利益实现产生直接影响的要素。研究表明，任务环境对公司创业的影响主要取决于环境的宽裕性、复杂性和动荡性及敌对性。

宽裕性是指外部环境中企业所需资源的丰裕程度以及投资机会的多样性。宽裕的外部环境能为企业提供更多的发展机会，也会导致企业形成更多的冗余资源，因而企业管理者更倾向于从事创新、风险投资和战略更新等公司创业活动。

① Zahra S A. A Canonical Analysis of Corporate Entrepreneurship Antecedents and Impact on Performance[A]. in Academy of Management(Ed.). Proceedings of the Academy of Management [C]. NY:Routledge,1986: 71-75.

复杂性又称异质性，是指企业经营范围的广度和差异性。如果业务范围较大且产品多样化程度较高，那么企业就必须应对较多的不确定因素，同时也需要更多的信息。创业型企业会在复杂的环境中主动搜寻和利用机会，因而从事更多的创业活动。保守型企业为了适应复杂的环境，也不得不开展创新和创业活动①。因此，无论是对创业型企业还是保守型企业，环境复杂性都与公司创业显著正相关。

动荡性又叫不确定性，是指环境变化的程度，具体表现为行业变革和创新程度以及竞争对手和顾客行为的不确定性和不可预测性。

敌对性是指同业竞争的激烈程度以及企业所在行业的周期性波动情况。大量实证研究表明，环境的动荡性和敌对性对企业层面的创业行为有明显的激励和促进作用。

2. 企业战略因素

公司创业是企业战略管理与创业研究的交叉领域。在公司实施创业行动时，为了改变公司的竞争模式或者创建新事业、进入新领域，都势必要调整旧有的战略模式，重新整合公司资源并规划公司的战略方向以提供支持。公司战略与公司创业都是以为公司创造新价值为目标，而且两者都需要得到公司高层的支持，因此，公司战略与公司创业互相影响，密不可分。影响公司创业的战略因素主要有：环境扫描强度、战略计划的灵活性、战略计划中心性、公司控制特征和战略导向②。

环境扫描是指管理者为了解外部事件和趋势而开展的学习活动。环境扫描有助于管理者获得更多外部环境的信息，认清发展趋势，从而发现创业机会，并降低创业的不确定性。

战略计划的灵活性体现了企业在外部环境出现机会或威胁时调整战略计划的能力和速度。灵活的战略计划能使组织更好地面对环境变动，从而获得竞争优势。

战略计划中心性是指企业各层次员工参与战略计划制定的程度。参与战略计划制订工作的员工层次越低，则越能倾听到顾客的意见和建议，因而越有利于创业机会的识别，促进创业活动的开展。

战略控制和财务控制是公司控制中最常见的形式。前者根据战略目标的实现程度来评价企业绩效，体现了企业的长期取向，有利于公司创业等影响企业长远利益的活动的开展；后者是根据财务指标的实现程度来评价企业绩效，往往体现一种短期取向，容易造成对公司创业活动的制约。

战略导向是企业为了获取持续的高绩效而奉行的一种战略方向，并由此导致相应的战略行动。以公司创业为导向的企业表现为组织在战略实施和经营运作中强调创业精神和创业行动，通过充分利用外部环境的机会和积极挖掘公司内部资源优势来实现公司发展。实施创业战略导向可将公司创业提升至组织战略的高度，从而获得高层管理者的重视和支持以及相关部门的倾力配合，促进公司创业活动的开展。

3. 内部因素

内部因素主要指组织内部环境，它对于推行公司创业起着决定性的作用，是保证公司

① Russell R D, Russell C J. An Examination of the Effects of Organizational Norms, Organizational Structure, and Environmental Uncertainty on Entrepreneurial Strategy[J]. Journal of Management,1992,18(4):639-656.

② Barringer B R, Bluedorn A C. The Relationship Between Corporate Entrepreneurship and Strategic Management[J]. Strategic Management Journal, 1999,20(5):421-444.

创业成功的重要因素。影响公司创业的内部因素可分为组织特征、个体特征和情境三大类。

1) 组织特征

组织特征包括组织结构、组织文化、激励与报酬、高管团队特征以及企业的资源与能力等多个维度。

与传统的以强调严格的体系和规范的运作制度的组织结构相比，当代的虚拟或无边界组织结构以及组织的扁平化更有利于激发创新和冒险活动，并促进创业行为的发生。虚拟组织是指临时把人员召集起来以利用特定的机遇，待目标完成后即行解散的一种临时组织。虚拟组织可有效整合各成员的核心能力，在内部组织结构、规章制度等方面具有较大的灵捷性和适应性。组织的扁平化强调系统、管理层次的简化和管理幅度的增加与分权，达到使组织变得灵活、敏捷、富有柔性和创造性的目的。

组织文化对公司创业会起到或动力或阻力的作用。随着企业发展，企业内逐渐形成了一系列由共享的价值观、观念和行为准则决定的企业文化，这种文化在企业内得以灌输、传播和强化，使企业成员知道应该做什么、应该相信什么以及企业是什么。标准化的工作程序和强调秩序规范的企业文化是强有力的控制工具，很容易抑制公司内的变革和创新活动①。因此，具有创业导向的组织文化是进行公司创业的必要前提。创业导向的组织文化主要指组织和组织成员特别是高层管理者对创业者以及创业行为所持有的宽容、支持和认同的态度，它有利于培养组织的创新和创业精神，吸引和留住优秀人才，使组织保持不断成长的活力。

对于任何类型和规模的企业而言，高管团队的管理模式是公司创业取得成功的关键。一般情况下，管理人员为了满足股东、顾客及员工等利益主体的多重需要，往往会谨慎工作，并以效率驱动，追求有效利用所有资源并获得安全可观的回报。这种模式往往会使企业错过适应环境变化进行创新与创业的机会。高管团队承担风险、认同创新和超前行动的倾向决定了公司创业的导向，其对新兴事物的接受程度对任何组织变革举措的成败都非常关键。因此，高管团队应从传统的领导模式向公司创业所需要的具有创业精神的领导模式转变②。

除了高管的支持，组织内有效的激励机制和适当的奖励制度对员工的创新创业行为也有很强的促进作用。组织的激励与奖励不仅有利于员工产生组织支持感，还有利于个体目标与公司目标保持一致，以保证公司创业活动的开展及创业绩效的实现。

阅读案例 3

惠普的“车库规则”

惠普公司从车库里开始创业变成世界之最，是硅谷首屈一指的神奇佳话。自公司成立以来，虽然也随着企业的快速成长有所改变，但其独特的价值观和公司文化却依然保持不变。传说，惠普公司硅谷办公室的墙壁上，至今还悬挂这一副“惠普风范”的海报，海报的背景就是当年惠普创业时的简陋车库。另外一张贴在墙壁上的“车库规则”也成为鼓励大家开创自己的事业，相信团队，众志成城，改变世界的座右铭。

① 宋克勤. 公司创业的驱动力、障碍和有效实施研究[J]. 技术经济与管理研究，2011(11)：37-41.
② 李华晶，张玉利. 创业型领导：公司创业中高管团队的新角色[J]. 软科学，2006(20)：137-140.

车库规则如下。

(1) 相信你可以改变世界。

(2) 迅速工作，随时工作，工具随时待命。

(3) 了解何时该独立自主，何时该团队合作。

(4) 与同仁分享你的构想与工具，信任他们。

(5) 不玩政治，杜绝官僚作风。

(6) 由客户来决定你的工作是否做得好。

(7) 激进的创见不一定是馊主意。

(8) 创造不同的工作方法。

(9) 每天要有贡献，如果你当天成果没有贡献，那成果必不离开车库。

(10) 相信团队合作可以万事皆成。

(11) 发明创新。

在特定的制度环境下，企业本身的资源及能力也会对公司创业产生较大影响。企业的资源主要指企业的人力资本、知识产权、声誉资本及社会资本等无形的资源条件。在转型经济的背景下，丰富的资源为企业内创业的成功提供了保障。但对于受到资源和能力约束的小企业往往会更具有创业精神，通过积极采取先动举措获得生存和发展。相比之下，对市场具有较强控制力和影响力的大企业会随着企业内的层级化减少创业活动的开展。

阅读案例 4

松下公司的创业支援与激励机制

松下公司从2000年底开始建立起鼓励员工创业的支援和激励机制，公司为此设立了金额高达100亿日元的创业基金(Panasonic Spin Up Fund)，专门用于培养创业人才。除了资金，另外为立志创业的员工准备了一个较长时期的培训计划，从报名申请PSUF到实际创业，可有半年以上的准备期。

比如，通过了书面审查和第一次面试的候选人，要学习成为经营者最起码的基础知识。他们必须连续3个星期，从上午9点到下午5点进修包括了经营学、会计学、企业案例等内容的名为“顶尖MBA训练”的课程。

随后进行为时一个月的名为“Brush-Up”创业计划修炼作业。其实在学习“顶尖MBA训练”课程期间，晚上就已开始进行“Brush-Up”的活动，所以，完善创业计划的时间实际上要花费一个半月。

整个过程都有日本权威的智囊组织“日本综合研究所”资深专家全面协助介入，最后还要请多名来自公司外的风险企业经营人士以风险经营者的眼光严格审视候选人经过不断修改完成的创业计划。

对于员工创建的独立企业，本人的出资比例可在30%以下，松下公司出资在51%以上。以后如果事业进展顺利，可通过股票上市或者从松下公司购回股份获得回报。从新公司建立后的5年内，根据事业的成果，创业者可获得松下公司的特别奖金。

“安全网”是创业失败的退路，即被认可创业的员工，创建新公司以后，可以仍是松下公司员工的身份，领取基本工资等待遇都不变，当然，也可以辞职后成为合同员工(企业家员工)。选择合同员工后，5年后根据事业的发展情况，如本人提出希望，仍可恢复成为松下公司的正式员工。

小思考

松下公司的创业支援机制对公司创业的激励作用主要体现在哪些方面？

2) 个体特征

个人创新是公司创新的核心，个体的创业特征是公司创业的基础，公司创业的发动、实施和成功都离不开具有创业特征的人才的支持。个体特征可以分为两个方面：个性特征和能力特征。

个性特征包括自我效能感、成就需求、冒险倾向及独立性等多个维度，反映了员工在面对创新与变革时的态度。自我效能感指个体对自己是否有能力为完成某一行为所进行的推测与判断，影响着人们为自己设立的目标和愿意冒的风险。成就需求是一种个人想要把事情做得更好更快的欲望和倾向。自我效能感越强，个体选择的目标越高，行为越倾向于冒险并表现出更强的毅力。对成就有强烈需求的个人更易选择创业并比他人更易获得成功。同时，作为创新和冒险事业的承担者，创业者更具有冒险的勇气，更善于独立思考并发现创新机会。相反，喜欢追求享乐、成就需求低、不愿冒险且不自信的人会更倾向于阻碍变革。

能力特征指创业者是否具有实施创业活动所需的能力，例如对不确定环境的适应能力，抓住商业机会的能力和从失败中学习的能力等。公司创业一般是在环境动荡的背景下进行的，创业者需要具备应对这种不确定环境的自信和适应能力，并能善于在复杂的市场中识别和抓住机会，这是创业者与普通雇员的显著区别。此外，善于从失败中学习和进步也是创业者的关键特征。

3) 情境

由于公司创业发生在企业组织这个系统内，组织情境就成为不可忽视的影响因素。组织情境即组织所提供的供成员活动并与成员间产生情感互动的环境。对公司创业影响较大的情境因素有组织支持感、信任与沟通以及工作自主性等维度。

组织支持感是员工对组织如何看待他们的贡献并关心他们的利益的一种总体知觉和信念。根据社会交换的观点，在员工与组织之间关系的维持上，员工会通过在工作中付出努力和展现对组织的承诺及忠诚换得物质和精神方面的奖励，如薪酬、福利、认同、赞赏及关怀等；反过来，当员工感觉到组织支持自己时，便会产生自己对组织的义务感，进而通过提高自己的组织承诺以及展现出能够促进组织目标达成的行为来履行自己的义务。因此，组织支持感会影响员工参与公司创业的积极性和投入程度。

信任与沟通不仅反映了员工之间的沟通与合作的程度，还包括员工与上级之间的信任与支持关系。良好的沟通气氛及相互信任的组织环境可促进员工间的信息传递与共享，提高个体对组织支持程度的感知，从而激发更多创意，促进公司创业。

工作自主性是指员工自我感觉能够独立控制自己的工作，包括对工作方法、工作程序、工作时间和地点以及付出多少努力等做决定。如果员工可以自主地决定如何开展工作，这不仅体现了组织对员工的信任和肯定，同时也为员工的创新、创业行为提供了空间和机会。

11.3 公司创业的实施

公司创业的实施需要建立以创业为导向的公司战略，并选择适合的公司创业模式，以有效实现企业生产效率和灵活性的提高。

11.3.1 公司创业战略的建立

当企业建立了公司创业导向的战略时，为了支持新的创业过程，传统的管理方式会被丢弃，最初的企业性质和文化也会随之发生戏剧性的变化。一些不习惯这种新环境的人员会离去，而其他人则会被这个鼓励创新、风险承担、团队工作和非正式网络化的新的激励机制所吸引。建立公司创业战略有 4 个关键步骤：建立愿景；鼓励创新；构造企业内部的创业氛围；建立创业团队[①]。下面详细讨论这几个步骤。

1. 建立愿景

确定公司内创业战略的第一步就是建立和共享公司领导者所希望达到的创新愿景。愿景来自于组织顶层，但创业活动来自于整个组织，员工们需要知道和理解这一愿景，从而使企业各部门及员工能拥有一致的目标和行动方向。因此，被共享的愿景是否具有足够的号召力，是否能够激发起企业员工对未来的憧憬并为此奋斗，是追求高成效战略的关键。要激励员工的创新创业热情及积极行为，公司高层管理者需要对公司创业的愿景进行概念化并向组织内的员工传达，让大家了解和相信“只要符合企业的发展策略，有助于实现企业的远景目标，由员工主动发起的创新活动将被容许，并可获得资源上的支持”[②]。

2. 鼓励创新

创新是创业者的独特工具，是公司创业的核心维度。因此，企业必须从战略关键因素的角度理解和鼓励创新。创新存在两种类型：激进创新和渐进创新(如图 11.3 所示)。激进创新代表的是前所未有的突破，如个人计算机、一次性尿布、隔夜快递等。渐进创新是产品或服务进入复制、更广阔市场的系统演进。通常，一次激进创新带来科学突破后开始渐进创新。

这两种创新都需要有愿景的支持，需要具有愿景和共享愿景能力的个人的参与，需要高层管理者对员工的创新创业意愿及能力进行开发和培养。但激进创新由于不确定性大且高度依赖试验，需要企业给予更多的理解和培育。具体而言，企业对两种创新的不同开发和支持方式的特点见表 11-2。

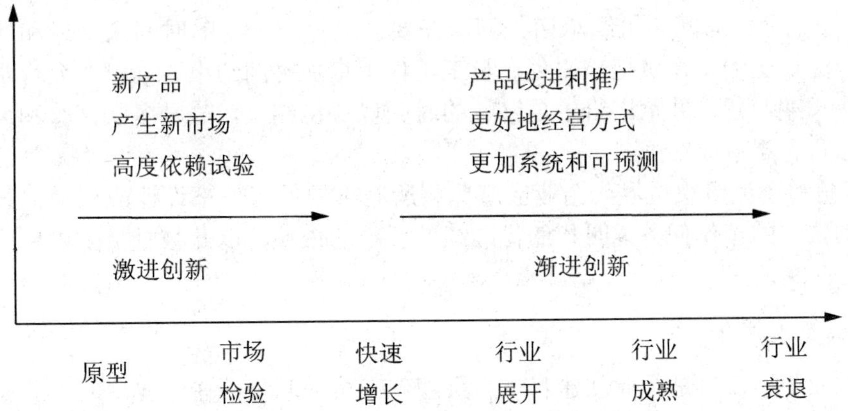

图 11.3 激进创新与渐进创新

① 李志能，郁义鸿，罗博特・D・希斯瑞克. 创业学[M]. 上海：复旦大学出版社，2000：410.

② 张玉利，陈寒松. 创业管理[M]. 北京：机械工业出版社，2009：205.

表 11-2 开发和支持激进和渐进创新

激进创新	渐进创新
通过挑战和难题来加以刺激 可能时免去预算约束和最后期限约束 鼓励技术培训和向客户披露 允许技术共享和头脑风暴会议 关注个人——建立信任关系 鼓励来自团体之外的赞助 拥有灵活的用于随时出现的机会的资金 对新项目和主张提供自有奖励和资本	通过竞争压力加以刺激 设立系统目标、预算底线和期限 鼓励技术培训和向客户披露 每周召开包括关键管理人员和营销人员的会议 委托以更多的责任 对预算内完成目标的，设置明确的财务奖励

3. 构造企业内部的创业氛围

上节已经讨论了公司内部的组织及情境因素对公司创业的影响，一个有助于具有创新意识的人员发挥其全部潜能的环境和氛围对内创业者的挖掘培养及创业活动的有效开展具有十分重要的作用。要构建有利于公司创业的内部环境及氛围，企业可从以下几个方面做出努力：

(1) 采取切实有效的措施体现管理层对公司创业活动的支持。如重视并能迅速对员工想法做出反应、对提出创新想法的人给予赏识和鼓励、对小的实验项目进行支援、提供项目启动的种子基金等。

(2) 赋予员工工作自主性，并避免对员工创新中的错误或失败进行批评。正如 3M 前任 CEO 麦克奈特所说："我们容忍员工犯错误，只要他的动机是好的，从长远来看，和一些管理层犯的利用职权专制地告诉下属怎么做这样的错误相比，员工所犯的错误可能微不足道。"

(3) 采用红利分配与内部资本的双重奖励制度来激励内部创业行为。如果员工认为冒险创新成功的报酬太低而失败时的惩罚太重，就容易有保守和不出错的行为倾向。重视公司创业的企业大都能宽容失败，并对创业成功采取职位升迁、成果红利分享以及可供自由支配的内部资本等方式进行奖励。

(4) 给予充分的时间和组织承诺。创新需要个人付出一定的时间来形成和培育，企业必须合理分配员工的工作负担，避免在员工工作上增加时间约束。同时，允许员工与其他人合作解决长期问题，并承诺给予足够长的时间以等待结果，鼓励多次试验和风险承担，从而使新项目有更多成功机会。

(5) 模糊和淡化组织边界。企业应避免将所有主要的工作都设计成标准化过程，并应减少对范围狭窄的工作任务说明和僵化的绩效标准的依赖，以此鼓励员工以更广阔的眼光看待企业。

4. 建立创业团队

公司创业并不仅仅是企业创建者或高层管理人员的职责，在创业型的企业里，试验和开发等创新活动遍及整个公司。建立创业团队为企业提供了以团队作业的方式利用个人才能的机会，是产生和开发新创意的有效途径。创业团队一般具有自我导向、自我管理和高绩效的特征，拥有相对独立的预算，就像在大企业内运作的小企业。创业团队通常需要一位具有影响力的高层支持者作为保护人，以协助团队整合组织资源，排除组织障碍，使团队能安然度过艰辛的创业初始期。由于创业团队通常是基于创意或项目而建立，当创意或项目成功实现或完全失败后，团队就完成了使命，成功的项目会被整合到更大的企业运作范围中去。当又一个创意出现时，将有另一个创业团队相应诞生。

阅读案例 5

3M：百年老店的创新密码

在创新已经成为企业持续发展的“发动机”，在无数 CEO 为如何营造创新文化而绞尽脑汁的今天，有这样一家跨国公司，它历经 100 多年成长，非但没有才思枯竭，反而散发着勃勃生机，不断推出创新产品。它就是 3M!

这家由生产研磨产品的小作坊起家的制造业巨头曾创造过无数个世界第一：譬如高速公路上的反光高速牌、录音带、录像带，曾经用于计算机的 8 英寸、5 英寸的磁盘，以及汽车、手机、电脑的各种部件……数不胜数。目前，3M 已经形成 45 个核心技术平台，平均两天就会有 3 个新产品推出来，它的创新引擎一直在高速运转。

是什么法宝让 3M 的新产品层出不穷？“源于 3M 的企业文化。”3M 大中华区总经理余俊雄对《经理人》说，“3M 的很多新产品并不是工程师研发出来的。譬如防窥屏本来是在电脑上用的，后来用在 ATM 上，现在也被用在手机上，这个点子就是 3M 中国的销售员想出来。”

“3M 在营造创新文化方面有 5 个步骤：首先要找对人；其次是拟定目标，好的目标是执行者和领导达成共识；第三是赋予资源，譬如资金、培训、时间等；最重要和最困难的一点是，领导者要懂得授权——把嘴巴闭起来，把手放在口袋里，放手让团队去做事情。如果领导者总是对员工的做法予以否定，员工怎么会有创造力？最后，事情做得好一定要给予肯定。失败了怎么办？做错了怎么办？没有失败哪有成功，这时候领导一定要鼓励。”余俊雄说。

这些做法，也可以从 3M 精神领袖、前任 CEO 麦克奈特的理念得到印证。他常常对员工们说：“我们容忍员工犯错误，只要他的动机是好的，从长远来看，和一些管理层犯的利用职权专制地告诉下属怎么做这样的错误相比，员工所犯的错误可能微不足道。”他也常常告诉经理们：“要鼓励实验性的涂鸦，如果你在四周竖起围墙，那你得到的只能是羊；为了发现王子，你必须与无数个青蛙接吻；切勿随便扼杀任何新的构想；如果他们是优秀的员工，我们就应该赋予他们权威和责任，让他们用自己的方式去完成任务……”

这些理念，在今天的 3M 得到了很好的传承。当然，仅有理念是不够的，3M 还有一系列的机制，保证这些理念的有效执行。

(1) 研发上的高投入。3M 通过计算过去 4 年中商业化的新产品在公司整体收益的比例来衡量它投入的研发资金是否物尽其用。3M 每年将全球销售收入的 7%左右投入相关技术领域和产品应用的研发。目前 3M 公司平均每年会推出 500 多个新产品，35%的销售额来自于过去 4 年里新开发的产品。

(2) 优者奖。3M 设了很多奖励，譬如设立于 20 世纪 60 年代的“卡尔顿奖”，用以奖励在科学上获得重大突破或做出杰出贡献的 3M 科学家；“全球技术卓越和创新奖”，无论员工在世界哪个地方，只要荣获此奖，就可以和家人一起到美国去，在公司高层的陪同下到度假胜地尽情玩耍。此外，3M 还设立了“金靴奖”、“寻径奖”等。

(3) “15%时间”法则。在 3M，每个员工都有 15%的工作时间可以用在自己感兴趣的项目或计划上，甚至可以申请基金作为研发费用，不管这个项目是否能马上带来直接效益。

(4) 起源基金和开拓基金。如果创新理念和公司现在发展的重点不是很匹配时，员工可以申请起源基金或开拓基金得到一笔资金继续创新。这是为那些被正常申报程序判死刑的创意提供第二次机会的奖金，根据项目大小，金额在几万美元内变动。

(5) 技术支撑。45 个核心技术平台是 3M 不断创新的源泉。3M 的任何一项技术平台都可以在全公司范围内、在所有的国家、所有的子公司、所有的事业部共享，使同一技术可以用到非常多的领域。另外，还有设立于1951年的“技术论坛”，邀请3M万名研发人员参加年度的座谈会，让每个研究人员都能了解其他人的研究项目。

(6) 一体化精神。这是3M在大中华区推行的一种创新管理法。让大中华地区和周边韩国、日本等地的分支机构在服务链上协调合作，融为一体。鼓励员工跨越部门界线，积极合作，深入了解客户的公司内部各个层次的不同需要，并以此为基础提出全面、完整的一体化解决方案。

资料来源：http://china.toocle.com/cbna/item/2009-07-27/4706274.html.

小思考

3M公司的做法对我国企业建立公司创业战略有哪些值得借鉴和学习的地方？

11.3.2 公司创业的运作模式

公司往往会依据自身状况及外部环境的变化选择不同的公司创业模式，而不同的模式选择又会对企业产生不同的影响结果。下面介绍几种在实践中常见的公司创业运作模式。

1. 项目小组

这是企业在实施自上而下的引致型内部创业时常用的模式，即采用项目的方式，以任务为导向，按照公司战略规划部署，从技术和理念等方面对公司现有业务进行创新和改进。其特点主要体现在：①企业在进入新的领域前，先筹备一个项目小组，成员可以来自公司内部现有的职能部门，也可以从外面聘请一些临时人员；②项目的资金投入全部由公司承担；③项目小组会有一个明确界定的目标，如一个预期的产品或成果，同时还会做细致周到的完成计划、具体的人员配置和项目的进展控制方案；④一旦新业务进展顺利，公司可以基于项目组建正式的职能部门或子公司来推进业务的成长，如果新业务失败，则项目小组解散。这种模式的优点在于没有复杂的筹备过程，可更快速灵活地启动新项目，且利于整合企业内资源，协调各部门的力量和关系。但由于项目一旦启动会对资金产生需求刚性，容易导致费用的超支。当新项目前景不确定时，管理层很容易陷入左右为难，如果项目继续，则财务风险增加，若终止项目，则前期的投入将变成沉没成本。

2. 内部创业

内部创业通常指由一些有创业意向的员工发起的，在企业的支持下开展公司创业活动，并与企业分享成果的创业模式。这类内部创业主要集中在开发新产品、新技术及开拓新市场等领域。内部创业是在公司组织内进行的非正规活动。当员工觉得自己的创意很有发展潜力时，可向公司中层或高层管理者推荐，由他们选择和决定是否支持这项活动。如果获得认可，则转化为正式活动。该员工可自行组建团队，并申请获得公司对项目的指导和资源支持。这种模式要求企业建立健全的公司创业支持体系和制度，为员工的内部创业提供条件和保障。在前面3M的案例中就呈现了一个成功的以内部创业促进企业创新和不断成长的模式。

阅读案例6

柯达公司内部创业程序

(1) 大约10%有成功希望但与主营业务不符的创新提议，可以从NOD(New Opportunity Development，新业务开发部)部门获得高达25000美元的自主。这一阶段被称为创业设想开发阶段，发起人可以将20%的工作时间用于完善创业设想。

(2) 如果设想可行，进入业务开发阶段。这时，发起人可以离开原有岗位，并可获得高达75000美元的项目资助。他此时必须组建项目小组，撰写项目规划书，开发产品模型。这时项目小组会得到NOP部门的咨询服务和其他支持。

(3) 如果进展顺利，创业项目可再进一步进入运作启动阶段。在这一阶段，项目可获得高达25万美元的资金支持，并在通过严格的项目评审后还可获得更多的资金。这时，项目从属于柯达技术公司(KTI)。KTI此时扮演控股公司和风险投资公司的双重角色。尽管KTI是柯达公司的子公司，但它所管理的诸多创业项目和柯达公司已经脱钩。KTI在此就像一个孵化器，它对创业项目的投资回报率的最低要求是25%。如果项目运转顺利，几年后，创业项目可以通过公开上市和转让，实现资本增值。

资料来源：http://finance.sina.com.cn/leadership/mcxgl/20060415/13222503577.shtml.

3. 创业孵化器

创业孵化器是通过提供一系列新创企业发展所需的管理支持和资源网络，帮助和促进其成长的创业运作形式。公司通过设立独立的孵化器可对入驻的新项目或新企业提供场地和设施、培训与咨询、融资与市场推广等方面的支持，以降低新创企业的风险和创业成本，提高成功率。公司设立创业孵化器的目的是为了引入创新，为企业未来发展做战略储备，因此不会过多地参与新创实体的经营管理，对其控制相对宽松。一旦企业发现了与自己的战略发展相符的企业或团队，则会将其纳入未来的业务整合对象。企业采用这种模式时，要注意孵化器的专业化原则，入驻的项目或企业应是属于自己擅长并有利于增强自己核心优势的行业。

4. 公司风险投资

公司风险投资是指有明确主营业务的非金融类企业在其内部或外部所进行的风险投资活动，主要有两种形式：一种是把用于风险投资的资金委托给专业的风险投资公司进行管理，其成立的投资基金根据委托方的战略需要选择投资目标；另一种是公司直接成立独立的风险投资子公司，运作方式与专业的风险投资公司相似。与专业的风险投资公司相比，公司风险投资具有显著的协同优势，既可以利用母公司的筹资功能，还可以依靠其丰富的管理经验、销售渠道、品牌优势等为初创企业提供增值服务。公司通过投资与其战略高度相关的新创企业，可达到了增强自身的竞争力，增加财务回报等目的①。若所投资的新创企业对公司业务增长具有很强的吸引力，还可通过并购等方式将其全部整合到公司的核心业务中。

① 郭鲁伟，张建. 公司创业的模式探讨[J]. 科学与技术管理，2002(12)：94-96.

5. 合资创业

这是一种公司通过与其他企业合资的方式进入新领域的创业模式，具体合资的形式有两种：一是企业直接并购一个新领域的公司，二是采用与其他公司共同合资创立一个新企业的方式。这种模式侧重于积极吸收公司外部可利用的资源，而不是依靠企业的内部资源。例如，很多跨国公司为了进入中国市场，通常会采取直接并购中国企业或与中国企业进行合资的方式，利用国内企业现有的生产、营销渠道，实现国外品牌在国内市场的拓展。但由于企业文化差异等原因，合资创业也会给原有公司带来新的经营管理风险，并对公司领导人的决策能力和危机管理能力提出了新的挑战。

6. 企业拆分与裂变

企业拆分与裂变，即当一家公司发展到一定程度，就将它分成几个小公司，给它灌输新的力量，小公司发展起来后，再将它分成几个小公司，如此裂变下去。这种模式通过公司内的组织和管理创新，可以有效地根除官僚主义、精简机构和激励员工。2011 年 6 月，阿里巴巴集团宣布将淘宝网分拆为 3 个独立公司：沿袭原 C2C、团购等业务的淘宝网，平台型 B2C 电子商务服务商淘宝商城以及一站式购物搜索引擎一淘网。拆分后的 3 家公司各自领导一个方向，从 C2C、B2C 和搜索比价这 3 大不同市场去分头拓展，并让每个业务带头公司都参与业务孵化。阿里巴巴集团执行副总裁曾鸣说，分拆是针对阿里巴巴“大企业病”最激进的方案。

企业拆分后，通常的做法是对每个新公司精选一名总经理，委任后的总经理再去挑选自己认为可以委任的人，再由这几个人组建新公司，总经理对新公司经营具有自主权。这种模式可以通过缩小企业规模增强组织灵活性和适应性，同时还能有效地吸引、留用和激励高管团队及创业型人才，为他们提供发挥智慧和创意的平台。但企业拆分与裂变也会给企业带来新的挑战，例如如何做到拆散团队但不拆散人心。

阅读案例 7

企业“裂变”是保持企业不老不死的特效药

“如果现在有一位抹杀公司工作人员能力的企业领导者，我认为应该判他死刑。一位真正好的企业家要尊重别人的想法，这样做不是要他百依百顺，而是要充分发挥他人的智慧，让他尽享人生最大的快乐。”这时拥有过 34 个子公司的日本“太阳工业”公司的创始人酒井帮泰的经营观。

酒井帮泰说：“树木长到一定程度，绝不会一年再长粗一倍。而新树不同，有惊人的成长力，有时可在一晚上长出一倍。企业‘裂变’成新公司就为了让新企业有这种成长力，企业分家和蜜蜂分群、细胞分裂的作用一样。”

“太阳工业”的企业“裂变”就是要让公司的每一个人都能抬头挺胸，乐于工作，把自己的本事发挥出来。“裂变”出来的各子公司与“太阳工业”成员之间是相互支持、协同的关系。但成员间也要互相竞争，甚至互相“残杀”。酒井帮泰认为只有这样才能提高公司活力和业绩。“太阳工业”成员公司要努力开辟企业集团外的市场，“太阳工业”设有总经理会，但规定如果某公司 30%以上的营业额是靠企业集团内部支持，那这家公司的总经理就没有资格出席会议了。

酒井帮泰说，“企业裂变”的思想就像“遗传子”，代代传下去，公司就能保持经常新鲜而不断成长。

小思考

"太阳工业"的企业"裂变"会对企业产生哪些影响?

11.4 公司创业研究的现状与趋势

目前，公司创业理论仍是一个不断发展、进化的理论分支，领域内体系庞大，观点林立，还没有形成统一成熟的研究范式。这一方面缘于在创业学领域缺乏对创业概念的一致认同的观点从而导致了对"什么是公司创业"等问题上的分歧，另一反面也反映了实践中公司创业活动本身在范围和形式上的多样性和普遍性。尽管如此，在过去的 30 年间，学术界对此领域给予了高度的重视和热切的关注。到 20 世纪 90 年代末，公司创业已经成为文献中的一个完整部分(Zahra，Kuratko 和 Jennings，1999)，并成为战略管理、企业成长管理与创业研究的一个重要分支。现阶段，公司创业理论的研究内容主要包括以下几个方面。

1. 公司创业的研究对象

很多学者基于研究需要提出了不同术语来描述公司创业的行为和现象。公司创业是使用最广泛的一个，并得到普遍认可。Buegelman(1983)、Zahra(1991，1995，1996)、Dess(1999)、Span，Adams 和 Wortman(1998)等都对公司创业进行了界定。此外，还有内创业、公司冒险、战略更新与组织更新等概念用于定义公司创业中的某一特定形式。1996 年，Lumpkin 和 Dess 提出了公司创业导向概念，提倡用战略决策的概念来模型化公司层面的创业，着重探讨公司创业的程序、实务及决策过程，并提出了公司创业导向的 5 个维度：自治性、创新性、风险承担程度、先动性及竞争积极性。迄今为止，学术界对公司创业的研究对象已有了约定俗成的共识，即研究公司层面的创业活动，焦点是在公司战略中注入创业精神。

2. 公司创业类型的研究

基于公司创业活动的多样性和复杂性，很多学者试图通过对公司创类型的划分来描述和分析公司创业活动的规律。如按照公司创业的结果、发生的层面、与原组织的关系；按照国内、国际等角度。Guth 和 Ginsberg(1990)将公司创业分为两种战略管理的选择：公司新业务投资和战略更新组织转型。Thomben(2001)认为公司创业有 4 个战略类型：公司业务创新、内创业、组织转型、行业规则打破。Stopford 和 Badell(1994)类似地把公司创业分为 3 种类型，内创业定义为公司业务创新的一部分，转型和更新现有公司，改变行业竞争规则。

3. 公司创业过程研究

公司创业同样可以被看作一个过程，在这个过程里，个人或者一个小组在一个已建公司开展新业务，建立新关系，更新一个组织或者变革(Dess 等 1999；Shanna 等 1999)。Gartner(1985，1990)提出，公司创业过程包括 4 个要素：个人、创造过程、被创造的组织和环境。后来，其他学者在这个过程模式的基础上补充了其他的要素，如创业者、创造过程、创业结构、环境等要素。在此基础上，Hornsby 和 Kuratko(1990)结合组织特征提出了公司创业过程的交互式模式。Covin 和 Slevin(1991)则从组织行为角度提出公司创业的行为观模式。这类研究的目的是要解释公司创业活动出现的原因和动力、启发人们对于创业机会的把握。目前，学术界关于公司创业的作用、风险、有效实施等方面的认识仍然是有限的，特别是关于公司创业发挥作用的机制和过程的研究还有待深入。

4. 公司创业强度的测量及与公司绩效的关系

Miller(1983)基于他所提出的公司创业的创新、风险承担、提前行动3个维度，构建了衡量公司创业强度的量表。该量表后来成为学术界研究公司创业强度的标准量表。此后，Covin和Slevin(1998)进行了修正与扩展，使学者们定量分析并检验环境、战略、组织等方面变量与公司创业强度之间的关系成为可能，加深了学术界和实业界对公司创业的理解。

公司创业强度的测量促进了公司创业与企业绩效之间关系的研究。此前学术界已经认识到风险承担、创新等创业型企业的典型行为与提高企业绩效有正相关关系。但是，这些设想在当时只能停留在理论研究的层面。直到公司创业强度可以定量的测量，假设才能得到经验数据的证实。在定量分析公司创业与企业绩效之间关系的过程中，研究再次得到了深化。一方面，学者们开始重视外部环境和内部组织变量对公司创业与企业绩效之间关系的调节作用；另一方面，开始探讨并验证公司创业对企业长期绩效，而不仅仅是短期绩效的影响①。

5. 关于公司内部创业者行为和文化的研究

这是典型的传统创业学"特质方法"在公司创业理论中的延续，代表学者有Stevenson、Jarllno等。这类研究主要是从公司内部个体创业者和创业群体(高管团队)特质的角度出发，研究公司如何抓住机会，取得创业成功。作为特质研究方法的延伸，对于公司内部创业文化的研究也是过程研究的重要组成部分之一②。

尽管公司创业的理论研究范式还没有成熟，但现有的研究成果已经呈现出将战略管理研究与创业理论相结合、将创业管理与传统管理范式相融合的交叉特点，这与把创业作为一种战略思维方式，在公司战略管理中强调注人创业理念和创业精神的公司实践相呼应。同时，随着越来越多的企业进行公司创业实践以及与之相对应的实证研究的不断深入，公司创业理论将得以进一步地完善和延伸，对实践的指导作用也会逐渐凸显。本章内容即是对现有研究成果的综合凝练和呈现。

未来公司创业的研究趋势将主要有以下特点。一是继续探索公司创业的影响因素，并置入特定的背景或情境类型，如结合转型经济或新兴经济市场为背景；研究家族企业或联盟企业的公司创业影响因素；针对集群企业开展相关研究；关注跨国文化背景下的国家和组织文化对公司创业的影响等。二是基于不同公司创业类型构建创业过程模型，剖析各个阶段所经历的变化和冲突，探讨公司创业的实施和运作规律。三是以公司创业的主体为研究对象，探讨如何构建创业导向型的组织，研究公司高层、中层、基层管理者的创业行为对组织的影响。四是采用更多实证研究的方法，验证公司创业活动与企业绩效间的关系。五是结合中国实践探讨国内公司创业的特定问题，如与国际公司创业之间的比较研究；激励国内企业公司创业的因素；国内企业如何进行国际化公司创业等。对公司创业的研究若能与中国企业的创业实践相结合，不仅能丰富公司创业的学术领域，对国内企业的创业实践也具有很强的现实指导意义。

---

① 姜彦福. 公司创业理论：回顾、评述及展望[J]. 科学学与科学技术管理，2006(7)：107-113.

② 张映红. 公司创业理论的演化背景及其理论综述[J]. 经济管理，2006(14)：5-10.

本章小结

公司创业是指已有组织通过创新、更新及风险投资等活动追逐创新发展机会，实现企业获利能力和竞争地位提升或组织更新的过程。研究对象是已建立的公司各个层面的创业创新行为。与个体创业相比，公司创业侧重企业内部资源的配置与利用，以及与外部资源“新的组合”，并表现出以创新性为核心，包括风险承担性、先动性、竞争积极性和自治性5大维度。

公司创业对企业而言是应对竞争、适应环境的有力武器，可有效规避“大企业病”，实现基业长青，同时还可有效防止优秀员工的流失。从宏观上看，公司创业又是一个国家和地区实现产业升级和经济增长的关键驱动力。

对公司创业的分类主要有3种方式：一是根据推动公司创业的行为主体不同分为引致型与自发型两种；二是根据创业活动与及其结果发生的层面不同分为内部公司创业与外部公司创业；三是根据创业结果将公司创业分为持续再造、组织再生、战略更新和领域重定等4种形式。

公司创业是一个复杂的动态的组织过程，从企业层面创业行为在时间顺序上的演变逻辑角度，可分为激发创业构想、形成创业决策、项目可行性分析、实施创业活动、产生组织绩效5个阶段。这个过程是组织特征、个人特征和突发事件3个因素互动作用的结果，也是一个以机会为核心，由机会、内创业者和资源驱动的创业过程。

影响公司创业的因素包括外部因素、企业战略因素和内部因素。外部因素指组织所处的外部环境，其影响主要取决于环境的宽裕性、复杂性和动荡性及敌对性。战略因素主要包括环境扫描强度、战略计划的灵活性、战略计划中心性、公司控制特征和战略导向。内部因素是指组织内部环境，它对于推行公司创业起着决定性的作用。影响公司创业的内部因素可分为组织特征、个体特征和情境三大类。

建立公司创业战略包括建立愿景、鼓励创新、构造企业内部的创业氛围和建立创业团队4个关键步骤。在识别和开发创业机会时，公司往往会依据自身状况及外部环境的变化选择不同的公司创业形式，在实践中，常见的公司创业的运作模式有项目小组、内部创业、创业孵化器、合资创业、分拆与裂变等。

公司创业理论仍是一个正处于发展、进化的理论分支，并呈现出将战略管理研究与创业理论相结合、将创业管理与传统管理范式向融合的交叉特点。

关键术语

公司创业 Corporate Entrepreneurship
公司创业导向 Entrepreneurial Orientation
风险承担性 Risk Taking
竞争积极性 Competitive Aggressiveness
持续再造 Sustained Regeneration
组织再生 Organizational Rejuvenation
内创业者 Intrapreneur
创新性 Innovativeness
先动性 Proactiveness
自治性 Autonomy
战略更新 Strategic Renewal
领域重定 Domain Redefinition

知识链接

1. 李志能，郁义鸿，罗博特·D·希斯瑞克. 创业学[M]. 上海：复旦大学出版社，2000
2. 张玉利，陈寒松. 创业管理[M]. 北京：机械工业出版社，2009
3. 丁栋虹. 企业家精神[M]. 北京：清华大学出版社，2010
4. [美]彼得·德鲁克. 创新与企业家精神[M]. 蔡文燕，译. 北京：机械工业出版社，2009
5. 雷富礼. 游戏颠覆者[M]. 辛弘，石超艺，译. 北京：机械工业出版社，2009
6. 企业管理网 http://www.cs360.cn/
7. MBA 智库百科 http://wiki.mbalib.com/wiki/%E9%A6%96%E9%A1%B5

习　　题

1．什么是公司创业？它与个体创业有哪些相似和不同之处？
2．什么是“大企业病”？公司创业对规避“大企业病”有哪些作用？
3．公司创业在组织中会遭遇哪些障碍？
4．如何在企业内建立有利于公司创业的环境和氛围？
5．阐述公司创业的相互作用过程，企业该如何有效推进这一过程？
6．公司创业有哪些运作模式？除了书中所提到的，你是否还了解其他的公司创业模式？

案例分析

亨达：一个民营企业的创新转型案例

近来，浙江等地制鞋企业因资金链断裂、成本提高等因素纷纷倒闭、破产。而在青岛，有这样一家鞋业企业，虽然没有良好的产业集群优势，却历经 27 年发展，依然保持持续、健康、稳定的发展。是什么让一个民营企业能够应对不同历史时期的各种挑战，历久弥新？为此，记者特地走进了亨达。

1. 技术创新：企业市场竞争的有力保障

在亨达股份的技术中心参观时，中国经济网记者发现这个几千平方米的技术中心中，工作人员正在进行各种新产品、新材料、新技术的研发，这里有鞋跟撞击试验、模拟耗损试验、化学指标检测等，还有很多叫不出名字的试验令人眼花缭乱。

据中国经济网记者了解，亨达股份每年将销售收入的 6.2%投入企业的技术研发。截至目前，公司共申报和获得国家专利有几百项，多项技术和产品获国家及省市级大奖。其中，亨达自主研发的“皮革无缝粘接技术”先后获国家发明专利、“中国轻工联合会科学技术发明三等奖”、“青岛市科学技术发明二等奖”，该项技术可使皮鞋的皮料利用率提高 7%以上，极大地节约国家资源和促进行业发展。而太空防水透气鞋、按摩防滑减震鞋、GPS 定位鞋等一系列新产品也在行业位于领先地位，投入市场后，赢得消费者的普遍认可。2009 年，“皮革无缝粘接技术的研究与开发项目”、“抑菌防臭净化鞋生产线技术改造项目”成为皮鞋行业两个国家级技改项目，落户亨达。许多专家感叹地说：一个传统产业，一个民营企业，很难想象有这么多新技术、新产品与新成果！

2. 市场创新：创出消费网络新天地

亨达股份是中国皮革行业骨干企业、中国皮革协会副理事长单位，“亨达”是中国驰名商标、全国消费者满意产品，但王吉万并不满足于此。“创造满足消费者需求是我们的企业使命，我们不但要满足消费者的想法与需求，而且要通过技术创新、工艺创新、款式创新创造消费市场新需求。”王吉万说，“现在是互联网时代，也可以说是物联网时代，用户的需求碎片化、多样化，要快速、精准地把握和满足消费者的需求，肯定离不开互联网。亨达已经成功利用互联网平台进军电子商务！”截至目前，亨达股份以亨达、阿迪丽娜、动力足三大品牌为基础，不但在全国实体市场建立直营、代理、加盟立体式营销网络，还在电子商务平台取得良好成效，拥有稳健的网络忠实消费者。

同时，在国际市场一体化背景下，亨达股份坚持国内市场和国际市场两条腿走路战略，以优异的产品质量、前沿的研发设计、优良的信誉博得国际客户的广泛认可，也因此被认定为“国家出口商品免验企业”，取得了对外贸易的“国际通行金卡”，大大增强了亨达在国际市场的综合竞争实力。

3. 管理创新：让员工从“零件”变成“发动机”

管理体制的建设是企业健康运行的保障。2006 年，亨达股份一次性通过 ISO9001 质量管理体系、ISO14001 环境管理体系、GB/T28001 职业健康安全管理体系的“三合一体系认证”；2008 年，公司又通过“测量管理体系”认证，并坚持做到认证与运营相统一，从而促进了企业的标准化、规范化运作，实现了从以职能为核心的传统体制向以流程为核心的现代企业管理体制转变，先后荣获“中国轻工业卓越绩效先进企业”、“山东省标准化良好行为AAA企业”等荣誉。

亨达股份为了建立全员创新氛围，不但成立专业部门企管部积极推行创新理念、方法、模式，还将创新纳入公司整体绩效考核体系，从公司高管到各部门，全部设立创新指标，并组建了创新委员会，定期进行立项、评审、验证全流程管理。仅第二季度，员工提报创新100多项，直接创造经济效益1000多万元。据员工说：在亨达一项三等奖的创新，员工就能获得一万元的奖励！许多员工过去只是普通一线岗位的操作工人，日复一日、年复一年重复着机械的动作，而今天创新的机制让大家兴奋起来，“兰恭收工作法”、“董志清报表系统”……一个个创新发明，让亨达员工成为创新发动机。

4. 文化创新：员工淡定幸福的新能源

亨达股份非常注重企业文化建设和创新。在人心浮躁的当今社会，一切向钱看使人迷失自我。亨达股份不仅教给员工谋生的工作技能，还教会员工如何做人。英国历史学家汤恩比博士曾经说，21世纪是中国的世纪，拯救世界只有靠以儒家思想为核心的传统文化。2011年初，亨达股份将传统文化引入企业文化建设，并制定三年计划和长远规划，确定中华传统文化启蒙年、践行年和示范年。2011年上半年，亨达股份通过传统文化导入，让全体员工了解、感知传统文化，从而提高文化素养与道德水平，从而实现和乐人生、和睦家庭、和谐企业。

迟升杰是生产二厂成型H线中段班组刷胶工位的员工，他曾经是网吧少年，上网成瘾，旷工是家常便饭。在公司学习传统文化让他幡然醒悟、浪子回头。劳模大会上的《跪羊图》表演父母对子女的一片心深深地震撼了他，此后他再没去网吧打游戏。迟升杰给母亲洗脚，帮母亲干家务；主动放弃休息时间帮车间生产清尾；他报名参加公司的《弟子规》背诵比赛，要挣台彩电送母亲……

亨达文化集中华传统文化、现代西方管理、企业27年亨达创新文化于一体，形成了独具特色的核心文化构架，走进亨达，能切实感受到一个现代企业管理机制运行下有效融合的企业文化。

著名管理大师彼得·德鲁克曾经说过，“每一个组织都需要一个核心的能力，就是创新”；对许多中国企业来讲，新一轮增长的内在驱动力只有一个，那也是创新。这也就决定了，那些真正去实践创新创业的企业才能成为行业的引领者。

近日，“2011年青岛企业100强公示企业名单”对外公布，对比“2005年青岛企业100强名单”，发现6年前入选大名单的企业里已经有50家左右下榜，其中，有的企业倒闭、有的企业被重组、有的企业经营形势不容乐观。这不禁让人想起我国一位著名的企业家说过的话：中国的企业往往各领风骚三五年。而仔细研究近几年“青岛百强企业”名单，我们发现：除了海尔、海信等大型企业一直高居榜首之外，青岛民营企业亨达股份的名次一直在不断提升。

亨达股份董事长王吉万告诉记者：“亨达发展到今天已经27年了，之所以还能够在全球经济一体化背景下稳健成长，不单纯是技术、市场、管理、文化四位一体化创新，更重要的是创新的思维与创新的战略，这是一个企业的灵魂，也是一个企业适应市场发展不断转型升级的关键。”

资料来源：中国经济网 www.sme.gov.cn，2011-09-29.

思考与讨论：

1. 亨达公司采取了哪些措施来激发公司的内部创新创业？
2. 公司创业对亨达公司的发展起到了哪些作用？
3. 如果你是亨达公司的董事长，为了应对日趋激烈和复杂的国内、国际环境，你认为亨达公司还需要在哪些方面进行更多创新及公司创业行为？

第12章 社会创业

本章教学目标与要求

(1) 把握国外社会创业的含义及类型；
(2) 理解社会创业者的概念和特质；
(3) 了解社会创业者的成功之路；
(4) 理解社会创业机会识别的概念；
(5) 了解社会创业机会识别与开发理论框架；
(7) 理解社会创业机会的来源；
(8) 了解中国社会创业发展的现状；
(9) 把握中国开展社会创业的机遇及发展战略。

本章知识架构

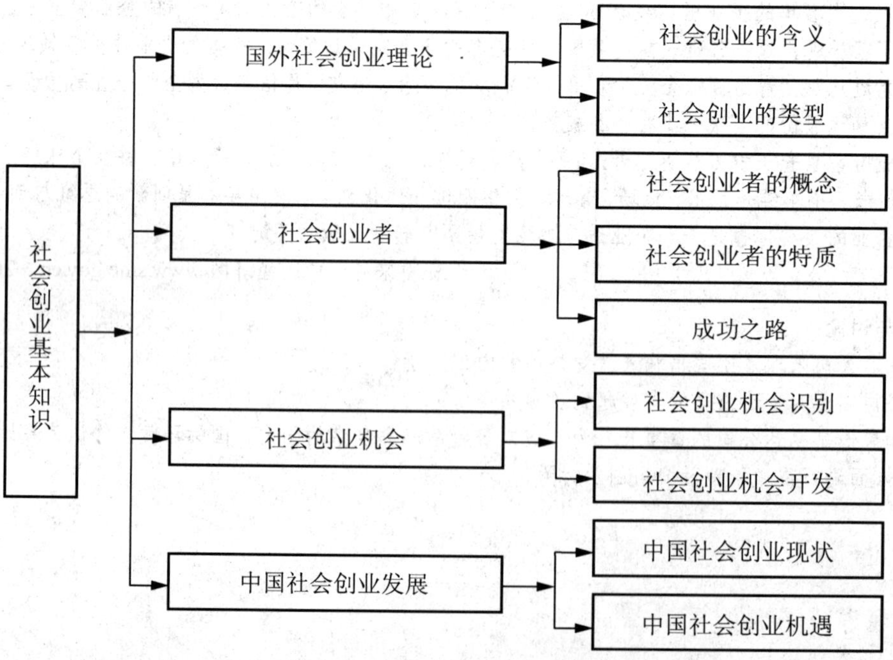

创业是个人的梦想，也是对他人的帮助和对社会的贡献。创业者是值得尊重的勇士，理应得到全社会的支持。

——梁春晓

导入案例

"手工益"文化扶贫项目

"手工益"项目秉承友成基金会的物质文化双扶贫理念，旨在通过帮助致力于贫困偏远地区民族文化保护与技艺传承的民间社会企业来间接的帮助贫苦地区妇女的地位提升和生存状况改善。

"手工益"项目的核心目标是帮扶弱势群体、扶贫、文化技艺保护、本土设计师培养，"手工益"项目将通过目标的达成体现友成新公益理念和中国新公益的倡导。

"手工益"项目的运作方式包括与企业资源的合作、与国际品牌的联合、与乡村发展计划的结合、对手工艺技能培训等多方位的资源协调。同时，"手工益"项目将给本土设计师提供一个广阔展示平台，将传统技艺融入新锐设计，让中国的手工艺产品更具时代气息，改变国内手工艺市场的低廉性、批量化。同时进行手工艺人的培训、手工技艺的采集和研究，举办文化传承相关公益倡导活动等，从而达到帮助贫困地区人群改善贫困环境。

资料来源：友成基金会网站 http://www.youcheng.org/.

12.1 社会创业的含义和类型

本节从社会创业界定、社会创业理论、社会创业特征、社会创业组织等角度解释何为社会创业。

12.1.1 社会创业相关问题

1. 社会创业界定

学术界对于"社会创业"还没有达成共识，纵观其定义概括起来主要有以下几种观点。

(1) 从社会创业的运作方式来定义。里斯(Reis)认为"社会创业就是把商业机制和市场竞争引入非营利性组织，从而让这些组织以更高的效率为社会提供服务"。华莱士(Wallace)、米歇尔(Mitchell)以及伯蒙安茨(Pomerantz)①也都认为，社会性事业取得成功的关键在于引入创新的商业方法来提供社会服务，且更为关键的是，要在坚持社会性事业根本目的的基础上，通过运用盈利性企业的运作方式来获得尽可能多的盈利。

(2) 从社会创业的两重性来定义。帕雷多(Peredo)和麦克考林(Mclean)认为，社会创业者也是创业者，他们必须采用商业化的方式进行创业，并且注意创业方式的创新性。此外，迪兹(J.Gregory.Dees)提出将社会创业和投资的经济回报分开来研究。他认为，社会创业是利用变革的新方法解决社会问题并为社会创造效益；二是引用商业经营模式产生经济效益，

① Pomerantz. The Business of Social Entrepreneurship in a "Down Economy" [J]. 2005, 25(3):25-30.

但经营所得不是为个人谋取利益，而是将所得造福社会。因此，他从以下 4 个维度定义社会创业：①社会创业是一项持续产生社会价值的事业；②通过不断发掘新机会来达到社会目的；③持续的创新、适应和学习过程；④不受当前资源稀缺限制的大胆行动。

综上所述，虽然各国学者对社会创业所下的定义不尽相同，但仍然具有以下共同特点：①社会创业必须具有显著的社会目的和使命；②社会创业应该是“解决问题”导向型的，因此社会创业的重点在于创造社会价值；③社会创业的创新性主要通过组织创新来体现。

本书认为，社会创业有广义和狭义之分。广义的社会创业是指采用创新的方法解决社会主要问题，采用传统的商业手段创造社会价值而非个人价值。而狭义的社会创业主要是指非营利组织应用商业机制和市场竞争来盈利。

2. 社会创业理论

目前，学术界有 5 种基础的创业理论，而且彼此之间存在一种互补的关系。

(1) 环境；

(2) 资源；

(3) 动荡性；

(4) 个人特质；

(5) 准备。

图 12.1 反映了这些理论所关注的要素是如何共同作用并引发社会创业过程的。其中 3 个影响力量是从外部作用于社会创业者的，而另外两个则是内部作用。这些力量综合在一起共同推动或阻碍社会创业过程的生成①。

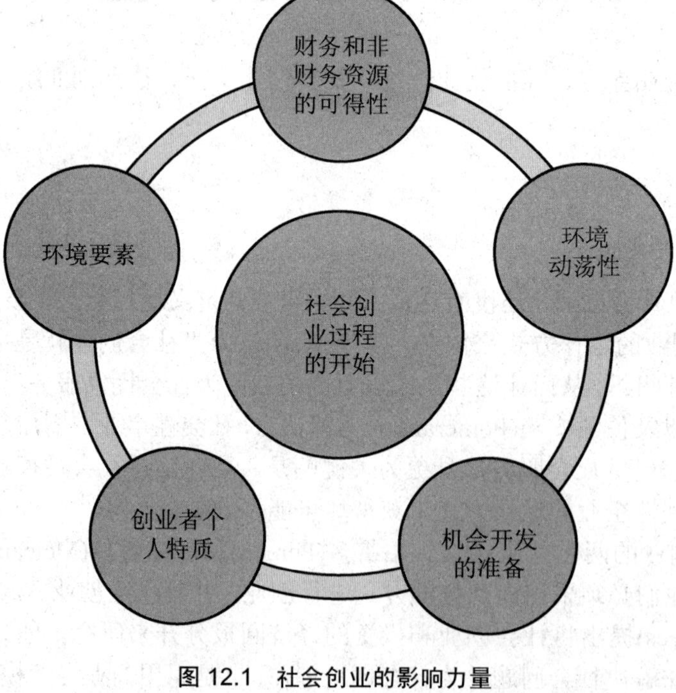

图 12.1 社会创业的影响力量

① [美]亚瑟·C·布鲁克斯. 社会创业[M]. 李华晶，译. 北京：机械工业出版社，2009：10-11.

图 12.1 的完整模型不仅可以用来整合和理解各种不同视角的创业研究理论，而且还可以帮助人们预测何处可能存在社会创业，甚至能够指导人们更好地激发社会创业。例如，可以预计，当社会和政治环境有利于满足社会需求的个人创意的生成、开发新事业的资源可得性高、显现社会需求的变革发生时，这种情境下的社会活动水平一定相对较高。除此以外，那些最有可能开办社会企业的人往往具有适合的背景和“创业者个人特质”。

3. 社会创业特征

(1) 社会性。社会创业的本质是为了创造社会价值，而经济价值只是社会创业的副产品。

(2) 创新性。方式上的创新性从本质上定义了社会创业的概念。社会创业从根本上说是要创造新的价值而不是简单地复制已经存在的组织或者活动。因此，需要将以传统方法创造社会价值的活动与那些更关注问题解决过程的创意和创新活动进行严格区分。

(3) 情景性。社会创业具有强烈的社会差异性。社会创业往往最终通过制度变革来达到社会目的，但是各种社会政治的立法结构、方式和框架都不一样，因此从社会创业的过程、方式和影响因素来看，社会创业都因不同的社会、政治和文化背景而异[①]。

4. 社会创业组织

社会创业的内涵体现在组织或个人进行的以创造社会价值为目的，通过创新方式识别和利用机会，合理利用各类发明或新颖的事物，利用稀缺资源并愿意承担超过一般的风险来创造或者分配社会价值。下面就从 4 个角度分析一下社会企业的概念。

1) 欧洲对社会企业的界定

在欧洲，社会企业一词主要是由经济合作与发展组织(Organization for Economic Cooperation and Development, OECD)15 个会员国所发展出的新概念。它指任何可以产生公共利益的私人活动，具有企业精神策略，以达成特定经济或社会目标，而非以利润极大化为主要追求，且有助于解决社会排斥及失业问题的组织[②]。

安东尼奥·托马斯(Antonio Thomas)指出，社会企业乃是第三部门的要素之一，它是社会经济的另一种形式。卡罗·波兹卡(Carol Borzaga)和桑特瑞(Alceste Santuari)认为，社会企业是兼具社团与合作社两种法律地位，且经常超越法律允许从事组织活动，部分国家给予社会企业正式法律地位的认可，其未来应吸纳更多的商业营收及企业活动。丹尼斯·杨(Dennis R. Young)认为社会企业基本上是一个私人组织，致力于生产某些社会产品。

2) 美国对社会企业的界定

迪兹(J. Gregory Dees)指出，社会企业一词并非单纯为财政目标而存在，而是一种多元混合的综合体(Hybrid)，他提出了著名的“社会企业光谱”概念，见表 12-1，从主要动机、方法和目标以及主要利害关系人的角度，分析了社会企业与传统的非营利组织和私人企业之间的关系。在他的社会企业光谱中，社会企业是处于纯慈善(非营利组织)与纯营利(私人企业)之间的连续体，此种概念也揭示出非营利组织商业化或市场化是其转变为社会企业的途径。

---

① 严中华. 社会创业[M]. 北京：清华大学出版社，2008.

② OECD. The non-profit sector in a changing economy. OECD. 2003: 299.

表 12-1 社会企业光谱

	选择的连续体 纯慈善性质	混合性质	纯商业性质
主要动机、方法和目标	诉诸善意 使命驱动	混合动机 使命与市场驱动	诉诸自我利益 市场驱动
主要利害关系人	创造社会价值	创造社会价值与经济价值并重	创造经济价值
受益人	免费	补助金方式或全额支付与免费的混合方式	完全按市场价格付费
资本	捐款与补助	低于市场价格的资本或捐款与市场价格资本形成的混合资本	完全市场价格的资本
人力	志愿者	低于市场行情工资或同时有志愿者与付全薪的员工	完全按市场行情付薪
供应商	捐赠物品	特殊折扣或物品捐赠与全价供货相混合	完全按市场价格收费

3) 非营利组织对社会企业的界定

由于社会企业概念近几年来受到越来越多的关注，因此，很多非营利组织也对社会企业有了出于该组织自身考虑的界定。

早在 1996 年，罗伯特流浪者经济发展基金会(The Robert Foundation Homeless Economic Development Fund)就对社会企业做了界定："社会企业成立的目的是对低收入群体创造经济发展机会，但同时必须满足财政收入的底线。"

NESsT(Non-Profit Enterprise and Self-sustainability Team)对社会企业的界定为："企业家集团或者非营利组织运用经济自给的方式来创造一些收入，以此来支撑它们的社会目标。"

英国社会企业联盟(The UK-based Social Enterprise Coalition)认为最简单的社会企业定义为"运用商业手段，实现社会目的"。

非营利企业协会(Virtue Ventures)进行了如下的定义："如果一种商业企业开始的运营目标就是社会目标——移民、减少社会问题或市场失灵，在操作过程中以经济自律为原则创造社会价值，具备创新性，同时以私人部门经营为决策机制，就称之为社会企业。"

4) 法律界对社会企业的界定

英国的社会企业是指"社区利益企业"(The Community Interest Company)。英国对于此种类型的社会企业专门设立了"社区利益企业法规"(The Community Interest Company Regulation)。该法规采取"社区利益检验"的方式，来判断何为社区利益企业。

芬兰根据 2003 年的"社会企业法案"(Act on Social Enterprises)规定社会企业是指以社会企业名义注册的企业，而这些企业必须满足两条原则，即这种类型的社会企业要专门为残疾人和长期失业者提供就业机会。因此，企业在雇佣员工的过程中，至少要雇佣 30%的残疾人员；或者在企业的所有员工中，至少有 30%的残疾人口或长期失业人口。

比利时也于 1995 年通过了"社会目的企业法"，规定社会企业是指社会目的企业(Social-purpose Enterprise)，并将社会企业区分成两大类型：其一为非营利社团，政府机构对其采取相当严格的财政管理策略，以整合这些组织的目标；另一类为与公司组织无异的商业企业。

5. 社会创业的分类

法勒(2000)对社会创业进行了迄今为止最为复杂的分类，并把社会创业分为 3 种主要类型。第一种是“综合性社会创业”，这种创业所涉及的全部经济行为都是为了获得良好的社会产出和社会效益，同时与其他性质的组织建立全方位的经济联系。第二种是“重新诠释”的社会创业，主要指那些非营利组织运用组织已有的非营利能力来降低组织成本或者通过多元化来增加组织收入。第三种是“辅助性社会创业”，是指在非营利组织内部创立一个营利性分支机构。

6. 社会创业组织的分类

首先，可以根据迪兹社会企业光谱的理论，从组织动机导向角度，将社会企业分为使命中心型、使命相关型和使命无关型。

其次，可以从社会创新的角度将社会企业分为两类：就业型社会企业与创业型社会企业。

另外，迪兹又从交叉补贴的角度将社会企业分为完全慈善支持、部分自给自足、资金流自给自足、运营支出自给自足和完全的商业化 5 种形态。

7. 社会创业的组织形式

社会创业的组织形式是多种多样的，包括传统的非营利性组织形式、合伙公司、合作社、有限责任公司、股份有限公司、股票上市公司等。

12.1.2 社会创业者

1. 社会创业者定义

20 世纪 90 年代末，一个与 NGO 相关的新名词在欧洲、美洲、亚洲几大洲激起热浪，它是 Social Entrepreneur。单词 entrepreneur 起源于法语 entreprendre 和德语 unternehmen，两者的字面意义都是指“着手工作”。后来，法国经济学家巴迪斯特·萨伊(Batiste Say)逐渐拓展了这一概念，指那些为了创新从而承担风险和不确定的人。Social Entrepreneur 可以有不同的译法。一些学者通常译为“社会企业家”。不过，本书认为其中有另一种独特的含义，因此，把 Social Entrepreneur 译为“社会创业者”，特指一个社会转变的行动者与发明者，一家社会企业的创办者。

2. 国外对“社会创业者”的定义与范例

1) 国外不同组织对社会创业者的定义

根据维基百科(Wikipedia)的定义，社会创业者指的是那些认识到社会问题，并通过运用企业家精神以及各种方法来组织、创造、管理一个企业，以达到改变社会这个最终目的的人。大部分社会创业者都在非营利组织或是社区组织工作，但是也有许多社会创业者在私人机构或是政府工作。在某些比较小的国家，社会创业组织所扮演的社会角色足以弥补政府的不足。而在其他国家，社会创业者倾向于与其他组织以及政府一起合作。

社会企业学校(SSE)则将社会创业者定义为那些以企业家的方式来追求社会利益或者公共利益而不仅仅是企业利润的人。

阿育王(Ashoka)对社会创业者的定义反映了其对这种领袖人物的期望，该组织认为社会创业者是能够运用创造性方法来解决社会最紧迫问题的个人。这些社会创业者在解决社会问题时具有雄心壮志以及持久的毅力，并能为更广范围内的变革提供新的想法。

2) 国外学者对社会创业者的定义

美国著名管理学家彼得·德鲁克的定义,“社会创业者”指的是一类特别的经济参与者，他们并非单纯的企业创办者，而是那些将经济资源从较低的领域转入有更高的生产力和更高产出领域的人们。彼得·德鲁克认为社会创业者“改变了社会绩效的容量”。20 世纪奥地利的成长经济学家约瑟夫·熊彼特将社会创业者描述为：重大的经济进步所需要的“创造性破坏”的来源[①]。

美国斯坦福大学格雷戈里·蒂斯教授(1998)认为社会创业者是那些在社会部门充当改革推动者角色的人，这些人具有以下一些特征：首先是持有一定信念去创造并维持社会价值而不是个人的价值；其次，社会创业者能发现并不懈追求服务于这种使命的机遇；再次，社会创业者能够不断地创新、调整和学习，以使社会企业能够持续不断地发展；另外，为了创新，这些社会创业者必须勇敢地采取相应的行动以突破现有资源的限制；最后，这些社会创业者在发展中会收到捐赠，在这种情况下社会创业者必须对捐赠者有高度负责任的意识。

博斯基(Boschee, 1998)认为社会创业者是不以盈利为主的管理者，他们在关注市场的同时，没有忘记自己的使命，他们在某种程度上平衡了道德义务和盈利动机，而这种平衡是一切活动的中心和灵魂。

汤普森、艾维和里斯等人(Thompson, Alvy 和 Lees, 2000)则将社会创业者定义为那些能够意识到某些活动室国家福利体系不能满足需要的人，这些社会创业者能够集中必需的资源(例如人力、志愿者、资金以及建筑等)来改变现状。美国作家戴维·博恩斯坦(David Bornstein, 2004)认为社会创业者能够创造性地应对主要问题，不懈地追求自己的理想，不会轻易对困难说“不”，他们是那些为理想驱动、有创造力的个体，他们为建设一个更好的社会而努力。

牛津大学斯科尔中心(The Skoll Centre)学者查尔斯•里德比特(Charles Leadbeater, 2006)认为创业者们在下述几个方面具有社会性。

(1) 他们的产出是社会性的：他们促进了健康福利事业，提高了人们的生活水平。

(2) 他们的核心资本是社会资本：社会关系、网络、信任和合作。正是这些社会资本给他们带来了实体资本和金融资本。

(3) 这些创业家成立的组织是社会性的，它们并非股东所有，也不把追求利润作为主要目标。

(4) 社会创业者通常来自社区，致力于改善他们作为大本营的街区和社群。

卡隆(Cannon, 2000)从创业动机的角度把能成为社会创业者的人分为了 3 种类型。第一类社会创业者在其他领域已经赚到了很多钱，现在从事社会创业活动旨在回报社会；第二类往往不那么满意现有的社会支持系统，并且积极寻求更加有效的方式来创建社会支持系统；而第三类是那些上过商学院，但却满脑子想着社会创业的人。

---

① Schumpeter J A. The theory of economic development [M]. MA, Cambridge: Harvard University Press, 1934: 66.

3) 国外不同地区对社会创业者的定义

社会创业者其最明显的身份标签就是“创新”，通过“社会创新”解决社会问题。

美国的社会创业者按照其身份以及时间发展顺序大致可以分为三代。第一代社会创业者基本上都是大学教师。第二代社会创业者则是那些白手起家、活跃在现场的中年实干家。目前美国的第三代社会创业者开始崭露头角，他们大多出身哈佛、耶鲁等名校。

加拿大社会创业者研究中心(2001)认为，社会创业者精神主要表现在两个方面：首先，其盈利部门的活动强调社会参与的重要性，并且奖励表现良好的员工；其次，社会创业者还鼓励企业参与非营利性的活动，以便提高组织效率并且树立长期的可持续发展战略。

尽管目前对社会创业者的概念依然没有一个统一的界定，但其本质的内涵却基本上是一样的，这些社会创业者通过企业运作的模式来改善社会的问题。与商业企业家相比，他们追求的并非利润，而是将企业家精神和创造力投入到社会问题的解决上。

3. 国内对“社会创业者”的定义与范例

1) 国内相关组织、学者对社会创业者的定义

浙江大学陈劲、王皓白对社会创业者定义如下：社会创业者是那些具有正确价值观，能够将伟大而具有前瞻性的愿景与现实问题相结合的创业者，他们对目标群体负有高度的责任感，并在社会、经济和政治等环境下持续通过社会创业来创造社会价值。他们在物质资源和制度资源稀缺的情况下，为了实现自己的社会目标，不断发掘新机会，不断进行适应、学习和创新。

南开大学国际商学院学者王仕鑫、廖云贵诠释了美国学者迪(Dee)对社会创业者的定义，认为社会创业者具有以下基本内涵：①肩负社会使命；②识别和不懈追求能够服务于自身社会使命的机会；③进行持续创新、不断适应和学习；④行为不受当前所掌握资源的限制；⑤对所服务人或社区以及资源提供者高度负责。

社会企业家是这样的人，他们以解决社会问题为目标，像经营企业一样努力去实现这个目标，哪怕为了实现这个目标他们需要去挣钱。社会企业家要做的事情都需要钱，这个钱可能是他们自己去争取的，也可能是他们从别的地方找来的，但最终目的是要把这个事情做成。

爱德基金会农村综合发展部部长何文认为，社会企业并不是NPO为了解决资金来源渠道而是要去发展的一种组织形式。天津鹤童养老服务机构董事长方嘉珂提出“社会创业者不以盈利为目的，但必须有企业家的头脑，懂经营，会管理，会造血才行”的说法。由企业家组成的公益环保组织阿拉善SEE副董事长张树新认为，社会企业起码应该具备3个条件：①社会价值第一位，不以盈利为唯一目的；②以社会服务获利，开发被忽略的资源；③良心经营，重视员工、客户等多方利益。

2) 国内成功的社会创业者典范

一项重大的社会变革，往往始于一位社会创业者的倡导：一个看到问题，并发明新的解决方法的人。他沉迷执着于其富有远见的解决之道，并为之采取首创性的行动；他聚集资源，建立组织，以捍卫并推广理想；他以持续不懈的精力和专注，去克服所有那些不可避免的阻力；他几十年如一日地不断改进、加强、拓展那一远见，直到那曾经仅仅是边缘的一个想法，变成一种新的准则。

4. 社会创业者与商业创业者的比较

无论是英国的“小妇人”社会企业创始人玛格丽特•艾略特(Margaret Elliott)还是2006年诺贝尔和平奖的获得者穆罕默德•尤纳斯(Muhammad Yunus)，他们都在当今社会扮演着重要角色。

1) 国外社会创业者与商业创业者的比较研究

许多学者注意到社会创业者与商业创业者一样，并不会任凭初始资源稀缺来束缚自己的行为选择，他们能实现的往往会超出他们自己所能想到的(Henton, 1997; Dees, 1998)。此外，与企业创业者一样，许多社会创业者也具有改变环境的强烈欲望，并且热衷于把自己的想法付诸实践，对不确定性和风险具有超凡的忍耐力(Prabhu, 1999)。

卡特福德(Catford ,1998)认为，社会创业者会像工商企业创业者那样关注愿景和机会，也同样有动员别人帮助自己把愿景变为显示的能力。汤普森(Thompson, 2002)认为社会创业家与商界的企业家有共同之处，包括创新能力、变革能力和好的管理技能。他指出两者的区别在于：前者在社区里活动，且更多的是给予关系和帮助，而不是“赚钱”。他们改变人们的生活，因为他们洞悉到了重要的社会起因。

Prabhu(1999)指出两者的理念不同决定了他们对社会工作的选择，解决方式的差异。社会企业家创造或管理着富有创新力的组织机构，他们的社会使命是改变社会和发展他们的客户群而非追求利润。社会创业家只是把利润视为实现目标的工具，而经济企业家视利润为最终追求目标(Dees , 1988; Thalhuber,1998).

创立人际关系群的能力是社会创业者的一个重要标志，这种能力创造了一个用于招募和激励员工、生意伙伴和志愿者的新机制(Thompson, 2000)。因为社会创业需要在总团体中建立一种信任，需要一种能量去支持这些团体，建立关系网的工作能力对社会企业家来说举足轻重(Prabhu, 1999).

2003年，戴维·博恩斯出版了第一本关于社会创业者的专著——《如何改变世界：社会企业家和新思想的力量》。援引戴维•博恩斯的话，商业创业者和社会创业者其实是非常相似的动物，区别之处不在于性格或能力，而在于他们的远见的本质，在于这个人是梦想建立世界上最大的跑鞋公司，还是给世界上的所有孩子接种牛痘疫苗。

社会创业者用商业的眼光看待社会问题，用商业的规则去解决社会问题，他们所得的盈余用于扶助弱势群体、促进社区发展和社会企业本身的投资，他们重视社会价值多于追求最大的企业盈利。而关于社会创业者的文献大多关注社会创业者个体的“创业”特征，他们通常拿社会创业者与那些有强烈社会责任感的企业投资者进行比较(Dees,1998)。

2) 国内社会创业者与商业创业者的比较研究

北京经济学院王曙光教授认为，社会创业者与商业创业者的区别就在于企业社会责任。

社科院研究员指出两者的区别之一在于，商业创业者的失败会导致企业经济利益受损，而社会创业者的失败直接伤害项目实施的当地人。

南开大学国际商学院学者王仕鑫、廖云贵进行了社会创业者与商业创业者的差异分析，他们指出社会创业者与商业创业者具有许多共同特质，但社会创业者的活动与社会价值创造过程和社会使命密切相关，因此具有区别于商业创业者的特征：①社会价值驱动；②建立愿景能力；③具有良好的信用网络，社会创业者在吸引和激励他人共同愿景的过程中，必须具备良好的个人信用和组织网络；④联盟合作能力，社会创业者需要同政府机构建立合作关系以获取政府津贴和宣传支持，需要同企业建立联盟以获取财务方面的支持。社会创业者首先应具有创业者共同的特性，即创新力强、风险承受力强、资源整合能力强等。

5. 社会创业者的品质

1) 社会创业者应具备的品质特征

成功的社会创业者是那些矢志不渝地实现一种对于他们来说意义重大的目标的人们。他们总是更为系统地寻找机会，估计困难，检测效果和预先计划。

那些致力于大规模解决社会问题的人们，其中大多数并非名人。根据博恩斯坦的理解和归纳，成功的社会创业者具有6种很明显的品质特征：①乐于自我纠正，这种自我纠正的能力，随着组织的不断成长壮大会逐渐减弱；②乐于分享荣誉；③乐于自我突破；④乐于超越边界，社会创业者们毫不犹豫地超越了纪律的边界，将不同领域、有各种各样经验与专业技能的人们召集在一起，创建可行的解决方法和有质的不同的全新方法；⑤乐于默默无闻地工作，这些地点并不是最明显的，这些机会也不总是在许多人期望的时间出现的，任何想找到他们的人，都不得不抛弃聚光灯下的显赫；⑥强大的到底推动力，社会创业者的经历不是来自于利润，而是来自"建立一个私人王朝的欲望，在竞争的角斗中征服的一直和进行创造的欢乐"。

在社会创业者们生活中的某一时刻，一个想法在他们的头脑中扎下了根，就是一定要由他们来解决某一个特定的问题。

2) 社会创业者应具备的能力和技能

《社会企业家的崛起》(The Rise of the Social Entrepreneur)一书作者查尔斯·里德比特(Charles Leadbeater)执教的英国牛津大学斯科尔中心(The Skoll Centre)将重点放在社会创业者的国际发展上。查尔斯·里德比特等人认为每个社会企业组织都有一位核心人物，即统领这一组织的社会创业者。如果没有一位具有个人魅力的核心领导者，这个组织就不会存在。

查尔斯·里德比特(Charles Leadbeater，2006)认为一个合格的社会创业者必须具备3种能力：创业能力、创新能力以及改变现状的能力。

(1) 创业能力：社会创业者能发现那些未被充分利用的、被闲置的资源来解决那些未被满足的社会需求。

(2) 创新能力：通过把传统意义上互不相关的做法进行有机结合，社会创业者能创造新的服务、新的产品和新的方法来解决社会问题。

(3) 改变现状的能力：社会创业者会对自己领导的企业进行改革，也能使一个垂死的企业重现活力。

查尔斯·里德比特在《社会企业家的崛起》一书中指出，一个成功的社会创业者通常还需要具备以下技能：有领导力、善于讲故事、深谙人事管理、有远见、能把握机会且善于建立同盟。

(1) 领导力：他们非常善于给他们的企业设定一个使命，并调动人们为这个使命而努力。使命就像一面旗帜，使所有的员工、客户、支持者即使在组织的物质基础和提供的服务都刚刚起步时就能团结在一起。

(2) 会讲故事：社会创业者必须善于向人们传达他们的使命。成功的社会创业者都是一些很会讲故事的人。这种善于讲故事的能力使他们与职业经理人和政客有着明显的区别。

(3) 深谙人事管理：社会企业都是精英云集的地方，因为除此以外他们通常没有其他的资源。

(4) 远见卓识，把握机遇：社会创业者都很有远见，他们会以富于教益的语言来描述他们的目标。

(5) 能把握机会且善于建立同盟：社会创业者都善于建立同盟。他们关心他人、充满热情、道德高尚。社会创业者承认在他们所努力寻求解决的社会问题中，有许多是由于经济动荡和全球化竞争所导致的，但这并没有使他们反对商业化。

12.2 社会创业机会识别、评估和开发

社会创业是为了满足社会需求而进行的且大多数将会在一些社会机构进行模式扩散的创造性活动和服务。社会机会起始于发现一些未被解决的社会问题，通过社会的评估与开发而找到解决问题的新方法。

12.2.1 社会创业机会概述

概括来说，当社会创业者把目前所存在的社会需求与满足这些需求的方法有机结合的时候他们就可以发现创业机会。社会创业有两个明显的特征：首先，社会创业机会在本质上是社会的；第二，社会创业机会受到正式和非正式社会和制度的因素的深刻影响。

12.2.2 社会创业机会识别与开发理论框架

社会创业是一个过程，这个过程包括：识别一个特定的社会问题和论证该问题的具体解决方法；评价社会影响、企业模式和企业的属性；创造盈利性的社会任务导向或者非营利性事业导向的实体，这个实体寻找的是双重(或三重)底线。

社会创业机会的识别过程，通常被描述为：首先，社会创业机会的来源；第二，发现这些机会；第三，对机会进行评估；最后通过社会创业开发机会。在这个过程中，受到了诸多因素的影响，这些因素的影响直接决定过程的路径，决定机会是否最终被开发利用。

在整个社会创业机会的识别和开发过程中，具体步骤如下。

(1) 社会创业机会来源于市场失灵、政府失灵和不断加剧的社会需求。

(2) 通过社会创业机会的识别，可以产生两种结果，一种是直接忽略，另外一种是评估和开发这个机会而进一步去认识它。

(3) 一旦社会创业机会被识别，将会产生 3 种结果，第一种是由于各种条件的限制而忽略这个机会；第二种是社会创业者不拘泥于社会创业机会，采用别的方法来减少社会需求；第三种是社会创业者确定社会创业机会值得开发之后通过社会创业活动的冒险来将这一活动继续下去。

12.2.3 社会创业机会的来源

在关于社会创业机会来源的研究文献中，Hockerts(2006)对社会创业机会给出了概念框架(表 12-2)并指出了 3 个来源：积极的社会活动、自助和慈善①。

① Kai H. Entrepreneurial Opportunity in Social Purpose Business Ventures[J]. Social Entrepreneurship, 2006 (1):142-154.

表 12-2　社会创业机会的概念框架

机会	参与者	经济价值	社会价值
积极的社会活动	社会活动家	为社会企业提供道德上的合法性；通过社会活动家网络进行交流和分配	社会活动家组织提倡社会关注
自助	受益者	廉价的劳动力和市场 廉价且可持续的资本 忠诚耐心的顾客	社会需求或对社会企业的主要受益者的关注
慈善	捐赠者	慷慨的赠与和捐助 商业发展建议 与其他的社会创业者的人际交往	有捐赠者身份所决定的社会事务

12.2.4　市场和政府失灵

市场和政府失灵的表现在以下 6 种情况下可以产生社会创业机会：信息不对称、竞争失败和市场垄断的形成、失业、公共产品的非排他性、外部负效应和有缺陷的市场价格机制。

1. 信息不对称

新古典主义经济学认为每个人都有对称信息，这就意味着买者和卖者拥有一组相同的可获得的信息。

2. 竞争失败和市场垄断的形成

垄断是指只有一个卖家。在完美的竞争模型中，假设卖者很多，因此每一个卖者的决策不会影响市场价格。当垄断存在时，公司将通过供求的不平衡来达到利润的最大化，因为这个原因就造成了市场失灵，这就需要开发新的机会来解决市场失灵造成的社会问题。

3. 失业

失业是市场机制作用的主要后果。

4. 公共产品的非排他性

由于公共产品具有消费的非竞争性和非排他性特征，市场配置公共产品将失效，只表现在两个方面。第一，非竞争性消费造成了市场失灵；第二，非排他性造成市场失灵。

5. 负外部性效应

外部负效应是指某一主体在生产和消费活动的过程中，对其他主体造成的损害。外部负效应实际上是生产和消费过程中的成本外部化，但生产或消费单位为追求更多利润或利差，会放任外部负效应的产生与蔓延。

6. 市场价格机制

当市场是完全竞争时，商品以清晰的均衡价格交易。为了达到均衡价格，所有商品的价格必须在供求平衡时决定。但到目前为止，很多公司都忽略了他们的产品在发展中国家的需求。为了迎合产品在发展中国家的需求，公司通过提高销售量来弥补低价格造成的利润损失。面对这种情况，如何让贫穷的人也能够负担得起市场中产品的价格，这就给社会创业提供了机会。

12.2.5 社会需求激增

随着社会福利体系的不足加剧，大量社会问题涌现，传统家庭已经失去了主导地位，单亲族单亲家庭的数量不断增长；人口老龄化比例急剧增加，社会保障体系根本无法适应新的变化；卫生保健方面的技术革新引发了新的需求。

(1) 弱势群体的需求与自助渴望；

(2) 变化激发新的需求。

变化可以产生新的需求，产生新的可能性，促使社会创业者产生新的有希望的想法。

12.2.6 社会创业机会识别的过程模型

市场、政府失灵和社会需求创造出一系列社会机会，但并不能保证每一个机会都会有社会创业者去开发。对于社会创业机会而言，不仅需求的存在是必要的，而且去满足这些需求的方法也必须存在，但这些方法却并不总存在①。

12.2.7 社会创业机会识别影响因素

1. 知识与信息

创业者所拥有的创业机会的相关知识和信息在很大程度上影响他对创业机会的识别。创业机会之所以为创业机会，就在于其识别的难度，只有拥有丰富的相关知识的创业者才能准确地识别出来。

2. 警觉性

满足这些需要的有关知识是必要的，但并不足以充分识别社会创业机会，这就要求社会创业者除了具备相关知识以外，还要有对社会创业机会的警觉性。创业者独特的市场敏锐性体现了创业者独特机会识别的认知模式。社会创业者必须首先识别由于市场或政府失灵产生的需求。

3. 社会网络

一个对社会创业机会的识别产生显著影响的决定性因素是社会网络。

12.2.8 社会创业机会评估过程模型

一旦一个社会创业机会被认识到，社会创业者威客做出是否开发它的决定必须对其进行评估，在社会创业中，如何从社会创业机会中提炼出社会价值的能力是最重要的事情。因此，社会价值在对已发现的社会机会的评估中占有重要位置。

12.2.9 社会创业机会评估的影响因素

有关社会创业活动的文献资料证明了社会创业者主要关注的是社会价值的创造，对社

① 严中华. 社会创业[M]. 北京：清华大学出版社，2008.

会创业者而言，他们的社会使命是明确且起到核心作用的，这影响到他们如何去察觉和评价机会。

1. 价值感知

一个需求越符合社会创业者个人的价值观和信仰，那么它就越符合个人的自我认知，社会责任感是社会创业者的深层次动机。

2. 资源

社会创业者在评估创业机会时可获得的资源同样在他们做出是否创业的决定中起着重要作用。社会创业者为了能够建立他们的组织必须掌握必要的资源。

12.3 中国开展社会创业的机遇及发展战略

社会创业的发展内涵蕴藏着能量和潜力巨大，有待开发，其他地位和作用将越来越重要。在讨论贫穷问题的时候，人们看到最多的是政府和国际开发组织的投资、援助。但是这些行为的收获，即使在全球意义上来说都是不明显的。

社会创业不在沿袭开发组织的援助做法，而是通过社会创新，在金字塔底端市场寻找机会，通过公平的商业交易，改变弱势人群在获取资本、获取信息上的不对称性。

许多社会问题的存在正是由于资源获取的不平等造成的。如果将弱势人群置于市场化的进程之外，只会固化社会问题的“发生—解决”循环。要解决这个问题，需要“社会创业”创造社会经济来解决。

12.3.1 中国开展社会创业的机遇

1. 社会创业活动全球化的浪潮

随着全球化进程的推进，所有的国家都面临着相似的挑战，面对这些挑战，全世界人民需要找到合理的办法来应对。关于社会创业国际间的交流、国外大量的理论研究成果和成功的案例，都为中国开展社会创业活动提供了宝贵的理论指导和实践经验，同时为中国推广“社会企业家精神”创造了良好的机遇。

2. 中国政府和谐社会的倡导

社会创业能够在这6个方面起到一定的促进和补充作用。

(1) 社会创业推动民主法治建设；

(2) 社会创业促进社会公平正义；

(3) 社会创业增进诚信友爱；

(4) 社会创业保持社会充满活力；

(5) 社会创业维护社会安定有序。

3. 传统非营利组织变革的渴望

中国传统的非营利组织，资金来源匮乏、“合法身份”不易获得和激励机制的不足一直是困扰其发展壮大的主要障碍；另外，NPO很难实现可持续发展，多数靠捐赠维持生计。

4. 企业社会责任感的增强

从企业界来看，近年来企业社会责任(CSR)的广泛传播，使得企业界开始普遍关注社会问题。一方面，企业从盈利中抽出部分资金从事公益慈善事业；另一方面，企业白领大量以志愿者身份参与非营利组织服务社会的工作，有的甚至投身到第三部门，成为新一代的公益从业人员。

5. 全民慈善意识的激增

近年来，公益界星光灿烂，李连杰在亲历海啸灾难后成立"壹基金"，并得到国内众多明星捧场；成龙展开的"龙之心"慈善之旅，为修复内地学校和民生工程，一周之内募得600 万元；安吉丽娜茱莉为帮助非洲儿童，出任联合国公益大使，而茱莉的丈夫，好莱坞的一线明星皮特也摇旗呐喊为飓风受灾群众募集善款。在明星们左右人们目光的同时，各类基金会也募得巨额善款。但是，这些资金与全国基金会总募集资金相比，仍然不是主力。

天文数字背后有一股正在迅速成长的力量，这就是全民慈善。虽然一个普通人的力量或许不如明星，但千万普通人行动起来，力量就会异常强大。而千万陷入困境的人也能即使得到帮助。现在这种"大慈善"的轮廓已经隐约可见。这不仅势头强劲，而且源源不断，陌生人帮助陌生人、普通人帮助普通人渐成风潮。

但是全民慈善的背后却缺乏正确的引导并合理应用这些资金进行可持续的公益活动，在中国，孕育社会创业的土壤已经具备。

知识链接

壹基金

2010 年 12 月 3 日，深圳壹基金公益基金会在深圳市民政局的大力支持下正式注册成立，拥有独立从事公募活动的法律资格。深圳壹基金注册原始基金为 5 000 万元，发起机构为上海李连杰壹基金公益基金会、老牛基金会、腾讯公益慈善基金会、万通公益基金会及万科公益基金会，每家发起机构出资 1 000 万元。"中国红十字会李连杰壹基金计划"及"上海李连杰壹基金公益基金会"将清算注销，其项目、资金及工作人员由深圳壹基金承接。

12.3.2 中国社会创业的发展战略

西方社会企业的发展经验表明，社会企业成功因素包括以下几点。

(1) 要有真正的企业家精神，具备专业和商业管理的技巧。

(2) 除了对社会弱势群体具有同情和包容外，还必须对这些群体给予合理的期望，鼓励他们贡献社会，发挥所长，一次帮助他们增强能力，真正融入劳动力市场。

(3) 公众认可并支持社会企业。

(4) 政府适当推动社会创业的发展，防止社会企业过分依赖政府从而影响它们的竞争力。

具体而言，中国社会创业的发展战略应包括以下几个方面的内容。

1. 积极推进非营利组织市场化的创新模式

作为发展中国家，我国政府对非营利组织的资助非常有限，公共社会又远没形成，慈善捐赠明显不足，这导致我国非营利组织的经费问题比西方国家更为严重，自利化倾向和营利动机更为强烈。市场化运作作为非营利组织回应资源稀缺、工作效率低下的现实所选择的新机制，在我国有很强的现实需求，是符合我国国情的。虽然我国许多非营利组织在市场化运作中陷入了困境，但是我国非营利组织应坚持市场化运作的方向是毋庸置疑的，医疗领域以及其他非营利领域在市场化运作中出现的问题并不是市场化运作机制本身造成的，是可以通过加强非营利组织能力建设和对其的内外监督，规范、完善非营利组织市场化的制度环境使其摆脱现实困境的。

非营利组织可以通过社会创业的理念，利用创收业务或策略来赚取收益或支持企业实现其社会目标。非营利组织不仅仅涉足被传统慈善事业所涵盖的领域，还可以直接提供创新性社会服务，参与社会和经济发展项目等。

2. 加强社会创业组织与政府的合作

1) 政府公共服务职能的转变需要社会创业组织的参与

首先，应让社会创业组织承担政府职能转变过程中转移出去的微观管理和服务职能，成为联系政府与企业、政府与市场的纽带，使政府摆脱具体事务的纠缠，提高政府的宏观管理能力。

其次，应让社会创业组织发挥与基层联系密切、成本低、效率高等优势，关注和解决社会福利、社区服务、环境保护等方面的社会问题，为政府分忧解难。

第三，应让社会创业组织在广辟就业渠道、完善社会保障制度方面大有作为，减轻政府与企业的负担，提高社会保障的社会程度等。

最后，社会创业组织应该协助政府提供公共服务，并占有较大份额，政府充当公共服务的规划者和监督者的角色。由于社会创业组织的独特优势，在发展中国家，政府也开始通过社会创业组织实现其社会政策，例如，在肯尼亚，政府也开始通过非政府组织实行其计划生育计划。在中国，一些和政府关系异常密切的社会创业组织更是在执行国家政策方面发挥了重要作用，政府依靠这些信誉良好的社会创业组织在发展儿童教育、消除贫困、改善农村妇女生活水平等公共服务领域取得了重大成就。

2) 社会创业需要政府支持

社会创业组织是以追求社会和环境目标为动力的商业形式，而它们要想实现目标必须取得商业成功。政府的功能不是创造社会创业组织，而是为他们的成功创造良好的环境。

社会创业作为一种新的经济模式要想得到长足的发展离不开政府的支持。如英国、美国和香港等，政府都在开展社会创业的过程中充当了支持者的角色。政府应将社会创业的开展纳入政府的宏观发展战略，消除社会排斥并创造一个强大、可持续及社会融合的经济体系。具体来说可以有以下几点。

(1) 政府应大力推行全面的社会创业策略，在战略中支持社会创业的发展，并在社会公众中推广社会创业组织形象。

(2) 政府让社会创业组织参与公共服务的设计和提供，使其在政府采购方面获得和商业企业平等的竞争机会，甚至有所倾斜。

(3) 政府可以向社会创业组织提供业务支援和培训，增强社会创业组织的竞争力。

(4) 政府要帮助社会创业组织获取适当的融资，政府除了要从资金上支持社会创业组织外，还要吸引私人投资和风险投资到社会创业组织。

3. 完善社会创业组织的法律法规建设

社会创业组织的发展，需要国家的规范性管理，明确政府的业务指导和监管职能，并通过有关法律法规对社会创业组织的性质、地位、权利义务进行界定和支持。

目前我国还没有规范社会创业的专项法律。我国急需健全有关法规，使得政府部门，特别是税务机关要有法可依，能明确各种组织性质和地位，以便给予相当的待遇。

1) 对社会创业组织的身份进行立法

在遵循现行的宪法制度的前提下，应根据创业组织发展的实际，逐步制定和形成配套的、不同层次的法律法规体系，明确社会创业组织成立的必备条件、登记管理的机关及必经程序；用法律形式明确社会创业的性质、宗旨、地位、组织形式、经费来源、权利、义务等，使社会创业及其运作合法化、规范化；对社会创业组织的具体行为作出明确规范，增强法律规范的操作性和针对性，搞好法律体系的链接和法律规范的配套，为打击社会创业组织的违规和犯罪行为提供有力的法律依据和保障。

2) 通过立法规范社会创业组织的经营行为

不同经营活动采取不同的税收政策，应当对社会创业组织经营活动的规模和收入比例做出规定，防止一些机构打着社会创业组织的名义，从事高度商业化的运作；还可以对社会创业组织商业活动的收入和利润分配进行规制，例如规定营利活动产生的收入及利润不得在成员分配，也就是不得“公转私”。还可以规定，即使社会创业组织在营利性商业活动中遇到挫折，被迫解散和破产时，其剩余资产也不得在成员间分配，而必须转交给其他社会创业组织或者公共部门，这些规定经过发达国家多年的实践证实是很有效的。

4. 加强社会创业组织商业化运作能力

社会创业组织要完成社会和商业的双重目标，需要提高商业化运作的能力，具体有以下两点。

(1) 社会创业组织向商业企业学习管理；

(2) 社会创业组织需要防范商业化运作的风险。

对于社会创业组织从事盈利活动带来的问题可以从以下方面着手解决。

(1) 建立高效的商业机制和培育组织文化；

(2) 牢记社会创业组织是以完成组织的社会使命为最终目标的；

(3) 将社会创业组织的商业化业务和慈善性业务进行结合；

(4) 加强社会创业组织内部治理机制建设；

(5) 提高社会创业组织的专业技能；

(6) 加大社会创业的理论研究和宣传力度。

本章小结

本章主要介绍了社会创业的含义、社会创业的类型、社会创业者的概念、社会创业者的特质、社会创业机会识别、社会创业机会开发、中国社会创业现状、中国社会创业机遇等方面。社会创业就是把商业机制和市场竞争引入非营利性组织，从而让这些组织以更高的效率为社会提供服务，它具有社会性、创新性及情境性3方面特征。社会创业分为“综合性社会创业”、“重新诠释”、“辅助性社会创业”3种主要类型。社会创业者，特指一个社会转变的行动者与发明者，一家社会企业的创办者，具备特有的品质、特征、能力和技能。社会创业机会来源于积极的社会活动、自助和慈善，它的识别、评估和开发有相应的过程和方法。结合中国的国情，我国的社会创业还处在萌芽状态，仍面临非营利组织市场化和自发性社会创业的挑战。但是，在社会创业活动全球化的浪潮下，在中国政府和谐社会的倡导下，在传统非营利组织变革的渴望下，在企业社会责任感的增强下以及全民慈善意识的激增下，中国的社会创业将获得很多机遇。因此，必须结合中国的自身条件，制定相应的发展战略。

关键术语

社会创业 Social Entrepreneurship
社会创业者 Social Entrepreneur
社会创业机会 Social Entrepreneurial Opportunity
英国社会企业联盟 The UK-based Social Enterprise Coalition
非营利企业协会 Virtue Ventures
社区利益企业 The Community Interest Company
社区利益企业法规 The Community Interest Company Regulation
社会企业法案 Act on Social Enterprises
社会目的企业 Social-purpose Enterprise
牛津大学斯科尔中心 The Skoll Centre
经济合作与发展组织 Organization for Economic Co-operation and Development
罗伯特流浪者经济发展基金会 The Robert Foundation Homeless Economic Development Fund

知识链接

1. 严中华. 社会创业[M]. 北京：清华大学出版社，2008
2. [美]亚瑟 C.Brooks. 社会创业[M]. 李华晶，译. 北京：机械工业出版社，2009
3. [英]里德比特. 社会企业家的崛起[M]. 环球协力社编译，2006
4. 张玉利，张维，陈维新. 创业管理理论与实践的新发展[M]. 北京：清华大学出版社，2004
5. http://www.youcheng.org/

习　　题

1. 简答题

(1) 社会创业与商业创业的主要区别是什么？
(2) 社会创业者突出的特质和品质是什么？
(3) 社会创业的机会来源是什么？

2. 论述题

(1) 分析一下你班上的同学或朋友谁最具有成功社会创业者的素质。
(2) 思考中国政府应如何从政策上支持社会创业。
(3) 组建社会创业团队，在校园发起社会创业宣传活动，开展有关社会创业的活动。

实际操作训练

访问一个社会创业者。通过采访，可以了解一个社会创业者创办并拥有怎样的企业和创办的原因、目的等，获得的信息是非常有价值的实践技巧。

案例分析

汶川大地震引发的可持续慈善思考

2008 年 5 月 12 日，一场突如其来的大地震席卷我国四川省，汶川县成为受灾最严重的地区，“一方有难，八方支援”，基金会、爱心企业、热心公众，积极关心地震灾情，向灾民伸出热情援手，及时捐赠，帮助灾区人民渡过生活难关。截至 2008 年 5 月 24 日，距离地震发生仅仅 12 天，就收到各界的捐款 261.01 亿元。

这件事情表明，在中国很多的企业社会责任感在增强，很多的企业家、热心民众拥有强烈的慈爱之心，但是对公众人物的捐款数目，则成为人们的热门谈资，已经有些人为谁应该捐多少开出了价位。民众开始纠缠企业或者知名人士的捐款价位，用收支比例来衡量爱心多寡，从一开始就误入了攀比的歧途。因为爱心与金钱永远无法划上等号。

从这件事情上应该看到的是许多的企业、企业家和知名人士似乎只有出现这种灾难性的状况时才知道该如何奉献自己的爱心去帮助弱势群体，在我国，大环境下不是没有爱心，而是缺乏为人民奉献爱心的有效途径。

面对捐款应该理性看待，慈善的原则应该是理性、能力和可持续性。也许这些捐款可以用于灾区人民抢险救灾，建造家园，但是，应该思考，大地震遗留下的大量伤员、残疾人、心理疾病如何去有效救治，如何保障对这些弱势群体的长期救助。

一个人做一件好事并不难。同理，一个人捐一次巨款，当一回“慈善家”也不难，但是如果造成心理和财力的双重负担，上了一颗悲悯心，就会断了一条慈善路，那么这种攀比似的捐款就会走入死胡同。所以说，慈善是一个事业，需要的是从长计划。如果一个人能够从事一辈子力所能及的慈善事业，则善莫大焉！

国难当头，捐与不捐，当下也许应该接受考量；而捐多捐少，则与爱心大小无关。如何利用慈善捐款，在国家层面建立公共保障机制的同时，寻求一条可持续的慈善之路，才是王道。但愿天下有悲悯心者，慈者恒慈，善者恒善。

1 李连杰壹基金背景

1.1 壹基金的基本情况

壹基金是由李连杰先生发起成立的国际性公益组织，遍及中国(含中国香港地区)、美国、新加坡等国家。在中国大陆地区，壹基金分别在北京、上海、成都设有办公室。在中国大陆地区，壹基金与中国红十字总会合作，于 2006 年 12 月 8 日发起成立了“中国红十字会李连杰壹基金计划”，并于 2007 年 4 月 19 日在北京正式启动，是在中国红十字总会架构下独立运作的慈善计划和专案。为了保证公益项目更高效地实施，在中国红十字总会、上海市民政局等多方主管机构的指导和支持下，非公募机制的上海李连杰壹基金公益基金会于 2008 年 10 月注册成立。作为“中国红十字会李连杰壹基金计划”的执行机构，上海李连杰壹基金公益基金会严格按照《基金会管理条例》开展各项业务活动，向“中国红十字会李连杰壹基金计划”进行专项的汇报与结算，并接受年度审计。在中国香港地区，壹基金集中资源发展公益人才教育项目，合作设立培训中心，资助中国内地公益领袖以及社会企业家的学习深造，并积极参与香港地区的公益项目。

1. 壹基金运作模式

(1) 团队组成：壹基金聘用了数十位不同专业背景的工作人员全职工作，组建了一支高效率的执行团队，包括拥有跨国工作经验以及500强公司工作经验的资深管理人士。同时国内公益领域的数十名知名专家学者也受邀组成了壹基金的顾问委员会。

(2) 财务审计：全球四大会计师事务所之一的德勤华永会计师事务所有限公司(Deloitte)和毕马威国际会计师公司(KPMG)对善款的收支进行审计；凯誉管理咨询有限公司(KCS)提供善款的财务报告。

(3) 战略规划：国际著名咨询机构贝恩公司(中国)为壹基金的长期战略发展提供指导；奥美、BBDO、麦肯光明等多家全球领先的广告公关公司亦为壹基金提供国际专业水准的传播规划服务。

2. 壹基金倡导的公益理念

倡导"壹基金壹家人"的全球公益理念，推广每人每月1块钱，一家人互相关爱彼此关怀的慈善互动模式，即：每1人 + 每1个月 + 每1元 = 1个大家庭。壹基金关注"环保、教育、扶贫、健康、救灾"5大公益领域，通过壹基金典范工程建立"公信、专业、执行、持续、创新"的公益标准，对符合标准的公益组织提供资金以及咨询的双向长期资助。

3. 壹基金的工程项目

壹基金现有典范工程项目、壹基金之家项目、公益文化推广项目、救灾项目、扶贫项目、教育项目、环保项目、医疗项目八类大项。壹基金的主要职能有两个包括自然灾难赈灾和传播公益文化，搭建公益平台。据有关部门统计，我国是世界上自然灾害损失最严重的少数国家之一。一般年份，全国受灾害影响的人口约2亿人，有近6 000万灾民需要救济。据统计，1998年和2005年，因灾直接经济损失分别为人民币3 007亿和2 042亿。壹基金通过举办"全球公益慈善论坛"和"中国红十字会壹基金公益奖"，搭建公益平台，推动公益事业的发展。为促进中国公益事业和公益产业的专业化发展，壹基金就其关注的"环保、教育、扶贫、健康"4大公益领域，发起年度"中国红十字会壹基金公益奖"颁奖活动。该奖项围绕"公信、专业、执行、持续"4个标准，评选出中国名列前茅的基金和慈善机构，向他们提供赠款，帮助他们继续工作并扩大营运规模。

壹基金通过建立"中国红十字会壹基金公益奖"，对需要资金支持的公益项目进行评估，并对符合标准的项目提供资金支持，以此带动业内"诚信"价值观。同时，壹基金期望通过公正、透明的评选，确立行业标准和规范，鼓励公益组织良性发展，推动公益事业的发展。此外，壹基金与博鳌亚洲论坛合作创立"全球公益慈善论坛"，邀请来自世界各国的公益组织、知名企业、政府官员、研究学者，促进全方位交流与合作。该论坛每年举办一次，旨在提供一个有价值的平台，加强国际间公益项目合作，分享经验，完善公益组织体系，广泛集聚公益资源。

壹基金募集到的所有捐款将直接进入中国红十字会总会的"李连杰壹基金计划"账户。为了确保慈善公益基金的透明度及公信力，全球四大会计师事务所之一的德勤华永会计师事务所有限公司将对善款的使用进行审计。同时每一季度公布季报，每一年度公布年报，向公众详细介绍"壹基金"的善款募集和使用情况。自2007年4月19日至2009年3月31日，壹基金累计收到的捐款533 412.41元。

4. 壹基金的义工计划

壹基金现有行业专家义工、个人永久义工、个人学生义工和团体义工。

行业专家义工由认同壹基金的一家人理念，并承诺每个月向壹基金捐献1个小时志愿时间以发展和推动公益事业的各界精英，有NPO领域的专家，也有企业界的知名人士和其他各行业的资深人士。经过确认成为本计划邀请的专家义工都在积极推广公益理念，参与各项公益活动。目前中国红十字会"李连杰壹基金计划"已经拥有50多名专家义工，他们来自社会各界，既有NPO领域的专家，也有企业界的知名人士和其他各行业的资深人士。

凡是富有爱心，愿意为中国慈善事业奉献力量的社会各界人士，只要承诺每年向中国红十字会"李连杰壹基金计划"捐款999元人民币，并自愿承担为本计划进行宣传推广的责任，积极参与本计划组织的各项公益活动，均可以成为本计划的永久义工。目前中国红十字会"李连杰壹基金计划"已经拥有200多名永久义工，他们来自社会各界，既有演艺界的知名人士，也有其他各行业的广大人士。

全日制高校所有在读生(包括本科、专科、研究生)，凡是热心公益事业，不以谋取任何经济、物质利益为目的，自愿奉献自己的经验、技能和时间，为中国红十字会"李连杰壹基金计划"提供服务的在校生，都可报名成为学生义工。学生义工无须承诺捐款，一切捐款行为全凭自愿。学生义工有义务积极宣传中国红十字会“李连杰壹基金计划”，积极参与本计划组织的各项公益活动，并遵守本计划的规章制度。

凡在国家相关部门合法注册的企事业单位、社会团体和组织机构，愿意参与中国红十字会“李连杰壹基金计划”的公益事业，并承诺贵团体(组织)的参与成员(需10人以上)每人每年向中国红十字会“李连杰壹基金计划”捐款999元人民币，积极宣传中国红十字会“李连杰壹基金计划”，积极参与本计划组织的各项公益活动，均可成为本计划的团体义工。

1.2 选择壹基金为研究对象的原因

案例所选择的非营利组织——中国红十字会“李连杰壹基金计划”(以下简称“壹基金”)，是由中国红十字会“博爱大使”李连杰先生发起，在中国红十字总会架构下独立运作的慈善计划和专案。壹基金提出“1人+1元+每1个月=1个大家庭”的概念，即每人每月最少捐一元，集合每个人的力量让小捐款变成大善款，随时帮助大家庭中需要帮助的人。壹基金本着“人道、博爱、奉献”的红十字精神，秉承“全球一家人”的理念，致力于传播公益文化，搭建公益平台，推动公益事产业的发展；同时，向在各种灾难和突发事件中遭受重创的人士提供尽可能的人道援助。选择壹基金作为案例研究对象有以下几点原因。

首先，不同于国内的大多数明星慈善基金会，壹基金的筹款对象为普通民众，1人1月1元钱的筹款方式迎合了“全民慈善”的慈善理念，逐渐得到了大众的认同。从长远来看，更能推动中国慈善的专业化和基础环境建设。中国现存的许多慈善基金会，如嫣然天使基金会、成龙慈善基金会等，均是以创办人或发起人自身的明星效益，以自身捐款和吸纳明星捐款为主，筹款对象为小众。与之相反，壹基金以吸收大众捐款为主，1人1月1元钱的口号大众慈善成为可能。同时，壹基金与万宝龙、华谊兄弟传媒等企业的合作，采取销售每份产品就将销售额按一定额度捐献给壹基金的筹款方式，这使慈善直接渗透到企业的产业链条中。

其次，壹基金采取的运作模式使其区别于简单的慈善机构，率先提出“社会企业”的理念，将商业理念引入慈善基金会运作模式。在团队组成方面，壹基金聘用了数十个全职工作人员组成执行团队，包括拥有跨国工作经验以及500强公司工作经验的资深管理人士。同时国内公益领域的数十名知名专家学者也受邀组成了壹基金的顾问委员会。在财务审计方面，全球四大会计师事务所之一的德勤华永会计师事务所有限公司(Deloitte)对壹基金的善款的收支进行审计；毕马威国际会计师公司(KPMG)提供善款的财务报告。在战略规划方面，国际著名咨询机构贝恩公司(中国)为壹基金的长期战略发展提供指导；奥美、BBDO等多家全球领先的广告公关公司也为壹基金提供国际专业水准的传播规划服务。此外，壹基金发布的季度工作报告也使其财务收支透明化。这种“社会企业”的理念，使媒体和公众关注的焦点不仅限于慈善末端的筹款数额，而是整个慈善机构的运作以及善款流向的透明、公正和持久。

再次，壹基金在中国与国际慈善交流中，扮演着合作平台的角色，致力于创建“国际性的公益品牌”。壹基金不但吸引了众多境外企业的资助，也将中国慈善与国际慈善对接。壹基金通过主办“全球慈善公益论坛”，吸引了各国政要、企业家以及专家学者的关注。例如：壹基金”的首个跨国合作计划是与泰国公主郛汶叻，共同宣布中国红十字会“李连杰壹基金计划”与泰国“To Be NumberOne”慈善基金在北京结成正式合作伙伴关系；一向低调的李嘉诚也出席“全球慈善公益论坛”并进行主题发言，介绍自己的慈善公益理念……壹基金还与美国职棒联盟、芭比、法拉利以及范思哲等国际知名企业联手，并扮演慈善平台的角色。

最后，李连杰是国际知名的功夫影星，具有明星效应和国际背景，所以他在全球视野范围内做公益事业具有相当的影响力和号召力，在此基础上与品牌组织中国红十字会成立了壹基金，使慈善行为组织化。同时，壹基金是李连杰个人品牌转型的一个平台，通过一系列的慈善活动，壹基金的表现使其成为媒体关注的焦点，由此李连杰个人形象和红十字会壹基金紧密地联合在一起，使其公益领导形象有了一个恰当的表现。李连杰的影响力，使其能够集聚社会优势资源，并把握机会设计品牌项目，整合资源，成就慈善品牌。

基于上述原因，本案例将壹基金——国内慈善基金会中具有代表性的慈善组织，作为研究对象，研究壹基金在沟通和整合营销传播方面的模式，从而提出对中国慈善基金会发展模式的意见和展望。

2 壹基金的品牌建设

2.1 壹基金品牌识别

1. 壹基金品牌内涵的构筑

壹基金主要通过电视、电台、平面、网络以及各种新媒体，如手机短信，与其大众捐款人以及企业合作伙伴进行沟通，在这个过程中传递其品牌内涵。

首先，向目标受众传播品牌的功能、品质和来源。自 2007 年成立以来，壹基金在每次面对媒体时，不断地强化其品牌功能，即 1 人 + 1 元 + 每 1 个月 = 1 个大家庭的概念，即每人每月最少捐一元，集合每个人的力量让小捐款变成大善款，随时帮助大家庭中需要帮助的人。同时，通过其官方网站公开透明的发布工作报告和财务报告，以此向消费者传达其捐款的方向和利用程度，使其公开、透明的宣传深入公众心中，提升公众对壹基金的信任度。这如壹基金公共关系部的负责人袁静女士所说“我们在选择项目的过程，都是要求有三方报价，也会有第三方的审议，第三方调研的公司都会来介入”。这种透明和公开是壹基金的品牌品质，也是区别于其他基金会的一个特点。

其次，告知目标受众品牌的使用者和用途。壹基金在各种活动中，自始至终都传播一个大众慈善的概念，即将捐款人定义为普通大众。这与国内现存的众多明星慈善或个人慈善的慈善形式形成了鲜明的对比，也是壹基金对于大众更具有吸引力的原因。壹基金不仅通过媒体宣传明确品牌的使用者，还通过捐款方式等体制要素来保证大众慈善的实施。同时，壹基金希望向公众传播其理念，如袁静女士解释的“壹基金实际上定位我们不是一个执行机构，是一个平台型的机构。我们做的事情就是提供一个资源整合的平台，让各方面，企业也好，其他的 NGO 组织也好，公众也好，都能在这个平台上找到自己想要的资源”，这就是壹基金对社会、公众和企业等利益相关者的作用。

最后，传达品牌的持久价值，以建立与受众的情感联系。壹基金组织很多大规模的宣传活动，如与博鳌亚洲论坛共同主办的全球慈善公益论坛，来自全球的 NGO 代表、企业代表、专家学者等共同探讨全球公益慈善事业发展的各类话题。这些活动都向公众转播了一个信息——投入到壹基金的慈善大家庭中，是一种可以体现捐款者自身慈善价值的渠道和方式，是传递自身形象并实现价值的平台，从而与公众建立了紧密的联系。同时壹基金的国际化进程向公众传达了其可持续性以及价值的增值，使公众对于壹基金的品牌产生信任和情感联想。

2. 壹基金品牌定位的确立

通过上述的构筑品牌内涵，壹基金基本确立了其核心识别和优势点，即提供一个大众和企业等机构参与慈善的平台，借助这个平台实现自身慈善价值。其次，对于目标受众的确立，壹基金突破了传统的名人基金会的筹款模式——以创办人自身捐款和吸纳明星捐款为主，而是以全社会作为其目标市场，将筹款对象扩大到普通民众，将善款支助面向全社会。正如李连杰先生所说“我们的目标不是做成世界上最有钱的基金，而是做成参与人数是最多的基金”。再次，通过积极的沟通改变或者巩固品牌形象和品牌—顾客的关系。自 2007 年 4 月 19 日至 2009 年 3 月 31 日，壹基金共有合作伙伴 75 家，专家义工 88 位，明星义工 62 位，团体义工及高校后援团若干。其中，合作伙伴涉及各个领域，如袁静女士介绍的，与招商银行、腾讯和华谊兄弟等都建立了良好的合作关系，“比方说我举一个例子，像跟腾讯的合作，它提供的就是，它并没有捐赠，它并不是说我直接给你钱，而是他提供一个平台，一个渠道让更多的人能够了解、认识到壹基金、认识到做公益，并且提供一种方式，让更多的大众能够方便地加入到这个队伍当中来，这种方式我们也是非常欢迎的，并不直接地捐钱给你，但是这个平台其实更重要!”这样的合作对壹基金形象的宣传和强化都是很有帮助的。同时，壹基金还会邀请许多在校大学生参加他们的活动，在学生群体中建立自己的形象，如学生义工说，参加活动后，感觉他跟一般的捐款相比比较新颖，李连杰的口号是‘一个人、一个月，捐一块钱’，让人感觉是一种长期的慈善活动。在你不知不觉当中，融入到你生活的一种方式，大众还普遍都能接受的一种方式”。这正是对壹基金品牌内涵最直接的理解，也是壹基金成立的初衷。最后，壹基金在品牌建设过程中注重其优势点并有效地发挥，如吸纳专家义工，不仅可以获得专业的指导，同时可以提升自身的影响力。而且壹基金的国际化是其另一特点，壹基金现在已经在美国、中国香港、中国台湾、新加坡都有自己的办事处，把中国人的公益理念输送到世界。

2.2 壹基金品牌激活

当市场环境发生激烈变化时，如消费时尚出现变化，或者出现新的消费者，品牌资产所依赖的根基发生动摇，需要实施品牌激活策略来重构新的品牌感知和品牌联想，赋予老品牌新的生命力。“对于壹基金而言，刚刚成立两年多，取得较高的知名度，跟李连杰先生个人的形象是分割不开来的，甚至可以说是借了李先生的一些力，这个是肯定的，必须要承认。但是同时也带来一些问题，比如李连杰个人品牌跟壹基金品牌如何区分的问题。”袁静女士在访谈中表示出这样的担忧正是壹基金在未来将面临的品牌激活问题。因为，很多公众不知道壹基金这个机构，但是提到李连杰创办的基金会却表示了解。学生义工也觉得“李连杰壹基金的特点我感觉是跟李连杰个人的意志密切相关”，这说明目前壹基金的品牌定位建立在李连杰名人效应基础之上的，随着这种效应的递减，公众对品牌的感知与现实之间便会出现差距，袁女士也表示“5 年、10 年后，大家只记得壹基金，不记得李连杰，我们能够完全地脱离开来成为壹基金，而不是再一次叫李连杰壹基金。这是我们努力的方向。”尽管壹基金的品牌定位很清楚，但它也面临着名人基金会共同的问题——名人效应，李连杰个人品牌跟壹基金品牌如何区分的问题。这也正是周主席等高层管理者必须抉择的一件事，在什么时间、什么地点，通过哪种方式独立壹基金品牌，需要制定一套详细而可行的战略计划。

2.3 壹基金品牌表达

壹基金通过各种可能的传播方式来传递它的品牌概念，从笑脸标志的设计到网站制作，从活动流程的设计到嘉宾发言，都蕴含着“1”这个核心概念，都表达了同一个理念“1 人 + 1 元 + 每 1 个月 = 1 个大家庭”。除此之外，壹基金在与企业合作过程中，不断向企业输出自身品牌的理念，让企业对其品牌有一个完整全面的理解。“首先就是说肯定是它有这个做公益的愿望，这个企业有这个愿望。然后它认同壹基金的理念，这样大家才有一个成为合作伙伴的基础”，袁静女士强调了壹基金在选择合作伙伴时看重的两个基本点之一，就是“他认同你”。在合作沟通中，壹基金所有的工作人员在不断地输出壹基金理念，因此在保持组织内部与外部一致的品牌传播方面做得很到位。因为壹基金的目标受众是全社会的公众，因此它利用了电视、平面、电台、网络，户外广告和新媒体形式，如手机短信、邮件等多种方式与公众保持沟通。但是目前，壹基金尚无纯粹的壹基金品牌广告在电视上播放，大多是选择与电视台合作方式宣传品牌，原因正如袁女士所说“壹基金不是一个需要带起知名度的事情，我需要的不是一个拓展宽度，而是我需要深度的过程。”那么，是继续保持这种与电视台合作宣传的方式还是选择进行独立的广告宣传？两者对壹基金的未来发展到底有何利弊，也是壹基金高层必须面对的一个问题。

2.4 壹基金品牌保护

由于非营利组织建立在信任基础上，其品牌更易遭到破坏，因此组织应该更关注品牌的保护。尽管壹基金成立仅有两年多，但是其品牌知名度很高，同时出现一些关于壹基金品牌的负面消息，由于自身的体制建设与其品牌增长不相符，壹基金在品牌保护方面没有做出实质性的行为。例如，2007 年末，台湾经纪人王念组假借“壹基金”名号，与深圳一家文化公司合作慈善演唱会，前后骗走 20 万元。而这并非“壹基金”首次被盗用。借用壹基金市场沟通部相关负责人在回应壹基金名号频频遭到盗用时的话“我们实在没有精力去一个个追究”，目前壹基金只是在出现此类情况之后对公众进行解释，并提醒公众小心此类骗局，非常被动。“做慈善，最怕的就是被污名化，一旦失去公信力就完了。”从周惟彦的话中可以看出非营利组织品牌的脆弱。

同时 5.12 汶川地震之后，壹基金的品牌知名度迅速飙升，有意向与之合作的组织与个人数量达到其组织无法顾及到的规模。首先，基金现有组织规模小，并且按功能划分，即虽在国内各地以及一些国家纷纷建立组织机构，但这些机构之间分管不同的职能，如北京壹基金办公室为 PR 中心、上海壹基金办公室为品牌控制中心等。各地办公室基本上以北京的组织为核心开展业务，这样就限制组织业务在各地的展开。当面临突发性的事件时，位于北京的组织成员需要赶赴事件发生地，延后了处理突发性事件的时间，地理上限制了壹基金对于很多突发事件的作为。其次，壹基金内部经过培训、熟悉组织业务的工作人员人数不多。壹基金在新加坡地区的办事处从事整个公益组织的人才培训，当前无法满足组织发展需要。在这样规

[37] Klepper S, Sleeper S. Entry by Spin Offs[J]. Management Science, 2005, (8): 1291-1306.

[38] Marvel M R, Lumpkin G T. Technology Entrepreneurs'Human Capital and Its Effects on Innovation Radicalness[J]. Entrepreneurship Theory and Practice, 2007, (11)：807-828.

[39] Kuratko D F. The Emergence of Entrepreneurship Education Development, Trends and Challenges[J]. Entrepreneurship Theory and Practice, 2005, (9): 577-597.

[40] Zampetakis L A, Moustakis V. Linking Creativity with Entrepreneurial Intentions: A Structural Approach[J]. Entrepreneurship Mgt, 2006, (2): 413–428.

[41] Mosey S, Wright M. From Human Capital to Social Capital: A Longitudinal Study of Technology-Based Academic Entrepreneurs[J]. Entrepreneurship Theory and Practice, 2007, (11): 909-935.

[42] Grichnik D. Risky Choices in New Venture Decisions—Experimental Evidence from Germany and the United States[J]. Journal of International Entrepreneurship, 2008, 6(1): 22-47.

[43] Shane S, Khurana K. Career Experience and Firm Founding[J]. Industrial and Corporate Change, 2003, (12): 519-544.

[44] Shepherd D A. Learning from Business Failure: Propositions of Grief Recovery for the Self-employed[J]. Academy of Management Review, 2003, 28(2): 318-329.

[45] Petrakis P E. The Effects of Risk and Time on Entrepreneurship[J]. Int Entrep Manag J, 2007, (3): 277-291.

[46] Baron R A. The Cognitive Perspective: A Valuable Tool for Answering Entrepreneurship's Basic 'Why'Questions[J]. Journal of Business Venturing, 2004, (19): 221-239.

[47] Koellinge P. Why Are Some Entrepreneurs More Innovative Than Others[J]. Small Business Economics, 2007, 31(1): 21-37.

[48] Witt R. Entrepreneurs networks and the success of starts ups[J]. Entrepreneurship and Regional Development, 2004, (16): 391-342.

[49] Dyer J H, Singh H. The Relational View: Cooperative Strategy and Sources of Interorganizational Competitive Advantage[J]. Academy of Management Review, 1998, 23 (4), 660-679.

[50] Timmers P. Business Model for Electronic Markets[J]. Journal on Electronic Markets, 1998, 8(2): 3-8.

[51] Putnam R. Democracies in Flux: The Evolution of Social Capital in Contemporary Society[M]. Oxford and New York: Oxford University Press. 2002.

[52] Magretta J. What Management Is[M]. New York: Free Press, 2002.

[53] Morris M, et al. The Entrepreneur Model: Toword a Unified Perspective[J]. Journal of Buniness Reaserrch, 2003, (6): 726-735

[54] Lumpkin G T, Dess G G. Clarifying the Entrepreneurship Orientation Construct and Linking It to Performance[J]. Academy if Management Review, 1996, 21: 135.

[55] Covin J G, Miller M P Corporate Entrepreneurship and The Pursuit of Competitive Advantage[J]. Entrepreneurship Theory and Practice, 1999, 47-63.

[56] Zahra S A. A Canonical Analysis of Corporate Entrepreneurship Antecedents and Impact on Performance[A]. in Academy of Management(Ed.). Proceedings of the Academy of Management [C]. New York: Routledge, 1986: 71-75.

[57] Russell R D, RussellC J. An Examination of The Effects of Organizational. Norms, Organizational Structure, and Environmental Uncertainty on Entrepreneurial Strategy[J]. Journal of Management, 1992, 18(4): 639-656.

[58] Barringer B R, Bluedorn A C. The Relationship between Corporate Entrepreneurship and Strategic Management[J]. Strategic Management Journal, 1999, 20(5): 421-444.

[59] Pomerantz. The Business of Social Entrepreneurship in a "Down Economy" [J]. 2005, 25(3): 25-30.

[60] OECD. The Non-profit Sector in A Changing Economy. OECD. 2003, 299.

[61] Schumpeter J A. The Theory of Economic Development[M]. MA. Cambridge: Harvard University Press. 1934: 66.

[62] Hockerts, Kai. Entrepreneurial Opportunity in Social Purpose Business Ventures[J]. Social Entrepreneurship, 2006(1): 1-21.

北京大学出版社本科财经管理类实用规划教材（已出版）

财务会计类

序号	书 名	标准书号	主 编	定价	序号	书 名	标准书号	主 编	定价
1	基础会计（第2版）	7-301-17478-4	李秀莲	38.00	17	企业财务会计模拟实习教程	7-5655-0404-4	董晓平	25.00
2	基础会计学	7-301-19403-4	窦亚芹	33.00	18	税法与税务会计	7-81117-497-7	吕孝侠	45.00
3	会计学	7-81117-533-2	马丽莹	44.00	19	税法与税务会计实用教程	7-81117-598-1	张巧良	38.00
4	会计学原理（第2版）	7-301-18515-5	刘爱香	30.00	20	初级财务管理	7-301-20019-3	胡淑姣	42.00
5	会计学原理习题与实验（第2版）	7-301-19449-2	王保忠	30.00	21	财务管理学	7-5038-4897-1	盛均全	34.00
6	会计学原理与实务（第2版）	7-301-18653-4	周慧滨	33.00	22	财务管理学实用教程（第2版）	7-301-21060-4	骆永菊	42.00
7	会计学原理与实务模拟实验教程	7-5038-5013-4	周慧滨	20.00	23	财务管理理论与实务	7-301-20042-1	成 兵	40.00
8	会计实务	7-81117-677-3	王远利	40.00	24	财务管理学原理与实务	7-81117-544-8	严复海	40.00
9	高级财务会计	7-81117-545-5	程明娥	46.00	25	财务管理理论与实务（第2版）	7-301-20407-8	张思强	42.00
10	高级财务会计	7-5655-0061-9	王奇杰	44.00	26	公司理财原理与实务	7-81117-800-5	廖东声	36.00
11	成本会计学	7-301-19400-3	杨尚军	38.00	27	审计学	7-81117-828-9	王翠琳	46.00
12	成本会计学	7-5655-0482-2	张红漫	30.00	28	审计理论与实务	7-81117-955-2	宋传联	36.00
13	成本会计学	7-301-20473-3	刘建中	38.00	29	会计综合实训模拟教程	7-301-20730-7	章洁倩	33.00
14	管理会计	7-81117-943-9	齐殿伟	27.00	30	财务分析学	7-301-20275-3	张献英	30.00
15	管理会计	7-301-21057-4	彤芳珍	36.00	31	银行会计	7-301-21155-7	宗国恩	41.00
16	会计规范专题	7-81117-887-6	谢万健	35.00					

工商管理、市场营销、人力资源管理、服务营销类

序号	书 名	标准书号	主 编	定价	序号	书 名	标准书号	主 编	定价
1	管理学基础	7-5038-4872-8	于干千	35.00	19	市场营销学	7-81117-676-6	戴秀英	32.00
2	管理学基础学习指南与习题集	7-5038-4891-9	王 珍	26.00	20	市场营销学（第2版）	7-301-19855-1	陈 阳	45.00
3	管理学	7-81117-494-6	曾 旗	44.00	21	市场营销学新论	7-5038-4879-7	郑玉香	40.00
4	管理学原理	7-5655-0078-7	尹少华	42.00	22	国际市场营销学	7-5038-5021-9	范应仁	38.00
5	管理学原理与实务（第2版）	7-301-18536-0	陈嘉莉	42.00	23	市场营销理论与实务（第2版）	7-301-20628-7	那 薇	40.00
6	管理学实用教程	7-5655-0063-3	邵喜武	37.00	24	现代市场营销学	7-81117-599-8	邓德胜	40.00
7	管理学实用教程	7-301-21059-8	高爱霞	42.00	25	消费者行为学	7-81117-824-1	甘瑁琴	35.00
8	通用管理知识概论	7-5038-4997-8	王丽平	36.00	26	商务谈判（第2版）	7-301-20048-3	郭秀君	49.00
9	现代企业管理理论与应用	7-5038-5024-0	邸彦彪	40.00	27	商务谈判实用教程	7-81117-597-4	陈建明	24.00
10	管理运筹学（第2版）	7-301-19351-8	关文忠	39.00	28	消费者行为学	7-5655-0057-2	肖 立	37.00
11	统计学原理	7-301-21061-1	韩 宇	38.00	29	客户关系管理实务	7-301-09956-8	周贺来	44.00
12	统计学原理	7-5038-4888-9	刘晓利	28.00	30	公共关系学	7-5038-5022-6	于朝晖	40.00
13	统计学	7-5038-4898-8	曲 岩	42.00	31	公共关系理论与实务	7-5038-4889-6	王 玫	32.00
14	应用统计学（第2版）	7-301-19295-5	王淑芬	48.00	32	公共关系学实用教程	7-81117-660-5	周 华	35.00
15	管理定量分析方法	7-301-13552-5	赵光华	28.00	33	公共关系理论与实务	7-5655-0155-5	李泓欣	45.00
16	新编市场营销学	7-81117-972-9	刘丽霞	30.00	34	跨国公司管理	7-5038-4999-2	冯雷鸣	28.00
17	市场营销学	7-5655-0064-0	王槐林	33.00	35	质量管理	7-5655-0069-5	陈国华	36.00
18	市场营销学实用教程	7-5655-0081-7	李晨耘	40.00	36	跨文化管理	7-301-20027-8	晏 雄	35.00

序号	书 名	标 准 书 号	主 编	定价	序号	书 名	标 准 书 号	主 编	定价
37	企业战略管理	7-5655-0370-2	代海涛	36.00	51	人力资源管理原理与实务	7-81117-496-0	邹 华	32.00
38	企业文化理论与实务	7-81117-663-6	王水嫩	30.00	52	人力资源管理实用教程（第2版）	7-301-20281-4	吴宝华	45.00
39	企业战略管理	7-81117-801-2	陈英梅	34.00	53	人力资源管理：理论、实务与艺术	7-5655-0193-7	李长江	48.00
40	企业战略管理实用教程	7-81117-853-1	刘松先	35.00	54	员工招聘	7-301-20089-6	王 挺	30.00
41	产品与品牌管理	7-81117-492-2	胡 梅	35.00	55	服务营销理论与实务	7-81117-826-5	杨丽华	39.00
42	东方哲学与企业文化	7-5655-0433-4	刘峰涛	34.00	56	服务企业经营管理学	7-5038-4890-2	于干千	36.00
43	运营管理	7-5038-4878-0	冯根尧	35.00	57	服务营销	7-301-15834-0	周 明	40.00
44	生产运作管理（第2版）	7-301-18934-4	李全喜	48.00	58	会展服务管理	7-301-16661-1	许传宏	36.00
45	运作管理	7-5655-0472-3	周建亨	25.00	59	现代服务业管理原理、方法与案例	7-301-17817-1	马 勇	49.00
46	组织行为学	7-5038-5014-1	安世民	33.00	60	服务性企业战略管理	7-301-20043-8	黄其新	28.00
47	组织行为学行为教程	7-301-20466-5	冀 鸿	32.00	61	服务型政府管理概论	7-301-20099-5	于干千	32.00
48	流程型组织的构建研究	7-81117-519-6	岳 澎	35.00	62	新编现代企业管理	7-301-21121-2	姚丽娜	48.00
49	人力资源管理（第2版）	7-301-19098-2	颜爱民	60.00	63	创业学	7-301-15915-6	刘沁玲	38.00
50	人力资源管理经济分析	7-301-16084-8	颜爱民	38.00	64	管理学	7-301-17452-4	王慧娟	42.00

经济、国贸、金融类

序号	书 名	标 准 书 号	主 编	定价	序号	书 名	标 准 书 号	主 编	定价
1	政治经济学原理与实务	7-81117-498-4	沈爱华	28.00	19	国际金融	7-5038-4893-3	韩博印	30.00
2	宏观经济学原理与实务（第2版）	7-301-18787-6	崔东红	57.00	20	国际金融实用教程	7-81117-593-6	周 影	32.00
3	宏观经济学	7-5038-4882-7	蹇令香	32.00	21	国际商务	7-5655-0093-0	安占然	30.00
4	微观经济学原理与实务	7-81117-818-0	崔东红	48.00	22	金融市场学	7-81117-595-0	黄解宇	24.00
5	微观经济学	7-81117-568-4	梁瑞华	35.00	23	金融工程学理论与实务	7-81117-546-2	谭春枝	35.00
6	西方经济学实用教程	7-5038-4886-5	陈孝胜	40.00	24	财政学	7-5038-4965-7	盖 锐	34.00
7	西方经济学实用教程	7-5655-0302-3	杨仁发	49.00	25	保险学原理与实务	7-5038-4871-1	曹时军	37.00
8	西方经济学	7-81117-851-7	于丽敏	40.00	26	东南亚南亚商务环境概论	7-81117-956-9	韩 越	38.00
9	现代经济学基础	7-81117-549-3	张士军	25.00	27	证券投资学	7-301-19967-1	陈汉平	45.00
10	国际经济学	7-81117-594-3	吴红梅	39.00	28	金融学理论与实务	7-5655-0405-1	战玉峰	42.00
11	发展经济学	7-81117-674-2	赵邦宏	48.00	29	货币银行学	7-301-15062-7	杜小伟	38.00
12	管理经济学	7-81117-536-3	姜保雨	34.00	30	国际结算（第2版）	7-301-17420-3	张晓芬	35.00
13	计量经济学	7-5038-3915-3	刘艳春	28.00	31	国际贸易规则与进出口业务操作实务（第2版）	7-301-19384-6	李 平	54.00
14	外贸函电	7-5038-4884-1	王 妍	20.00	32	金融风险管理	7-301-20090-2	朱淑珍	38.00
15	国际贸易理论与实务（第2版）	7-301-18798-2	缪东玲	54.00	33	国际贸易实务	7-301-20919-6	张 肃	28.00
16	国际贸易（第2版）	7-301-19404-1	朱廷珺	45.00	34	国际贸易理论、政策与案例分析	7-301-20978-3	冯 跃	42.00
17	国际贸易实务（第2版）	7-301-20486-3	夏合群	45.00	35	国际结算	7-301-21092-5	张 慧	42.00
18	国际贸易结算及其单证实务	7-5655-0268-2	卓乃坚	35.00					

法律类

序号	书 名	标 准 书 号	主 编	定价	序号	书 名	标 准 书 号	主 编	定价
1	经济法原理与实务	7-5038-4876-6	杨士富	32.00	5	劳动法学	7-81117-495-3	李 瑞	32.00
2	经济法实用教程	7-81117-547-9	陈亚平	44.00	6	金融法学理论与实务	7-81117-958-3	战玉锋	34.00
3	国际商法理论与实务	7-81117-852-4	杨士富	38.00	7	国际商法	7-301-20071-1	丁孟春	37.00
4	商法总论	7-5038-4887-2	任先行	40.00					

电子商务与信息管理类

序号	书 名	标 准 书 号	主 编	定价	序号	书 名	标 准 书 号	主 编	定价
1	网络营销	7-301-12349-2	谷宝华	30.00	4	网络营销	7-301-16556-0	王宏伟	26.00
2	数据库技术及应用教程（SQL Server 版）	7-301-12351-5	郭建校	34.00	5	网络信息采集与编辑	7-301-16557-7	范生万	24.00
3	电子商务概论	7-301-12343-0	庞大连	35.00	6	电子商务案例分析	7-301-16596-6	曹彩杰	28.00

序号	书　名	标 准 书 号	主　编	定价	序号	书　名	标 准 书 号	主　编	定价
7	管理信息系统	7-301-12348-5	张彩虹	36.00	21	电子商务英语	7-301-05364-5	覃　正	30.00
8	电子商务概论	7-301-13633-1	李洪心	30.00	22	网络支付与结算	7-301-16911-7	徐　勇	34.00
9	管理信息系统实用教程	7-301-12323-2	李　松	35.00	23	网上支付与安全	7-301-17044-1	帅青红	32.00
10	电子商务法	7-301-14306-3	李　瑞	26.00	24	企业信息化实务	7-301-16621-5	张志荣	42.00
11	数据仓库与数据挖掘	7-301-14313-1	廖开际	28.00	25	电子化国际贸易	7-301-17246-9	李辉作	28.00
12	电子商务模拟与实验	7-301-12350-8	喻光继	22.00	26	商务智能与数据挖掘	7-301-17671-9	张公让	38.00
13	ERP 原理与应用教程	7-301-14455-8	温雅丽	34.00	27	管理信息系统教程	7-301-19472-0	赵天唯	42.00
14	电子商务原理及应用	7-301-14080-2	孙　睿	36.00	28	电子政务	7-301-15163-1	原忠虎	38.00
15	管理信息系统理论与应用	7-301-15212-6	吴　忠	30.00	29	商务智能	7-301-19899-5	汪　楠	40.00
16	网络营销实务	7-301-15284-3	李蔚田	42.00	30	电子商务与现代企业管理	7-301-19978-7	吴菊华	40.00
17	电子商务实务	7-301-15474-8	仲　岩	28.00	31	电子商务物流管理	7-301-20098-8	王小宁	42.00
18	电子商务网站建设	7-301-15480-9	臧良运	32.00	32	管理信息系统实用教程	7-301-20485-6	周贺来	42.00
19	网络金融与电子支付	7-301-15694-0	李蔚田	30.00	33	电子商务概论	7-301-21044-4	苗　森	28.00
20	电子商务概论	7-301-16717-5	杨雪雁	32.00					

物流管理与工程类

序号	书　名	标 准 书 号	主　编	定价	序号	书　名	标 准 书 号	主　编	定价
1	物流工程	7-301-15045-0	林丽华	30.00	24	城市物流	7-301-18523-0	张　潜	24.00
2	现代物流决策技术	7-301-15868-5	王道平	30.00	25	营销物流管理	7-301-18658-9	李学工	45.00
3	物流管理信息系统	7-301-16564-5	杜彦华	33.00	26	物流信息技术概论	7-301-18670-1	张　磊	28.00
4	物流信息管理	7-301-16699-4	王汉新	38.00	27	物流配送中心运作管理	7-301-18671-8	陈　虎	40.00
5	现代物流学	7-301-16662-8	吴　健	42.00	28	物流项目管理	7-301-18801-9	周晓晔	35.00
6	物流英语	7-301-16807-3	阚功俭	28.00	29	物流工程与管理	7-301-18960-3	高举红	39.00
7	第三方物流	7-301-16663-5	张旭辉	35.00	30	交通运输工程学	7-301-19405-8	于　英	43.00
8	物流运作管理	7-301-16913-1	董千里	28.00	31	国际物流管理	7-301-19431-7	柴庆春	40.00
9	采购管理与库存控制	7-301-16921-6	张　浩	30.00	32	商品检验与质量认证	7-301-10563-4	陈红丽	32.00
10	物流管理基础	7-301-16906-3	李蔚田	36.00	33	供应链管理	7-301-19734-9	刘永胜	49.00
11	供应链管理	7-301-16714-4	曹翠珍	40.00	34	现代企业物流管理实用教程	7-301-17612-2	乔志强	40.00
12	物流技术装备	7-301-16808-0	于　英	38.00	35	供应链设计理论与方法	7-301-20018-6	王道平	32.00
13	现代物流信息技术	7-301-16049-7	王道平	30.00	36	物流管理概论	7-301-20095-7	李传荣	44.00
14	现代物流仿真技术	7-301-17571-2	王道平	34.00	37	供应链管理	7-301-20094-0	高举红	38.00
15	物流信息系统应用实例教程	7-301-17581-1	徐　琪	32.00	38	企业物流管理	7-301-20818-2	孔继利	45.00
16	物流项目招投标管理	7-301-17615-3	孟祥茹	30.00	39	物流项目管理	7-301-20851-9	王道平	30.00
17	物流运筹学实用教程	7-301-17610-8	赵丽君	33.00	40	供应链管理	7-301-20901-1	王道平	35.00
18	现代物流基础	7-301-17611-5	王　侃	37.00	41	现代仓储管理与实务	7-301-21043-7	周兴建	45.00
19	逆向物流	7-301-19809-4	甘卫华	33.00	42	物流系统仿真案例	7-301-21072-7	赵　宁	25.00
20	现代物流管理学	7-301-17672-6	丁小龙	42.00	43	物流管理实验教程	7-301-21094-9	李晓龙	25.00
21	物流运筹学	7-301-17674-0	郝　海	36.00	44	物流学概论	7-301-21098-7	李　创	44.00
22	供应链库存管理与控制	7-301-17929-1	王道平	28.00	45	物流信息系统	7-301-20989-9	王道平	28.00
23	物流信息系统	7-301-18500-1	修桂华	32.00					

请登录 www.pup6.cn 免费下载本系列教材的电子书（PDF 版）、电子课件和相关教学资源。
欢迎免费索取样书，并欢迎到北京大学出版社来出版您的大作，可在 www.pup6.cn 在线申请样书和进行选题登记，也可下载相关表格填写后发到我们的邮箱，我们将及时与您取得联系并做好全方位的服务。
联系方式：010-62750667，wangxc02@163.com，dreamliu3742@163.com，lihu80@163.com，欢迎来电来信。